匡亚明 主编 中国思想家评传丛书

梅文鼎评传

李迪 著

南京大学中国思想家研究中心
南京大学出版社

中国思想家评传丛书

梅文鼎造像 （齐国政绘）

《中国思想家评传丛书》序

匡 亚 明

伟大的中华民族在长达五千年连绵不断的曲折发展过程中，像滚滚东流的长江那样，以磅礴之势，冲破了重重险阻，奔腾向前，现在更以崭新面貌，雄姿英发，屹立于世界民族之林。这是人类历史上的一个奇迹。产生这一奇迹有诸多原因，其中十分重要的一点，就是我们勤劳、勇敢、智慧的各族人民，在长期的生产活动、社会活动、思维活动和对外交往以及抗击外来侵略过程中，逐渐创造、积累、发展了具有以生生不息的内在思想活力为核心的优秀传统思想文化。这是一种伟大、坚强的精神支柱，是我们民族凝聚力和生命力之所在，是历史留给我们所有海内外炎黄子孙引以自豪的无价之宝。

当然，和各国各种不同传统思想文化一样，在中华民族的思想文化传统中，也是既有精华，又有糟粕，因而全盘肯定或全盘否定,不对;一知半解、信口开河或裹足不前、漠然置之,也不对。郑重而严肃的态度应该是对它进行实事求是的科学的研究和分析,取其精华,弃其糟粕,继承和弘扬这份瑰宝,振兴中华,造福人类。人类历史发展的连续性,就是在不断去粗取精、继往开来和改革创新过程中实现的。继往是为了开来,开来不能离开继往。民族虚无主义和复古主义,都是违背历史发展的辩证规律的。

现在我们国家正处在一个新的继往开来迈向四化的关键时刻。继往就是继民族优秀传统之往,开来就是开社会主义现代化建设之来。对中国传统思想文化从广度和深度上进行系统研究,实现去粗取精的要求,正是继往开来必须完成的紧迫任务。我认为这是中国各族人民,首先是文化界、学术界、理论界义不容辞的光荣职责。但面对这一时间上长达五千年,内容上涉及人文科学、自然科学等各个领域的传统思想文化,将从何着手呢?毛泽东同志早在1938年就说过:"从孔夫子到孙中山,我们应当给以总结,承继这一份珍贵的遗产。"①这是很有远见而又切合实际的英明建议。从孔子到孙中山这两千余年是中国历史上思想文化最丰富的时期,如果总结了这段历史,也就基本上总结了五千年传统思想文化的主要内容。当然,基本上不等于全部。孔子以前和孙中山以后的情况,可以另行研究。因此,我认为首先最好是在时间上从孔子开始到孙中山为止,方法上采取《中国思想家评传丛书》的形式作为实现这一任务的开端。这就是从这段历史的各个时

① 毛泽东《中国共产党在民族战争中的地位》,《毛泽东选集》第2卷,人民出版社1952年,522页。

期、各个领域和各个学科(包括文、史、哲、经、教、农、工、医、政治等等)有杰出成就的人物中,遴选二百余人作为传主(一般为一人一传,少数为二人或二人以上合传),通过对每个传主的评述,从各个侧面展现那些在不同时期、不同领域中有代表性人物的思想活力和业绩,从而以微见著、由具体到一般地勾勒出这段历史中中国传统思想文化的总体面貌,揭示其积极因素和消极因素的主要内涵,以利于开门见山、引人入胜地批判继承、古为今用,也为进一步全面系统地总结中国传统思想文化打下基础。自从毛泽东同志提出上引建议后,半个世纪以来,不少专家学者已从各个方面做了许多工作,但对全面完成这个任务来说还远远不够,还要在深度和广度上继续努力。作为"抛砖引玉",本《丛书》只是这个继续努力所应完成的工作的一部分。《丛书》凡二百部,约四千万言,自1990年开始陆续出版,争取十到十五年全部出齐。

《丛书》所以用"中国思想家评传"命名,主要是考虑到中国传统思想文化中的核心是生生不息的内在思想活力,而历史事实也反复证明,凡是在各个不同时代不同领域和学科中取得成就者,大多是那些在当时历史条件下自觉或不自觉地认识和掌握了该领域事物发展规律的具有敏锐思想的人。他们取得成就的大小,取决于思想上认识和反映这些规律的程度如何。思想并非先验之物,它所以能反映和掌握这些规律,主要是通过社会实践和对前人思想成果的借鉴和继承。思想一旦形成,反过来在一定程度上又对实践起决定性指导作用。韩愈说的"行成于思,毁于随"①,列宁说的"没有革命的理论

① 韩愈《进学解》,中华书局《四部备要》东雅堂本《韩昌黎全集》卷十二,3页。

就不会有革命的运动”[①]，这些话，虽所处时代和所持立场不同，所要解决的问题的性质也不同，但就认识论中思与行、理论(思想的高度概括)与实践的关系而言，确有相通之处，即都强调思想对实践的指导意义和作用。因此我们以“中国思想家评传”命名，就是力图抓住问题的核心，高屋建瓴地从思想角度去评述历史人物，以便对每个传主在他所处时代的具体情况下，如何在他所从事的领域中，克服困难，施展才华，取得成功，做出贡献，从思想深处洞察其底蕴。历史上各个时代富有思想因而能在有关方面取得成就的人，直接阐述自己思想观点的论著虽亦不少，但大量的则是其思想既来自实践(包括对前人、他人实践经验的吸取)、又渗透在自己创造性实践之中，集中凝聚在他自己的业绩和事功上，而没有留下论著。另一些人却只留下著作而无其他功绩，对这些人来说，他那些有价值的著作就理所当然地是他的伟大业绩和事功。如果论述一个人的思想而不联系他的业绩(包括著作)，必将流于空洞的抽象；同样，如果只讲一个人的具体业绩而不结合他的思想活动，又必将成为现象的罗列。评价思想和评价业绩，两者不应偏废。而不断在实践中丰富和深化的思想活力则是经常起主导作用的因素，强调这个因素，引起人们的正视和反思，正是我们的主旨和目的。当然，思想和思想家，思想家和实践家，都是既有区别又有联系的不同概念，忽视这一点是不对的。《丛书》的重点则是放在两者的联系和结合上。至于如何使两者很好联系和结合而又着意于剖析其思想活力，各占多少篇幅或以何种方式表达，则自当由作者根据传主的具体情

① 列宁《怎么办》，《列宁选集》第1卷，人民出版社1976年，241页。

况创造性地作出妥善安排。

自从人类历史上产生了马克思主义，不仅全人类解放和发展有了划时代的明确方向，学术研究也有了更严密的科学方法，即辩证唯物主义和历史唯物主义的世界观和方法论。根据这一科学方法，在研究和总结中国传统思想文化，特别是联系到《丛书》的撰著时，我认为下列几点应特别引起重视。

一、坚持实事求是的原则。实事求是是贯串在马克思实际活动和理论研究中的主线，离开了它也就离开了马克思主义。只有切实掌握了客观情况，才能得出正确的认识和判断。前者为“实事”，后者为“求是”，二者相结合，就叫实事求是。事不实则非夸即诬。为了弄清情况，就必须对情况的本质与现象、整体与局部、真与伪、精与粗，作出区别、梳理和取舍，这样才能掌握情况的实质，达到“实事”的要求；然后进一步加以分析研究，找出事物本身固有的真相而非主观臆测的假象，并验证其是否符合人民利益和人类历史前进方向，是否反映科学、技术、文化、艺术的发展规律，这样才能得出正确的认识和判断，达到“求是”的要求。实事求是是治学的基本功夫，是对每个传主的功、过、是、非作出公正评价的必要前提。不论古今中外，对历史人物过高或过低的不公正评价，大都由于未能认真坚持实事求是原则的缘故。

二、坚持批判继承的原则。马克思主义学说就是批判的学说，而批判是为了继承、发展和创新。这就需要我们在实事求是的基础上，既要继承发扬传主业绩和思想中的积极因素，又要批判清除其消极因素。凡传主业绩和思想中体现了诸如爱国主义、民主意识、科学见解、艺术创造和艰苦奋斗、克己奉公、追求真理的精神，即在符合历史前进要求的“立德”、“立功”、“立言”诸方面有显著成就等积极因素者，必须满腔热情地加以继承和弘扬，并紧密结合当前社会主义建设实际，使之深入人心，蔚然成风；凡反映有诸如封建迷信、专制独裁、愚昧落后、丧失民族尊严和违背科学进步等消极因素者，必须以历史唯物主义的观点加以批判，清除其一定程度上至今尚起作用的消极影响，而消极因素经过彻底批判后可转化为有益的教训；凡积极因素和消极因素相混者，更当加以认真清理和扬弃，既发扬其积极因素又摒弃其消极因素。我们力求一点一滴、切实认真地探索各个传主思想和业绩中珍贵的积极因素，使之成为全国各族人民正在从事的继往开来伟大历史工程的组成部分。

三、坚持“百花齐放”、“百家争鸣”的原则。“百花齐放”和“百家争鸣”，是发扬学术民主、促进学术繁荣的正确原则和巨大动力。前者强调一个“齐”字，后者强调一个“争”字，是表示学术上平等、民主和自由的两种不同状态；前者突出的是统一与和谐，后者突出的是区别与争论；两种状态又统一于不断地相互促进和相互补充、转化的持续发展提高过程之中。“百花齐放”、“百家争鸣”的原则体现在撰著评传时，应从“齐放”和“争鸣”出发，综合中外各个时期对有关传主的不同评价，吸取符合客观存在的对的东西，摒弃其违反客观存在的不实的东西，然后创造性地提出经过自己独立思考的、赶前人或超前人的一家之言。同时，对整个《丛书》而言，也有个共性、个性又统一又区别的问题。这就是一方面作者应把“实事求是”、“批判继承”和“百花齐放”、“百家争鸣”这几点作为大家的共性（统一与共识）；另一方面，对每部评传的立意、结构和行文（文体、文风和文采等），则主要是作者的创造性思维劳动和雅俗共赏的文字表达艺术的成果，是彼此的个性（区别），不宜也不应强求一律。评传作者都有充分自由去发扬这一个性，力求在对每一传主的评述中探索和展示其积极因素，使之和正在变革中国面貌的伟大社会主义建设实践融为一体，丰富其内容，促进其发展，而不是仅仅停留在对传主思想业绩的一般性诠释上。

我认为，以上三点大体上可以表达《丛书》所遵循的主要指导思想，但也不排除用其他思想和方法得出的有价值的研究成果。

感谢所有关心和支持《丛书》工作的单位和个人，特别感谢《丛书》的名誉顾问和学术顾问。他们的热情关心、支持和指教，使《丛书》工作得以顺利进行。更要感谢所有承担评传撰著任务的老中青学者，他们都以严谨的治学态度，作出了或正在作出对学术、对民族、对历史负责的研究成果。没有他们的积极合作，《丛书》工作的开展是不可能的。《丛书》副主编和中国思想家研究中心、南京大学出版社，在制定《丛书》规划，约请和联系国内外学者，审定书稿以及筹划编辑出版等方面，克服重重困难，做了大量工作，他们的辛勤劳动是《丛书》能按预定计划出版的必要前提。

现在《丛书》开始出版了，我作为年逾八旬的老人，看到自己迫于使命感而酝酿已久的设想终于在大家支持合作下实现，心情怡然感奋，好像回到了青年时代一样，体会到“不知老之将至”的愉悦，并以这种愉悦心情等待着《丛书》最后一部的问世；特别盼望看到它在继承中华民族传统思想文化的珍贵遗产方面，在激励人心、提高民族自尊心和爱国主义思想方面，在促进当前建设有中国特色的继往开来的社会主义现代化物质文明和精神文明的历史性伟大事业中，能起到应有的作用。我以一颗耄耋童心，默默地祝愿这一由一批老中青优秀学者经长年累月紧张思维劳动而作出的集体性学术成果能发出无私的熠熠之光，紧紧伴照着全民族、全人类排除前进道路上的各种障碍，走向和平、发展、繁荣、幸福的明天！

热诚欢迎国内外同仁和各界人士不吝赐教，以匡不逮。是为序。

1990年10月7日

内容简介

梅文鼎(1633—1721)是清初著名天文学和数学家,被称为“国朝(清)算学第一人”,已出版的学术著作约30种,还有约60种有记载但未见出版的书,真可谓著作等身。他在学术方面,特别是数学方面成就突出。本书的写法基本上是寓科学成果于思想,或是科学成果与思想相结合,以突出评传的性质。

本书从梅文鼎所处的时代开始,依次论述了他的著作、家族的学术影响和与外界的学术交流,重点在他的宏观学术思想、天文学思想和数学思想三个方面,最后讲述了梅氏的学术成就和思想在国内外的广泛影响。

Abstract

Mei Wending (1633～1721) was a famous astronomer and mathematician in the early Qing Dynasty and was honored of 'the first great mathematician and astronomer in the (Qing) danysty'. He was a prolific scholar with about 30 published and about 60 unpublished works. His achievements in scientific researches, especially in mathematics, are brilliant. To meet the nature of the style of a critical biography this treatise is basically written in the approach of displaying his scientific achievements through explanation of his scientific thoughts or of combining his achievements with his scientific thoughts.

According to the general method of writing a biography, this book begins with the time of Mei Wending, then deals with Mei's works, the influence of his family's scientific achievements, and his academic exchanges with other scientists of his time. The emphasis of the book is on his general scientific thoughts, astronomical thoughts and mathematical thoughts. Finally, the author discusses the influence of Mei's achievements and scientific thoughts on the later academic researches both at home and abroad.

目 次

CONTENTS

第一章　梅文鼎所处的时代

梅文鼎，字定九，号勿庵，明崇祯六年(1633 年)出生于安徽宣城(今安徽宣州市)，卒于清康熙六十年(1721 年)。梅文鼎所处的时代正是中国历史上一个政治大动荡时期，学术思想也处于中西方激烈斗争之中。这些对梅文鼎都有极其重要的影响。

一、改朝换代的动荡

在梅文鼎 12 岁(虚岁)时，中国历史发生了一次改朝换代的巨大变化。这是长期阶级矛盾和民族矛盾所产生的，而这两种矛盾又是明王朝政治腐败所引起的。

明王朝从 1368 年推翻元朝、统一全国，到梅文鼎出生之时已经过二百六十多年，各种积弊逐渐暴露，以至到了不可收拾而灭亡。

明朝建立以后，虽然有局部战乱，沿海有倭寇侵扰，但是总的来说，社会较为稳定，生产有所发展。到 16 世纪，中国已出现了资本主义萌芽，特别是沿海地区，手工业发展更为突出，一些行业的工人数量迅速增加，例如苏州在16世纪末纺织工人已超过万人。据记载，当时的情况是“染房罢而染工散者数千人，机房罢而织工散者又数千人，此皆自食其力的良民也。”由于停产而造成的失业人员，一个工种就有数千人之多，可见生产规模之大。在这种情况下，新的生产关系便开始出现：“机户出资，机工出力，相依为命”①，“机户”就是掌握生产工具的老板，相当于资本家，他们“出资”，雇用“机工”进行生产，他们相互依赖。“机工”相当于工人阶级，“机户”与“机工”的关系和地主与农民的关系完全不同。由于新的生产关系的出现，中国的纺织业得到了很快发展，江苏和浙江成为我国当时最重要的纺织基地，而苏州、杭州则是这方面的中心。

当时陶瓷工业也有了飞速发展，以江西景德镇为中心的制瓷业打破了长期官办的垄断局面，民办窑厂迅速崛起，使景德镇“延袤十三里，烟火逾十万家，陶户与肆市当十之七八”，②“陶户”占全部户数的十分之七八，称得上“瓷都”。当时有瓷窑三千多座，仅民窑厂的雇工“每日不下数万人”③。官窑的产量更为可观，嘉靖（1522—1566年）时每年仅“五色龙凤诸瓷”就达44万多件。

采矿和冶炼业也同样得到很大发展，明代在全国有很多金属矿厂，例如河北遵化铁厂在正德年间（1506—1521年）每年生产生铁486千斤④。广东佛山冶铁厂的规模仅次于遵化

---

① 《明神宗万历实录》卷361。

②③ 《江西通志·物产》。

④ 夏湘蓉等：《中国古代矿业开发史》，北京：地质出版社，1986，148～149。

铁厂,一个炼铁炉场"环而居者三百家,司炉者二百余人,掘铁者三百余,汲者、燃炭(木炭)者二百余,驮者牛二百头,载者舟五十艘,计一铁场之费,不止万金,日得铁二十余版,则利赢;八、九版,则缩(亏本)。"①其中"版"是铁锭。其生产规模之大,可以想见。就全国来说,铁产量由明初每年3千万斤,后来发展到9千万斤以上,增加了两倍。其他,如金、银、铜、铅、汞、锌等矿的开采和冶炼也都发展很快。

由于各方面的需要,极大地推动了采煤业的发展,李时珍(1518—1593年)就指出了煤的两大用处:"石炭,南北诸山产处亦多。昔人不用,故识之者少。今则人以薪炊爨,锻炼铁石,大为民利。"又说"今俗呼为煤"②。老百姓也开始用煤烧饭,当时"京师百万之家,皆以石煤代薪"③,至于冶炼不仅用煤,而且已用火力更强的焦炭。

由于对煤的大量需求,采煤业在全国范围内得到发展,河北、山西、河南,以至东北、安徽、浙江等地到处都在开采煤矿。

全国的经济呈现出繁荣景象,如宋应星所说:"滇南车马,纵贯辽阳,岭徼宦商,衡游蓟北。"④这说明,当时的商品经济在全国范围内都有不同程度的发展。他的《天工开物》一书就是写这种生动的景象。同时,随之而来的一些新的情况也出现了,顾炎武(1613—1682年)有如下的论述:

---

① 夏湘蓉等:《中国古代矿业开发史》,北京:地质出版社,1986,150。
② [明]李时珍:《本草纲目》卷9"石炭"。
③ [明]丘濬:《大学衍义补》卷150。
④ [明]宋应星:《天工开物·序》。

> 嘉靖初……,商贾既多,土田不重。操资交接,起落不常。能者方成,拙者乃毁。东家已富,西家自贫。高下失均,锱铢共竞,互相凌夺,各自张惶。……迨至嘉靖末。隆庆间,则尤异矣。末富居多,本富居少。……贸易纷纭,诛求刻核。

这里讲的是一些人经商,而对农业极不重视,贫富差距拉大,"高下失均"。结果是经商的人发了大财,而农民却受穷。很显然,这种现象必然会对农业起着极大的破坏作用。中国历史上一贯推行"重农抑商"政策,必须调整才行,于是宋应星提出了"以商利农"的口号,但这只是一种理想,实际上根本做不到。

明朝末期,经济的确有所发展,而积弊也日益显露,新旧社会矛盾相继爆发。归结起来,主要有两大问题,一为政治腐败;二为经济崩溃,而后者又是由前者引起的。

当时朝廷上下,大批皇族、权臣等过着酒池肉林的奢靡生活,大肆挥霍,其总代表当属万历皇帝朱翊钧(1563—1625年)。他10岁登基,二十多岁即开始营造墓室,极尽奢华之能事,到北京明十三陵中之定陵一览即知。他在位长达48年,从万历十七年(1589年)以后便不理朝政,管理国家的大权落到了宦官、奸臣手中,国家机构陷于半瘫痪状态。后来,清代人说得好:"晏处深宫,纲纪废弛,君臣否隔。于是小人好权趋利者驰骛追逐,与名节之士为仇雠,门户纷然角立。驯至悊、愍,邪党滋蔓。……以致人主蓄疑,贤奸杂用,溃败决裂,不可振救。故论者谓明之亡,实亡于神宗(万历帝)"[①]。

① 《明史》卷21"本纪第二十一·赞曰"。

万历帝还“赍予过侈，求无不获”，那些权贵们要什么给什么，“王府官及诸阉丈地征税，旁午于道，扈养厮役廪食以万计，渔敛惨毒不忍闻。”魏忠贤(1568—1627年)这个宦官无恶不作，更是所得“横赐尤甚”①。他还诈称圣旨进行掠夺：“南京内库颇藏金银珍宝，魏忠贤矫旨取进，盗窃一空。”②他又制造东林党惨案，导致“毁天下东林讲学书院”③。

由于搜括无度，使各行各业百姓无法生存，农业、矿冶无不如此。农业方面，农民尚未下种就来催征税赋：“方今春二月，新谷尚未播种，而严征已起者纷纷矣。天运人事，一至此极耶！”④在“坑冶之课”方面更严重，万历间有个叫姚思仁的地方官曾上疏说：“今矿头以赔累死，平民以逼买死，矿夫以倾压死，以争斗死。及今不止，虽倾府库之藏，竭天下之力，亦无济于存亡矣。”疏入，皆不省，“识者以为明亡盖兆于此。”⑤

当时，府库空虚，连兵饷都成问题，但是宗族、权贵等还大肆掠夺民财，使人民群众达到无法承受的程度，于是便纷纷起义进行反抗。其中声势最大者为李自成(1606—1645年)和张献忠(1606—1646年)两股。从崇祯元年(1628年)起高迎祥(李自成之舅父)、张献忠等相继起事，向全国扩展。崇祯九年(1636年)高迎祥被明军俘虏、遇害，部下奉

---

① 《明史》卷77“食货一”。
② 《明史》卷79“食货三”。
③ 《明史》卷22“本纪第二十二·熹宗”。
④ [明]宋应星:《野议》。
⑤ 《明史》卷81“食货五”。

李自成为高迎祥所用之称号“闯王”，继续与明军作战。崇祯十七年（1644 年）正月，李自成在西安称王，国号大顺；张献忠则南下四川。同年三月，李自成进入明朝的首都北京，这时崇祯帝周围平日伸手要权要利的大臣都各奔东西，如鸟兽散，成为光杆的崇祯帝，在绝望之下，溜出后宫门，自缢于煤山，明亡。

这时，大清军已临近北京。大清原为东北的建州女真所建，始祖为爱新觉罗·努尔哈赤（1559—1629 年），最初国号为后金，年号为天命。崇祯九年（1636 年）四月，后金改国号为大清，年号为崇德。

清军乘明亡之机，入山海关，五月进入北京，清世祖爱新觉罗·福临于九月从沈阳到北京，十月初一（公历 1644 年 10 月 30 日）接皇帝位（当时只有 6 岁），年号为顺治，是清入关后的第一代帝王。

清入关后，并没有立即统一全国，明朝的一部分人跑到南方，建立南明政权与清对抗，直到清顺治十八年（1661 年）才被清军消灭。农民起义部队，李自成的一股人马退出北京，后转战各地，不久被清兵剿灭，张献忠也覆亡，但在全国范围内，反清斗争仍未停止。

梅文鼎从出生那天起，中国就处于连年局部战争状态。崇祯十七年，战乱达到极点，以后逐渐稳定。清顺治十八年正月，福临死，子玄烨继位，是为清圣祖，第二年改年号为康熙。玄烨登基时只有 7 岁，由索尼、鳌拜等辅政。康熙帝在位 62 年（年号 61 年），在中国历史上统治年代最长，而梅文鼎就是在这段时间度过的。他比康熙帝早一年去世。

二、西方天算学传入中国

在中国明代，正是西方"文艺复兴"时期。西方在经历了几个世纪的宗教统治后，约于14世纪在地中海沿岸地区陆续出现了资本主义萌芽，在意大利更为突出。例如在佛罗伦萨，早在13世纪末就成为南欧的最大城市之一。它虽然不靠海岸，但是西边离热那亚湾不远，往北可直接进入欧洲内陆，并是交通要道。当时它的纺织业、印染业、银行业等可称为欧洲之冠。由于这些行业的发展，各种行会纷纷成立，总共有大小行会二十多个，其中最大的有舶来布匹加工业、毛织业、医药业、律师业、银行业、丝织业和皮毛业等七个行会。这些行业的产品在欧洲大受欢迎。到15世纪初，其丝织业在欧洲占有垄断地位；银行的资金也十分雄厚。意大利的许多产品，出口到欧洲各地，同时又从埃及、波斯，甚至印度进口有关原料，其贸易到达了俄罗斯、中国等国。

由于经济的发展，意大利开始形成新兴的社会阶层，资产阶级逐渐抬头，人文主义在这时应运而生。人文主义思想是针对经院哲学和禁欲主义的。它提倡"人性"，实际是反对"神性"和"神权"，但是却不反对天主教和上帝。在这种情况下，出现了一些赫赫有名的人物，如诗人但丁（Dandin，1265—1321年），其代表作为《神曲》，恩格斯称为"他是中世纪的最后一位诗人，同时又是新时代的最初一位诗人。"[①]其他如米开朗基罗（Michelangelo，1475—1564年）在雕塑艺术方面独

① 恩格斯：《共产党宣言·1893年意大利文版序言》，载《马克思恩格斯选集》，第一卷，北京：人民出版社，1973，249。

树一帜，他创作的《大卫》代表着新的人文主义思想。达·芬奇（L. Devinci，1452—1519 年）是文艺复兴时期的伟大人物，他在文艺和科学技术方面都做出了划时代的贡献。

与此同时，欧洲的科学技术，也得到了很快的发展，达·芬奇对各种机械、桥梁、水利工程等进行了设计，并研究过解剖学，有明确的透视思想，等等。德国丢勒（A. Dürer，1471—1528 年）的《人体画》在透视学方面又有了新的发展。意大利伊尔·奇卡（1447—1488 年）研究了很多与建筑有关的机械等问题。更早的建筑家布鲁内利奇（Brunelleschi，1377—1446 年）设计和监造的佛罗伦萨穹圆顶大教堂，于 1420 年开工，经过 14 年才完成，是很有名的建筑物。在数学方面，代数学、三角学等都有了新的发展，1478 年特雷维沙（Treviso）出版了西方第一部商业算术，德国人烈吉奥蒙坦（又作劳山玉干，Regiomontanus，1436—1476 年）于 1464 年出版了《论各种三角形》一书，使三角学成为独立学科，等等。

当时在欧洲的大事是远洋航行。欧洲人从古希腊以来就形成地球观念，但是不能证实。到了文艺复兴时期，他们需要了解世界，特别是从《马可·波罗游记》等著作中知道东方有个富庶的中国后，渴望通过海路一直向西航行到达中国和印度。1492 年 8 月 3 日意大利人哥伦布（Columbs，1451—1504 年）在西班牙国王支持下率船队西行，到达现在的西印度群岛，发现新大陆。葡萄牙人达·伽马（V. de Gama，1460—1524 年），沿非洲西岸航行，于 1498 年绕过好望角到达印度。哥伦布的后继者西班牙人麦哲伦（P. Magellan，1480—1521 年）率队西行到南美洲东岸，再南行绕过南美的麦哲伦海峡（当时无此称呼）进入太平洋，到达菲律宾的吕宋岛，与达·伽马的航路接通，最后麦哲伦在那里去世，麦哲伦的剩余船员驾船回到了欧洲。实际上，这时欧洲人已完成绕地球航行一周的目标。

这件事，大大推动了欧洲科学技术的发展。首先是天文学的发展，当时在波兰发生了哥白尼（Nicolas Copernicus，1473—1543 年）革命，出版了《天体运行论》。哥白尼不承认教会信仰的托勒梅（85？—165 年）“地心说”，主张地球绕太阳（中心）运动。丹麦天文学家第谷·布拉赫（1546—1601 年）则采取折中办法，认为太阳带领其他行星绕地球旋转，事实上还是“地心说”。德国天文学家刻卜勒（John Kepler，1571—1630 年）支持“日心说”，而且提出了行星运动的“三大定律”。与此同时，意大利科学家伽利略（Galileo Galilei，1564—1642 年）在物理学方面有卓越贡献，制造了望远镜，观察到了木星的 4 个卫星、绘制了月面图、土星光环的刍型，发明了数学上的比例规。德国数学家克拉维斯（P. C. Clavius，1537—1612 年）在几何、算术等方面做出了贡献，英国数学家纳披尔（John Napier，1550—1617 年）发明了对数，不久制造了对数计算尺，还制造了一种纳披尔筹。法国的韦达（F. Viete，1540—1603 年）建立了符号代数学，笛卡尔（R. Descartes，1596—1650 年）和费马（P. de Fermat，1601—1665 年）则是解析几何学的建立者。牛顿（I. Newton，1642—1727 年）和莱布尼兹（G. W. Leibniz，1646—1716 年）分别独立完成了微积分，前者在物理学、天文学等方面都有突出成就，而后者则建立了二进制，改进了计算器，成为数理逻辑先驱，并在物理学等方面都有成就。

以上是当时欧洲科学技术发展的主要情况，其中大多数科学技术也传到了中国，其年代相当于中国的明末清初时期。这是我们要介绍上面内容的根本原因。现在要问：这些科学技术是通过什么渠道传入中国的？回答是传教士的“东来”。

自从欧洲人发现新大陆、完成绕地球一周的航行以来，通向世界的大门已经打开。各种身份的欧洲人纷纷涌向世界的许多角落，他们到过非洲、美洲和亚洲。早期到亚洲的多为耶稣会士，他们到过印度、南洋、中国和日本等地。

首先东来的是西班牙人方济格沙勿略（François Xavier，1506—1552 年），他于 1541 年东来到印度、斯里兰卡、马来亚、日本，1552 年到中国，后在中国病逝。继之而来的还有很多人，其中最有名的当为意大利人利玛窦（Matteo Ricci，1552—1610 年），他是克拉维斯的学生，有较好的科学素养，同时带来一些老师的译著，如《几何原本》的拉丁文译本，著作《实用算术概论》（*Epitome arithmeticae practicae*）等，还有世界地图、自鸣钟、天主图像以及其他。

利玛窦到中国后广交知识界朋友，徐光启（1562—1633 年）、李之藻（1565—1630 年）等都与之交往。与徐光启共译《几何原本》前 6 卷，与李之藻编译《同文算指》（主要依据《实用算术概论》编译）。

利玛窦来华后不久又有一些耶稣会士先后来华，其中通晓天文数学的有：

龙华民（Nicolaus Langobardi，1559—1654 年），意大利人，1597 年来华。

庞迪峨（Didace de Pantoia，1571—1618 年），西班牙人，1599 年来华。

阳玛诺（Emmanuel Diaz Junior，1574—1659 年），葡萄牙人，1600 年来华。

艾儒略（Jules Aleni，1582—1649 年），意大利人，1602 年

来华。

熊三拔(Sabbathin de Ursis,1575—1620 年),意大利人,1606 年来华。

金尼阁(Nicolas Triqault,1577—1628 年),法国人,1610 年来华。

罗雅谷(Jacques Rho,1593—1638 年),意大利人,1620 年来华。

汤若望(Jean Adam Schall von Bell,1591—1666 年),德国人,1620 年来华。

邓玉函(Jean Terrenz,1576—1630 年),德国人,1620 年来华。

其中金尼阁来华后又被在华的龙华民派回欧洲,请求教会在中国必须增加新教区,同时还要以大量藏书颁给新教区。1618 年,金尼阁带着 7 000 多部书和 22 名新传教士返回,至 1620 年才抵达中国。其中罗雅谷、汤若望、邓玉函和傅汎际(François Furtado,1587—1653 年)就是和他一起来的。

在上述来华耶稣会教士中,有些人不久参加了中国的"改历"工作。中国在元代由王恂(1235—1282 年)、郭守敬(1231—1316 年)等编制了一部优秀历法《授时历》,明代改名为《大统历》,一直使用,但是到明末时已经用了 300 多年,其中错误不少,到了非改不可的地步。因徐光启对西方天文历算深信不疑,当时他又在礼部任高官,便聘请罗雅谷、汤若望、邓玉函、龙华民等参加改历。这时必须进行两方面的准备:其一是制造天文仪器和进行天文观测;其二是理论研究,特别是要把西方的天文学、数学理论系统地介绍到中国来。只有在此基础上,才能编出全新的历法。

在理论研究方面，主要是编译西方的天文学、数学著作。工作进展较快，从明崇祯四年(1631年)开始，到崇祯七年(1635年)分5批向崇祯帝进呈，共136卷，另有1摺和1架，合称《崇祯历书》，并刊刻出版。其中前3批由徐光启进呈，但他于1633年去世，后两次改由李天经(1579—1659年)进呈。

这套《崇祯历书》出版之后，明王朝已处于风雨飘摇之中，整日忙于对付内地的农民起义和与关外的清军作战，未来得及改历，明朝便于1644年灭亡了。

清朝初期，汤若望把《崇祯历书》和一些未包括在内的译作，改名为《西洋新法历书》，马上于顺治二年(1645年)交给刚当皇帝的顺治帝，并把编好的《时宪历》也在同年献上。他受到顺治帝的信任，封他为钦天监监正。实际上，清代确实是改历了，一直到清末都用《时宪历》，200多年未变。

《西洋新法历书》与《崇祯历书》相比，虽有改动，但主要内容完全一致。其中包括托勒梅、哥白尼、第谷·布拉赫、刻卜勒、伽利略、克拉维斯、列吉奥蒙坦、纳披尔等人在天文学或数学方面的研究成果。天文学、数学方面主要讲述了大地为球形及行星、太阳的运行，但采用的是第谷·布拉赫的太阳系(仍以地球为中心)学说；伽利略的许多观测结果和他的比例规，圆锥曲线和平面三角学、球面三角学、三角函数表和一部分希腊人如阿基米德(Archimedes，公元前287？—前212年)等人的研究成果。纳披尔筹、对数是后来(1652年)传入中国的。解析几何学、微积分和哥白尼日心说等都相当晚才为中国人所知。在《崇祯历书》以前的欧几里得《几何原本》前6卷和《同文算指》以及当时西方的主要初等数学和日心说外的天文学等大多数著作都被译成中文，在中国流传。

三、17世纪中国的天算思想

中国天文学和数学有自己长期研究的传统，就数学来说，珠算在明代已占统治地位，明末有多种与珠算有关的著作出版，其中程大位(1533—1606年)的《算法统宗》(1592年)可作为代表。在明朝末年的几十年间出版了将近10种版本①，其流传之广可以想见。明代对传统历法没有进行过改革，一直使用很不准确的《大统历》，认为“祖制不可改”。当时的中国天算与宋、元时代相比已相当落后。由于长期形成的传统，基础广泛而牢固，于是从西方天算进入中国时起，就存在着此起彼伏的斗争。早在徐光启时代，人们就阻挠历法改革，通过实际观测日食才初步平息，虽得到崇祯帝的支持，但为时已晚。

从徐光启时代开始，中国学术界对中西历算就存在两种势力：徐光启等根据自己的亲身体验，他认为《几何原本》“有四不必”和“有四不可得”以及“三至三能”。“此书有四不必：不必疑，不必揣，不必试，不必改。有四不可得：欲脱之不可得，欲驳之不可得，欲减之不可得，欲前后更置之不可得。有三至三能：似至晦实至明，故能以其明明他物之至晦；似至繁实至简，故能以其简简他物之至繁；似至难实至易，故能以其易易他物之至难。易生于简，简生于明，综其妙在明而已。”②徐光启所说的，虽不免有些夸大，但却反映出他对于数学逻辑

① 吴文俊(总主编)：《中国数学史大系》副卷第二卷(李迪、查永平执笔)，北京：北京师范大学出版社，2000，550～551。

② [明]徐光启：《几何原本杂议》。

性的认识。他对于当时中国传统数学的落后给予严厉抨击。明末清初,有些人,如孙元化(?—1633年)、方中通(1634—1698年)、杜知耕(17世纪)等都热心研究传入中国的西方笔算和几何等问题。薛凤祚、王锡阐等更是这方面的代表人物。这种状况,只是数学一个方面,你研究你的,我可以不理睬,而天文历法研究就没有那么容易了,主要还要看当时是否有一个研究的环境。

早在顺治末年,杨光先(1597—1669年)等人就已蠢蠢欲动,撰写了《辟邪论》等。1661年康熙帝年幼登极,什么也不懂。杨光先把已写好的各种有关文章汇集在一起,名为《不得已》,于康熙四年(1665年)呈递康熙帝,发动了一场震惊全国和西方旨在排挤、驱逐以汤若望为首的传教士大案。罪名之一是《时宪历》的封面上写着"依西洋新法"字样,汤若望等人"罪不容于诛"。不懂事的皇帝,在辅臣的协助下把在华的传教士杀掉或流放。汤若望被投入监狱,不久出狱,于1666年去世。

鉴于比利时教士南怀仁(Ferdinand Verbiest,1623—1688年)来中国较晚,1660年才到北京,虽曾与汤若望在一起工作过,但未受牵连,他对错案平反做了不少努力,而此时康熙帝已逐渐明白事理,开始亲政,并给该错案平了反。南怀仁在钦天监制造了六七件大型天文仪器,并于康熙十二年(1673年)完成《灵台仪象志》一书。

通过这个事件,使康熙帝逐渐明白一点:后来他自己说:"朕思己不知,焉能断人之是非,因自愤而学焉!"[①]从此,他发

① 见《庭训格言》第86页。

愤学习各门自然科学，把一些精通数学、天文学、测绘学的人请到宫中给他讲课。主要是传教士，如葡萄牙的徐日升(A. Pereyra，1645—1708 年)，比利时的安多(Antoine Thomas，1644—1709 年)和法国的白晋(Joachim Bouvet，1656—1730 年)、张诚(J. F. Gerbilon，1654—1707 年)等都曾是康熙帝的老师，特别是后两人，有时还随驾外出。因此，可以说康熙帝是中国历代帝王中最有科学知识的人。

康熙帝对知识分子也比较尊重，梅文鼎就受到他的接见，长谈科学问题。数学家陈厚耀(1648—1722 年)曾被应召到北京，研究数学问题。

当时在学术思想上有两个特点：其一是从明末以来自然科学思想比较活跃，前后持续了近一百年；其二是“西学中源说”的流行。

对于“其一”主要是受西方天文学、数学和地学等的影响，使学术界眼界大开，思想活跃，其中以方以智(1611—1671 年)为主要代表。他是前述方中通的父亲，安徽桐城人，著《物理小识》、《东西均》、《通雅》等，讲述自然哲学问题。他主张人的知识来源于两种“书”，一是前人用笔写的书；另一是大自然。他说：“士一日不读书，犹一日不食也。书独简册也乎哉？上古以来乃读混沌天地之书者也。”[①]这“混沌天地”即大自然，自古以来人们都是要阅读的书。

在方以智前后，有一些人基本上具有同一思想，即从各方面探讨自然现象。早于方以智的有熊明遇(1579—1649 年)，他的《格致草》即属此类，对天文学、数学、气象学等都有讨论，

① [清]方以智：《药地炮庄·总论》。

也对方以智有所影响[1]。其他如方孔炤(1591—1655 年)、宋应星(1587—1666 年?)、方中通、游艺(17 世纪)、揭暄(1605? —?)、丘维屏(? —1679 年)等,他们也提出了许多有价值的见解,如关于风、火质说、海市蜃楼、地图、地球等。

这种思想较为活跃的局面,由于种种原因 18 世纪以后便销声匿迹了,大概也许是“其二”的流行吧!

从明末西方天文学、数学传入中国后,人们感到其有不少优越之处,并进行了研究和传播。有一个问题摆在了国人面前,那就是原来中国的天文学、数学等水平很高,西方怎么就超过了中国呢? 一些人悟出一个所谓“道理”:西学来源于中国,在中国有些知识失传,传到西方后被人家继续研究,结果超过了中国。这种思想可以上推到徐光启,他对西方科学十分佩服,交口称赞,但在写《测量法义》、《测量异同》和《勾股义》三本书中,用《周髀算经》和勾股术解释西方同类问题及两者的异同时,就有西学中源说的意思。《四库全书提要》则明白指出:“故于三卷则专言勾股之义焉。序引《周髀》者,所以明立法之所自来,而西术之本于此者,亦隐然可见其言。”查《勾股义》开章明义第一句话就是“《周髀算经》曰:……”,确实如此。康熙帝说得更清楚,在康熙四十三年(1704 年)由员外郎和苏记录的满汉文《御制三角形推算法》中,康熙帝有这样的话:“论者以古法、今法之不同,深不知历。历原出自中国,传及于极西,西人守之不失,测量不已,岁岁增修,所以得其

---

① 冯锦荣:《明末熊明遇〈格致草〉内容探析》,《自然科学史研究》,1997,16(4),304～328。

差，分之疏密，非有他术也。”[①]后来他多次重复这一观点，包括梅文鼎在内都这么说。这样，西学中源说就成了定论。

四、清统治者对复明活动的镇压

由明到清是一次改朝换代的大变革，尤其是满族作为一个少数民族统治全国，当时有很多明代的上层人士和部分汉族知识分子不服，反清复明活动一直到17年后的1661年才被清朝政府镇压下去。最主要的是福王朱崧于1644年在一些人的支持下即位于南京，以后由朱由榔称帝，年号为永历。他来往于广西、广东、云南，又至缅甸。后来，朱由榔等在缅甸被杀。这段历史，称为“南明”。此后，还有不少小股明朝残余势力反清，若干年后才被清军消灭。实际上，在清朝初期各种反清活动一直未停，尤其是少数知识分子，他们在明亡之后便形成了遗民圈子。他们有的追随南明，且多数人不在清朝做官。南下的如方以智，他带着全家到广东，隐于五岭，1646年在肇庆拥护朱由榔当皇帝，被封官，因与某些人不合，不入班行，后出家为僧，死于福建万安县。这时，先后被清兵俘获的有瞿式耜（1590—1650年）、张同敞、张煌言（1620—1664年）、方中通等等，有的被处死；有的死后被掘墓戮尸的，如庄廷钱、吕留良（1629—1688年）；有因私撰《明史记》的潘柽章（1626—1663年）、吴炎（？—1663年）等一批人士，他们有的被处死，如潘、吴，大部分被流放到盛京（今沈阳），另有一部分人士过着半隐居生活，如顾炎武（1613—1682年）、张厦祥

① ［清］和苏记录：《御制三角形推算法》，满汉合璧抄本。

(1610—1674 年)、黄宗羲(1610—1695 年)等。

以上所述,就是梅文鼎所处时代的基本情况,而且都与他有直接或间接关系,无论是人际关系还是思想观点,都不例外。

第二章 梅文鼎的生平

梅文鼎12岁(虚岁)时,明朝灭亡,当时他还是一个孩子。家中既无在明朝做官的,也无有名的大知识分子。因此改朝换代对他本人和家庭都没有受到牵连。从他的远祖看,他出身于名门望族。

一、家世和青少年时代

梅文鼎的家世,早期情况没有明确记载。清初,张廷玉说:梅氏“自汉代汝南肇封转徙流离,世次多不可考。”[1]汝南肇封为今河南省上蔡县,不在他出生的安徽宣城。有人认为梅氏于五代时“远公始迁宣城”[2]。到北宋时,梅家出了兄弟俩,就是梅让和梅询,梅让为长。梅让有一子名尧臣。梅询及

① [清]张廷玉:《梅氏重修宗谱序》。

② [清]黄钺:《文峰梅氏重修宗谱序》,1825。

其侄梅尧臣,《宋史》都有传,均为“宣州宣城人”。因此,清初徐元文认为“梅氏江东名裔也,肇始汉,著于宋。”[①]

梅询字昌言,少好学,有辞辩,进士及第,为利丰监判官。以后他又任秘书省著作佐郎、御史台推勘官,升为集贤院官员,并到地方工作多年。回京后,他历任龙图阁直学士、枢密直学士,累迁给事中、知审官院、出知大名府,与寇准、吕夷简等知名官员关系很好。他“性卞急好进,而侈于奉养,至老不衰。”[②]著有《许昌集》20 卷。

梅询的侄子梅尧臣(1002—1060 年),字圣俞,工为诗,以深远古淡为意,间出奇巧,但是早期未为人所知。由于他叔父梅询为官使他得到荫庇[③]为河南主簿。他和著名文学家欧阳修(1007—1072 年)为诗友。欧阳“自以为不及”,认为“宋兴,以诗名家为世所传如尧臣者,盖少也。”尝与人说:“凡诗,意新语工。得前人所未道者,斯为善矣;必能状难写之如在目前,含不尽之意见于言外,然后为至也。”以后他当了德兴县令以及其他地方官,又经推荐,召试,赐进士出身,为国子监直讲,累迁尚书都官员外郎。这时欧阳修正在撰修《新唐书》,梅尧臣参与其事,书成,“未奏而卒”。他著有《唐载记》26 卷、《毛诗小传》20 卷、《宛陵集》40 卷等。[④]

这样,人们称梅询、梅尧臣两人为北宋的“二梅”,一是以文见称,一是以诗闻名。他们的后人多引以为荣,把他们文集

① [清]徐元文:《文峰梅氏重修宗谱序》,1661。

② 《宋史》卷 301“梅询”。

③ “荫庇”是古代对有功人员子弟的一种照顾制度,不参加考试而直接担任小官,但要挑选较有能力者。

④ 《宋史》卷 443“梅尧臣”。

和诗稿称为“祖业”。

当时梅家虽居宣州宣城，而是在州城东[①]，“至淳熙间始迁于柏枧[②]南庄，即文峰山麓也，也称山口梅氏。”[③]就是从南宋淳熙年间(1174—1189年)梅氏后裔从州城东迁到城南的柏枧南庄，一直到现在。梅尧臣故居在今县城附近的敬亭乡九同碑村。

梅文鼎并不是梅尧臣的直系后人，清杭世骏(1695—1772年)说：“梅氏自北宋家宛陵，文鼎之先与圣俞同祖别支。”[④]宛陵即宣城之古称，而圣俞即梅尧臣的字，梅文鼎既然与他是同祖，又是别支，应为梅询的直系。

梅氏从落户到柏枧南庄之后，长期没有记载，直至明嘉靖年间(1522—1566年)成为江南望族，中间相隔三百五十多年。嘉靖年间的记载有梅氏兄弟三人：梅继芳、梅继英、梅继勋，长兄字复春，号陵峰，曾任余杭知县；二弟字吉山，与兄共著《埙篪集》一书；三弟字幼期，一字峰阳，嘉靖二十三年(1546年)举人，担任过黄州府通判等职，为一名书法家，著《诗文集》、《周易管窥》等书，三人均为文学家。这已经是梅文鼎的高祖辈了。至于谁是他的直系高祖，我们未查清楚。

梅文鼎的曾祖辈，人很多，有的考中进士，还有的是状元。他的曾祖叫梅守玉。祖父叫梅瑞祚(1569—1654年)，字元符，明天启三年(1623年)贡生，曾任西安丞，善诗文，又对易

---

① 当时是州和县同在一城。

② “枧”音剪 jiǎn。

③ [明]汪尚宁：《重修文峰梅族谱序》，1560。

④ [清]杭世骏：《通古堂文集》卷29“梅文鼎传上”。

经等感兴趣，活到 86 岁(虚岁)高龄①。

文鼎父亲梅士昌，字期生，又字大千，号缵甽②，明末诸生。他“少小时有经世之志，自治经外，若象纬、坤舆、阴阳、律历、阵图、兵志、九宫、三式、种树之书靡所不蒐讨殚宪”③。可见他是一位学识渊博的人，是一个知识分子。明亡后，他弃去诸生，隐居家乡，埋头于学术研究。他可能是受父亲梅瑞祚的和当时潮流的影响，探讨易经，“尝以六十四卦爻与春秋二百四十年相比附”，写成《周易麟解》一书④。

从明代以来，梅家无疑为一书香门第，明亡时地位不高。梅文鼎于明崇祯六年二月初七日(1633 年 3 月 16 日)就诞生在这个家庭中，母亲为胡氏。其诞生地为今安徽省宣州市新田乡蒲田村三家渡，柏枧山口附近。从南宋以来，就是梅氏家族居住的地方。进入山口为梅村山，那里建有“文峰书院”，明清时为梅氏子弟读书的场所。在三家渡东两三里处有一村庄叫伏村(属黄渡村)，村外有梅氏祠堂遗址。原来祠堂分四层，上、下两层分别都有额“义学”和“敦睦堂”，余二层无额⑤。

笔者于 1986 年 7 月 2 日曾到梅文鼎家乡考察。那里有他第十代孙女梅玉华住着的梅氏故居，当时在场的还有他第十一代孙梅立功。梅玉华住的房子是一座老式建筑，当地人说这房子是梅文鼎亲手所建，原来正房九进，每进都有东偏房和门，人们进出走东门。一进现已无存，但东房(又叫脚屋)还

---

① 以上关于梅氏的资料均出自《文峰梅氏宗谱》及宣城县地方志编委会《宣城古今》，1986。

②③ [清]李光地：《榕村续集》卷 5“处士梅缵甽先生墓碣”。

④ [清]杭世骏：《道古堂文集》卷 29“梅文鼎传上”。

⑤ 《文峰梅氏宗谱》，1937 年敦睦堂刊本。

图 2.1　梅文鼎故居(1986 年李迪摄)

在。家中还有几件梅文鼎遗物,如一个四足正方几,每边1.42市尺见方,涂有红漆,早已大部分脱落。方几分为两层,上层放一石砚,都很陈旧。

很奇怪的是,长期以来当地人不知有梅文鼎其人,只知有梅定久,而不知定久本是梅文鼎的字,实是同一人。

梅文鼎何时修建的房子,现在说不清楚,反正梅文鼎的青

图 2.2　梅文鼎使用过的砚(1986 年李迪摄)

少年时代是在那个地点度过的。

梅文鼎的儿时是怎样度过的？不见记载。由于他出生于读书人家，肯定是较早就受到家庭教育，其祖父和父亲无疑应是启蒙老师。家谱上有记载说：“九岁熟五经，通史事，有神童之目。”①“五经”是中国古代五种经典著作，当初在汉代包括《易经》、《尚书》、《礼仪》、《诗经》和《春秋》，后来经常又有所变动，因此不易读懂。阅读此书的人应当有一定的文字知识基础才行，可见梅文鼎至少能了解个大概吧！他又懂一些历史，对一个 9 岁孩子来说确实可称得上是个“神童”。

他对“五经”的学习，显然受到祖父的影响和指导，后来自己说：“鼎自童年受《易》于先大父，又侧闻先君子余论，谓象数

① 《文峰梅氏宗谱》，1937 年敦睦堂刊本。

之学，儒者当知，谨识之不敢忘。”[①]“先大父”就是他的祖父，当时还在世，给他讲解《易经》时，父亲也在一旁谈一些看法，并叮嘱：“谓象数之学，儒者当知。”因此，象数给他的印象深刻，不敢忘。象数与天文学、数学虽然是两码事，但是它们之间有联系。梅文鼎走上天文学、数学的研究道路，与这种情况可能有关。

几年之后，梅文鼎十二三岁时有两位老师，他们是陈明卿和陈蜚伯侄两人，将在有关梅氏晚年生活的章节中进一步讲述。

不久梅文鼎又有一位老师罗王宾，该人与他父亲相识。有记载说：文鼎“儿时侍父及塾师罗王宾，仰观星气，辄了然于次舍运旋大意。”[②]这说明当时有人指导他学习方法，晚上要观看天空的星象，由此可知道“次舍运旋”的变化。“次舍”是指沿天空黄道的十二次和二十八宿，是恒星的排列，在人们的观察中排列的相对位置不变，可是因地球自转的关系，次舍便出现绕地球由东向西旋转一周的现象。罗王宾的指导对梅文鼎的成长相当重要。

后来，梅文鼎提到此事，说得很明确，且也遇到了伤心事：

> 盖自束发受经于先君子、塾师罗王宾先生，往往于课余晚步时，指示以三亘（垣）列舍之状。余小子自是知星之可识，而天为动物；寻以从事制仪，未遑精究，心窃好之。不幸先君子见背，营求葬地，不暇

① ［清］梅文鼎：《历学骈枝》自序，1662。

② ［清］杭世骏：《道古堂文集》卷29“梅文鼎传上”。

以他为。[1]

是哪年的事情未说,从“束发受经”到“营求葬地”来看,两者相距也就是一两年时间。古代男孩留长发,到一定年龄把发束起结成髻,表示成童,有的说 8 岁以上,有的说 15 岁以上。既能为其父“营求葬地”,可能是 15 岁以上,当时他祖父还在,但已七十多岁,有三个弟弟都很小(下面介绍),只能由他张罗丧事,估计他当时为 16 岁左右。

梅文鼎对父亲的丧事进行了非常认真安排,他“性至孝,侍亲疾衣不解带,累月居忧,悉遵古礼。尤笃爱同气,虽分析,公事独任,经葬地,以妥先灵。”[2]可见,在父亲生病期间,他一直在身旁相侍,去世后又“居忧”累月。这事对他的学习,肯定会有很大影响,是否还像以前那样在罗王宾先生指导下于课余晚间“指示以三亘(垣)列舍之状”? 不得而知,但他必须承担起原先父亲承担的大部分家务事,学习的时间自然有限。

梅文鼎约 20 岁时结婚,妻子陈氏,两年后生子以燕。后来,以燕也对天文、数学感兴趣。22 岁时,祖父以 86 岁高龄去世。他母亲辈还有几人不详,三个弟弟都已逐渐成人。他们分别是:大弟文鼐,字和仲,明崇祯十年(1637 年)生,清康熙辛亥(1671 年)死。二弟文鼒[3],字尊素,明崇祯十二年(1639 年)生,康熙丁亥(1706 年)死。三弟文鼏[4],字尔素,崇

---

① [清]梅文鼎:《中西经星异同考·序》。

② 《文峰梅氏宗谱》,1937 年敦睦堂刊本。

③ “鼒”音资 zī。

④ “鼏”音秘 mì。

祯十五年(1642 年)生,康熙丙申(1716 年)死。他们四人不仅是同母所生,而且关系很好,直到文鼐 28 岁去县城读书,文鼎还以序文相送,名为“送仲弟文鼐入城读书序”,序文较长,开头一句是“甲辰闰六月立秋日,仲弟鼐将入郡城,为离家读书,计先期理襆被、衣囊、书卷、文具、乾糇、脯茗,命童仆属家政向晡达夜,皇皇无休息……”。[①] 携带东西相当多,衣服、铺盖、书籍、文具、干食品、果脯、茶叶等,还有人先期运送。家境显然比较富裕。

二、壮年开始专心研究天文学、数学

梅文鼎早年在家里受到很好的教育和培养,又有罗王宾先生的指导,他对天文等发生了兴趣,但毕竟所知不多,要真正进行科学研究,还要进一步有人指导。直到 27 岁那年,他遇上一位老师倪观湖。倪观湖帮助他研究天文历法,后来他们成为很要好的朋友。

倪观湖,名正,字方公,宣城人,生于明万历四十四年(1616 年),比梅文鼎大 17 岁。明亡之后,他隐居于县城西北的官湖之滨,因号观湖,自称竹冠道士,是典型的明代遗民。

杭世骏对此事有较详细的记载:

> 梅文鼎年二十七师事前代遗民竹冠道士倪观湖,受麻孟璇(又一说璿)所藏台官《交食法》,与弟文鼐、文鼏共习之,稍发明其所以立法之故,补其遗缺,

① [清]梅文鼎:《绩学堂文钞》卷 3,22。

著《历学骈枝》二卷，倪为首肯。自此遂有学历之志。[①]

梅氏自己也有一段记载，内容相近，但也有一些新的内容：

《历学骈枝》二卷[已刻][②]；顺治辛丑，(文)鼎始从同里倪竹冠先生受《交食通轨》，归与[文鼐、文鼏]两弟习之，稍稍发明其所以立法之故，并为订其讹误，补其遗缺，得书二卷，以质倪师，颇为之首肯。自此遂益有学历之志。[是书少参三韩金铁山先生刻于保定][③]

从以上两条记载来看，是倪观湖指导梅文鼎开始研究《交食法》的(又称《交食通轨》)。梅文鼎与两位弟弟共同研究，写出了第一部作品《历学骈枝》2 卷，得到倪观湖的首肯。由此使梅文鼎受到很大鼓舞，更加坚定地走"学历"道路，但是两条记载在年代上相差两年，按后一文献说"顺治辛丑"，当时梅氏已29岁，而不是27岁。他自己又说："壬寅之夏获从竹冠倪先生受台官《通轨》、《大统历算交食法》，归与两弟依法推步，疑信相参，乃相与晨夕讨论，为之句栉字比，不惮往复求详。遇所难通，则废瞑食以助其愤悱，……"。这是给《历学骈枝》一

① [清]杭世骏：《道古堂文集》卷 29"梅文鼎传上"。

② 方括号内的文字是已有小注。下同。

③ [清]梅文鼎：《勿庵历算书记》"历学骈枝"条。

书所写的自序，时间是“康熙元年岁在元黓[①]摄提格相月既望又三日”。相当于康熙元年岁在壬寅七月十八日。他说“壬寅之夏获从竹冠倪先生……”，到写序时充其量也就两三个月。时间相当短，又是初次接触，还要往返讨论，即使是弟兄三人也难完成，估计时间有误。前后三年间，梅文鼎自己就说了“顺治辛丑”（1661 年）和“康熙元年”（1662 年）两个时间。从倪观湖学历的开始年龄，即有 27 岁，29 岁和 30 岁三说，过去人们有不同解释，这里不再讨论。这事对梅文鼎来说，则是相当重要。

在上引资料中有两处明确提到《历学骈枝》为 2 卷，包括梅氏本人也这样说，可是现传本都为 4 卷，没有任何说明。以前我们初步认为梅氏最初完成的就是 4 卷，而从中摘出订误和补缺分成 2 卷，便由金铁山在保定先行出版了[②]。是否如此，还要深入研究。

由这件事开始，倪观湖不仅是梅文鼎的良师，而且成为他的益友。不久，梅文鼎又对数学发生兴趣。就在康熙二年（1663 年）的冬天，他和倪观湖一起在其弟倪乐翁家饮酒，看到观湖先生的《捷田歌括》一书，“离奇出没，杯酒间，未深领其趣”[③]。他离开以后，根据记忆，“演而通之，因浩然叹数学之有原，虽至近若方田，而易简中精深尔尔也。”第二年春天，乡村里有人丈量田亩，向他请教“桐陵法”，梅氏便把自己根据记

① “元黓”，“黓”音义 yì。“元黓”本为“玄黓”是“壬”的别称。此处为避康熙帝讳“玄烨”，将玄改为元。

② 李迪、郭世荣：《清代著名天文数学家梅文鼎》，上海：上海科学技术文献出版社，1988，21～22。

③ ［清］梅文鼎：《方田通法》序，1664。

忆写出的书"相质",并取书名为《方田通法》①。

上面提到"桐陵法",可能是指《桐陵算法》一书,梅文鼎在《方田通法》中引"原法歌诀"28句,说是"出桐陵"。因为"桐陵法"人们不易见到,梅氏便将其录入自己的第一本数学著作中,现录于下:

原法歌诀[出桐陵]

量田捷法少人知, 不乘一数便留之。
二弓折半六而一, 三步之中用八归。
四步由来六归是, 五步还宜六八归。
六数四归无走作, 八上三归无改移。
十二将来折一半, 十六三而加倍齐。
二十四中随亩喝, 廿五中分六八归。
三十二上尤甚准, 四因还要用三归。
四十八上加一倍, 八卦宫中谁得知。
三归八因尤甚准, 胜如神见不差池。
七二倍之加遍五, 九十六上四因之。
十五之中逢二八, 七五之中四八归。
三七半时当八八, 九弓加五四归奇。
十八折之加五定, 三六之中加五旋。
此是名师真口诀, 千金不度世人知。

以后,梅文鼎还有时与倪观湖在一起游览山景,如康熙八年(1669年)他们就登上海拔995米的柏枧山主峰天台,在那里

① [清]梅文鼎:《方田通法·序》,1664。

凭高远眺仙人台等风景。梅氏留有《同倪观湖先生登柏枧山绝顶望仙人台》诗一首[①]。他们以后还经常有来往，有一次梅氏还住在“观湖草堂”[②]。两人的关系为何这样亲密？最主要因为倪观湖先生是指引梅氏走上天文历算道路的人，所以他俩志同道合，终生未变。

正在这时，不幸之事接连降落在梅氏的头上，先是与他合作的大弟文鼐于1671年去世了，第二年妻子陈氏也离开了人世。当时他还不到40岁，打击实在不小。从此他不再续弦，过着独身生活，身边仅有两个弟弟和一个儿子，心情当然不好。有一段时间，他“覃思闭户，谢绝人事”[③]，在家里培养儿子，进行学术研究，不久完成了《方程论》一书。

闭门不出，仅是梅氏自己的一种愿望，实际上，他一直在进行学术研究。几年工夫他已是当地有名的天算学家了。就在他妻子逝去的第二年，同乡知名人士施闰章（1618—1683年）就找上门来，请他在一本地方志中插上一段“分野”内容，非他莫属，只好答应。“康熙癸丑（1673年），宣城施副使闰章总裁郡邑之志，以分野一门相属，郡邑志所刻，皆其稿也。”[④]就是指这件事。此时他完成了《宁国府志分野稿》1卷。他自己有所记载：“康熙癸丑，奉同侍讲施愚山（闰章）先生纂修郡乘，诸友人咸以此项相属，因具录历代宿度分宫之同异，及各种分野之法，皆以诸书为征。”[⑤]宁国府要比宣城县大两级，宣城县志的分野自然

① ［清］梅文鼎：《绩学堂诗钞》卷1，2～3。

② ［清］梅文鼎：《绩学堂诗钞》卷1，20。

③ ［清］杭世骏：《道古堂文集》卷29“梅文鼎传”。

④ ［清］杭世骏：《道古堂文集》卷29“梅文鼎传上”。

⑤ ［清］梅文鼎：《勿庵历算书记》“宁国府志分野稿”。

也包括在内。

从此，梅氏的对外交往也就接连不断。

康熙十四年(1675 年)他去南京参加乡试，在那里停留了 5 年，了解到许多新情况，结交了不少朋友，使他大开眼界。其中最最重要的朋友是马德称，并由此人抄、购了不少重要书籍。

马德称，字儒继，南京回民，对天文历法比较精通，又了解有关情况。来华传教士穆尼阁(J. N. Smogolenski，1611—1656 年)在中国写的《天步真原》和薛凤祚的《天学会通》都有刊本出版。梅文鼎通过马德称才知道此事。他便借来抄写。后来，他追述说："以上二书，向从金陵老友顾文学于弢(昭)借钞，……当其刻书南都(南京)，(文)鼎方株守穷山，不相闻知。岁乙卯(1675 年)晤马德称诸君，始知之，则其归已久。"[①]另外，他又购得抄本《崇祯历书》，但是该书缺《比例规解》一种。1678 年，他新认识的朋友黄虞稷(字俞邰，1629—1691 年)从刘潜柱处借到一本《比例规解》，他便抄写补上。他又在黄虞稷处见到了宋本《九章算术》中的"方田"章，是"算书中，此为最古"者[②]。当时《九章算术》在市场上早已无书，连明末徐光启都未看到。梅氏总算有幸亲自见到了《九章算术》第一章。

梅氏还在马德称处看到了《西域天文书》，他明确讲到了此事：

> 此书与回回历经纬度及其算法共四卷，并洪武

① [清]梅文鼎：《勿庵历算书目》"天学会通订注"条。

② [清]梅文鼎：《勿庵历算书目》"九数存古"条。

> 时翰林吴伯宗、李翀[①]受诏，与回回大师马沙亦赫、马哈麻同译，而天顺时钦天监正贝琳所刻也。余尝与友人马德称[儒骥]处见其全书，盖今泰西天文实用又本此书而加新意也。不知者或谓此即天文实用而反谓回回之冒窃其书，岂不陋哉？书首小序曰此书亦有不验之时，不可以其不验而遂废此理，其言类有道者，非术数家所能及也。[②]

他不仅看到了全书，而且批驳了一种错误观点。更重要的是他从此掌握了回回历，还进行了研究，写成一本《西域天文书补注》2 卷。因此，他精通中国传统天文历法，又阅读了《崇祯历书》，再加上这次对回回历书的掌握，此时他的天文知识已经比较全面了。

梅氏说“庚申岁余养疴白下”，白下就是南京，他生病在那里疗养，可能不太严重。友人马德称还前去请教。他手里拿着一本只有陕西、河南、河北和江南四省的表影(缺其他省份)。马德称说：“今回回所在，多礼拜之寺，不知何以只有此四处表影之传，或当初只此四处耶？然其中亦有传讹之处。”梅氏由此“遂为订定，并附用法，以补其缺。”完成《四省表影立成》1 卷[③]。

这时，梅文鼎已在南京停留了 5 年，准备回归故里。1680 年深秋，他要告别秦淮[④]一带友人，并留诗一首相赠：

① “翀”音冲 chōng。

② [清]梅文鼎：《勿庵历算书目》“西域天文书补注”条。

③ [清]梅文鼎：《勿庵历算书目》“四省表影立成”条。

④ “秦淮”指南京的秦淮河，是一游玩地区。

九月江南枫叶丹，　归心此日在征鞍。
迟迟总为奇书恋，　渺渺何知客路南。
雁过长空瞻顾润，　鱼依深沼泳游安。
清风百里随行笈，　一笑还山天地宽①。

梅氏为什么在南京长住五年，原来是“总为奇书恋”，道出了真情。

梅氏临别时，除上述他给一些友人赠诗外，还给其他人赠诗，如黄虞稷、蔡玑先等。他是一位很有情感的人，在给黄虞稷的赠诗中有“霜寒良友意，岁宴远游情。酒舫思桃叶，归舟望冶城。”②冶城是南京的别名。可以说，他是既舍不得“奇书”，更不愿离开朋友，是依依不舍地告别南京的。

就在梅氏停留南京期间，他的同乡和老朋友施闰章谋求其去北京参与《明史》中历志的编纂。早在康熙十七年(1678年)，即梅氏在南京的第三年，施闰章就想和他一起赴京，结果未去成，也不知原因。这可能是他在为修《明史》做准备。清朝初期，即设明史馆，康熙十八年(1679年)开始修史工作，这时施闰章已在北京，参与其事。施闰章还是希望梅文鼎承担“历志”的编纂工作。梅氏说：“次年己未(1679年)，愚山奉

图2.3　施闰章画像
(采自《清代学者像传》)

① [清]梅文鼎：《绩学堂诗钞》卷2“将归宣城留别秦淮友人”。
② [清]梅文鼎：《绩学堂诗钞》卷2“赠别黄征君俞邰”。

命纂修《明史》,寄书相讯,欲余为历志属稿,而余方应臬台金长真先生之召,授经官署,"不能去北京,但是在南京写了《历志赘言》1 卷。该卷的大意是:"明用《大统(历)》,实即《授时(历)》,宜于《元史》缺载之事详之,以补其未备。又回回历承用三百年,法宜备书。……大纲略尽于此。"他完成了《历志赘言》,便将该书寄往北京的施闰章处。一两年后,梅氏真的到了北京,"承史局诸公以历志见商。始见汤潜庵先生所裁定吴志伊之稿,大意多与鼎同,然不知其曾见余所寄愚山《(历志)赘言》与否?"汤潜庵即汤介斌(1627—1687 年)。虽然通过人打听此事,但是人已去世①,就不得而知了。不过,这件事并未结束。

梅文鼎从 1675 年去南京起到 1688 年的十多年间,他又去过南京、杭州等地,结交了很多朋友。他们互相学习,这一时期也是梅文鼎的研究成果的高峰期,其间完成著作有十多种。在杭州时,他曾与意大利在华传教士殷铎泽(Prospev Intorcetta? —1691 年)相见:"尝于武林遇殷铎德(泽)。言彼国月日,又与斋日互异。"②其中武林即杭州的别称。在那里梅氏又与毛际可(1633—1708 年)会面于西湖,"遂倾盖定交,日载酒赋诗,余为题其《饮酒读书图》而别。"③

这段时间,对梅文鼎来说,虽然有过生病,寄出书稿后不知去向等情况,但是总的来讲他还是愉快的,因为有的著作如《方程论》等,有人愿意出钱给他出版。康熙二十年(1681 年),他的长孙瑴成

① [清]梅文鼎:《勿庵历算书目》"历志赘言"条。

② [清]梅文鼎:《勿庵历算书目》"西国日月考"条之注。

③ [清]毛际可:《勿庵历算书目》卷前之"梅先生传"。

出生，日后是他的学术接班人。

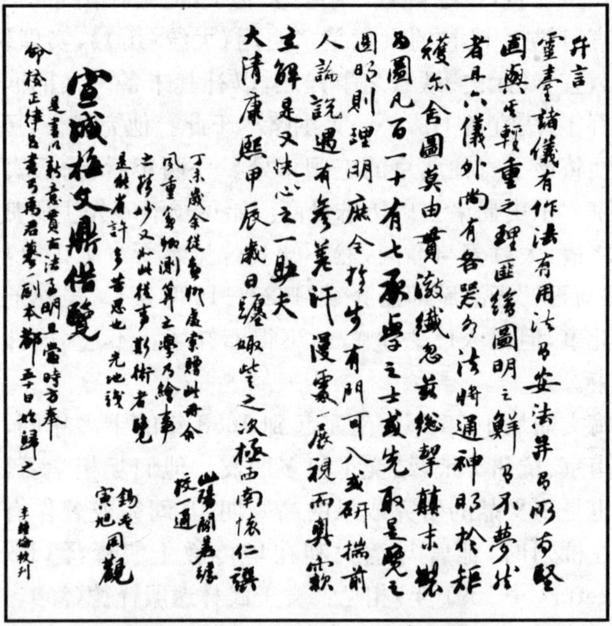

图 2.4 梅文鼎借览的《灵台仪象志》

从康熙二十八年(1689 年)起，梅氏的生活有一定的变化。这年他去了北京，而且一住就是好几年，有时还到天津。他为什么再去北京？有人认为他要去拜访南怀仁，这种看法也许是有道理的。前已提到南怀仁于 1674 年用中文著《灵台仪象志》一书，其中有仪器及造法图形 177 幅，梅氏可能在这之前看到了这部书。现在有一个抄本《灵台仪象图》，南怀仁“弁言”之后有“宣城梅文鼎借览”7 个毛笔大字，这书当时不少人看过，一直保存到现在。很可能是，他看了之后很想和南怀仁见面，讨论有关问题。

梅氏哪里知道，在他到北京之前，南怀仁已于 1688 年去世。

也有人认为他是为了编撰《明史·历志》去的，确实与此有密切关系。

梅氏到京后最重要的是和李光地（1642—1718 年）获交，并在其家设馆、安排住处。他们之间，应早有了解，李光地的弟弟鼎征曾于 1687 年刻梅氏著作《方程论》于泉州。由此，李光地必知梅氏之历算学问，接待绝对是有根据的，很可能是他邀请梅文鼎参加《明史·历志》之编撰工作。在以后的二十多年中，李光地都真心诚意地帮助梅文鼎。后来，李光地有一段文字描述当时的情景，特别是梅氏刻苦钻研的精神，他写道：

> 梅定老客予家，见其无一刻暇，虽无事时掩户一室中如伏气，无非思历算之事。算学中国竟绝，自定老作九种书[筹算，笔算，度算，三角形，比例法，方程论，勾股测量。算法存古，几何摘要]。而古法竟可复还三代之旧，此间代有奇人也。历书有六十余本，不能刻，七十二家之历，无不穷其源流而论之，可谓集大成者矣。①

这里所说“九种书”显然是指梅氏所作《中西算学通》②，但是

---

① ［清］李光地：《榕村语录续集》卷 16，转引自李俨：《中算史论丛》第三集，北京：科学出版社，1955，559。

② ［清］刘继庄：《广阳杂记》卷 3。

后来一直不见此书。

梅氏有了这样好的环境，可以住下来进行各种学术活动，第一件还是《明史·历志》问题，也许就是为此而来的。这和前面所谈的《历志赘言》一事直接相关。原来，《明史·历志》的管理者即前述之吴志伊，而总裁为汤潜庵。汤去世后，历志书稿交给昆山徐乾学（1631—1694 年），又由徐敬可（1634—1690 年）、刘继庄（1648—1695 年）、杨文言（？—1713 年）"诸君子各有增定，最后以属山阴黄梨洲先生［宗羲］"。他到北京后，事情就来了。昆山把一部增定的书稿"见属"，梅氏摘出讹误五十多处，想等黄宗羲把稿交齐，再动笔一起写出，这时昆山死了。下面一段文字记载非常清楚：

> 无何梨洲季子主一［百家］从余问历法，乃知［鼎］前所摘商者即黄稿也。于是主一方受局中诸位之请，而以授时表缺商之于余，余出所携《历草通轨》补之，然写本多误，皆手自步算。凡篝灯不寝者两月，始知此事之不易也。

梅文鼎接下去又讲了《历志赘言》的基本内容①。这些内容似乎与他所修改后的内容差不多。也可以这样理解，梅氏在《历志赘言》的基础上扩充为《明史历志拟稿》。

经过梅文鼎两个月废寝忘食的工作，总算把黄百家拿来的书稿增改完了，感叹"始知此事之不易"！有关《明史·历志》的纂修工作，可能也就这样结束了。

---

① ［清］梅文鼎:《勿庵历算书目》"明史历志拟稿"条。

在此期间，梅氏整日忙碌不停，不仅自己要研究各种有关问题，而且还要接待一些来访者，至少有以下几件事值得一提。

他于己巳（1689 年）入京后，从徐敬可处抄得王锡阐（1628—1682 年）《圆解》一书，并对该书进行订补，还看到王的其他一些著作，由此写了一本《王寅旭书补注》[①]，现已失传。王锡阐去世后，其遗稿经徐敬可、潘耒（1646—1708 年）整理。因徐敬可于 1690 年去世，潘耒对此事自然很关心，有信函给梅文鼎：

> 《圆解》虽本《大测》[②]，而两弦相因、两弧相损等，殊多心得，理深词简，知之者稀。得大文二首，为之表彰，并有意补作图注，俾成完书，何幸如之！[③]

看来，潘耒已知梅氏给《圆解》进行订补，而且还得"大文二首"。现中国科学院自然科学史研究所李俨的藏书中有一写本《圆解》，无作者，严敦杰认为是王锡阐作品，这是正确的。此本很可能就是梅氏抄本，有些是抄写后加上的修改，也应是梅氏所做[④]。在这本《圆解》中，可见到梅文鼎的笔迹。

当时康熙帝正抓紧学习西方之数学、天文学、测量学等，法国的白晋、张诚等轮流到宫廷给他讲课。安多、徐日升等有

---

① [清]梅文鼎：《勿庵历算书目》"王寅旭书补注"条。

② 《大测》是《崇祯历书》之一种。

③ [清]潘耒：《遂初堂集》卷 16。

④ 李迪：《对〈圆解〉的一些探讨》，《王锡阐研究文集》，石家庄：河北科学技术出版社，2000，149～159。

时也在场,梅文鼎在北京时正好是这个时期。有一年,他和安多见面,他自己说:"庚午腊月既望,晤远西安先生,谈及算数,云量田可以不用履亩。初闻之,甚不以为然。归而思之。"得一法,但不知是否与安多所说者一样?[①] 他们还讨论了其他什么问题,不见记载。安多很得康熙帝信任,去世时有专门诏谕[②]。查"庚午腊月既望"是康熙二十九年十二月十五日,相当于公元 1691 年 1 月 13 日。

梅文鼎于辛未、壬申在天津,与沧州老儒刘文学会面,是去两次,还是一次停留一年多?从其记载来看,应是两次。他说:

> 刘文学[介锡],沧州老儒也,颇留心象数。辛未、壬申与余同客天津,承有所问,并据历法正告之。

由此,完成《答刘文学问天象》1 卷[③],共记下 11 问,都有答复[④]。

梅文鼎在此期间研究了一些几何问题,根据理分中末比(黄金分割),补上有关几种正多面体的定理,并经过长期研究得到了很好解决。他自己说:

> 壬申春月,偶见馆童,屈篾为灯,诧其为有法之形[其制以六圈成一灯,每圈匀为六折,并周天六十

① [清]梅文鼎:《勾股阐微》卷 4。
② 林华等:《历史遗痕》。北京:中国人民大学出版社,1994,46~47。
③ [清]梅文鼎:《勿庵历算书目》"答刘文学问天象"条。
④ [清]梅文鼎:《勾股阐微》卷 4。

度之通弦，故知其为有法之形，可以求其比例，然测量诸书，皆未言及。］①

这给他很大启发。不仅使他明白了道理，而且使他知道了具体作图方法。他真是有心人，儿童们在他住的地方"春月"（可能正月）做灯笼，本是件平常之事，可是对于他来说看到的灯笼在数学上就很有用处。在此基础上，他参考《测量全义》写成《几何补编》一书。

当时还有一件事，与梅氏有直接关系。他看见一本叫做《欧罗巴西镜录》的数学书，自己有一说明，比较清楚：

> 西镜录不知谁作，然其书当在《天学初函》之后，知者《同文算指》未有定位之法，而是书则有之，其为踵事加精，可见所立金法、双法，亦即借衰互征、叠借互征之用，然较《同文算指》尤觉简明。但写本殊多鲁鱼，因稍为之订。

于是，他完成了一本《西镜录订注》②。目前北京大学图书馆收藏一抄本《欧罗巴西镜录》，其上有梅文鼎批注，可能为同一书。

到此时，梅文鼎已在北京呆了五年，他说："己巳余去京师，五载，至癸酉始归山中。"③癸酉即1693年。四月，李光地给《历学疑问》作序，即提到"先生之归也谓余序之"，其离京当在此后不久。

---

① ［清］梅文鼎：《几何补编自序》。

② ［清］梅文鼎：《勿庵历算书目》"西镜录订注"条。

③ ［清］梅文鼎：《经星同异考》序。

三、老骥伏枥，壮志不已

梅文鼎从北京回到皖南家乡时，他已经 60 岁了，步入晚年时期。此时，他并不是在美丽的柏枧山消磨时光，而是像青壮年时代一样，仍在学术战线上奔忙。用"老骥伏枥，壮志不已"来描述其晚年生活是适当的。

梅氏的晚年主要进行三方面的活动：接待来访者、外出旅游以及康熙帝的接见。这些活动都是穿插进行，且都围绕学术研究而开展的。回到家里，他还要帮助、指导弟弟、儿子、孙子的学习和研究。

梅文鼎很重感情。康熙三十四年(1695 年)，他早年的老师倪观湖先生 80 寿辰，作诗四首进行祝贺，其第一首：

缥缈敬亭峰①，摇曳官湖波。
湖滨学易人， 白发未颜酡②。
荆扉俛连漪， 依杖看嵯峨。
长隄柳青青， 红桃遍山阿。
小步出前冈， 横桥披薜萝③。
西蜀君平帘④，百泉康节⑤窝。

---

① 敬亭峰是宣城县西北的一个山峰，在官湖之旁。

② "酡"音驼 tuó，喝酒后脸发红。

③ "薜萝"，薜音壁 bì，薜萝是一种植物，此处指隐士的服装。

④ "君平"即西汉的严君平名遵，曾在成都卜筮，日得百钱，足以自养，即闭门下帘研读《老子》，有隐居之喻。

⑤ "康节"是宋代邵雍(1011—1077 年)的谥号，隐于河南"百泉"，住所名安乐窝，讲道学之处。

笑问磻溪勋，　何似云烟过。

八十方为春，　熙熙游太和[1]。

这里，梅文鼎把一位老者描写得活灵活现，拄着手杖在敬亭山下、官湖之滨观看湖光山色，但是他自己的住处和穿着都很简朴，只不过是柴门和隐士服装，就像汉朝的严君平住在成都闭门研究《老子》，或宋代的邵雍隐居于百泉讲道学那样。

在此诗之后还有"挽倪乐翁高士"三首，有自注说："三首：乐翁赏余测器，有知己之言，比余复来观湖，与深谭，而前两日已捐馆。"[2]倪乐翁是倪观湖之弟，梅氏曾在他家喝过酒。对梅氏所制某种"测器"，他认为讲得很有道理，打算最近一起到其兄倪观湖家进一步讨论，可是未等前去，两天前突然去世！

几年之后，梅文鼎去了福建，哪年去的不清楚，可能时间不长，自己说"康熙己卯偶至闽中"，即 1699 年，应是当年的事情。他在福建的最大收获是借抄了一本书，补上以前的残缺。早在数十年前，他在书肆购得"残坏刻本，有普天星宿入宿去极度分，而中缺二宿"。这次在福建"借抄林同人[侗]写本始补完之，然不审其谁作。"[3]补齐了一本书，写《古历列星距度考》一卷。其中，林同人名侗(1627—1714 年)，福建闽侯(今福州)人，县贡生，喜金石，家多藏书，当时徐乾学(1631—1694 年)、朱彝尊(1629—1709 年)等都从其抄过许多书，而成辑著[4]。

---

① [清]梅文鼎:《绩学堂诗钞》卷 3"观湖先生八十"。

② [清]梅文鼎:《绩学堂诗钞》卷 3"挽倪乐翁高士"。

③ [清]梅文鼎:《勿庵历算书目》"古历列星距度考"条。

④ 《清史稿》卷 484"林侗"。

因此，梅氏在林同人处抄书只是抄者之一，而且地点是在闽侯。

梅文鼎从闽侯回安徽，途中经浙江嘉兴、杭州等地。大概是先到杭州，住在毛际可家。这次会见，毛际可有记载：

> 己卯冬，（梅文鼎）先生自闽中北归。停楫湖墅复枉道访余西湖邸舍，忽忽十余年，两人须鬓尽白，不能辨识矣。问无恙外，尽出所著历学算学书相示，且属为传。曰鼎覃精于此四十年矣。自谓足以窃古人之精思，衷历家之定论。而足迹经南北，求其人以继此学，尚未得也。庶几借先生大文以传，俾当世学者知有此事，而相与求之乎？余唯古人生不列传。然后此恐相见无期，已如隔世。而先生之学，不可不使人知之，遂不辞而为之传。①

梅氏到杭州住在毛际可家里，两人10年未见面，这时须发皆白，都不认识，但还是一见如故。在谈话中，梅氏提出：希望毛际可给自己写一篇传记。毛际可以为“生不列传”，可是他又一想，梅先生为学等事实应当使人知道、学习，再说下次何时能再见面那就很难说了，最后他还是答应了。他写了一篇《梅先生传上》，这是梅文鼎的第一篇传记。他与梅氏同庚，但先梅氏21年去世，实际上此后他俩再未见过面。

大约是这次见面，梅氏得知老友朱彝尊的儿子去世，于是

---

① [清]毛际可：《梅先生传》。转引自钱宝琮：《钱宝琮科学史论文选集》，北京：科学出版社，1983，628。

往嘉兴去看望、安慰，朱在一文中记载了这件事：

　　己卯十月二十一日丧子，老友梅君文鼎，归自闽中，扁舟过谓，携别后所著书见示，部帙甚富，余亦以《经义考》相质，并出亡儿《摭韵遗稿》观之，成诗百韵，次日送之还宣城，兼寄孝廉。①

虽然这件事，使人悲伤，但是他仍不忘学术研究。朱把自己的著作《经义考》取出与梅氏讨论，同时想到"兼寄孝廉"一份亡儿《摭韵遗稿》。孝廉应是指李鼎征。

梅文鼎回到宣城老家后，仍是整日忙于学术研究和写作。可能是在他回到家之前，李光地已刻《历学疑问》于大名（今河北大名）。该书的出版对梅氏影响极大。两年后，李光地利用一个机会将此书进呈康熙帝。第二年春康熙帝将书还给了李光地，书上有圈点和批语。李光地记载说：

　　壬午十月扈驾南巡，驻跸德州。有旨取所刻书集（籍），回奏：匆遽未曾携带，且多系经书，制举时文，应塾校之需，不足尘览。有宣城处士梅文鼎《历学疑问》三卷，臣所订刻，谨呈求圣诲。奉旨：朕留心历算多年，此事朕怎决其是非，将书留览再发。二日后承召面见。上云：昨所呈书，甚细心，且议论亦公平，此人用力深矣。朕当带回宫中，仔细看阅。臣因求皇上亲加御笔批校改定，庶草野之士有所取。臣

① ［清］朱彝尊：《曝书序诗注》卷18。

> 亦得以预闻一二,不胜幸甚。上肯之。越明年春,驾复南巡,遂于行在发回原书,面谕:朕已细细看过。中间圈点、涂抹及签贴批语,皆上手笔也。臣复请此书疵缪所在?上云:无疵缪,但算法未备。盖梅书原未完成,圣谕遂及之。

于是把书交还。李光地记于甲申(1704年)五月。[①]

在此前一年,康熙帝赐《几何原本》、《算法原本》两书予李光地,但李光地"未能尽通,乃延梅定九至署,于公暇讨论其说"[②]。李光地是把梅文鼎请来当老师的,而梅氏也利用这个机会带着三弟、儿子及孙子北上到保定,住李光地巡抚衙署中。李光地呈《历学疑问》于康熙帝一事,梅氏肯定知道而且会很高兴。关于他们到保定,梅氏有记载。他于康熙癸未(1703年)给三弟梅尔素《比例规用法假如》作序,说:

> 方尔素撰此书时,安溪相国(李光地)以冢宰开府上谷,公子世得钟伦锐意历算之学,余兄弟及儿以燕下榻芝轩,与诸同学晨夕问难,甚相得也。无何,尔素挈儿(以)燕南归。[③]

梅文鼎仍然留在李光地处,并未回宣城。

当时李光地处很热闹,有一大批人集其门下,如魏廷珍、

---

① 《历学疑问》书前,李光地于甲申五月壬戌所写"恭记"。

② 转引自李俨《中算史论丛》第三集,北京:科学出版社,1955,570。

③ [清]梅文鼎:《比例规用法假如原序》加字。

王兰生(1679—1737 年)、王之锐(1615—?)、陈万策、徐用锡(1657—?)等,还有李光地儿子李钟伦(世得),李光地都让他们"受业于"梅文鼎。其间李钟伦对《授时历》"以算术垛积招差立算,而今所传九章诸书无此术也。岂古有而今逸也?"他感到疑惑不解,于是梅氏"试为思之,其中原委亦自历然。"①

图 2.5　"绩学参微"

① ［清］梅文鼎:《勿庵历算书目》"平立定三差详说"条。

康熙四十三年(1704 年),康熙帝西巡时问李光地“隐沦之士”,他举出关中的李颙[①]、河南的张沐和梅文鼎三人以对。康熙帝素知李颙和梅文鼎,想见见他们。第二年(1705 年)四月,康熙帝再次南巡,便问李光地:“宣城处士梅文鼎今焉在?”光地答曰:“尚在臣署。”[②]康熙帝说好吧,等朕回来时,“汝与偕来,朕将面见。”于是李光地把梅文鼎找来,四月十九日,康熙帝乘的龙舟从南方回到山东临清州(今山东临清),“伏迎河干越晨”,第二天“命所乘小舟随行”。二十二、二十三日“并赐召对,赐食,赐坐,夜分乃罢。撤御前烛,命小黄门送归。在御舟中,康熙帝从容垂问”,同时赐御书扇幅等。梅文鼎也借此机会进呈自己的著作《三角法举要》[③],临别时,康熙帝特赐“绩学参微”四个大字(见图 5.2)。通过这次“面见”,康熙帝对梅文鼎有了比较深入、全面的了解,所以对李光地说:“天象算法,朕最留心。此学今鲜知者,如梅文鼎实仅见也,其人亦雅士。惜乎老矣!”梅文鼎对此事有一段描述,更加确切:

> 四人有诗,念臣鼎老病,特赐炕桌,命小侍卫执烛照之。诗成命侍卫左右扶掖,而兴既起立,仍命立定少顷,然后移步,优恤可谓至矣。

航行到天津北的杨村,梅氏下船上岸。这里说四人有诗是否

---

① “颙”音拥 yōng。

② 当时李颙已年老,行动不便;而张沐则已死。

③ [清]梅文鼎:《勿庵历算书目》“三角法举要”条。这里指《平三角举要》5 卷。

指康熙帝、梅文鼎、李光地和小黄门(侍卫)? 梅氏“赋得”如下:

御制素波万里尽澄泓,
应制帝德同天乘,
景运波臣孝顺尽,
安流河淮底定,
千秋绩,江海澄清,
万里舟排决经营,
归庙算平成,
勋业起歌讴,
挽输无阻畊夫乐,
从此长纾宵旰忧。①

这是为康熙帝歌功颂德。同时,可以想象得到,一位布衣知识分子,受到国家最高统治者的接见和礼遇,受到赐字的褒奖,是一种多么崇高的荣誉! 对其当时的心情是可以理解的。这份荣誉对梅氏及其子孙后代都有很大影响。

梅文鼎从杨村回到保定李光地衙署,又停留了一年多,于第二年六月南归宣城老家。可是到了家,他首先得知的是噩耗:李光地的儿子李钟伦死了,一进家门才知儿子以燕去秋溘逝。自己也大病一场,差点死去,但最后还是活过来了②。

梅氏病愈后,仍然不间断地从事科学研究和写作,还到一

① [清]梅文鼎:《绩学堂诗钞》卷4。
② [清]梅文鼎:《比例规用法假如原序》之末的加字。

些地方去拜访友人，几乎没有停息的时间。

康熙四十九年(1710年)，梅氏去苏州。在那里他会见杨作枚(学山)，同时见到陈厚耀(1648—1722年)和秦二南，使梅氏了解到不少情况。他们互相交换了资料。他从杨作枚处借到稿本《锡山历算书》4册(也有的说5册)，同一日写了一篇序①和一篇跋②，都有一段内容相近的文字：

> 庚寅之冬，偶有吴门(苏州)之游，学山同吾友秦子二南，挐舟过访于陈泗源(厚耀)学署，出示此书。余亦以《几何补编》相质。约即往(秦)二南园亭下榻，为十日快聚，乃又牵于事，一交臂而失之。

写这话之时已是两年后之事，当时梅氏已是80岁的老人，所以他又很伤感地说：

> 余每思再过吴下(苏州)，而忽忽遂余二载。今行年八十，且多病不知能复出与否？三复其书，余之系怀于学山殆无虚日矣！

此后他再也未见到杨作枚。在序、跋中还提到好几个人，其中有钱塘(杭州)袁士龙(惠子)。他们于康熙三十一年(1692年)在北京见过面，当时讨论了一些天文学问题。因为在《历算书》中有关火星的讨论“多采余说”，可是杨作枚怎么知道的

---

① ［清］梅文鼎：《历算全书》卷首“锡山友人杨学山历算书序”，1712。

② ［清］梅文鼎：《绩学堂文钞》卷5“锡山友人历算书跋”，1712。

呢！梅氏推测"其书系余客燕台时，与钱塘袁惠子辩论而作，虽存稿本，未尝多以示人，不知学山从何得之？岂即袁君所授耶！然即此见袁君之虚怀与学山诸君子之好学矣。"也就是说，杨作枚书中关于火星的论述，很可能是梅氏与袁士龙讨论的内容传给杨作枚的结果。梅氏不仅没有批评他们，反而称赞他们"好学"。他说"此学甚孤，有从事焉者，或株守旧闻，各持一得之长，而不能相下，同方合志之友，古所难也。而又弗获群萃州处，深为究极。"①从这里，看出梅文鼎的宽宏大量之态度。杨作枚的书早已失传，不知书中有关火星的论述部分，特别是来源部分是怎么说的，如果真如梅氏所说系袁士龙所转述，应当声明其来历，否则即有剽窃之嫌，应予批驳。

就在这一年，康熙帝接受陈厚耀的意见，开蒙养斋，编纂《律历渊源》，调集国内及在华西方一些传教士参加工作，梅氏的孙子珏成也被调去。该书分三大部分：乐律理论名为《律吕正义》；天文历法部分名为《历象考成》；数学部分名为《数理精蕴》，共100卷。梅珏成供奉内廷，"钦赐监生"，第二年(1713)又赐举人，1715年又赐进士并第宅于北京宣武外之日南坊②。

这时，《律历渊源》的《律吕正义》5卷首先完成。康熙五十四年三月七日(1715年4月10日)，康熙帝决定赠书一部给梅文鼎，请他给予审查，由江宁织造李煦送达。过了几个月，康熙帝未收到梅氏的审查意见，于是又于同年十二月二十三日(1716年1月17日)特意让梅珏成向其祖父转达如下的

---

① ［清］梅文鼎："锡山友人杨学山历算书序"，1712。

② 《文峰梅氏宗谱》，1937，敦睦堂刊本。

意思：

> 钦奉上谕：汝祖留心律历多年，可将《吕律正义》寄一部去，令看，或有错处，指出甚好。夫古帝王有“都俞吁咈[①]”四字，后来遂上有“都俞”，即朋友之间亦不喜人规劝；此皆是私意。汝等须要极力克去，则学问自然长进。可并将朕此意写与汝祖知道。[②]

这段话的内容相当恳切，如果《律吕正义》中有错误，“指出甚好”。还举出古代帝王的“都俞吁咈”说明意思：对某事表示同意叫“都”或“俞”，不同意或反对便称“吁”或“咈”，典故出自《书经》。可是后来止用“都”或“俞”，就是朋友间也不喜欢使用后两个字。康熙帝又说“此皆是私意”，你们要极力克服不欢迎他人规劝的思想，做到这一点，“则学问自然长进”。希望梅氏不要有任何顾虑，什么意见都可以提，我不是那种只要“都”、“俞”的人。他本人虽然有时表现得骄傲，但是整体是谦虚谨慎的，请人到宫中给他讲课、做练习等就是明证。

梅氏收到珏成的信后，极为高兴，“即日焚香、北向稽首”，叩头谢恩，马上“具摺令臣孙珏成代奏，恭谢天恩，曷胜悚息，瞻恋之至。”梅文鼎首先说该书为“不刊之书，为万世法”，说了赞扬的话，但也提出不少意见[③]。

这时梅文鼎已是八十多岁的高龄老人了，还不断有人拜访他。他写信作诗，还继续进行学术研究。

---

① “咈”音夫 fū。

②③ ［清］梅文鼎：《绩学堂文钞》卷 1“赐《律吕正义》札子”。

康熙五十五年(1716 年)梅文鼎再次去南京,第二年在南京与年希尧(? —1738 年)会见。这次是年希尧请他到自己的衙署的。原来,年希尧早就知道梅文鼎的大名。他说"余性耽测算、制器,与梅子闻声相思,而远宦粤西,道阻且长,未由相印,可尝用为憾!"现在被调到江左做官,办公地点在南京,正好利用这个机会"折柬招致"。可是梅氏已经 85 岁了,"耄而多病,不良于行,视听犹未衰,而好学弥笃"。这次见面,梅氏把写成的《度算释例》拿出来,请他作序,早日出版,"以广其传"。年希尧于当年长至日(农历五月十三日,公历 6 月 21 日)在金陵(南京)写序一篇①。

梅文鼎在年希尧衙署也参见了许多东西,指出:"大方伯年公(希尧),博雅好古,尤深于制器尚象之旨,兹奉简命涖治江邦,恭移召命,抠谒之顷,即出手制小浑仪、测算诸器罗列几案,并极精好,辉映座间。公临下以简,庶政多暇,益得親承诲迪。观所藏奇书奇器,日(且)闻所未闻。"②虽然他年事已高,但是见多识广,而此次在年希尧处还是大开了眼界。用年希尧的话来说,梅氏的"视听犹未衰,而好学弥笃"。

在这前后一段时间,梅氏还在家接待了来访者,给人写序等等。在康熙六十年(1721 年)初,也可能是他最后一次接待来访者。接待的是他早年塾师陈明卿的儿子陈兆先。他与陈明卿的师生关系已是 77 年前的事,早已不相闻知。此次他与陈兆先见面,"悲喜交并",于是作诗以赠,诗云:

---

① [清]年希尧:《度算释例序》,1717,载《历算全书》本《度算释例》卷前。

② [清]梅文鼎:《度算释例自序》,1717,载《历算全书》本《度算释例》卷前。

残帙送榆景，　泊然谢尘鞅。
时于药裹中，　推枕怀既往。
犹忆舞勺龄，　林原纷伏莽。
旌倪靡止居，　避寇人抢攘。
先人挈童稚，　殷勤慎蒙养。
延致太邱翁，　峨冠肃函丈。
虽复戈铤警，　不废朝昏讲。
元方复继之，　指授何高郎。①

这是诗的前半部分。他回想起当年师生的情景。老师对他就像挈童稚那样，早晚都在讲授课程。

此次接待陈兆先不久，梅珏成因编完《律历渊源》，故特请假从北京回来探望祖父。就在这一年，梅文鼎走完他89年的人生历程，永远地离开了人世。据《梅氏宗谱》记载：

> 珏成内廷供奉，越数年，给假归省，值公（梅文鼎）病，得持疾，数月而卒。特命江宁织造曹君治丧事，营葬地。②

朝廷对此事极为重视，特命江宁织造曹某前往梅氏老家料理丧事，营造墓地。其墓在今安徽省宣州市杨林乡，位于小营村、荷花塘与泉水塘三村之间，头向东南，足向西北，四周全是平地，当地人称之为“定久墓”。具体墓地叫独山达庄，与其早

① ［清］梅文鼎：《绩学堂诗钞》卷4“喜石龙陈兆先过访”。
② 《文峰梅氏宗谱》，1937，敦睦堂刊本。

亡的妻子陈氏合葬一起[1]。1986 年，笔者曾前往凭吊，当时见到的只是一个较大的土堆，其上长满杂草和野花，当即拍照留念。在当地，破碎的墓碑很多，而且大多为梅姓，例如在刘姓农民院内发现两块这样的残碑，其中一块系梅文鼐、梅文鼏两人及各自夫人的合名墓碑，大约是两对夫妇墓地相处极近，所以他们的子孙便把碑刻在一起，但现在早已不见其墓。

梅文鼎一生多次参加考试，直到 74 岁时才得到个“岁贡”。考试是地方向中央政权推选人才的制度。考试合格者可在省内当一名训导，但是梅氏从来未当过大小官吏，以布衣而终。

由于梅氏于康熙四十四年(1705 年)被康熙帝在舟中接见，因而在身后却得到颇高的荣誉。不过，康熙帝于康熙六十一年(1722 年)十一月去世，距梅氏死仅一年多，因此，未来得及对其加封什么名誉，到了雍正朝才注意此事。雍正帝在雍正十三年九月初三日(1735 年 10 月 18 日)发布“通政使司左参议梅珏成祖父母诰命”一道，追封了梅氏。乾隆二年三月初六日(1737 年 4 月 5 日)又发出“顺天府府丞提督梅珏成祖父母诰命”一道[2]，对其再次追封。梅氏妻子陈氏还被追封为一品夫人，距其死已 60 多年！看来，这些追封与梅珏成有直接关系。他每晋升到一定的官位，皇帝便给他的祖父母追封一次。

这就是梅文鼎的一生，他不仅自己勤奋工作，一刻不停地研究和写作，留下极为丰富的学术遗产，而且培养了一代人，惠及后世近 200 年！

---

① 李迪、郭世荣:《清代著名天文数学家梅文鼎》，上海:上海科学技术文献出版社，1988，43。

② 《文峰梅氏宗谱》卷首，1937，敦睦堂刊本。

第三章　梅文鼎的学术家族

梅文鼎家族在宣城故里，长期以来繁衍成了大家族，他在世时为族长，治理得很好，“无公庭诉讼，几三十年。族属数千人，无敢博戏者，或侮其父兄，辟宗祠、扑击之甚”，因此当他去世时，人们“吊哭失声”①。

一、弟弟及儿子的学术活动

梅氏将自己的弟弟、儿子、孙子等都教育成人，形成了一个几代相传的天文历算和数学见长的直系学术家族。

如前所述，梅文鼎有三个弟弟，即文鼐、文鼏和文鼒。其中，文鼐和文鼒在天文学和数学方面都有研究。

---

①　[清]方苞：《梅征君墓表》。

文鼐,最初与兄文鼎、弟文鼏同受教于倪观湖,学习历法,后来,“夜则披图仰观,日则运筹推步[①]”,逐渐深入。他又与兄文鼎取《元史·历经》共同研究,“以三差法布为五星盈缩立成,然后算之。盖与仲弟(二弟)和仲文鼐共成之也。和仲于此事甚勤,能助予,惜早卒。其后十余年乃得《通轨》,校之颇合,恨仲之未之见”。前后合作完成《步五星式》6卷一书[②]。可是,原书早已失传。他还著《南极诸星考》一卷,有刊本。文鼐只活了三十多岁(1637—1671年),否则还会做很多研究。

文鼏是文鼎的三弟,其学习相当刻苦。首先是书籍,他善抄写。“文鼎得中西书图,文鼏手抄略备”,抄写后兄弟共用。天空中有许多恒星向人们发光,它们的相对位置虽在变化,但极其微小,人们在几百年上千年的时间内根本察觉不到。还有另一种运动,那就是星体间整体有规律地变化,这种变化是由岁差引起的。由于这种变化,每年恒星的经纬度都有改变。假如对每颗恒星都要重新计算其经纬度,工作量自然较大,那么可以采用几年进行一次计算,或者只挑选其中的大星进行计算。有如下一段记载:

文鼎依岁差考订平议大星,嘱友人张慎镘之。浑盖复嘱文鼏作恒星黄、赤二星图,取其星名之同,

① “推步”指在天文历法上的推演计算工作。

② [清]梅文鼎:《勿庵历算书目》“步五星式六卷”条。

而数有多寡异于古人者别识之为《经星同异考》一卷。①

这段文字说了三件事：第一是梅文鼎根据岁差研究出一些大星的经纬度，并请友人张慎“镘之”；第二是梅文鼎认为应加恒星赤道图和恒星黄道图，由文鼐绘制；第三是文鼐在此基础上写了一本书名为《中西经星同异考》。

上述三件事连在一起，由第一件事引起，后面两件事都是文鼐的工作。

第一件事是梅文鼎的星表，有现传本，在《梅氏历算全书》的《揆日候星纪要》“论恒星”中，包括“诸名星赤道经纬加减表”(88颗恒星)、“二十八宿距星黄赤二道经纬度”(又分壬子年度赤道与黄道二表，自春分起算)、“二十八宿赤道积度”、“二十八宿黄道积度”、“康熙戊辰年各宿距星所入各宫度分[黄经度]”等。同时由张慎“手镘铜字”做成小仪器，估计可以旋转，能反应岁差变化，由梅文鼎写成文字。

第二件事，文鼐所绘的两幅星图，现未见到，可能早已失传。

第三件事，是文鼎从杭州回家后，文鼐写的《中西经星同异考》已完成，流传至今。所谓“经星”就是指恒星，书前有梅文鼎于康熙甲戌(1694年)所写长序，而研究却是从戊辰(1688年)开始的。序有一段文字说明写作过程：

① [清]佚名：《清史列传》卷68“梅文鼎附文鼐”。北京：中华书局，1987，5455。

《经星同异考》一卷、发凡九则，吾季弟尔素之所辑也。岁在戊辰，余归自武林。武林友人张慎硕忱能制西器，手镂铜字，如书法之迅疾。余乃依岁差考定平仪所用大星，嘱硕忱施之浑盖，而嘱吾弟为作恒星黄赤二星图。因于星之经纬，逐一译校，乃知汤氏历书图表与南氏仪象志，互有得失。自其本法固多远异，不第与古传殊也。因取其星名之同而数有多寡异于古人者，别识之以成此书。至其所为辨正经纬之度者，尚存别卷，不尽于是，而吾弟之为此，则已勤矣。盖其时方有稿本，次年己巳，余去京师五载，至癸酉始归山中，吾弟乃出其缮写重校之本示余，视其年固已巳也。①

在序文之后有作者于康熙己巳(1689 年)写的九条“发凡”，主要是说明“经星”的涵义、星数与星官数、西方的 6 个星等以及每等星数和写法等。正文中有“古歌”指“步天歌”，“西歌”则指《经天该》所载之歌诀。书末有徐用锡(1657—?)于戊寅年(1698 年)所写之跋。

《中西经星同异考》按“三垣二十八宿”的中国星座“星序悉依古歌”排列，先是每座的星数，又按“三垣”和“二十八宿”各宿给出古歌和西歌。例如尾宿：

尾[九星，西外增一星]
龟[五星，西四星]

① ［清］梅文鼎：《中西经星同异考·序》，《万有文库》本。

天江[四星,西五星外增二星]
传说[一星,西作气]
鱼[一星]
神宫[一星]

古　歌

尾九星如钩苍龙尾，　下头五点号龟星。
尾上天江四横是，　尾东一星名传说。
传说东畔一鱼子，　尾西一室是神宫。
所以列在后妃中。

西　歌

接心是尾九点曲，　卓如衣角飘风前。
神宫一星尾内坐，　传说独立尾之尖。
天江六点当河隙，　鱼星一黑游江边。
龟星有五三略见，　西去三星河外缘。
巨人侧身向西北，　其上正当天市垣。

古歌的第一句是说该宿的整体星点构成的形状和主要星座的星数,每一宿都是这样,“三垣”都无这一句。所谓“西歌”根本不是把西文翻译为中文,而是中国人根据意思编造的。至于何人所造,现还不清楚。

梅文鼐还著有《授时步交食式》1卷。他只有累年算稿。文鼎曾“录存之”,是否出版,没有查到。

梅文鼐曾参考明代陈荩谟的尺算用法研究比例规,为《比例规用法假如》补充有关算例。文鼎在此基础上完成《度算释例》一书。文鼎说:“康熙癸未季弟尔素有《比例规用法假如》

之作，又五年丁亥重加校录，示予。”[1]该书主要讲述比例规的用法、制作法等。

文鼎与三个弟弟的关系很好，有一次文鼐（仲弟）去宣州城读书，写序送行，其中开头的一段是：

> 甲辰闰六月立秋日，仲弟鼐将入郡城，为离家读书计，先期理襆被、衣囊、书卷、文具、乾糇、脯茗，命童仆属家政向晡达夜，皇皇无休息，其心似有所大不得已者。[2]

时间是公元1664年8月7日，进城读书要带很多东西，主要有衣被、图书文具和能较长期保存的食品、茶叶等。而且这些大量物品都由童仆先期送达。当时文鼐已28岁。

文鼎的第二个弟弟（行三）文鼏，虽然没有什么研究成果流传下来，但是他对历算也感兴趣，至少有一件工作是我们知道的。他曾造过日晷，是什么样子没有任何资料可查，仅凭文鼎的诗句来断定其事。其诗题为“午日为季弟尊素制日晷并系以诗”共六首，均为五言，如下：

多种加时法，　赤道以为宗。
里差有南北，　低昂势不同。
𡙡术[3]取冲制，　聊以拟形容。

---

① ［清］梅文鼎：“比例规用法假如原序”，载《梅氏历算全书·度算释例》卷前。

② ［清］梅文鼎：《绩学堂文钞》卷3“送仲弟文鼐入城读书序”。

③ “𡙡术”一词起于宋代秦九韶《数书九章·序》指“系于方圆者”，“𡙡”音惠 huì，与叀同。

谁与明斯理，寂历游鸿濛[①]。

鸿濛一黍米，廓然涵太虚。
积气为光曜，运行常自如。

永短类灯影，明晦随方隅。
所以古至人，冥意观元枢。

忆同师邵子，秦淮创斯器。
复因山阴何，斟酌新其制。

岁月忽迁改，回首沧江逝。
何当息诸缘，相将为何事。[②]
得到青镫一卷余。

这诗句约写于康熙二十一年(1782年)，此时文鼎在南京，“忆同师邵子，秦淮创斯器”是说他们兄弟俩从姓邵的老师那里学来的，并且在南京做成了一个日晷。根据第一首诗应是赤道式日晷。这种日晷的晷面要与地球赤道面平行，晷针垂直于它(即与地球自转轴平行)，不能南北移动。如果从南京拿到梅氏宣城老家，其安装必须符合当地的地理纬度，即仍保持晷面与地球赤道面平行才行。诗的最后一句不属诗的结语，其中“青镫”与“青灯”同，就如一个灯盘那

① “鸿濛”形容东方日出的地方。
② [清]梅文鼎：《绩学堂诗钞》卷2“午日为季弟尊素制日晷并系以诗”。

样的东西，比喻日晷的形象，此外没有什么，很简单。

当文鼎第三个弟弟（行四）60 岁生日（1700 年）时，他又作诗三首，以示祝贺。第一首的前半部分，说明他们兄弟间的关系：

昆弟重人伦，　计时独能久。
术业况同方，　门内自为友。
下帷忆丱年[①]，家塾一经受。
吾季[②]称早慧，科名[③]拟唾手。
春路琴溪鱼，　秋月秦淮柳。
形影相追随，　阅历靡不有。
少壮曾几何，　蹉跎并成叟[④]。
季年及周纪，　距算视余九[⑤]。

说的是，兄弟们童年和少年时代的情景，他们在一个家里，学习一样的内容（方向），在一起念书，在一个地方玩耍，就像琴溪鱼、秦淮柳。可是，曾几何时，原来少壮年华，虚度光阴都成了老年人！

这些兄弟们一起生活、学习与合作研究的经过，至今读起来仍历历在目。梅文鼎的学术成就是与兄弟间和睦相处，互相帮助有直接关系。

---

① “丱年”，丱音冠 guàn，即幼年。
② “季”是行三之意。
③ “科名”，科举之名目。
④ “叟”，老年人。
⑤ ［清］梅文鼎：《绩学堂诗钞》卷 4“尔素弟六十［三首］”。

梅文鼎有一个儿子叫以燕，字正谋。康熙三十二年(1693年)举人，未入仕为官。受家学影响，“于算学颇有悟入，有法与加减同理而取径特殊。能于《恒星历指》中摘出致问鼎，所谓能助余之思也。惜早卒，未竟其学”[①]。以燕于1705年死，没有留下论著。

二、梅瑴成的前半生

梅以燕有两个儿子，长为瑴成，次为玕[②]成。玕成字扃琳，具体情况，现所知极少，肯定是读书识字之人，可能通晓历算，曾为其兄瑴成《增删算法统宗》校字。

梅瑴成，字玉汝，号循斋，又号柳下居士。清康熙二十年四月初二日(1681年5月19日)生，在家中受到很好的教育，“幼有童鸟之誉”，在历算方面颇为精通，后来成为他祖父文鼎的学术接班人。

梅瑴成的少年时代情况，知之甚少，只能推测性地说他向祖父、父亲和其他祖父辈的人学习天文历法和数学，而且家有很多书可供阅读。他到23岁时，资料就有了明确记载。

康熙四十二年(1703年)二月，李光地获得康熙帝所赐的《几何原本》，自己有看不懂的地方。这是康熙帝用过的教材，是法国白晋、张诚等讲课使用的法国巴蒂(P. Pardies)著《实用与理论几何学》

① [清]杭世骏:《道古堂文集》卷30“梅文鼎传下”。

② “玕”音干 gān。

(1671 年),已被译成满文和汉文,虽名为《几何原本》[①],但与明末时徐、利所译欧几里得《几何原本》完全不同。这时李光地便请梅文鼎给他讲解,大约因他已年过七旬,需由人照顾和扶持,就带着弟弟文鼐、儿子以燕和孙子珏成一起到了李光地的官府——保定衙署,在芝轩下榻。梅文鼎这次带这么多人去保定,显然还有一个目的,就是要利用此次机会让他们多学习些知识。

李光地是一位爱学习的人,知识渊博。经常有一些知名学者来他的客馆讨论学术问题。这次是梅文鼎第二次到他客馆,上次是在北京。李光地的儿子李钟伦(世得),也在学习和讨论之列。不过第二年,梅文鼐和侄子以燕返回老家,珏成仍陪祖父留在保定。

李钟伦对《授时历》内有关垛积招差算法有疑问,文鼎命珏成“衍为垛积之图”。文鼎指出:

> 《授时历》于日躔盈缩、月离迟疾,并云以算术垛积招差立算。而今所传九章诸书,无此术也。岂古有而今逸耶?……余因世得孝廉之疑,而诚为思之,其中原委,亦自历然,爰命孙珏成衍为垛积之图,得书一卷。[②]

所谓“得书一卷”即写成《平立定三差详说》一书。现传该书,

---

① 目前在国内存有好几本这样的《几何原本》,《数理精蕴》上编卷 2～4 也收入了该书。

② [清]梅文鼎:《梅氏历算全书》本《平立定三差详说·序》。

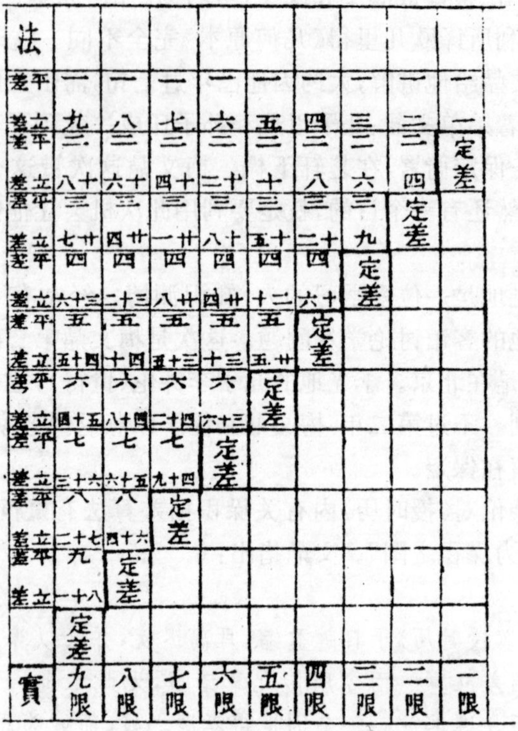

法									
差平	一	一	一	一	一	一	一	一	一
差立	九	八	七	六	五	四	三	二	一
差平	三	三	三	三	三	三	三	三	定差
差立	八十	六十	四十	二十	十	八	六	四	
差平	三	三	三	三	三	三	三	定差	
差立	七廿	四廿	一廿	八十	五十	二十	九		
差平	四	四	四	四	四	四	定差		
差立	六十三	二十三	八廿	四廿	十二	六十			
差平	五	五	五	五	五	定差			
差立	五十四	十四	五十三	十三	五廿				
差平	六	六	六	六	定差				
差立	四十五	八十四	二十四	六十三					
差平	七	七	七	定差					
差立	三十六	六十五	九十四						
差平	八	八	定差						
差立	二十七	四十六							
差平	九	定差							
差立	一十八								
	定差								
實	九限	八限	七限	六限	五限	四限	三限	二限	一限

图 3.1 《平立定三差详说》中之“盈缩差图影书”

确实存在图表 14 幅，其中大部分应由梅珏成所作，如“盈缩招差图”、“平差递加图”、“立差递加图”等等。

康熙帝接见梅文鼎一事就是此次去保定期间，珏成对此事一定知道，不能不对他产生很大影响。不久，珏成父亲以燕去世，估计他当时还不知道。

梅珏成通过此次北游，也可能去过咫尺之远的北京，但无记载。

几年之后，康熙帝连续两三次接见陈厚耀，都谈到梅文鼎祖孙，特别是康熙五十一年(1712年)那次，陈厚耀提出"请定步算诸书，以惠天下"，得到批准。可是，这种工作不是一个陈厚耀能完成的，必须有一些人合作才行。康熙帝马上想到梅珏成，并立即调他到北京，有一段记载说：

汝(陈厚耀)尝言梅珏成，学甚深，今命来京，与汝同修算法。珏成至，上问曰：汝知陈厚耀否？他算法近日转进，向曾受教于汝祖。今汝祖若在，尚将就正于彼矣。乃命厚耀、珏成并修书于蒙养斋。赐《算法原本》、《算法纂要》、《同文算指》、《嘉量算指(经)》、《几何原本》、《周易折衷》，字典、西洋仪器、金扇、松花石砚及瓜果等克什甚多。①

梅珏成就这样被调进北京，供奉内廷，钦赐监生。就在这年(1712年)五月，康熙帝去承德避暑山庄，有一大批随员，刚到北京的梅珏成也是其中之一：

康熙五十一年五月，驾幸热河避暑山庄。征梅文鼎之子(孙)梅珏成诣行在。先是命苏州府教授陈厚耀，钦天监五官正何君锡之子何国柱、国琮(宗)，官学生明安图，原任钦天监监副成德，皆扈从侍直。

① [清]阮元：《畴人传》卷41"陈厚耀"。

上命亲临提命，许其问难，如师弟子。……①

这些人从热河承德回北京后，梅珏成与明安图、陈厚耀、何君锡父子等便投入到编修算书工作中去。这书很快于第二年完成。编书人都得赏赐，梅珏成被赐举人。

大约是因为这部书的内容太窄或其他原因，康熙帝决定重新编修。实际上，主要是扩大编修和研究范围。从康熙五十二年(1713 年)五月又“修律吕、算法诸书”②。由何国宗、梅珏成为汇编(相当于主编)，全书分为“律吕”(音乐理论)、天文历法和算学三部分，各有名称：《律吕正义》5 卷、《历象考成》42 卷、《数理精蕴》53 卷，共 100 卷，总名为《律历渊源》。康熙帝对此事非常重视，“所纂之书，每日进呈，上亲加改正焉”③。

由于律吕部分的份量较小，所以很快于康熙五十四年(1715 年)年初即完成稿本，抄一部送给梅文鼎，请他提出修改意见。这年，梅珏成由康熙帝“复赐殿试，成进士，改庶吉士，散馆授编修。”④由此，梅珏成的地位有所提高，已是进士出身，庶吉士为官名。系进士殿试后朝考前列者被选上的，按等第而授职，谓之“散馆”，二甲进士(殿试的第二等)授编修(官名)。有了进士出身，下一步晋升就不受限制了。

正因为如此，梅珏成有假省亲，还受赐第宅于北京宣武门

---

①②③ [民国]赵尔巽等：《清史稿》卷 45“时宪志一”。

④ [清]佚名：《清史列传》卷 17“梅珏成”。北京：中华书局五，1987，1237～1241。

外之日南坊①。珏成在回家探亲时带上了康熙帝给梅文鼎的信，让他对《律吕正义》提修改意见。前已述及，不再重复。梅珏成此次回家可说是衣锦还乡、光宗耀祖吧！祖父的高兴心情，可想而知。

《律历渊源》的编撰工作，仍在进行。梅珏成可能把家属接到北京，安排在新宅里，同时继续投身到编撰《律历渊源》和研究工作之中。梅珏成在研究工作中都承担了哪些具体任务，目前还不易分清，至少在数学方面有一项比较明确，就是物质比重的测定。

在中国历史上，对物质比重的测定，个别事例早在汉代已出现，《孙子算经》中有 7 种物质的比重值。《算法统宗》沿用，多已过时。明末清初，又从西方传入一些结果，因而比较混乱。编撰《律历渊源》时，就提出重新测量的问题。《数理精蕴》指出：

> 数学至体而备，以其综线、面之全，而尽度量衡之用也。盖线面存乎度，体制存乎量，求轻重则存乎衡，是以又有权度之比例。其法盖以诸物制为正方，其边一寸，其积千分，较量豪(毫)厘，俾有定率，然后凡物知其体积即知其轻重。知其轻重即知其体积，而权度无盾情也。且体之为质不一，边积等者轻重不同，轻重等者，边积不同，皆有互相比例之法，而各体无混淆也。②

这项研究任务是由梅珏成完成的。他对 32 种物质的比重进

① 李俨：《中算史论丛》第三集，北京：科学出版社，1955，574。

② 《数理精蕴》下编卷 30“体部八 · 各体权度比例”。

行了测定，做成一立方寸大小的物质小块，再较精确地分别测量它们的重量。现摘其中常用的部分，并将其结果换算成现代值列表如下①：

表 3.1　梅珏成测定之比重

物质名称	梅珏成测定结果	换算结果
赤　金	16 两 8 钱	19.12
纹　银	9 两	10.24
水　银	12 两 2 钱 8 分	13.90
红　铜	7 两 5 钱	8.53
黄　铜	6 两 8 钱	7.74
生　铁	6 两 7 钱	7.72
熟　铁	6 两 7 钱 3 分	7.73
高　锡	6 两 3 钱	7.17
六　锡	7 两 6 钱	8.65
倭　铅	6 两	6.83
黑　铅	9 两 9 钱 3 分	11.30
水	9 钱 3 分	1.05

根据现代定义，物质的比重是指纯物质，如金(Au)、银(Ag)、铅(Pb)、汞(Hg)、锡(Sn)等，也有化合物如水(H_2O)等，但是多数合金，如黄铜是铜(Au)和锌(Zn)的合金，生铁是铁中含碳(C)在 2% 以上的合金等，它们的成分并不确定，和

① 李迪：《我国古代的比重测定和应用》，《科技史文集》第 12 辑“物理学史专辑”。上海：上海科学技术出版社，1984，122～126。

水相比完全不同，但当时并没有这些概念。

为什么说《数理精蕴》中的物质比重是梅瑴成测定的，他自己说“向在蒙养斋，曾制各较之”，并将32种物质比重列入自著书中①。

至于，梅瑴成还做了哪些工作，实无法分辨，有一点是可以初步断定的，就是《数理精蕴》中有些内容来自梅文鼎的研究，这可能与最熟悉这些内容的梅瑴成有直接关系。

《律历渊源》一书的编撰，到康熙六十年（1721年）全部完成。梅瑴成再次返乡，89岁高龄的祖父已身卧病床，他陪侍了几个月后，祖父便去世了。办完丧事之后，梅瑴成回到北京继续担任编修官。第二年（1722后）十一月，康熙帝卒，爱新觉罗·胤祯即位，改年号为雍正。雍正元年（1723年），《律历渊源》已全部出版。

在以后的若干年中，梅瑴成主要是做官，雍正七年（1729年），改任江南道御史，命巡视通州漕务；雍正八年，转工科给事中；雍正九年三月，迁光禄寺少卿；同年八月，迁通政司参议。这时母亲去世，他回家守孝。乾隆元年（1736年），梅瑴成升为顺天府丞；乾隆二年，充任增修时宪算书馆总裁官；约乾隆六年（1741年），迁鸿胪寺卿；乾隆十年，迁通政司右通政，马上又升为宗人府府丞；乾隆十二年（1747年），迁都察院左副都御史；乾隆十五年（1750年）九月，再升为左都御史。这是都察院的长官，高达正二品。都察院是专门办理官员案件的机构，由于他与某些案件有牵连，又因其年老，约于乾隆二十年（1755年）退休。乾隆二十二年（1757年），乾隆帝有旨谕称：

---

① ［清］梅瑴成：《增删算法统宗》卷1“诸物轻重率”。

> 左都御史梅珏成自皇祖(康熙帝)时以算学效力内廷,经朕擢用,游历正卿。今谢事家居,年近八十,著加恩著原品级在家食禄。

乾隆二十七年(1762年),乾隆帝南巡,梅珏成迎驾于清江浦(在今江苏省清江市)。乾隆二十八年十月十六日(1763年11月20日)他去世,终年83岁。谥文穆,照原衔安葬。

梅珏成有几子,说法不一。乾隆在清江浦时说:“念其家计清素,诸子内亦无通之人,著加恩将伊(珏成)子梅钦①赏给举人,一体会试,以示优眷。”②就是说,梅珏成有好几个儿子,乾隆赏给其中的一个(梅钦)为举人,这才好参加国家考试,但后来如何,没有下文。又有文献说:“珏成子钤③、钫④,俱能以算学世其家。早卒。”⑤这就是3个人。在珏成《增删算法统宗》一书每卷末都有男“校录”和“绘图”,计有:

卷1,2:男梅钤⑥二如校录、梅钫导和绘图。

卷3,4:男梅钤二如、梅镠⑦继美校录。

卷5,7:男梅钦用和校录、梅镠继美绘图。

卷6:男梅钦用和校录、梅钫导和绘图。

卷8:男梅钦用和、梅铖受和校录。

---

① “钦”音义 yì。
② 以上梅珏成为官等资料主要来自《清史列传》卷17“梅珏成”。
③ “钤”音分 fēn,原为“镒”,误。
④ “钫”音方 fáng。
⑤ [清]佚名:《清史列传》卷68“梅文鼎”。
⑥ “钤”音珍 zhēn。
⑦ “镠”音流 liú。

以上共5人，即梅钦字用和、梅鉁字二如、梅钫字导和、梅镠字继美、梅钺字受和，再加上梅钤为6人。钤为长子，钫为四子，都死于26岁。

梅珏成说这事是他退休以后的乾隆二十二年(1757年)做的，看来这时，儿子们应都在世。

三、梅珏成在雍正乾隆年间的几项学术研究

梅珏成做官的同时，还参加学术活动，至少有一个项目相当重要。

雍正八年(1730年)，钦天监监正明图认为以前所用的历法理论是依据《历象考成》，而该书又是"按《新法历书》纂定，而《新法历书》用之已久，是以日月行度差之微芒，渐成分秒，若不修理，恐愈久愈差。"[①]应当重新修订。这微差的发现，是两位在钦天监工作的西方传教士，德国的戴进贤(L. Köegler，1680—1746年)和葡萄牙的徐懋德(A. Pereira，1690—1743年)。因此，明图建议由这两人"挑选熟练人员，详加校定，修理细数，缮写条目，进呈御览"。

这件事进展的并不顺利，一直僵持不能进行，主要原因是对由谁来主持这项工作有不同意见，其中关键人物就是梅珏成与何国宗。

从雍正八年到乾隆元年的五六年时间，上述工作处于停滞

① 《历象考成后编》卷前，明图于八年六月二十八日(1730年8月11日)的奏议。

状态。这中间主要是由来已久的中国历算学者与西方在华传教士之间的矛盾和斗争。早在编撰《律历渊源》时就存在矛盾，该书虽然吸收了当时在华传教士的成果，特别是《数理精蕴》部分，可是最后署名是以何国宗、梅瑴成为主和另外一些中国人如明安图(1692？—1764年)等，而没有传教士的名字。传教士对此事一直不满，一直进行斗争。在雍正八年六月初一日(1730年7月15日)的一次日食观测中，根据双方的预报，戴进贤和徐懋德观测的结果比较准确。对这场持续不断的斗争，徐懋德有一封信，讲述有关那次日食的实际观测方法和经过比较详细[①]。尽管这封信的内容也有些偏激和不实之处，但是预报与观测结果是比较准确的。通过这次日食观测，监正明图才签字上奏折，由戴进贤、徐懋德负责修改《历象考成》。

可以想到，这样做的结果必然伤害了梅瑴成、何国宗的感情。他们于是通过一些手段来改变上述事实。尽管他们都早已不在钦天监任职，但是他们通过一些更有权势的人物于乾隆元年(1736年)共同上奏由梅瑴成重新翻刻《律历渊源》，并据梅瑴成的意见"令学臣摘取数条发问合式者与优生一体奖赏，并拔取精通之人送部录用。"又上奏说："象数之学，广大精微，非初学所能究悉。若即以考试士子，恐未能贯通登答。"[②]意思是不必重新研究、编写著作，只有原来的书上稍加修改就行，况且一般士子也不能很快"贯通登答"。乾隆帝同意了这个奏议。

---

① *Francisco Rodrigues*：*História da Companhia de Jesus na Assitência de Portugal*，1990(黎明，恩平译《葡萄牙耶苏会天文学家在中国》)，澳门：澳门文化署出版。pp. 29～40，中文为103～110。

② 《历象考成后编》卷前，乾隆元年五月十一日(1736年6月19日)和硕庄亲王允禄等"奏议"。

与此同时，乾隆帝又批准由戴进贤、徐懋德纂修日躔、月离二表，以推日月交食等39页，可续于《历象考成》诸表之末。可是这份表，没有解说也无推算之法，能使用此表的只有一名中国人明安图。“此三人外，别无解者”。顾琮（？—1755年）于乾隆二年四月十八日（1737年5月17日）上奏：“可否令戴进贤为总裁，以徐懋德、明安图为副总裁？”仅仅过了20天他便改口，希望加上梅玨成、何国宗两员，命梅玨成为总裁，何国宗协同总裁，效力行走。

通过这样折衷办法，事情总算暂时平静下来，开始工作。工作内容有所扩大，过了5年，到乾隆七年（1742年）上半年完成一部《历象考成后编》。书前有“诸臣职名”，最高一层为“总理”两人，“汇编”八人，把戴进贤等三人排在最末，而实际上，恰恰是这三人能真正进行该项学术研究。

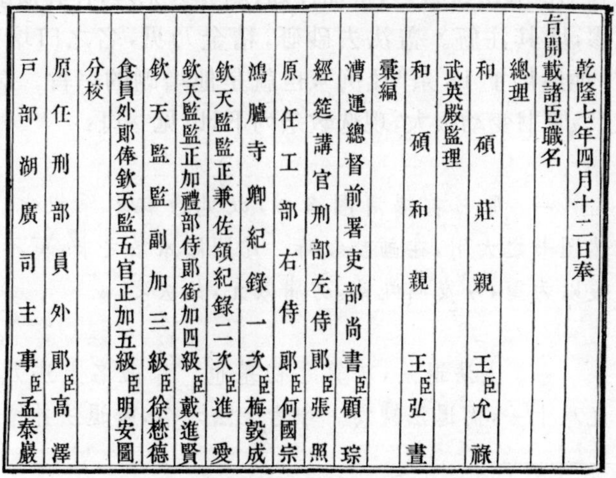
乾隆七年四月十二日奉
旨開載諸臣職名
總理
和碩莊親王臣允祿
武英殿監理
和碩和親王臣弘晝
彙編
漕運總督前署吏部尚書臣顧琮
經筵講官刑部左侍郎臣張照
原任工部右侍郎臣何國宗
鴻臚寺卿紀錄一次臣梅瑴成
欽天監監正兼佐領紀錄二次臣進愛
欽天監監正加禮部侍郎銜加四級臣戴進賢
欽天監監副加三級臣徐懋德
食員外郎俸欽天監五官正加五級臣明安圖
分校
原任刑部員外郎臣高澤
戶部湖廣司主事臣孟泰巖

图3.2　《历象考成后编》梅玨成署名

现在我们只要打开《历象考成后编》就会发现，书中大量引用奈端（牛顿）、刻白尔（刻卜勒）、噶西尼（喀西尼，Cassini，J. D. 1625—1712 年）等人研究成果，把行星的圆形轨道改为椭圆形，讲了刻卜勒三定律，可是在椭圆的焦点上不是太阳而是地球。从太阳系来说，仍是第谷的，与以前的说法一致。

全书分为 10 卷，第 7 卷为日躔表，第 8，9 卷为月离表，第 10 卷为交食表。第 7，8，9 卷可能即戴进贤、徐懋德所作之表，最后 1 卷应是后加的，前 6 卷是计算理论和使用方法。

这件事就这样结束了，梅珏成的汇编头衔到手，而且还排在戴进贤、徐懋德、明安图三人之前，斗争也告一段落。

梅珏成自己有独立著作三种，即《增删算法统宗》、《赤水遗珍》和《操缦卮言》，都流传至今。

《增删算法统宗》11 卷，珏成自己说"丁丑夏五林泉多暇，因取其书（《算法统宗》），重加校勘，删其繁芜四，补其遗缺，正其讹谬，增其注解。盖汰去砂砾，精金乃见，名之曰增删统宗。"[1]他给出了 13 条"凡例"，也就是他增删的宗旨。对《算法统宗》原书变动很大，现选数条列下，以见一斑：

一、原书首揭河图洛书，以见数有本原似也。然图书之大用，在画卦叙畴。凡阴阳术数之书，莫不援以为重，今发明九章，勿庸效尤，故去之。

一、上法退法，珠算之初基也。原书名上法九九八十一，而退法缺焉。今为上法之名，补退法并增

① [清]梅珏成：《增删算法统宗叙》（无年代）。

四柱法[上退合用]。

一、原书所载诸物轻重数，数皆不确，亦无用法。今存其原数，以见本来面目，而备载确数于后，并补用法，庶其数不为徒设。

一、篇末杂法，如金蛇（蝉）退壳、一掌金、河洛纵横数，不过小术，无关大用，即程氏亦言小智之术，不如乘除简便，不可学也。至于三分损益及写算等项各有专书，非一二行可了。而袖中定位，既用算盘即可定位，何藉于手掌？至于衍数推孕，尤为游戏，故皆汰之。若好事者，以为必可少，则有统宗原书在。

此项工作做于丁丑(1757年)，这时梅珏成已经退休，无事，庚辰霜降之日(1760年10月23日)80岁时写"凡例"，前后持续了三四年。

纵观全书，可发现，梅珏成的增删有两点特别值得提出：第一，从《算法统宗》于1592年问世以来，到梅珏成增删时的150多年中，改编本、删节本已有多种，但是都是老样子，变化不大。梅珏成的工作彻底地改变了原样，虽然保留了大部分内容，可是都是有用的。第二，梅珏成的工作是非常严肃的，从书中删去了那些错误的说法，如"原书首揭河图洛书，以见数有本原"和那些无用的小术等等，所以《增删算法统宗》没有任何迷信或游戏的内容，是很"清洁"的一部书。

梅珏成的另两本书，是与前一工作先后同时进行的，都是短篇论文集,作为附录发表于《梅氏丛书辑要》之末。《赤水遗珍》收入15篇文章,基本上都是有关数学的内容,其中"天元一即借根方解"、"授时历立天元一求矢术"和"求周径密率捷法"等较有价值。

对于第一篇,梅珏成说:"全书入《数理精蕴》中,兹略具数则,以见大意,不过大官一脔耳。"在正文的第一句话,他说"借根方法,原名东来法。今名乃译书者就其法而质言之。""东来法"之说是他听康熙帝说的,当他供奉内廷时,"蒙圣祖仁皇帝授以借根方法,谕曰:西洋人名此书为阿尔热八达,译言东来法也。"其中"阿尔热八达"即代数学拉丁文(algebra)的音译,无东来法之意。查《数理精蕴》下编卷31~36为"借根方比例",根本没有上述那些话。这就是梅珏成所说的"全书"。

所谓"全书"应是指法国教士傅圣泽(Jean Francois Foucget1663—1740年)在北京所译的《代数新法》,是讲给康熙帝个人听的,当时康熙帝对此极不感兴趣,甚至说"它是很可笑的"。[①] 但后来他却全面接受,而且还收入他主持的《数理精蕴》中。梅珏成所说,无疑是指的这件事。

梅珏成的用意在于要说借根方法和天元术是一回事,他在"余勾余股求容圆径"文中就给出了先用立天元一求解,然后又用借根方法求之,"其理更明"。

在"授时历立天元一求矢术"文中,梅珏成给出了《授时历》求矢术的具体演算,他以立天元一为矢,得出矢的值。重

---

① C. Janic 著,徐义保译:欧洲数学在康熙年间的传播情况,《数学史研究文集》第一辑,呼和浩特:内蒙古大学出版社、九章出版社(台湾),1990,117~122。

要的是，他说他的演算“并以历草原文”，现在已见不到这历草了。

在“求周径密率捷法”文下有小注：“译西士杜德美法”，给出了三个无穷级数公式，译成现代形式为：

$$(1)\ \pi d=d\left(3+\frac{3\cdot 1^2}{3!\ 4}+\frac{3\cdot 1^2\cdot 3^2}{5!\ 4^2}+\frac{3\cdot 1^2\cdot 3^2\cdot 5^2}{7!\ 4^3}+\cdots\right)$$

$$(2)\ r\sin\alpha=a-\frac{a^3}{3!\ r^2}+\frac{a^5}{5!\ r^4}-\frac{a^7}{7!\ r^6}+\cdots$$

$$(3)\ r\mathrm{ver}\,\alpha=\frac{a^2}{2!\ r}-\frac{a^4}{4!\ r^3}+\frac{a^6}{6!\ r^5}-\frac{a^8}{8!\ r^7}+\cdots$$

杜德美(Pierre Jartoux，1669—1721 年)是法国在华的传教士，把上面欧洲的三个公式传入中国，梅珏成首次给予介绍。明安图也获得这三个公式，给予补充证明，发展成一个研究领域。

《操缦卮言》收 18 篇文章，其中有一半是有关《明史》的历法和天文学问题。另外 9 篇中“里差论”包括康熙年间 56 个地点的北极高度(相当于地理纬度)和 55 个地点的东西偏度(相当于地理经度)，他处不易找到，是很有用的资料。

在“仪象论”中有两段内容较为珍贵：

> 至元始有简仪、仰仪、窥几、景符等器，视古加详矣。明于齐化门[即今之朝阳门]南，倚城筑观象台。仿元制作浑仪、简仪、天体三仪，置于台上，台下有晷影堂、圭表、漏壶，国(清)初因之。康熙八年(1669年)，造新仪，十一年告成，安置台上，其旧仪移置他室藏之。

康熙五十四年(1705年),西洋人纪里安欲炫其能而灭弃古法,复奏制象限仪,遂将台下所遗元明旧器作废铜充用,仅存明仿元制浑仪、简仪、天体三仪而已。所制象限仪成,亦置台上。

根据这段文字记载,可大体知道元、明时代所制天文仪器在清初的来龙去脉。纪里安(Bernardus Kilian Stuonpf。1656—1720年),德国来华传教士。现在北京建国门古观象台上确实有1架象限仪,是否纪里安用被毁的旧仪器之铜所造,人们还有不同看法。

这次被毁之元代仪器,梅瑴成还有进一步记载:

余于康熙五十二三年间,充蒙养斋汇编官,屡赴观象台测验,见台下所遗旧器甚多,而元制简仪、仰仪诸器,俱有王恂郭守敬监造姓名。虽不无残缺,然睹其遗制想见其创造苦心,不觉肃然起敬也。乾隆年间,监①臣受西洋人之患,屡欲检括台下余器,尽作废铜送制造局。廷臣好古者闻而奏请存留,礼部奉敕查检,始知仅存三仪,殆纪里安之烬余也。夫西人欲藉技术以行其教,故将尽灭古法,使后世无所考,彼益得以居奇,其心叵测,乃监臣无识,不思存什一于千百,而反助其为虐,何哉!乾隆九年冬,奉旨移置三仪于紫微殿前,古人法物,庶几可以千古永存矣。

① "监"是钦天监的简称。

实际上，现在只有明制浑仪、简仪安置于南京紫金山天文台，可以永存，但天体仪却不知去向。

在上述引文中，清楚看到梅珏成对雍正到乾隆间那场围绕编撰《历象考成后编》一事，耿耿于怀，非常愤懑。事实上，这是两回事，我们今天必须把它们分开来讨论。

当时，西方天文学已经完全战胜了第谷的地心体系，日心说占据统治地位。编撰《历象考成后编》是1730—1742年，已是18世纪前期，书中还是把地球放在行星椭圆形轨道的一个焦点上，可能不是戴进贤、徐懋德的主意，而正是中国官方的观点。从明末第谷体系传入中国，清代顺利接受，实属自然。可是到了18世纪，情况完全变了，中国未能跟上潮流，不能怪罪于来华传教士，只能说自己保守。争名夺利的结果，出来的《历象考成后编》便是个折衷产物。

另一方面，纪里安毁掉元代天文仪器的确是一大罪过。当时中国并不缺少那点铜。梅珏成非常愤恨这件事，是非常正常的。后人想目睹一下元代天文遗物，已不可能。后来幸有好古的“廷臣”奏请把明代仿制的三件仪器保护起来，才有至今还存在的两件仪器。

梅珏成的某些学术观点可能来自其祖父梅文鼎，但不是全部。我们将在有关章中给予论述。

梅文鼎以后的梅氏家族，前后三代五六人之多，在历算研究方面持续了一个世纪，可与南北朝时祖冲之(429—500年)三代相比。这在中国历算学学术史上占有重要地位，做出了他们的贡献。

第四章 梅文鼎的历算交流

梅文鼎的历算学术交流十分广泛,他向前辈们学习,与同时代人互相交流。他只与薛凤祚和王锡阐两人未直接见过面,与其他历算学者都有过当面交流的经历。在第二、第三两章已经涉及不少这类内容,如李光地、年希尧等,不再重复;有些将放在下一章论述,如魏荔彤、杨作枚等,可能更为合适。而薛凤祚和王锡阐将另辟一章论述。本章只讲若干较重要的人物。

一、梅文鼎与方中通等

方中通是与梅文鼎是同时代的数学家,比梅文鼎小 1 岁(1634 年出生),生于安徽桐城,字位伯(也有写作位白的),号陪翁,卒于康熙三十七年(1698 年)。其兄,方中德,字田伯,号依岩。弟中履,字素伯(也有写为素北的)。方中通是兄弟三人中的排行老二，他们是明末著名学者方以智（1611—1671年）之子。方以智字密之，号曼公，自号浮山愚公等，他博学多才，在哲学、文学、历史、天文学、数学和医学等多方面，都有研究成果，著作十分丰富，与哲学、科学技术相关的有《东西均》、《医学会通》、《物理小识》、《通雅》等多种著作。家有研究《易》之传统，又中西兼通。他的三个儿子秉承家学，但各有所长，中德精于经史，中履工考辨，而中通学习历算，皆有著述。

方中通一家生逢改朝换代的明末清初，因其父曾拥护南明被封官，故遭追捕。他早年生活在颠沛流离之中，随父逃到广东、广西等地，14岁以后返回家乡桐城，两度被捕入狱。其父方以智亦被捕押赴岭南，因病死于途中，中通经保释，奔丧。

方中通一生是“餬口四方，息肩无日”，后经他人介绍到广东恩平教书。他曾与薛凤祚拜访波兰来华传教士穆尼阁（Jean Nicolas Smogolenski，1611—1656年），当时穆尼阁刊《天步真原》成。他学习到西方数学，也可能接触到对数知识。中通自著《数度衍》一书，前有其父“药地老人示”，对中通进行勉励，又有弟中履（1662年）序和吴云（1673年）序。

梅文鼎与方中通的学术交往，可能是缘于一次会面。1669年，梅文鼎在南京，方中通等兄弟三人也到那里得以见面，讨论了一些学术问题。互相讲述了各自的研究工作，当时方中通“言筹算之善”，梅文鼎“未见其书”，“无何家淡如兄至自都门，有所携算筹一握，而缺算例，余为补之。淡如大喜，因问余曰：能易之以直写，不更便乎？子彦侄亦以为然，虽然言作之，凡三易稿而后成。”[1]就这样，由于梅文鼎与方中通的交谈引起研究算筹，得到“算筹一握”，但当时书都是从右到左横书，于是淡如建议改为直写（竖书），即改变纳披尔筹书写形式，于1678年完成《筹算》一书。

1671年春，方以智研究象数，给梅文鼎去信征其所著象数之书。未等回信，便在是冬去世。梅文鼎于第三年夏，在皖江[2]航行老远望见方以智在桐城的旧居，颇有感慨，作诗两首，前有小段序言如下：

> 某（文鼎）晚学未获侍浮公法席。前年永自青原[3]致书，征象数之学，时以草稿无副，未敢驰应。又闻精舍方成，将归憩息，私心窃喜，奉教有日也。无何讣闻。癸丑夏，舟舶皖江，望君子之旧庐，而亦不能往至，因作短章，用伸哀悼。[4]

梅文鼎于壬子（1672）冬完成《方程论》初稿，就质于方中通，在答复方中通的信中说：“方子精西学，愚病西儒，排古算数，著《方程论》，谓西利民无以难，故欲质之方子。”有诗一首，讲述方程的内容和相托审稿之意：

象数岂绝学，　因人成古今。

---

① ［清］梅文鼎：《勿庵历算书目》“勿庵筹算七卷”条。
② “皖江”即皖水，今称皖河，长江的一个支流。
③ “青原”即青原山，位于江西吉安县境。
④ ［清］梅文鼎：《绩学堂诗钞》卷1“浮山大师哀词”。

创始良独难，　踵事生其新。
测量变西儒，　已知无昔人。
便欲废筹策，　三率为同文[①]。
宁知九数理，　灼灼二支分。
勾股测体线，　隐杂恃方程。
安得以比例，　尽遗古法精。
勿庵有病夫，　闲居发疑情。
展转重思维，　忽似窥其根。
和较有实用，　正负非强名。
始信学者过，　沿古殊失真。
辟彼车与骑，　用之各有神。
篆籀夫岂拙，　弩啄日以亲。
援笔注所见，　卷帙逐相仍。
念子学有宗，　何当细与论。[②]

其中“念子学有宗”,“子”即方中通,他的学术是正宗的西学,因为他向穆尼阁学习过,所以请他仔细给予审阅。实际上,审过此书的不仅是方中通一人,共有五六人[③],可见梅氏的认真和虚心向他人学习的态度。

1675年,梅文鼎去南京,应乡试,住好几年,直到1680年才回家。这期间,再次与方中通会面。何年相见,无明确记载,但1680年夏说“别去又三秋”,应在1678年。这次见面,

① “同文”指《同文算指》,其“通编”卷1为“三率准则”。
② [清]梅文鼎:《绩学堂诗钞》卷1“复柬方位伯”。
③ [清]梅文鼎:《方程论发凡》。

他们讨论了很多的学术问题,其中有梅文鼎请方中通为《中西算学通》作序。后来梅文鼎又在南京与方中通之兄田伯、弟素北会见,询及方中通。1680 年有诗四首给素北,第四首有重要的小注,现引如下:

君别长干①后, 荆同伯子班。
遥传皇甫叙, 一破隐侯颜。

[别后晤田伯于秦淮,因附讯位白。无何以《中西算学(通)》叙邮至,余方病为之霍然。]

秋水东西屋, 晴江大小山。
稻花清绝处, 许我泝②柴关。

[素北、群从各有隐居,与稻花相望。]③

这里说了上次之事,又和田伯在南京再次见面,“因附讯位白”,有“寄方位白”诗,就是这样来的。诗共五首,有注,前两首是:

曲指相寻过曲巷, 惊心别去又三秋。
多君著撰栖南亩, 愧我飘零但白头。

① “长干”指南京。
② “泝”音溯 sù,逆流而上。
③ [清]梅文鼎:《绩学堂诗钞》卷 2“寄怀桐城方素北”。

小阮游还依幕府，阿戎才已慰箕裘。
一尊何日重欢聚，怅望长江天际舟。

［戊午秋，与舍侄耦长晤位白乔梓于府中巷。是岁耦长游燕，南亩、位白隐居名。］

中丞廷尉有渊源，群从于今家学传。
握手秦淮先后至，知名皖上兄弟贤。
殷勤两月书频及，珍重千秋序一篇。
相讯年来将北辙，可能联辔帝城边。

［田伯、素北俱今夏得晤长干，余刻《中西算学通》，位白序之。］①

这两首诗及注，给出了一些信息，如见面的时间、地点、见面的人，有的只提官名中丞、廷尉，还有的只说到字、号的人，我们不去考证。

从 1678 年两人在南京见面，一下子过了 10 年。1687 年，方中通给梅氏写了一封信，原因是他的著作《数度衍》在广东出版，并寄一册给梅氏，信中说："幸今通所著《数度衍》得梓于粤，特寄览观，以塞知己之望，并请大序。垂诸不朽，因略陈固陋。"简要地向知友梅氏述说了自己早年的遭遇情况：

通五岁就傅，九岁入都，旋遭丧乱，困顿流离，变

① ［清］梅文鼎：《绩学堂诗钞》卷 2"寄方位白"。

> 名姓为他氏子。十四岁而后归桐，重习乡语，依先王父龙山。时先王父，春秋已高，忧思先君，岭表成病。通少不更事，日趋于嬉，学废业荒，固其宜也。

后来在老父身边逐渐懂得学习，主要是文史之类的内容。

稍长才明白："乃知学以实为贵，业必专而精。""少好三式家言，先君因命之精象数。始从泰西穆先生游，学乘除历算，略知梗概。后得《周髀》、《天学（初函）》诸书，忘寒暑，废寝食，屏人事，而习之者有年。"觉得"既习其法，犹未穷其理，于是扃[①]户凝神而思之，或一二日而悟，或经旬而后得。"但是，"家贫不能购书，书不多见，徒好之不衰而已矣。"

方中通就这样刻苦钻研，更进一步明白他父亲所提倡的"通几质测"学说。通几就是哲学，质测相当于科学。因此他把"三式"联系起来，指出：

> 三式者通几也，度数者质测也。合通几而言质测，尤为世所不争。

因此撰写成《数度衍》26 卷，"置笥中忽忽三十年"。1686 年，方中通家中发生火灾，而"《数度衍》，适携之出游，是书也向得免于难"。著作当时幸好带出，未被烧掉。

方中通寄这书的目的是希望梅氏给写一篇序，当时已是"发白、齿豁、目昏，老态百出"，而"定久子宁不为之动心哉？足下历算之学，诚非通所及，足下前何敢言数，或者鼓其学易

---

① "扃"音 jiōng，从户外闩门之意。

之志，序而教之。以足下之书，尤不弃通，而属为序，通又安能舍足下哉?”[①]

当时，方中通的心情十分难过，有些话只能向梅氏倾吐，只有梅氏才理解方中通的心情。

梅文鼎曾著《九数存古》10 卷，因为《九章算术》当时已无法找到，“仅存者九章之目耳。”他搜求各种数学著作进行研究，虽然很多书“亦有发明，然不能具见九章。惟方位伯《数度衍》于九章外搜罗甚富，杜端甫(知耕)《数学钥》图注九章，颇中肯綮，可为算家程式”，他又说“余于诸家间有采撷，必直书其所自，不敢掠美。”[②]他采纳了多少《数度衍》的内容，因该书从未刊行，就不得而知了。反过来，梅文鼎也曾校对过方中通《数度衍》一书[③]。他们之间的学术交流十分频繁。

二、梅文鼎与杜知耕、孔林宗等

杜知耕、孔林宗等都与梅文鼎是同时代的人，多有学术交流，还有袁士龙亦同时涉及。他们的生卒年，都未留下记载。

杜知耕，字端甫，号伯瞿，河南柘城人。他出生于一书香门第家庭，但幼时家境不好，父亲过早去世，还有两个年幼弟弟及体弱多病的母亲，年仅 12 岁的他只好担起家务。他聪明好学，受家庭传统的影响，上学读书，志趣广泛。“凡读一书必

① [清]方中通:《数度衍》卷首“与梅定久书”，康熙二十六年(1687 年)继声堂本。

② [清]梅文鼎:《勿庵历算书目》“九数存古”条。

③ 严敦杰:“方中通《数度衍》评述”，《安徽史学》，1960(1)，52～57。

求实，实有得；凡讲一事，实可行。反之则不好也。”对天文、历法、地理、律吕、音韵、算学、医学等都有研究。1687 年考中举人，又游京师①。他在数学方面著《数学钥》6 卷(1681)、《几何论约》7 卷(1700)。

孔林宗，名兴泰，字逸房，后改为林宗，河南杞县②人。他父亲孔衍禵，字燕贻，博通经史，清初举人，在外地县里做学正、州课等官吏，晚年归乡，一生手不释卷。孔林宗自幼受到较好的家教，参加河南考试，名列通许县(今河南通许县)榜首，又被保送入京师国子监读书，他刻苦钻研，成绩优异，通过考试为河南辉县教谕，1687 年中举人。他通西法，著《大测精义》，今已佚。孔林宗的一些数学成果，保存在梅文鼎著作中。③

袁士龙，一名士鹏，字惠子，号觉庵，杭州仁和(今杭州市)人。受星学于黄宏宪，研究西域三十杂星。著《测星全义新书》2 卷，凡 26 篇④，今已无存。

这三个人，都与梅文鼎关系密切，他们大约同时于 1689 年在北京与梅文鼎会面。这年，梅文鼎进京，住李光地所设之馆。当时，有很多学者聚集到梅氏身边，讨论历算问题。杜知耕等也先后来北京，其中孔林宗与其父一起从河南而来。孔衍禵与明史局总裁汤介斌是同窗好友，便把林宗介绍给梅文

① 高宏林：《清初数学家杜知耕》，《宋州古今学人》，北京：新华出版社，1989，191～197。

② 有时人称睢州人，治所在杞县东南，今为睢县。

③ 高宏林：《梅文鼎学派的主要成员孔林宗》，《中国科技史料》，1996，17(4)，24～28。

④ [清]阮元：《畴人传》卷 40“袁士龙”。

鼎。从此,他们成为历算学方面的密友。

梅文鼎撰《方程论》,曾向同行征求意见,前述方中通为其中之一。实际上,“又得中州孔林宗学博、杜端甫孝廉、钱塘袁惠子文学,共相质正,乃重加缮录,以为定本。”[①]李鼎征刻于泉州。

梅文鼎又研究第谷体系,成《火纬本法图说》一书,实由袁士龙引起,而火星的运动,第谷之法似密,袁士龙奉为“金科”,于是进行探讨。梅氏写道:

> 地谷之图火星,所谓借象也,非实指也。钱唐友人袁惠子士龙,受黄三和先生弘[②]宪历学,以《历指》[③]为金科。故余为作此以极论之,而征之切线分角之法,以著其理,袁子虚怀见从。已复质诸睢州友人孔林宗兴泰,亦以为然,而手抄以去。[④]

这本书完成后,得到袁士龙的认可,孔林宗也表示同意,并抄了一本带走。

梅文鼎与杜知耕等,在北京何时分手,大概也不会同时,而与杜知耕分手是在辛未年(1691年)。10年后,他给杜知耕的一封书信,索要杜知耕和孔林宗的历算新作或借抄。信不长,现录于下:

---

① [清]梅文鼎:《方程论・发凡》。

② “弘”梅文鼎有时又作“宏”。

③ 《历指》系指《崇祯历书》中之《五纬历指》。

④ [清]梅文鼎:《火纬本法图说序》及《勿庵历算书目》“火纬本法图说一卷”条。

辛年一别，遂逾十载，著撰知益多，其有关历算者，望不吝赐示，或付小儿①录副，亦可行笈中有林宗新撰之书，亦望借抄，即同晤聚一堂矣。此学甚孤，我辈数人，落落在天地间。所期相与共明，舍如旦暮者，固已迂远而阔于事情。某近年颇多杂稿，往往得之养疴之余。而所辨多在几微之际，非从事于此最深，不能相为质难，思我同心，无日去怀。有小札寄林宗，亦可同览也。②

通过此信，可以体会到梅文鼎的心情：如果杜知耕和孔林宗新的历算著作集中到自己眼前，就如当年在北京相聚那样。看来，他们有较长时间没有联系了。最后一句话"有小札寄林宗，亦可同览"，说明同一封信中有给孔林宗的信，内容应基本相同。杜知耕住柘城，孔林宗住杞县，两县相邻，可以互相传递信件。当时，梅文鼎已接近 70 岁了，还在辛勤而虚心地向他人学习，实在难得！

在梅文鼎的著作中，保留了较多孔林宗数学研究成果，现予简述。

梅文鼎著《几何补编》四卷，在第四卷中有"孔林宗附记"一段，主要讲正多面体和半正多面体的面、顶、棱等问题：

方灯可名为二十四等边体。圆灯可名为六十等

① "小儿"是指自己，"我"的谦称。

② [清]梅文鼎：《绩学堂文钞》卷 1"寄杜端甫孝廉书"。

边体。

四等面体，又可变为十八等边体，为六边之面四，为三边之面四，凡十二角。又可变为二十四等面体，面皆三边，凸边二十四，凹边十二，十字之交六，凡八角如蒺藜形；六等面体又可变三十六等边体，为八边之面六，为三边之面八，凡二十四角；又八等面体，亦可变三十六等边体，为六边之面八，为四边之面六，凡二十四角；又可变四十八等边体，为四边之面十八，为三边之面八，凡二十四角。①

其中"边"是棱，"角"是顶点，而"蒺藜形"是如右图(图 4.1)那样的凹多面体，即所谓星形。

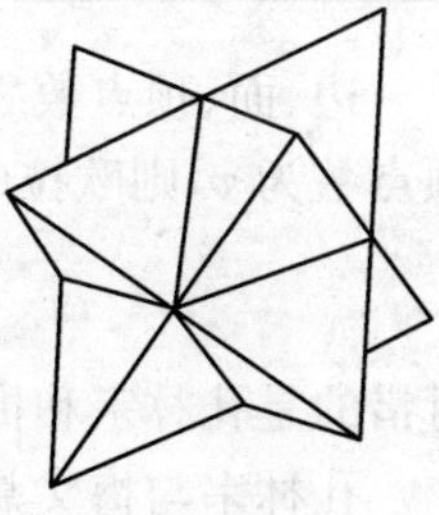

图 4.1　蒺藜形

对半正多面体的这种研究，孔林宗和梅文鼎属首创。古代希腊研究了 13 种，用 m_α, n_β, …分别表示这种多面体有 m 个正 α 边形、n 个正 β 边形，……因而 13 种半正多面体分别为 $A_1(4_3, 4_6)$, $A_2(8_3, 6_4)$, $A_3(6_4, 8_6)$, $A_4(8_3, 6_8)$, $A_5(8_3, 18_4)$, $A_6(12_4, 8_6, 6_8)$, $A_7(20_3, 12_5)$, $A_8(12_5, 20_6)$, $A_9(20_3, 12_{10})$, $A_{10}(32_3, 6_4)$, $A_{11}(20_3, 30_4, 12_5)$, $A_{12}(30_4, 20_6, 12_{10})$, $A_{13}(80_3, 12_5)$。根据前面的引文，可知孔林宗得到其中的 $A_1(4_3, 4_6)$, $A_3(6_4, 8_6)$, $A_4(8_3, 6_8)$和

① 据《梅氏历算全书》本《几何补编》和《梅氏丛书辑要》本《几何补编》的"孔林宗附记"。

$A_5(8_3, 18_4)$4 种，梅文鼎也得到 $A_2(8_3, 6_4)$和 $A_7(20_3, 12_5)$，共 6 种，可列表如下：

半正多面体	边数	面数	顶点数
$A_1(4_3, 4_6)$	18	4+4=8	12
$A_2(8_3, 6_4)$	24	8+6=14	12
$A_3(6_4, 8_6)$	36	6+6=12	24
$A_4(8_3, 6_8)$	36	8+6=14	24
$A_5(8_3, 18_4)$	48	8+18=26	24
$A_7(20_3, 12_5)$	60	20+12=32	30

边、面、顶点数之间有一般性规律，设边数为 e，面数为 f，顶点数为 v，则欧拉(L. Euler，1707—1783 年)得到公式：

$$v-e+f=2。$$

可惜的是孔林宗和梅文鼎都没有向前再走这一步。①

孔林宗与梅文鼎又研究半角公式。求得

$$\sin\frac{\alpha}{2}=\sqrt{\frac{1-\cos\alpha}{2}}。$$

杨作枚说："此孔林宗术，勿庵称为正弦简法。"②梅文鼎也说："近见孔林宗《大测精义》求半弧正弦法与余说不谋而合。"③

① 高宏林：《略论孔林宗的数学成就》，《数学史研究文集》第五辑，1993，58～63。

② [清]杨作枚：《解八线割圆之根》，附《梅氏历算全书》本《几何补编》之后。

③ [清]梅文鼎：《勿庵历算书目》"正弦简法补一卷"条。

孔林宗还研究过圆内72度圆心角所对之弦的问题，实际作出的是圆内接正五边形的一边。

由上所述，反映出杜知耕、孔林宗和袁士龙与梅文鼎的历算学术交流很多，关系密切。

三、梅文鼎与潘耒、徐善等

本书第二章，已多次提到梅文鼎与潘耒等人的关系，特别是因王锡阐《圆解》的处理问题，他俩的关系更为密切。

潘耒，字次耕，号稼堂，吴江人。其兄潘圣樟（1626—1663），字力田，与王锡阐友善，曾住其家，彻夜讨论算法，著《辛丑历辨》，因参与研究明史，被害。潘耒也对历算感兴趣，没有著作。

图4.2　潘耒画像
（采自《清代学者像传》）

徐善，字敬可，嘉兴人。其兄徐发，字圃臣，著《天元历理》11卷。

以上两对兄弟都对历算感兴趣，兄都有著作，而弟没有。潘耒和徐善两人，都与梅文鼎学术关系密切。他们的学术交往，多与王锡阐有关。潘耒与王锡阐是同乡，而徐善在嘉兴距吴江很近，都是王锡阐好友。王先于潘、徐去世，王的遗著也多由潘、徐整理，但其补注等需要专家协助才行，梅文鼎是最合适的人选。

梅文鼎与潘耒的直接接触是在1686年,潘耒说:"丙寅岁过宣城,始得梅子勿庵。"[①]他们讨论了什么问题没有提到,可能住了一段时间,梅文鼎当年有诗相送。诗曰:

历谱源经史，　学者忽如遗。
刳心事良难，　逢世非所资。
狄矣西儒术，　耳食尤深疑。
苟未明实理，　其肯去町畦。
元本著几何，　引伸析毫厘。
三角总万形，　要眇称难知。
夫君述作雄，　而复能精思。
乃识才人心，　善入无幽奇。
余亦耽癖嗜，　一卷恒自怡。
音稀人尠听，　碎琴徒尔为。
区区二纪勤，　今日逢钟期。

卑栖依故山，　耳目域偏蔽。
所恃思虑通，　书册苦难备。

金岭有耆宿,[薛仪甫先生居金岭驿。]　道远不可至。
一械疏所疑，　聊质平生意。
双鱼既以达，　溘然闻厌世。
溯洄空欲从，　兹意终安寄。
谁知盘涧宽，　近在吴淞澨。

① [清]潘耒:"方程论叙",载《梅氏丛书辑要》本《方程论》卷前。

[吴江王寅旭先生，颇精历算。]

投薛亦有书， 深问征十事。
已矣今复徂， 遗箧唯奇字。
浩歌观古今， 能传曾几氏。
宁无人与书， 寂寞荒江涘。
藏弆[①]得君子，手泽无遗弃。
还蕲共表章， 郑重贻同志。[②]

这是送别潘耒返回吴江老家之句，梅文鼎把他的到来看做知音，就像与钟子期相逢[③]那样。从诗及注知他们谈到薛凤祚和王锡阐的工作，大概是交谈的主题。可能就是这次相见，他们研究了由梅文鼎补注的王锡阐遗著之事。诗中也反映了梅文鼎居住山里，得到资料的困难，只能依靠头脑思考，且表露了当时研究历算的人很少，自己颇有寂寞之感。

两三年后，徐善又于 1689 年来到梅文鼎北京住处，根据梅氏送徐善归诗注中知徐善可能是专门为订注王锡阐遗著而来的，有诗四首：

燕台[④]杨柳正新晴，归客图书一桌轻。
云物故乡逢久别， 船窗茗碗听流莺。

---

① “弆”音举 jǔ，收藏的意思。

② [清]梅文鼎：《绩学堂诗钞》卷 3“奉答潘稼堂检讨兼送归吴江”。

③ 在第一首诗中有“今日逢钟期”的“钟期”即春秋的钟子期，是伯牙的知音。

④ “燕台”指北京。

客中送客事寻常， 淡泊相逢味独长。
珍重遗篇能早寄， 广陵中散意难忘。

[惟淡与泊有时相遭天风，泬漻[1]群籁箫箫。敬可题余小像中语也。敬可有王寅旭先生历学诸书，相约寄订。]

癖嗜知希付古今， 逢君尘外领遥深。
何当棐几经旬对， 笑问环中四易心。
[徐氏四易敬可所著也。]
落落同心天地内， 合并宁惮远追攀。
凭君好寄扬云语， 待我三吴山水间。
[敬可为余言杨道声[2]，余亦素闻其人。][3]

根据第二首诗及注，徐善与梅氏在此之前已见过面，因有徐善为梅氏小像题词之事，但不知何人所绘，陈克谐曾为“作小影，甚尚”，这是后来的事情。看来，梅氏曾多次绘像，可惜未留下一幅。两人谈好，梅氏为王锡阐遗著订注，并希望徐善尽快寄来。

徐善离宣城之后，不久即将王锡阐之《圆解》寄到梅氏手中，康熙庚午(1690 年)他仍在北京写了一篇较长的序。梅氏说：

① “泬漻”音穴聊 xuè liǎo，形容空旷的样子。
② “杨道声”即杨文言(？—1713)，通历算。
③ [清]梅文鼎：《绩学堂诗钞》卷 3“为徐敬可先生题箑即送归南”。

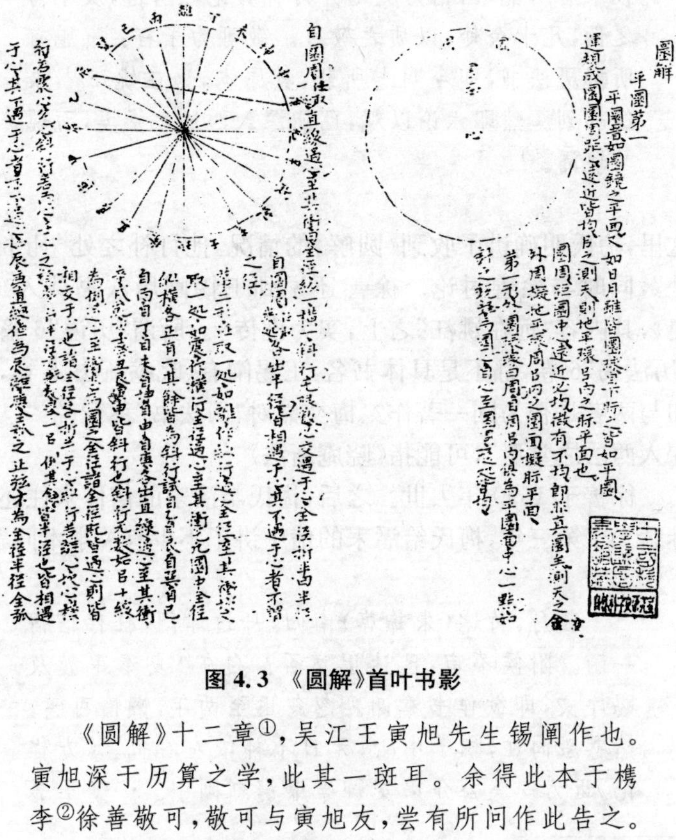

图 4.3 《圆解》首叶书影

《圆解》十二章①，吴江王寅旭先生锡阐作也。寅旭深于历算之学，此其一斑耳。余得此本于槜李②徐善敬可，敬可与寅旭友，尝有所问作此告之。仍有割圆图如扇面者一纸，行笥偶逸，存此本及所作

① "十二章"，因有两个 8 章，编号为 11 章。

② "槜李"，指浙江嘉兴，徐善之出生地。

历说六篇。……惜其书尚有未竟，而其中章次颇为抄录者所乱，因稍为更定并订补其论之所遗，及字句之伪，凡十余处，以质之敬可。敬可为予言：寅旭有所撰历法书，即今明志所载，其原本，远在姚江①，未经邮到。然即六论以观，已能深入西法之堂奥，而规其缺漏。②

这里，梅氏明确讲了收到《圆解》的情况，他订补之处"凡十余处"，同时与徐善讨论。徐善还说到王锡阐历法书载入《明史》，其内容"远在姚江"之上，实为讹传③。所谓"历说"6篇或"历法书"6卷，都不是具体书名，王锡阐有《晓庵新法》6卷，不知与两者是否为同一著作？梅文鼎对"历法书"称赞说："已能深入西法之堂奥"，可能指《晓庵新法》。

徐善于1690年去世。之后，梅氏与潘耒的信件来往还在继续。于第三年，梅氏给潘耒的信中讲了不少有关学术问题：

三月，竹垞（朱彝尊）南归，舟过津门，枉存信宿一函。附候不审，已达记室否？自午④夏奉手教及赐序文，即欲作书奉谢。忽忽迟至两年，懒惰可笑。然感激向往，积于中心，无日不神依左右也。《方程论》近为安溪公介弟安卿孝廉镌刻闽中。……王书

① "姚江"即浙江余姚，此处指黄宗羲。

② ［清］梅文鼎：《绩学堂文钞》卷2"圆解序"。

③ 刘钝：《梅文鼎与王锡阐》，《王锡阐研究文集》，石家庄：河北科学技术出版社，2000，110～133。

④ "午"是庚午年的简称，即1690年。

> 自承惠寄所抄外，惟于亡友徐敬可行笈获见《圆解》一帙及历论八篇而已。《圆解》似是随手写成，已稍为订补；历论颇有精语，敬可曰：首一篇乃潘力田笔也，意者，令兄先生仍他有著撰乎？已又于友人所见小帙，是约西法入授时，甚简而妙，而未著撰人之目，窃以鄙意断之，以为非王先生不能作也……[1]

这封信的内容较丰富，说潘耒给《方程论》写序已收到；从徐善处得到《圆解》并作订补；又说到"历论"的第一篇，潘耒认为可能是他哥哥潘力田（柽章）所写，而梅氏从友人"所见小帙"来看，认为不是，等等。在此信的后半部分，梅氏希望能见到潘力田的其他著作，以便对照研究。

所说《方程论》的潘耒序文，于1690年写成。序中称赞梅文鼎"学行纯笃，覃精历学，若干年洞见根底，多所著述。于数学尤钩深索隐，发前人不传之秘。"[2]

关于《圆解》一书，徐善曾写过一序，梅文鼎见过，于1704年为此写过一篇文章，涉及大量学术交流内容：

> 忆庚午人日[3]抄得王寅旭先生《圆解》，中有错简而无今序。于是敬可方南归，拉予同行，多方劝驾，其意欲为寅旭历书补作图注，以发其深湛之思，且曰："此事非先生不能为，盖即今序所称，诸弧相推

① [清]梅文鼎：《绩学堂文钞》卷1"与潘稼堂书"。
② [清]潘耒："方程论序"，载《梅氏丛书辑要》本《方程论》卷前。
③ "人日"，正月初七日。

之故，皆举捷法，初未明言其所以然，人骤读之，不能解者也。"时余入都未久，欲稍需之属有他务，遂不果。逮明年，得黄俞邰太史书，则敬可亦溘然逝矣。伤哉！按序，敬可自题建子月，又言其年遇潘稼堂京邸复得此书，则作序，应在是时。岂敬可所藏原稿，反未入此序耶？……敬可归后，余既尝序此书。阅十有二年乃于嘉禾[①]友人张简庵处得今序，而今又数年矣。日月易迈，有感于友朋生死之谊，聊记其略……[②]

梅文鼎对王锡阐的了解主要是通过潘耒和徐善两人，究竟梅氏掌握了多少王氏著作，现在尚不十分清楚，但除了《圆解》，还有关于"测食诸稿"、"历法书二卷"、"所定大统法及三辰仪晷"等，因成《王寅旭书补注》。又"稼堂屡相期订，欲致王书，属余为之图注，以发其义类，而皆成虚约，生平之一憾事也。"[③]就是，梅氏已经答应要做的事，没有完成。

四、梅文鼎与张潮、张硕忱、何奕美

梅文鼎学术交流广泛，不仅注意搜集他人有关历算著作、学术思想，而且关心"制器尚象"问题。下面介绍的三个人，有的是本人制作器具，有的是介绍相关内容，互相独立，各不相

① "嘉禾"为浙江嘉兴之别称。
② [清]梅文鼎：《绩学堂文钞》卷5"书徐敬可圆解序后"。
③ [清]梅文鼎：《勿庵历算书目》"王寅旭书补注"条。

干，但都与梅文鼎存在交流关系。

张潮(1650—?)，字山来，一字心斋，安徽新安（今歙县）人。对科学技术较有兴趣，著《心斋杂俎》2卷、《虞初新志》9卷、《友声新集》，都是笔记性质的作品，其中包括不少科技内容。《心斋杂俎》卷下有一篇《算法图补》，记述了24个各种类型的纵横图。他和梅文鼎何时建立联系，目前尚不清楚，在1683年的著作中提到友人梅定久，他说：

> 泰西人巧思百倍中华，岂天地灵秀之气，独钟厚彼方耶？予友梅子定久、吴子师郃，皆能通乎其术……[①]

这里不仅说明张潮和梅文鼎是朋友，而且认为梅氏巧思百倍中华。张潮把梅文鼎与黄履庄(1626—?)相比，学术成就并不逊色。黄在28岁时曾制造过许多种科学仪器，如湿度计、千里镜、"瑞光镜"（相当于探照灯）等，都极精巧。

1689年夏，梅文鼎游杭州等地，舟行途中路过张潮芜湖居所，梅氏特意前往拜访，张潮还送一套自己新出版的著作。梅氏有诗一首：

> 扁舟渺渺过芜城[②]，长夏董风放棹轻，
> 久别故人重握手，　相遗书卷慰平生。

① [清]张潮：《虞初新志》卷6"黄履庄小传"附奇器目略。

② "芜城"即芜湖。

名山[①]著撰原家学，通邑交游足友声[②]，
披读泠然炎暑失，　扣舷高咏斗牛横[③]。

这首诗的内容丰富，说的是在夏天。他们是久别重逢。张潮著作来自家学，赠送给梅氏的书可能是《友声新集》。他们的谈话应是在船上，而且谈到晚上很晚。此次会见，是一次很好的学术交流机会，梅氏获张潮赠著作6种，真是满载而归。他回到宣城不久，即北上赴京。

此后，梅文鼎与张潮的学术交流，有几年不见记载，1697年张潮提到梅氏，他说："定九聪明绝伦，举凡勾股乘除之学，咸能辨析秋毫。善既擅天生之资，而复深之以人力之学，宜其说如数家珍也。"[④]

1699年，梅文鼎赴福建一年。在此前后，梅氏之三弟尔素在张潮家住过。梅氏从福建回来，于1700年连续三次给张潮去信提及此事，并同时主要讲了许多学术问题。其中一封信是讲述张潮"刻人书"之事。对张遇到的困难，梅氏总是予以鼓励："决不能以少阻与人为书之勇也。"[⑤]另外两封信则讲到更实质性内容。一封信，梅氏说"贵远贱近"，又说他的小本著作可附于张潮刻书之末：

世之学者，贵远贱近，以为难得之货也。则震于

① "名山"喻指张山来。
② "友声"意指《友声新集》著作。
③ [清]梅文鼎：《绩学堂诗钞》卷3"舟过维扬张山来惠新刻六种"。
④ [清]张潮：《友声新集》卷1，39。
⑤ [清]张潮：《友声新集》卷1，1～2。

其名而宝之，耳目所及以为常也。狎而弃之，恒情固然，不足为怪。向在武林，王丹麓[①]兄抄录近人有关系文字甚多，服其远见，乃先生竟能寿之梨枣，岂不尤为难得哉？舍亲吴衍南[②]《读书论世》一书，持论平允，视他著撰尤善，今得藉大力可以公诸海内，真大快事。弟半生精力为历算之学论列颇多，然其中亦有小本可以分刻专行者，当录副清正，倘获蒙来收，附存大刻之末，亦可以备一种也何如？兹因舍弟尔素住宿迁馆，肃此寄候近履，兼布其私，临启曷胜驰溯。[③]

这封信，清楚说明了梅氏的一个重要观点，他认为在学者方面，"贵远贱近"是一种常见的事。因为远方的学者是"难得之货"，"震于其名"而作为宝贵的东西；而对近处的学者都习以为常，不足为怪。

在第三封信中，说到张潮所刻《读书论世》中拟收入他的"《学历》一篇，厕大刻中，甚感大匠雕琢丹黄，使沟中之断，比于文木矣。尚有历学中小品，及舍亲聋志等作，容当录正，愿颖主臣。"[④]看来，梅氏尚未将历学小品抄录给张潮。

何奕美曾研究制作"浑盖地盘"，但苦于缺乏铜工，引起梅文鼎注意，并进行研究。由此写作《璇玑尺解》1卷，有一段话

---

① 王丹麓，其名王晫，初名斐，号木庵，钱塘人，约生于1636年，著书较多。
② 吴衍南，即吴肃公，生于1626年，著有《读书论世》一书。
③ [清]张潮：《友声后集》辛集，35。
④ [清]张潮：《友声后集》壬集，28。

说得很明白：

> 浑盖通宪为行测占天之巧制，然作之不易。岁己未，与阴山友人何奕美言测算之理，为作浑盖地盘，而苦乏铜工。爰作此尺以代天盘。尺有二，皆同枢，枢即北极。

用坚楮或铜造都可以，两个尺，一个是"测日"的周岁节气之用；一个是测星，主要是用来测定时刻，也就是昼间用测日之尺；到夜间则改为测星之尺[①]。这部书并未见梅氏刊印，《梅氏丛书辑要》卷60《杂著》中有"璿玑玉衡赋"一篇，即讲述此事。可惜，这是不是一本书，不得而知。

1684年，梅氏在南京时，曾与何奕美会晤，他们的讨论可能即在此时。何奕美先于梅氏返回故里山阴（今浙江绍兴市），梅氏因有送行诗一首：

> 石头城下雨初晴，　莫愁湖畔晚潮生。
> 怀人欲买剡溪棹，　放眼山阴道上行。[②]

前两句说的是南京的某些景色，后两句是说何奕美乘船回山阴。实际上，他可由南京乘长江船，再换运河船到杭州，距山阴已很近了。

此后，未见他们在学术上的联系或其他联系。

---

① ［清］梅文鼎：《勿庵历算书目》"《璇玑尺解》一卷"条。
② ［清］梅文鼎：《绩学堂诗钞》卷2"寄怀山阴何奕美"。

梅氏和张砥忱(名慎)在杭州见过面,在前面第三章已提及。梅氏之弟尔素研究《中西经星同异考》时,他说"武林友人张砥忱慎能制西器,手镂铜字,如书法之迅疾;余乃依岁差考定平仪所用大星,属砥忱施之浑盖,而属吾弟为作恒星黄赤二星图。因于星之经纬,逐一详校。"①很显然,就梅氏来说,其研究与何奕美有直接关系,张砥忱用"手镂铜字"所作"浑盖"应是何奕美的"浑盖地盘"。所说"手镂铜字"可能是我国用强水刻铜字之始。

在此后不久,张砥忱在宣城与梅氏会面,梅氏把这次会面比做"牙琴",当张回杭州临别时,梅作诗一首相送:

金轮寸叠鸣宵漏，　华琯寻舒属远天。
顾我平生耽隐颐，　逢君迟莫慰周还。
牙琴在昔知音仅，　庆锯还谁绝技偏。
宛水清冷秋日迴，　一尊分手意难传。②

这充分表达了他们之间的情感和紧密的学术关系。

五、梅文鼎与张雍敬

梅文鼎与张雍敬的关系很密切,前面介绍他与潘耒、徐善关系时已涉及到。

张雍敬,字简庵,秀水(今浙江嘉兴市)人,著《定历玉衡》

① [清]梅文鼎:《中西经星同异考原序》。
② [清]梅文鼎:《绩学堂诗钞》卷3"送张砥忱归武林"。

18卷，赢粮走千里往见梅文鼎。梅家为他假馆授餐逾年。他与梅氏兄弟互相辩论的问题有数百条之多，去疑就同，达到不怀疑的程度为止，最后著成《宣城游学记》一书①。

张雍敬为了追求历算知识问题，带上干粮从嘉兴不远千里到宣城会见梅文鼎及其弟，讨论了一年多，这种精神使人敬佩。特别重要的是，这是梅与张的一次重要的历算学术交流，而其《宣城游学记》则是这次学术交流的惟一记录，非常珍贵。这部书一定要仔细阅读，以了解梅与张的学术交流情况，虽经多方努力，但迄无踪影②，幸好发现潘耒为这书写的一篇序。潘序较长，现摘录于下：

> 吾人为学，未有不存疑而入者。传承学问思辨。学而后能疑，疑则问以质之，思以通之，辨以明之。……学术中惟历最难，……迄于今遂成绝学。盖禄名利以动诱之，故从事焉者希。吾所见能布算测天、著书立说兼通中西之学者，仅吾邑王寅旭、宣城梅勿庵两人，近复得秀水张简庵。简庵为人狷介③孤洁，与世寡谐，刻苦学问，文笔矫然，特潜心于历术，久而有得，著《定历玉衡》，主中历为多，持以示余。余告之者，此道甚微，不可专执己见。寅旭往矣，勿庵尚在，盍④往质之，必当有进。简庵毅然请

① ［清］阮元：《畴人传》卷40“张雍敬”。

② 白尚恕：“《宣城游学记》追踪记”，《中国数学史论文集》（四），1986，142～145。

③ “狷介”，洁身自好之意，“狷”音绢 juàn。

④ “盍”音何 hè，何不之意。

> 行，索余书为介绍。重茧羸粮走千里见勿庵，勿庵大喜，为之假馆授餐。朝夕讲论，愈年乃归。归而告余，赖此一行，得穷历法底蕴，始知中历、西历各有短长，可以相成而不可偏废。朋友讲习之益有如是夫！复出一编示余曰："吾与勿庵辩论者数百条，皆已剖析明了，去异就同，归于不疑之地，惟西人地圆如球之说则决不敢从。与勿庵昆弟及汪乔年①辈往复辨难不下三四万言，此编是也。"余于历学未能窥其藩篱，无以决简庵之说必是，他人之说必非。独喜简庵之果锐精敏，好学深思，既能舍己从人，拆疑化异，而意所不惬，复不为苟同输攻墨守，务尽其说而无留疑，使为学者尽善明辨。……②

这段文字的内容，既包括了梅、张的学术交流，也有潘耒本人的学术观点。原来，张雍敬去宣城与梅氏兄弟讨论历算问题是经潘耒提议并介绍的，此前他与梅氏似未见过面。在这次学术讨论中，可以说绝大多数问题都"去疑就同"，得到了解决。张雍敬接受了梅氏许多看法，但是他未接受大地为球形的重要观点，是一个很典型的例子。梅氏不仅一般地认为大地为球形，而且进行了论证。

张雍敬此次宣城之行是什么年代，因《宣城游学记》失传，查不到确切记载，经研究约在 1686 到 1687 年间③。

---

① 汪乔年，《明史》卷 262 有"汪乔年传"，明末被李自成杀。肯定不是此人。

② 此序载《新塍镇志》，又载前引白尚恕文。

③ 白尚恕：《〈宣城游学记〉追踪记》，《中国数学史文集》(四)，1986，142～145。

在这之后，他们的交流仍在进行。梅氏说“又因张简庵[雍敬]寄到《历法书》二卷，又于简庵处见其所定大统法及三辰仪晷。”[①]梅氏收到张雍敬寄来的《历法书》比较容易理解，可是“于简庵处见其……”，不知在何处？总之，他们有学术联系。

梅文鼎研究一种仪器简平仪，查地平经度为日出、日落方位；查赤道经度为日出、日落时刻。所用原理是依里差用球面三角立算。张雍敬对此仔细观看，“有所悟入”，梅氏因此撰写一本《仰观覆矩》“相质”[②]。

到乙未年（1715 年），梅氏突然有一首“怀张雍敬新城”诗：

短檠棐几追随日，　瞥眼违离遂十年。
安得伊人设疑义，　相将抵掌共谈天。[③]

从题目和诗的内容来看，写诗时 10 年前他们见过面。题目说“怀张简庵新城”，“新城”是县名，今为河北省保定地区定兴县新城镇。以提前 10 年计算应为 1705 年，当时梅文鼎正在保定，可能张雍敬也到保定的新城县。梅氏回忆起当年相见“共谈天”的情景，故而写诗追怀。

张雍敬还著《西术推步法例》一书，有稿本，现收藏于嘉兴市图书馆。在《新塍镇志》记有《弧矢立成》，现已不存。

---

① [清]梅文鼎：《勿庵历算书目》“王寅旭书补注”条。
② [清]梅文鼎：《勿庵历算书目》“仰观覆矩”条。
③ [清]梅文鼎：《绩学堂诗钞》卷 4“怀张简庵新城”。

六、梅文鼎与揭暄

揭暄，字子宣，号韦纶，江西广昌人，约生于1605年，著《璇玑遗述》（又名《写天新语》）7卷，又为友人游艺的《天经或问》作注。其研究内容涉及天文、地理、物理、气象等多方面，与梅文鼎的学术交流也较多。他们的联系，可能是从1689年开始的，当时揭暄已八十多岁高龄。看样子是梅氏先给揭暄去的信，揭暄回寄《写天新语》草稿，梅氏有记载说：

> 广昌揭子宣［暄］，深明西术，而又别有悟入：谓七到之小轮，皆出自然，亦如盘水之运旋，而周遭以行急，而生漩涡，遂成留逆，实为古今之所未发。岁己巳始得奉寄一函，承其不弃，以《写天新语》草稿见寄，因摘录存之。

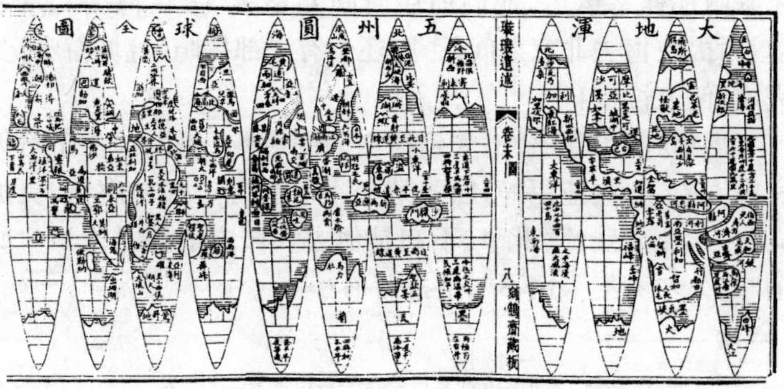

图 4.4　揭暄《璇玑遗述》中之瓜瓣形地球图

梅氏因作《写天新语抄存》1卷。在上引文字之后有两段重要注文，第一段是说他在家里抄写的《写天新语》上“有章君顺节慰，广昌（揭暄）以为颖叔也。因属周星士致书焉。次年得报函，则余在京师矣。”回函认为梅氏的看法是对的，可是“未有以报”。揭暄未回函的原因，显然与下段记录有直接关系。

揭暄只身从江西广昌前往安徽宣城，亲自拜访梅文鼎。记载如下：

> 尔后揭先生幡然游皖，住半年而返。余方羁燕，不相值也。于是先生年逾八十，有子有孙，不以自随，而只身携襆被，行数千里，不以为远，真奇士也。①

这真是“奇士”，仅仅为了学术上的看法，竟不辞劳苦访梅氏，但是他哪里知道，梅氏当时正在北京，揭白白在宣城停留半年，未能见面，学术交流自然未能进行。这一点，揭暄就不如张雍敬那样幸运了，他们前后时间差不多，张在梅去北京之前，而揭在梅去北京期间，否则还会有一部揭暄《宣城游学记》完成，使人惋惜！

揭暄《写天新语》也受到梅文鼎的影响，他说：“余于写天言及占验，辄大施距辟，以张禁令。不意得定久勿庵集，更加详明，未免敲残。”②此事，不知是他去宣城之前还是之后？所谓“定久勿庵集”，也不知是指何书？

---

① ［清］梅文鼎：《勿庵历算书目》“写天新语抄存一卷”条。

② ［清］揭暄：《璇玑遗述》卷5“历理当知”条。

又，梅文鼎提到揭暄寄给他“图论”一事，他写道：

> 青州薛仪甫凤祚，得穆尼阁之传，著新西法于历书，可谓之新于尼阁，则西人旧耳。而寅旭之言，一本心悟。广昌揭子宣暄，去岁寄余图论，亦本西人之法，而别有发明，为一气旋转之说，然去数言理，似寅旭之言较实。余由是信九州以内故自有人，而又深惜其不能群萃一堂，以相为考订，成一代千秋之业也。康熙庚午燕邸识。[①]

这里所说揭暄之“图论”，可能是《写天新语》之一部分。查该书，最末1卷为附图（“诸图汇说”），梅氏似指此卷。从这段话可看出：梅氏非常愿意同行在一起讨论学术问题，与他的广泛学术交流正相一致。实际上，梅氏自己的学术交流十分广泛，他访别人，别人也访他，接连不断。这是他学术长进的动力之一。根据上文所落年代为庚午，即1690年，去岁则为1689年。正是这年，揭暄有《写天新语》草稿寄给梅文鼎。

七、梅文鼎与毛乾乾、谢野臣、刘湘煃[②]

毛乾乾与谢野臣是翁婿关系，而刘湘煃则师从梅氏。他们都与梅氏有直接的学术交流。

毛乾乾，字用九，初名心易，江西南康人，明诸生。明亡

---

① ［清］梅文鼎：《绩学堂文钞》卷2“圆解序”。

② “煃”，音傀 kuǐ。

后，绝意进取，筑室匡庐山①，讲学其中。山中不论老幼男女，都称他毛先生。及长，以“明道为己任”，把其他著作烧掉，专讲程朱道学。“尤精推数，通中西之学”。康熙四十八年(1709年)卒，不知年岁。著《测天偶述》、《推算偶述》及其他非历算著作多种②。

谢野臣，名廷逸，字野臣，江苏宜兴人，寄居江都，精历算之学，著述甚富。他闻毛先生之名，前去拜访，以所著《推步全仪》为见面礼，毛先生惊曰：“古人无此仪器也！”两人讨论方圆分体、方圆衍数、方圆合义，不谋而合。毛乾乾于是将女儿嫁与谢野臣。之后两人偕隐宜兴③。

毛乾乾与谢野臣，拜访梅文鼎，在记载上有矛盾：梅氏记载说是毛乾乾偕婿“惠访山居”，而《清史列传》等则说是梅氏访问了毛乾乾。李俨取前说④，此处从之。梅氏说：

> 岁癸未，匡山隐者毛心易乾乾惠访山居，偶论周径之理，因复推论，及方圆相容相变诸率，益觉精明。盖学问贵相长也。中州⑤谢野臣廷逸，毛先生婿也。于数学甚有精思，偕隐阳羡⑥，自相师友，著述甚富，多前人所未发。⑦

---

① “匡庐山”即江西之庐山。

②③ 《清史列传》卷70“毛乾乾”。

④ 李俨：《中算史论丛》第三集。北京：科学出版社，1955，569。

⑤ “中州”，指中原河南一带。

⑥ “阳羡”，即宜兴。

⑦ [清]梅文鼎：《勿庵历算书目》“方圆幂积二卷”条。

梅氏在另一处，也有类似的说法："癸未岁，匡山隐者毛心易乾乾，偕其婿、中州谢野臣廷逸，惠访山居，共论周径之理。因反复推论方圆相容相变诸率。庚寅在吴门，又得锡山友人杨昆山定三《方圆订注图说》。益觉精明，甚矣，学问贵相长也。"①

两次都说"惠访山居"是在癸未(1703 年)。查是年二月，梅氏北上保定，毛乾乾之访问应在此稍前，可能是在正月或北上之前的二月。

他们的讨论主要是方圆问题。当时，梅文鼎正研究方圆幂积，经过讨论和参考杨定三的《方圆订注图说》，使研究更加充实和改进，成《方圆幂积》一书。

谢野臣，还曾从宜兴跑到中州，到登封古测景台观测日影，梅文鼎记载了这件事，对其有所影响：

> 宜邑谢野臣，至中州寻古测影之台，所立石表尚存，其形似塔，上小下大，夏至日中无影，盖其根盘半径，即日影所到如勾，高尖距地之数为表如股。亦表八尺，土圭尺有五寸之比例也。以此推之，则向南州邑，并可作夏至无影之石表。②

这里说的是谢野臣，由他去寻找中州石表，而引出梅文鼎对"夏至日中无影"的解释，实际上只是影和表之比例，"向南州邑"也可作这种石表。

河南的古代石表原为唐代所建，在今登封阳城，现在仍完

① [清]梅文鼎："方圆幂积说"，载《方圆幂积》卷前。
② [清]梅文鼎：《梅氏历算全书》本《揆日候星纪要》。

好存在，其北边为元代所建之测影台，今亦尚存。

梅文鼎是把谢野臣的调查结果，作为例子又略加分析而写到书中。

刘湘煃，字允恭，江夏人。他对历算的学习与研究，是和梅文鼎直接相关。下面一段文字就是记述他们的学术关系：

> （刘湘煃）闻梅文鼎，以历算名当世，鬻产走千余里，受业其门。湛思积悟，多所创获。文鼎得之甚喜曰：刘生好学精进，启予不逮。其与人书曰：金水二星，《历指》所说，未彻，得刘生说，而知二星之有岁轮，其理确不可易，因以所著《历学疑问》，属之讨论。湘煃为著《订补》三卷。

刘湘煃又作《五星法象编》5 卷，"文鼎深契其说，摘其要自为《五星纪要》。湘煃又欲为浑盖通宪天盘安星之用，以戊辰历元，加岁差，用弧三角法，作《恒星经纬表根》一卷，及《月离交均表根》、《黄白距度表根》各一卷，皆补所未及也。所著又有历象之学，儒者所宜深讨。《论历学古疏今密》、《论日月食算稿》各一卷，《各省北极出地图说》一卷、《答全椒吴荀淑历算十问书》一卷。湘煃死，其遗书无一存者。"①

刘湘煃师从梅文鼎学习、讨论，取得成果，著作很多，也深得梅氏重视。至于他变卖家产投师一事的时间是何时，没有明确记载，但从记述事实来看，应在《历学疑问》成书之后，约

---

① ［清］阮元：《畴人传》卷 40"刘湘煃"。

于1690年之后。

过了20年左右，梅文鼎与刘湘煃在南京会面，做何学术交流，不见记载。

1715年，梅氏有“送刘生允恭归江陵”诗一首：

苦茗清尊羞楚蔬，　片言珍重此须臾。
难酬重趼过从意，　无那衰颜病废余。
归到故园欢菽水，　时亲良友善居诸。
残编缀拾天能假，　刮目迟君更草庐①。

当时，梅氏已83岁高龄，从“片言珍重此须臾”一语可体会到他的心情。

紧接下一首诗是二月七日收到商邱周昆来的来信时写的，其第一句及注是：“山村楚客正脂车[时刘生允恭理归楚]”，他又说“时侨居白门”②，就是在南京。他一方面收到来信，一方面又送走学生回湖北老家，把他们称做“双鱼”，注称“周亦有与刘生书，重相诫勉”。

梅氏与他人的学术交流还有很多，大多在不知不觉中进行的，例如与秦二南、陈厚耀等，和知友李光地平时交流和来往亦复不少。当梅氏80寿辰时，李光地曾赋诗祝贺，其中有“我识梅先生，倏逾二十春，始见浩然博，继饮薰然醇”③之句。

---

① [清]梅文鼎：《绩学堂诗钞》卷4“送刘生允恭归江陵”。

② [清]梅文鼎：《绩学堂诗钞》卷4“二月七日得商邱(丘)周昆来寄书[时侨居白门]”。

③ [清]李光地：《榕村全集》卷36“寿梅定九先生八十[壬辰年]”。

他们开始交往是在 1689 年，“逾二十春”应于 1709 年前后，已是梅氏晚年。李在另一首诗中又说：“先生昔岁游京师，乱稿丹黄富有携，欲向西方南工部，从高一审天高低。”[①]也是称赞。而在一首赋中，说梅氏幸亏长期居于山林才取得了成就：“先生山林日永，遂得卒其大业，以知修文述古，自有天命……《历象本要》，虽于此道未能万一。”[②]这和梅氏的活动和想法正好相反，其中《历象本要》是同时代杨文言所作，此书的水平不能与梅氏著作相比。这只是李光地对梅文鼎的某种理解。

通过上述介绍，可以看出梅文鼎与多人进行学术交流，双方都获得了很大益处，推动了历算的发展，也使梅氏科学思想得到更广泛的传播。实际上，梅氏的学术交流远不止这些，而且直到他去世才停止。

---

① [清]李光地：《榕村全集》卷 37“寄梅定九仍用七夕韵”。

② [清]李光地：《榕村全集》卷 32“与梅定九二首”。

第五章 梅文鼎的著作及相关事项

本书前几章，经常提到梅文鼎的各种著作，但是到现在为止，梅文鼎到底有多少种著作并未说清楚。在这章中，将集中论述这个问题。据最近统计，梅文鼎的全部著作，见名即录，共计有101种[①]，篇幅大小不一，有的只有几页，仅是短文，有的有目无书，现在看来，仍有极少数遗漏。

梅氏著作的年代和现代不同，根据版页即可定论。而梅氏著作，有相当一部分他在世时没有出版，即使出版也无确切的版权。因此，以下所说年代，主要是来自梅氏自序（大多都有）。

---

① 李迪、郭世荣：《清代著名天文数学家梅文鼎》，上海：上海科学技术文献出版社，1988，52～58。

一、《勿庵历算书目》的记载

梅氏的第一本著作是《历学骈枝》，有康熙元年(1662 年)自序，当时他 30 岁。这书的起因，一方面是由家学引起的思考，另一方面是因由倪观湖老师的指导，又与两个弟弟“晨夕讨论”，研究《大统历》，“遇所难通，则废瞑食，以助其愤”，就这样最后完成的一书。从此，他直到去世前的 87 岁，前后 57 年，著述不衰。他在 70 岁那年整理出一本著作目录，叫做《勿庵历算书目》。该目录对其前 40 年著述有所披露。

《勿庵历算书目》有时也叫《勿庵历算书记》，全书不分卷，但分成历学书 62 种和算学书 26 种两大部分，包括已刻与未刻的，记载说已出 17＋16＝33 种。梅氏自己说：“余之从事历学也余四十年，性好苦思，时有所通。于积疑之后，著撰遂复多种，将欲悉其书，就正常世，而未之能也。稍为胪列书名，各系数语，发挥撰述本质，庶以质诸同好，共明兹事云尔。”[①]可以想象出版这几十种著作，谈何容易！在这之前的 1699 年，即由同里施彦恪写了一篇“征刻历算全书启”，有下面的话：

> 吾宣梅勿庵先生，江东世胄，宛水名家。……编摩既就，流布无期，草本益增，杀青有待，白云怡怡。空怀持赠之心，宝剑深藏，谁辩斗牛之气，且行年七十，斲轮深惧无传，而著论详明，芰筐原堪重赏。惟

---

① ［清］梅文鼎：《勿庵历算书目·自序》。

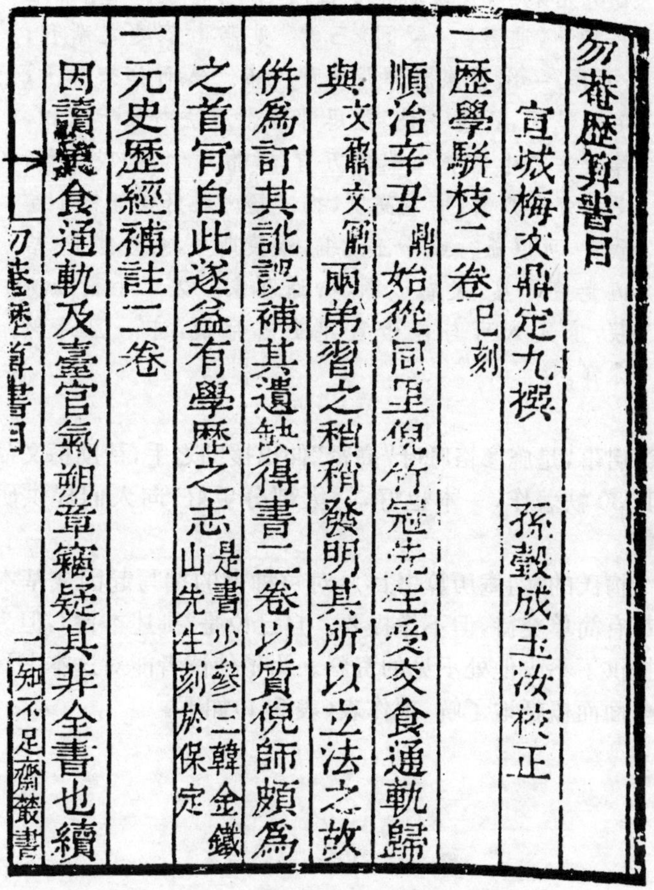
勿菴歷算書目

宣城梅文鼎定九撰　孫𣪻成玉汝校正

一歷學駢枝二卷 已刻

順治辛丑鼎始從同里倪竹冠先生受交食通軌歸與文鼐文鼏兩弟習之稍稍發明其所以立法之故併爲訂其訛誤補其遺缺得書二卷以質倪師頗爲之首肎自此遂益有學歷之志 是書少參三韓金鐵山先生刻於保定

一元史歷經補註二卷

因讀交食通軌及臺官氣朔章蔀疑其非全書也續

勿菴歷算書目　一　知不足齋叢書

图 5.1 《勿庵历算书目》首页书影

> 昔玑先蔡子，首锓筹算于白门；亦有冰叔征君①亟冠弁言于《通考》、《疑问》三卷②见燕山节度之新刊；《方程》一编得泉郡孝廉③而广布。然而分来片玉，定想昆冈，折得一枝，益思邓圃。历法书五十八种，算数法二十二书④，卷辄万言，帙惟八十，欲成全璧，必取资于众擎，所望高贤，揭表扬之雅好或任锓小卷欣赏，可以弧行或分任大编，辐辏斯呈，众妙偿书，给值光益牙签，展卷披图，心通浑象。数十年精勤所获，庶人人可与能千百年史志存疑，亦一旦泮然冰释。⑤

这篇启事，是施彦恪呼吁“高贤”伸出援助之手，帮助梅文鼎出版其 80 帙著作，一本也好，一大部分更好，向人们提供研习资料。

梅氏的《勿庵历算书目》，对每种书的撰写起因或基本内容都有简单交待，但不像提要。自己说是“撰述本旨”，但为读者提供了不少他处不见的资料。为了使读者能对这本书目有个全面而概括地了解，现作表(表 5.1)如下：

---

① “冰叔征君”可能是指魏叔子。

② “《通考》、《疑问》三卷”，可能是指《古今历法通考》和《历学疑问》。

③ “泉郡孝廉”即泉州李鼎征。

④ 历法书与算数法的种数有误，但 80 帙不误。

⑤ 载于《勿庵历算书目》卷前。

表 5.1　《勿庵历算书目》书目表

书　　名	卷数	是否已刻	附　　注
历学骈枝	2	已刻※※	
元史历经补注※	2		
古今历法通考※			原注：有魏叔子、费燕南二序
春秋以来冬至考	1		
宁国府志分野稿	1	已刻志中	《宁国府志》的一部分
宣城县志分野稿	1	已刻志中	《宣城县志》的一部分
历志赘言	1		
江南通志分野拟稿	1		
明史历志拟稿※	3		原注：有先黼斋序
郭太史历草补注※	2		
庚午元历考※	1		
大统历立成注※	2		
写算步历式※	1		
授时步交食式※	1		
步五星式※	6		
答李祠部问历	1	已刻	
回回历补注※	3		
西域天文书补注※	2		
三十杂星考	1	已刻	
四省表影立成	1	已刻	

续 表

书　　名	卷数	是否已刻	附　　注
周髀算经补注※	1		
答刘文学问天象	1		
分天度里※	1		
七政细草补注	3	已刻	
历学疑问	3	已刻	进呈康熙帝
交食蒙求订补	2	内已刻 日食一卷	
交食蒙求附说	1	已刻一卷	
交食作图法订误	1		
求赤道宿度法※			原注：原自为一卷，今收入蒙求订补
交食管见	1	已刻	
日差原理※	1		
火纬本法图说	1	已刻	
七政前均简法※	1		原注：订火纬表说，因及七政
上三星轨迹成绕日圆象	1		
黄赤距纬图辨※	1		
太阴表影辨※	1		
浑盖通宪图说订补※	1		

续　表

书　　名	卷数	是否已刻	附　　注
西国日月考※	1	已刻	
七十二候太阳纬度※	1		
陆海针经※	1	已刻	原注：又谓之《里差捷法》
帝星勾陈经纬考异※	1		
星晷真度※	1		
测器考※	1		
自鸣钟说※	1		
壶漏考※	1		
日晷备考※	3		
赤道提晷说※	1		
思问编※	1		
勿庵揆日器	1		
揆日浅说	1		
测影捷法※	1		
璇玑尺解※	1		
测景定时简法※	1		
勿庵测望仪式※	1		
诸方节气加时日轨高度表	1	已刻	
勿庵仰观仪式※	1		
勿庵浑盖新式※	1		

续 表

书　　名	卷数	是否已刻	附　　注
勿庵月道仪式※	1		
天步真原订注※			
天学会通订注※			
王寅旭书补注※			
平立定三差详说	1	已刻	
写天新语抄存※	1		
古历列星距度考※	1		
以上历学书 64 种,内已刻 17 种			
中西算学通序例	1	已刻	
勿庵筹算	7	已刻	
勿庵笔算	5	已刻	
勿庵度算	2	已刻	
比例数解	4		
三角法举要	5	已刻	原注：进呈
方程论	6	已刻	
几何摘要※	3		
勾股测量※	2		
九数存古※	10		
少广拾遗	1	已刻	原注：自此以后并为续编
方田通法	1	已刻	
几何补编	4	已刻	

续　表

书　名	卷数	是否已刻	附　注
西镜录订注	1		
权度通几※	1		
奇器补诠※	2		
正弦简法补※	1		
弧三角举要	5	已刻	
环中黍尺	5	已刻	
堑堵测量	2	已刻	
用勾股解几何原本之根※	1	已刻	
几何增解数则※		已刻	原注：本各自为书，今附前条共卷
仰观覆矩※	1		
方圆幂积	1	已刻	
丽泽珠玑※	1	已刻	
古算器考	1		
数学星槎※	1		
以上算学书共 27 种，内已刻者 16 种			

※ 有目无书或与他书合并，下同。

※※ "已刻"，指原书所记载。

本表是对《勿庵历算书目》的一次简单审查和重新统计，发现其中有两个问题，其一是大量有目无书，笔者从未查到有何种本子，包括抄本和稿本；还有的是后来改名，或与他书合并；更有的说是“已刻”，也未见到任何实物，推想梅氏可能打算出版，而未出版。其二是种数和“已刻”数，与现在统计有出入，如历算书实为 64 种，“已刻”者仍为 17 种，算学书为 27 种，“已刻”者 14 种，都与原数不同。

上述书目，是总的情况，之前还有两部带有某学科的系列丛书性质的著作，一是算法，二是历法，现分述如下：

《中西算学通》9 种，梅氏自己有一段文字叙述这书的想法和做法：

> 算数作于隶首，见于周官，吾圣门六艺之一也。自利氏以西算鸣，于是有中西两家之法，派别之分，各有本末，而理实同归。或专己守残，而废兼收之义；或喜新立异，而缺稽古之功，算学之所以无全学也。夫理求其是，事求适用而已，中西何择焉？虽然不为之各极其趣，亦无以观其会通。因不揣固陋，著书九种，而为之序例。而后论撰稍多，因以此为初编云尔。[①]

书是由蔡玑先、方中通分别写序的，但未见刊本传世，李俨有旧钞本[②]，但后又不见记载。不过 9 种书的目录却流传下来，它们是：《筹算》、《笔算》、《度算》、《比例》、《几何摘要》、《三角》、

① ［清］梅文鼎：《勿庵历算书目》“中西算学序例一卷”条。

② 李俨：《中算史论丛》第三集，北京：科学出版社，1955.553 脚注 4。

《方程论》、《勾股测量》、《九数存古》。① 其中《比例》可能是指《比例数解》，主要讲西方的对数，但未见此书；《三角》可能是《平三角举要》，现有几种版本；而《九数存古》，都未之见，且只是初编，但未见续编。

与《中西算学通》相对应的有《历法通考》58卷，梅氏有一较长的自序，其最后一段是：

> ……凡有能出一新智，立一捷法，垂之至今者，皆有其所以立法之故，及其久而必变也。又皆有所以变之说，于是焉反复推论，必使理解冰释。无纤毫疑似于吾之心，则吾之心即古圣之心，亦即天之心。而古今中外之见可以不设，而要至于是。夫如是则古人之精意可使常存。不致湮没于端己守残之士，而过此以往，或有差变之微，出于今法之外，亦可本其常然以深求其变，而徐为之修改，以衷于无弊。是则吾辑《历法通考》之意也：《历沿革本纪》一卷、《年表》一卷、《列传》二卷、《历志》二十卷、《法沿革表》十卷、《法原》五卷、《法器》五卷、《图》五卷，是为《历法通考》五十八卷。其算数之学，别有书曰：《中西算学通》。谨序。②

在《勿庵历算书目》中之《古今历法通考》即此书，因其最末有

① 梅文鼎的《勿庵历算书目》有9种书的介绍。实际上，大多数有传本。

② ［清］梅文鼎：《绩学堂文集》卷2“历法通考自序”；《梅氏丛书辑要》卷60“杂著：历法通考自序”。

自注："原分五十八卷，今卷数未空。"该条有较长的说明文字，他说"鼎此书，盖兼古术西术，考其异同，而求端于天，不敢以己见，少为轩轾。"这段话讲述了中国历法的历史发展，比较了中西法之异同，但是后人从未见其书。

梅氏又说："有魏叔子、费燕南二序。"因未见该书，序也未见过。

二、《梅氏历算全书》的收录

不知是否由于施彦恪《征刻历算全书启》的影响所致，还是别的原因，在梅氏晚年，确有人考虑出版其著作问题，如魏荔彤就对此事特别关注。他"岁在戊戌(1718 年)，偶摄法司，因与诸同人设馆白下(南京)。延致(梅)先生订正所著，欲共输资刊行。"①当时梅氏正在南京，魏荔彤等将他请去，大家共同出资刊印其著作。魏荔彤又指出："先生既以宁淡为志，不乐与俗吏久处。而世会迁变，云散蓬飞，竞未足事。"而未成。但实际上，梅文鼎要出版著作并不是如魏荔彤说的那么简单。因为梅氏著述很多，有些书稿也未定稿，也比较乱，全部要达到出版的要求，尚需较长时间来整理，而且他年事已达八十多快到九十岁高龄，体力有限。

魏荔彤不是表示一下姿态就算了，而是真心实意要出梅氏的全部历算著作。南京见面之后，他一直挂念此事，两年后到沿海做官，说"阅二载，僻居海中，官斋阒寂，复驰函敬求存稿，得十余种。虽屡为雅慕高贤者录刻。然杂遝参错未成善

① ［清］魏荔彤：《梅氏历算全书·小引》，1723。

本。笥中尚伙，又在耄年静摄，不能遽自校定，因嘉许殷恳期为检发。”[①]还未等“检发”，梅氏已去世。魏荔彤因自己有言在先，不能“自弃”，“于是复向翰编玉汝昆季，构(购)得未刻者将二十种，俱以付梓”，加上以前的十多种，一齐出版。

魏荔彤虽然对天文地理等很感兴趣，但要驾驭梅氏这批书稿，仍有相当困难，甚至是不可能的。这样，他很认真地聘请了一位与梅氏有学术深交、精通历算的杨作枚协助整理梅氏遗稿。他们编了一套《梅氏历算全书》丛书。在书前有“凡例十则”，详细说明编辑宗旨，现摘要如下：

(一) 本编于历算中广求大圆之理，辨奥析疑，删繁补缺。俾上有以发古人未尽之蕴，下足以为后贤考测之资，不敢剿袭陈言，以掠美沽名也。

(二) 今日而言，历算必兼中西两家。然拘守中法者，每是古而非今；过尊西说者，又举末而遗本不知中历之略，惟藉西法以补之。西历之巧，实原古法而精之。一者实相须而不可偏废。不敢有拘俗见，取此失彼也。

(三) 历算之书，昔人多载立成，本编惟一一发明其理，故凡遇一法必求其根，每有一根必究其理。且考订再三，了无疑义，方敢采录。徐太史于《几何原本》云：有三不必、五不能，兹取义，亦犹是尔。

(四) 度数之理最为艰深，往往有本论不足以发明，而必借他说以明之者。兹编遇立术隐奥处，不殚旁引曲证，宛转反复，以达其义，故图形、论说多有一见再见。然意义各有所属，并非复沓，细阅自见。

---

① [清] 魏荔彤：《梅氏历算全书·小引》，1723。

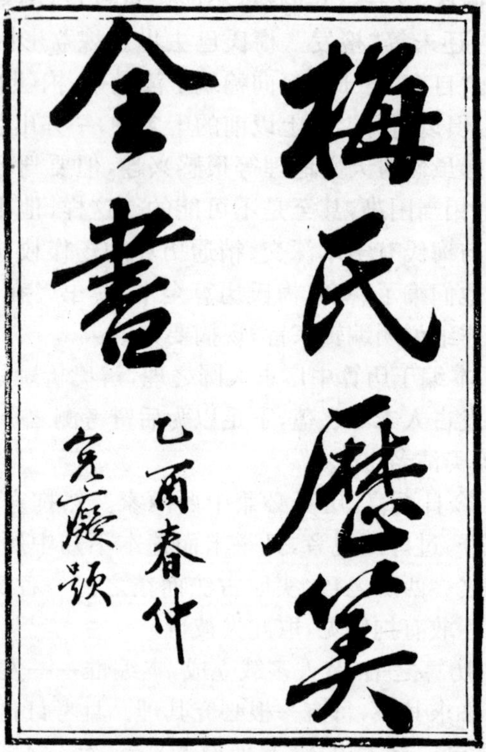

图 5.2 《梅氏历算全书》封面

（五）历学之学，烦绪最繁。故本编所录亦非一种，然或订补西法，或疏明古历，或兼中西两家而考其异同，辨其得失，皆有条理存焉。善读者可合全部而观其会通，自有左右逢源之乐。

（六）梅勿庵先生，大年登享，覃精历算，著撰极富，立说纯正，布算详明。其已付梓行世者，是编仍俱采入，不敢遗弃。

其晚年诸稿，壬寅(1722 年)春，玉汝、肩琳两君举以付余，约计三十种，内已成书而待刊者十之四；稿略具而未成者十之六。余欲尽付刊印，因延锡山杨君学山至署，为之订补，疏剔义之未明者阐之，图之未备者增之，文之缺略者补之。务使有伦有要，首尾贯通。既以勿庵所著为宗，而复有发明修饰之功。庶读者不烦言而解，期于不负勿庵相托之心，而学山好古勤求之志，亦可嘉尚矣。

(七) 勿庵旧刻各种，内有可类附者，亦可增入一二，如《弧三角举要》旧刻五卷，今增为六是也。又勿庵言所未及而理数必不可少者，杨君亦补缀，如《割圆八线之根》一卷是也。又如《勾股测量》诸术，历家所重，原稿零星散佚，今增补为四卷。余编亦多类比。

(八) 各种内有简帙繁重者，分为若干卷，以便省读其散见杂出者，则数种合为一编，该以总名，免致烦紊。然或分或合，皆归于义蕴所存而已。

(九) 历算之学，勿庵尚矣。然我朝(清朝)声教洋益，人文蔚起，博学多识之彦，比屋皆庶，如吴江王晓庵、青州薛仪甫、睢州孔林宗、桐城方位伯、锡山杨定三、鲍燕翼诸君子，皆深明历算，各有著述，惜未得其全书为憾。然但有闻见皆于各种内附集其语，与勿庵相印证，学问之道固无穷也。

(十) 本书项序皆有条理。盖历算之学，明理为要，理一明能知古人创立之意，能为后人因改之资。若徒执成法，鲜有能变通者。按一定次序编排成书。按次序分为以下四类：

第一类，言理之，包括几何、三角、测量等，实为与天文历法有关的数学理论著作，叫做“法原”。

第二类，言数之书，理寓于数，理明必证之数，以求实用，包括割圆八线、对数、比例、代数等著作，大部分为数表，而不是讲数学理论的，叫做“法数”。当时未印，说是“续出”，但从未见书。

第三类，言历之书，当理和数都明白之后，才能谈历法，“理于以精，数于以神”，包括各种天文历法著作，叫做“历学”。

第四类，言算之学，包括中国传统珠算、少广、方程和西方的笔算、纳披尔筹算、度算等著作，都是“推步之资，而理、数籍以显明者也”，叫做“算学”。

以上 10 条“凡例”，基本上把梅氏著作的主要思想及魏荔彤和杨学山(作枚)的处理方法，交待得比较清楚。从“凡例”第10条可知，魏荔彤、杨作枚是把梅氏历算著作当作一个整体安排的，条理分明。

魏荔彤、杨作枚编辑的梅氏著作名为《梅勿庵先生历算全书》，又简称之为《梅氏历算全书》，共 29 种，75 卷，由魏氏兼济堂于雍正元年(1723 年)刊刻出版。详细目录，将与以后出版的《梅氏丛书辑要》合在一起列表(表 5.2)给出。

魏荔彤出版《梅氏历算全书》，还有他 3 个儿子参与校正，杨作枚“订补”，见图 5.3。魏氏差不多是全家动员，出钱出人，出版之快(仅在梅氏去世后两年)，也是少见的。出版后，曾多次再版，流传甚广，影响很大。

《梅氏历算全书》保存了梅氏差不多全部原始资料，当初搜集、整理难度极大，有 3/5 的书稿仅是初稿或是草稿；这部书又收入他人的一些资料，包括杨作枚本人的部分有关篇章，是他处极少见的，十分珍贵。

这次出版工作，有赖于魏荔彤、杨作枚两人，做出了自己的贡献。有必要对他们的生平事迹，进行简单介绍。

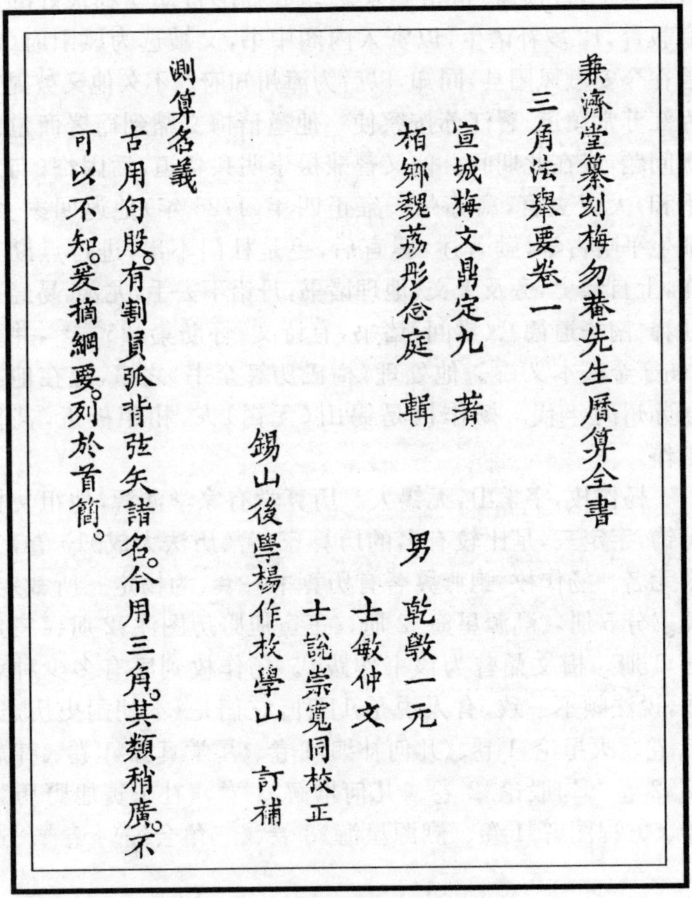
兼濟堂纂刻梅勿菴先生曆算全書
三角法舉要卷一
宣城梅文鼎定九　著
栢鄉魏荔彤念庭　輯　　男　乾敦一元
士敏仲文
士說崇寬　同校正
錫山後學楊作枚學山　訂補
測算名義
古用句股。有割員弧背弦矢諸名。今用三角。其類稍廣。不
可以不知。爰摘綱要。列於首簡。

图 5.3 《梅氏历算全书》之署名

魏荔彤，字念庭，直隶柏乡（今河北柏乡县）人。其父魏裔介（1616—1686 年），顺治三年（1646）进士，官至吏部尚书和保和

殿大学士,曾预修《世祖实录》①。魏荔彤自幼受到很好的家庭教育,12 岁补诸生,以资入内阁中书,又被选为凤阳府(府治在今安徽凤阳县)同知,以后为漳州知府。不久他又被提升为江苏常镇道,署江苏按察使。他邀请梅文鼎到衙署商量出版问题,应在此期间。他又曾兼摄崇明兵备道,后因忤(与人不和)大吏去官,寓苏州。雍正四年(1726 年)他返回家乡。他生平嗜古学,勤著述,罢官后,更是杜门不出,进行点勘工作,上自经史,旁及天文、地理诸书,丹铅不去手,尤善《易经》,注释《南华道德》、《素问》诸书,有诗文《怀舫集》36 卷②,并著《伤寒金匮本义》③。他处理《梅氏历算全书》之事,应在他寓居苏州的年代。杨作枚是锡山(无锡)人,相距极近,甚便工作。

杨作枚,字学山,无锡人。历算学有家学渊源,他祖父杨国钧,字定三,是比较有名的历算家,著《历法大成》10 卷,父亲无名。杨作枚、鲍燕翼著有历算书一套,为杨定三所裁定。此书分 5 册,《溯源星海》2 册,《王寅旭野历图注》2 册、《三角法》1 册。梅文鼎曾为该书作跋④。杨作枚到底有多少种著作,说法颇不一致,有人说是 11 种,它们是《本朝国史历志》11 卷、《火星论》1 卷、《几何补编》1 卷、《星学真源》1 卷、《律志稿》2 卷、《勾股论》2 卷、《几何增解》1 卷、《补王寅旭野历》4 卷、《方程图解》1 卷、《溯源星海》8 卷、《三角会编》4 卷⑤。这

① 《清史稿》卷 262“魏裔介”,北京:中华书局,1977。

② 《清史列传》卷 68“魏荔彤”,北京:中华书局,1987。

③ 《清史稿》卷 502“吴谦”,北京:中华书局,1977。

④ [清]梅文鼎:《绩学堂文钞》卷 5“锡山友人历算书跋”。

⑤ 光绪《无锡金匮县志》卷 29。

些著作都早已失传，究竟实情如何，无法详知。他另有《七论》1种，留有片断，据清末温葆深记载："无锡杨学山刻《七论》，备载图式"，"杨学山氏著《七论》成卷，专言西术，至详尽。"[①]

杨作枚对数学研究工作的成果有些保留在他订补的《梅氏历算全书》中[②]，其中《勾股阐微》的首卷系杨作枚所补，包括已知矩形面积 S 与长宽和 $b+a$，求 a,b（图5.4）。又在直角三角形中，已知弦 c 与勾股较 $b-a$，求 a,b（图5.5）。

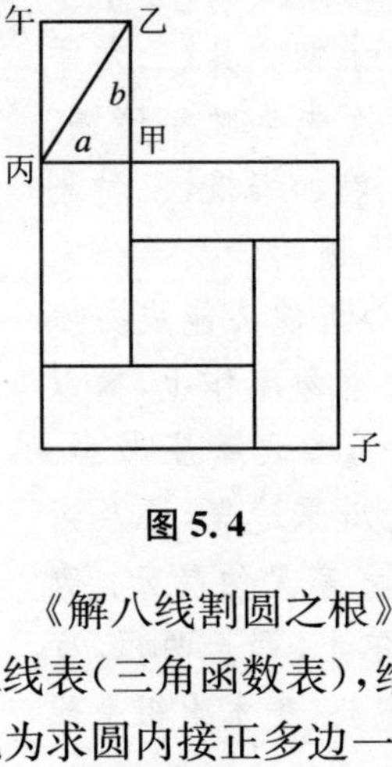

图 5.4

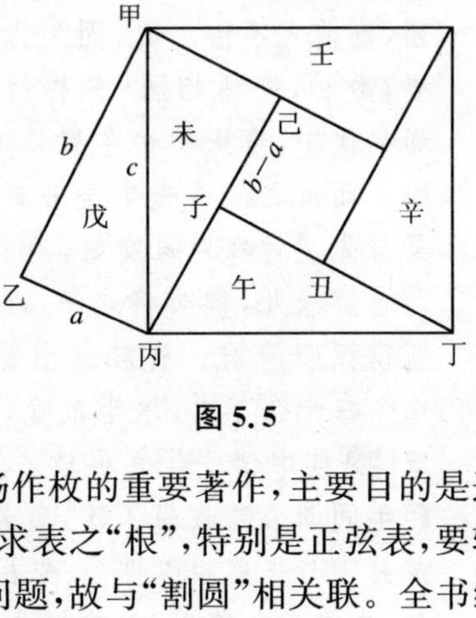

图 5.5

《解八线割圆之根》是杨作枚的重要著作，主要目的是造八线表（三角函数表），给出求表之"根"，特别是正弦表，要转化为求圆内接正多边一边问题，故与"割圆"相关联。全书给出"表根"和"表法"各七种，表根即求圆内接正三、四、五、六、九、十、十五边形，而表法即求正弦等之七个问题。其中表法七，相当于"托勒梅定理"。

① ［清］温葆深：《春树斋丛说》。

② 吴文俊（主编）：《中国数学史大系》卷7，北京：北京师范大学出版社，2000，181～187。

通过上述介绍，可知出版《梅氏历算全书》是由有资金实力和由对历算有颇深研究的人所构成。这套书版，在几十年后的1749年受到梅氏后人青睐，旁支后代"购藏"，有一篇文字透露出一些信息，有一定价值，全文如下：

> 《历算全书》三十种，共七十卷①。宣城家曾叔祖勿庵先生所著，而正谋②伯祖及玉汝、肩琳两叔参订成帙者也。盖先生覃精历数，洞见根底，会萃中西，发前人不传之奥，固久为海内崇仰。其《三角举要》数种，安溪相国③先梓行世。而先生晚年诸稿，尚秘箧中，雍正初柏乡魏公念庭，重加编校，汇付剞劂。而世之欲睹先生全书者，始无遗憾。及魏公来吴与先父竹峰府君交好，府君每心折魏公能成勿庵之志。未几，魏公将北归，以是为家勿庵作也，欲以所镌板归府君。府君遂出赀购之，贮之莘庄书舍。迄今二十余年矣，培生也晚，兼之川原迢隔，不及亲宛陵④族中诸先生之謦欬。然闻之家兄伯昌云：康熙年间渊公高叔祖不次，曾叔祖尔止、耦长两祖，宦游吴中与先曾祖养拙公、先祖莘庵公、先本生祖愚哉公、先本生父曾谷公，数相过从，把酒留连以敦族谊，情甚挚也。培辄感慕之。近则老成凋谢，音问阔疏。

① 种数和卷数均与实际略有差别，可能是凑整数的结果。

② "正谋"梅文鼎儿子以燕的字。

③ "安溪相国"指李光地，籍贯为福建安溪，"相国"即宰相。

④ "宛陵"即宣城之古称，此处指梅文鼎故乡。

先府君亦去世十年余，勿庵书板间有漫漶。今年春，培细为检点，命工补缀，复还旧观。庶无负魏公刊行之心，及先府君购藏之意云尔。

乾隆己巳秋日，松陵①曾侄孙汝培又生拜手敬跋。②

这段约400字的“跋”是梅汝培写的，他本名又生，自说是梅文鼎的“曾侄孙”，第四代，与梅瑴成的儿子同辈，称瑴成为叔，但他居住在吴江，与梅氏不同籍，是梅氏较远的一支。梅汝培的父亲梅竹峰，因魏荔彤“来吴”系指寓居苏州时，与其有交往，不久魏北上回原籍柏乡，便将《梅氏历算全书》的版片购下保存。梅竹峰去世之后版片就落到梅汝培之手，并请刻工补缀，使之复还旧观。这时距魏氏雕成，不过20多年，虽“间有漫漶”，但仍较完好。

以后这套书版的去向，就不得而知了。

三、《梅氏丛书辑要》的编辑

《梅氏历算全书》出版后，梅氏之孙梅瑴成并不满意，于是谋求重新编印一套，这就是乾隆二十四年(1759年)出版的《梅氏丛书辑要》。后来，各种版本很多，据不完全统计有20

① “松陵”，即吴江县(今苏州吴江市)古称。

② 载于光绪十四年(1885)敦怀书屋补修本《梅氏历算全书》之末。

多种[1]。梅瑴成为此写了一篇《宣城梅氏丛书辑要序》，大意是“良由坊本或仇校未精，或编次混杂。夫经史大部之书，其卷次类皆通长编，列每卷首标书之总名，而分注细目于其下，故展卷了然，即初学无难阅读。今仿此例，厘为六十卷，名曰《梅氏丛书辑要》，而以末学管窥数卷附焉。”已讲得很清楚了。他把其祖父的著作重新按“卷次”连续编排，分为60卷，但每种著作又有独立的卷数，删去了他认为不该收入的文字，而把自己的“末学管窥数卷”以附录形式列于60卷之后。

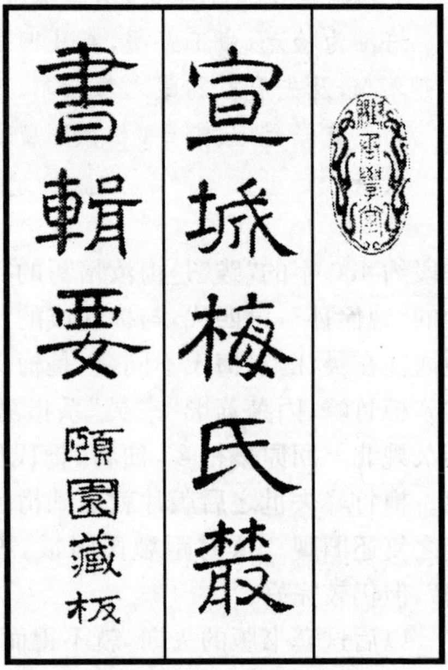

图5.6 《梅氏丛书辑要》封面

序只是说个大概，不能说得太细，有一篇“梅氏丛书辑要凡例”则非常具体，共有六则，即：

（一）征君公（梅文鼎）殚精此学五十余年，或搜古法之根而阐明之，或发西书之覆而订补之，或即中西两家而考其异

---

① 吴文俊（主编）：《中国数学史大系》副卷第二卷，北京：北京师范大学出版社，2000，441～442。

同、辨其得失。书非一种，亦非一时之笔。安溪李文贞暨方伯金公铁山等校勘十余种，而常镇道魏公所刻为多，名曰《兼济堂纂刻梅先生历算全书》。惜其校仇、编次不善，亦非实录。故另为编次，更名为《梅氏丛书辑要》云。

（二）《岁周地度合考》系兼济堂杜撰之名，因将《岁周考》及《里差考》二书辑为一卷，遂撰为“合考”之名，甚为舛缪，今入《杂著》。

（三）《火星本法》七政前均简法上三星轨迹成绕日圆象，原系三书不可统摄，乃兼济堂本汇为一卷，而总名为《火星本法》，殊欠理会。

（四）《五星纪要》一卷，原名《五星管见》，兼济堂改为《纪要》，今仍用原名。又，《解割圆之根》一卷，系杨学山节略《大测》而为之者也。原非先人之书，并去之。《勾股阐微》四卷，“阐微”之名，系杨学山所撰，其第一卷杨书也，亦去之。其第二卷至第四卷，今编《勾股举隅》及《几何通解》各一卷[《大测》书名，系《新法历书》中言割圆之书。]

（五）《筹算》原有七卷，单行应详备，今同《笔算》汇为《丛书》，则凡算学公理大法，无庸两书并存，故只纂存二卷。其已详《笔算》者，并省之，以免重复。

（六）主要讲述《梅氏丛书辑要》中各书安排先后次序的理由。

梅珏成还有一专题著作《兼济堂历算书刊缪》，前有他于乾隆四年（1739 年）自序一篇，书中所有的错误或不当之处，都是杨作枚一手造成的。全书分“命名之缪”、“凡例之缪”、“目录序次之缪”、“算法诸书之缪”（又按各书指出问题）。梅珏成共指出不当之处及谬误 184 处，其中大多为校对问题。

所说的不当处，如“命名之缪”共有两条：

> 凡本家自刻之书，其中缝皆刻《梅氏历算丛书》，乃先人之意也。今名《全书》，甚属无谓，宜仍改名《丛书》。
>
> 凡各卷之前皆列魏荔彤辑、杨作枚订补。夫全部汇刻多种，或可言纂刻，至于每卷皆系成书，何纂辑之？而“订补”二字尤虚妄，只宜书“魏某刻、杨某校字。”

这些话，有对的，也有过激之辞。

在《全书》的“凡例”中，有“三十种内已成书而待刊十之四，略具而未成书者十之六”，说这“不过欲自炫其功，以诧居停耳。然岂君子修词立诚之道乎?”简直是谩骂?

为了说明由《梅氏历算全书》到《梅氏丛书辑要》的变化，列下表(表5.2)以对比。

表5.2　《全书》与《辑要》书目表

书　名	全书卷数	辑要卷次		附　注
		连续	各书	
笔　算	5	1～5	5	《辑要》附《方田通法》、《古算器考》
筹　算	7	6～7	2	《辑要》删去与《笔算》重复部分，改为2卷
度算释例	2	8～9	2	
少广拾遗	1	10	1	
方程论	6	11～16	6	
勾股举隅		17	1	《全书·勾股阐微》的一部改入《辑要》

续　表

书　名	全书卷数	辑要卷次		附　注
		连续	各书	
几何通解		18	1	
平三角举要	5	19～23	5	
方圆幂积	1	24	1	
几何补编	5	25～28	4	《全书》卷 1 为杨作枚著，《辑要》删
弧三角举要	5	29～33	5	
环中黍尺	6	34～38	5	
堑堵测量	2	39～40	2	
历学骈枝	4	41～45	5	
历学疑问	3	46～48	3	
历学疑问补	2	49～50	2	
交食一		51	1	《全书》的《交食蒙求·日食蒙求》
交食二		52	1	《交食蒙求·日食蒙求附说》
交食三		53	1	《交食蒙求·月食蒙求》
交食四		54	1	《全书》的《交会管见》
七政一		55	1	《全书》的《七政细草补注》
七政二		56	1	《全书》的《火星本法》等
五星管见	1	57	1	《全书》的一部分合入“七政二”
恒星纪要		58	1	《全书》的《揆日候星纪要》
历学答问	1	59	1	

续　表

书　　名	全书卷数	辑要卷次		附　注
		连续	各书	
杂著※		60	1	《辑要》收入7篇
附录一(赤水遗珍)		61	1	《全书》无
附录二(操缦卮言)		62	1	《全书》无
解割圆之根※※	1			梅珏成以其为杨作枚作，《辑要》删
勾股阐微	4			《辑要》的《勾股举隅》、《几何通解》
交会管见	1			《辑要》的《交食四》
交食蒙求	3			《辑要》的《交食一、二、三》
揆日候星纪要	1			《辑要》的《恒星纪要》
岁星地度合考	1			
冬至考	1			
诸方日轨高度表	1			
五星纪要	1			《辑要》的《七政二》
火星本法	1			《辑要》的《七政二》
七政细草补注	1			《辑要》的《七政一》
二铭补注	1			《辑要》收入《杂著》
平立定三差详解	1			
古算演略	1			包括《古算器考》、《方田通法》

※※ 从本目开始至末尾，为《全书》所收。凡本表中有卷数的书均为《全书》或《辑要》所收，《辑要》的连续卷是连续的，即由1到62。两丛书所收书名都完整无缺，独立的卷数。

※《杂著》所收均短篇文章，共有7篇，即“历法通考自序”、“学历说”、“地度弧角”、“二仪铭补注”、“璿玑玉衡赋”、“西国月日考”和“西国三十杂星考”。

表 5.2 所列书目是《全书》和《辑要》的全部,但是人们马上就会发现: 有些著作,如《方程论》、《笔算》、《平三角举要》、《方圆幂积》、《历学疑问》、《历学骈枝》、《度算释例》、《筹算》、《堑堵测量》、《环中黍尺》、《交食蒙求》、《弧三角举要》等 12 种都比较整齐、清楚,都是整本,但有些著作还比较凌乱,有的可能连书名都没有,不得不由编辑者"杜撰"。魏荔彤说"占十之四"和"十之六",基本符合实际情况。不过,两书合在一起却保留了梅文鼎全部历算著作,对了解他的科学学术思想极为珍贵。

就梅瑴成编辑《梅氏丛书辑要》来说,态度很严肃、认真,主要是他删除了非梅文鼎的文字,使之变成较纯的梅氏著作。他把原来魏荔彤、杨作枚所排的几大类打乱,重新编为数学和天文历法两大类,每类又按由浅到深的次序编纂。他对有些著作改变了名称,如《交食》、《七政》等。他所指的具体内容反而不明显,必须加上如《日食蒙求》等小注性的文字才行,不如《梅氏历算全书》那样醒目。就资料来说,《辑要》在《杂著》中有几篇他处不见的新资料;另一方面,《辑要》中也未把《全书》中的梅文鼎论著全部收入,如《冬至考》等。因此,在研究梅文鼎时,两种丛书都要阅读,才能较全面了解他的科学思想。

在《辑要》书前有"校阅助刻姓氏"名单,是对两丛书有直接支持者的名单,对研究梅文鼎也有一定的用处,现列于下:

金陵文学蔡君玑先璿[于康熙二十年,首刻《筹算》于金陵]。

安溪相国李文贞公厚庵[督学畿辅,校刊《历学疑问》,进呈御览,有恭纪刻于本卷。又巡抚直隶校刊《三角法举要》、

《环中黍尺》、《堑堵测量》等书九种于上谷[1]]。

安溪公介第孝廉户部主事安卿鼎征[校刻《方程论》于安溪]。

安溪公长子孝廉受业世德钟伦。

三韩[2]贵州巡抚金公铁山世扬[校刊《历学骈枝》、《笔算》于保定]。

安溪詹事府詹事受业陈公对初万策。

景州大司空受业魏文公君璧廷珍。

交河少宗伯受业王公振声兰生。

河间国子监助教受业王公仲退之锐。

宿迁翰林院侍读受业徐公坛长用锡。

广宁广东巡抚年公允公[3]希尧[校刊方程度算[4]于江宁藩署]。

柏乡常镇道魏公念庭荔彤[校刊《历算全书》于兼济堂，有序]。

吴县算学生丁生维烈。

上元[5]御召丙辰词科辛未经学征士程君绵庄廷祚。

歙县翰林院编修吴君涵斋以镇[以下皆助刻《丛书辑要》]。

歙县候补监司吴君岘山钠。

天长原任宣化府知府王君惺斋者辅。

---

① “上谷”，今河北易县一带。

② “三韩”，朝鲜半岛的代称。

③ “允公”，系“允恭”之误。

④ “方程度算”，名称不确，可能指《方程论》与《度算释例》。

⑤ “上元”即今南京。

同邑[①]澳门同知张君芸野汝霖。

上元候选盐场大使杨君锡若铎。

歙县候补中书蒋生念劬勋。

共 20 人,有些是前面多次提到的或地位较高的人物,如蔡玑先、李光地、年希尧、魏荔彤等,也有些不知名者,如最后的若干人即是。吴县算学生丁维烈,苏州府长洲县(与吴县同地,即苏州)人,曾受业于梅瑴成,著《算法》一卷[②]。奇怪的是没有杨作枚的名字,而在凡例中却多次指摘。名单中连"受业"都列上,如李光地的儿子李钟伦仅与梅文鼎学习过也被列上。这实在是有失公允。

通过上面的论述,可以看到《全书》与《辑要》并不是梅文鼎历算著作的全部,《勿庵历算书目》中所提到的 80 多种,有相当一部分未收入两套丛书,梅瑴成都未找到,后人更不知其下落了。

四、《绩学堂诗文钞》收录的诗文

梅文鼎生平写作许多诗文,去世后由其孙瑴成加以整理、出版,名为《绩学堂诗文钞》。"绩学堂"并不是梅家的堂号,梅瑴成有说明:"其曰绩学堂,盖以我圣祖仁皇帝有'绩学参微'赐额云。"[③]书分为《诗钞》和《文钞》两部分,从多方面反映了梅文鼎的学术思想,有极高的研究价值。

---

① "同邑"是指与梅瑴成原籍相同。

② [清]阮元:《畴人传》卷 41"丁维烈"。

③ [清] 梅瑴成:《绩学堂诗钞》目录注。

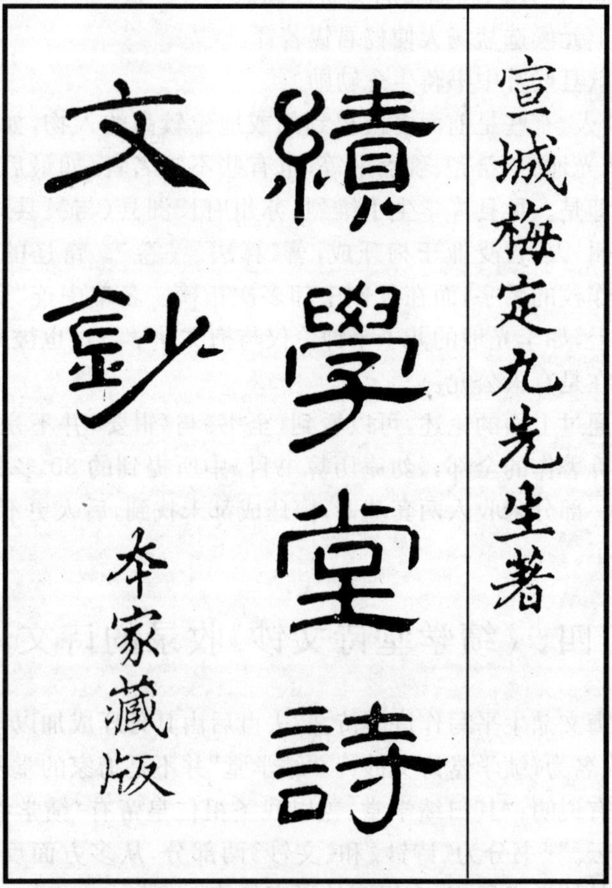
宣城梅定九先生著

績學堂詩文鈔

本家藏版

图 5.7　《绩学堂诗文钞》封面

《诗钞》共 4 卷，前有乾隆十七年（1752）沈起元（1685—1763 年）序，康熙十八年（1679 年）施闰章（1618—1683 年）原序和无年代的曹溶(1613—1685年)原序。原序写作时,梅文鼎还健在,可见其早年在诗的方面已有影响。

施闰章的原序,首先从讲诗开始,联系到梅氏治学,到他参与《明史》的天文律历的编撰,最后又回到论诗而结束。对梅氏诗作之评价,主要是诗与历算的联系,诗是对客观事物的描述,他说:“梅子定久诗,定久有志于君子之道,目之为诗。”下面的话更有意义:

> 夫日月星辰,天之文也;山川草木,地之文也。天官五行历律度数,则所以经纬天地,而妙其推测者也。吾处天地之间,俯仰上下,心速目眩,漫无窥度,比于蛰虫,寒鸟徒自号,曰文人诗人也,亦奚益哉?定久砥砺学行,探本知类,于象纬历算之学,殆由性成数,计心通能。自制器以准象,间取西洋之学,发挥讨论。南中[1]言西学者数家,质疑送难皆叹逊以为莫及。尝手列其所见历算诸书,凡数十种,多人所未见。犹欲广搜秘本,以资参互,属余网罗。可谓好学深思者也。……中年早鳏,遂不复娶,日夜枕藉诗书以自娱,畅其溢而为文,振笔风发,校艺则冠。其曹又溢而为诗,清真静远,称心为言,无时人饾饤裘马[2]之习,易传有之,君子以言有物,而行有恒。夫诗不足以尽定久,而其诗已卓荦有出于人,是可以知定久矣。

① “南中”,泛指中国南方。
② “饾饤裘马”,其中“饾饤”指盘中堆积的蔬果,“裘马”是衣服车马之意。

很显然,施闰章认为梅文鼎的诗是反映客观规律的,并不是那种“蛰虫、寒鸟徒自号”的诗人。他中年丧偶,后半生与书籍为伍,“日夜枕藉诗书以自娱”。梅氏的诗,虽然不足以完全表达他的思想观点,但是他“以言有物,而行有恒”,其诗“已卓荦有出于人”,由此便可以了解梅氏其人。这评价是贴切的、公正的。

曹溶在原序中,对梅文鼎诗作也有很好的评价。曹溶本人对诗有一套理论和观点,他认为“浅夫执诗论诗,讲求纵极,工曾不出声律章句之外。殆类刻楮,抟沙用力多矣。归于弥散无所成而止。不工者,更何论焉!? 余持此相天下诗,诮其迂者不啻戟手而起。余终不变其说,意宇宙大矣。”即使如此,“必有足当之者”,这就是梅子定久。梅氏深于律历,著书至数十种,“四方称之,独未有知其善诗者”。正是由于他忙于历算研究、著述,而不能多作诗,故取其诗序之,进行“推服”,使世人知其有诗。

沈起元序是梅珏成编成诗集后,请他写的。沈氏说:“昔之论诗者,曰:有诗人之诗,有才人之诗,有学人之诗。余谓才人以气雄,学人以材富,诗人以韵格标胜。”又说:“古之作诗者,要唯言其所不得已与言其所自得而已。非是二者诗不可作也。若先生(梅氏)之诗,则言所自得矣。”因为梅氏的诗是自得,所以“无规杌[①]之迹,而自进于古,其才气格韵,虽韩白[②]无以加,以是知善诗者,不徒求之诗也。”就是说梅氏的诗,承受传统框架之束缚,即使韩愈、李白也无以复加,他是善诗者,

① “规杌”即规模,笔者理解为框架。

② “韩白”,唐代诗人韩愈、李白。

不是为诗而诗。沈起元最后说:“余读先生之集,而更为之睾[①]然耳。”

这三篇序,对梅文鼎的诗都作了评价,但归结起来都认为梅氏的诗主要是写实,而不是徒求形式。

梅珏成经搜集,发现梅氏“生平所存已不下二千余首”,他本人不愿意以诗名世,所以留到身后。梅珏成从中选出368首,按年代先后分为4卷:

卷1:己酉(1669年)至戊午(1678年),共诗78首。

卷2:己未(1679年)至乙丑(1685年),共诗106首。

卷3:丙寅(1686年)至丙子(1696年)(丁丑诗缺),共诗81首。

卷4:戊寅(1698年)至辛丑(1721年),共诗103首。

每卷也都按年代次序排列。梅珏成所说的首数是实际数字,许多情况是一个题目有三四首,有的多达十首诗。因此,题目数少于首数。这些诗有相当一部分与历算内容或相关人物有关,约一百余首,占27%强,这里只是估数。其中有些诗具有特别重要的内容,现摘几首,并予简释。

有相连两首诗直接讲到梅氏妻兄陈三。陈三,字孚吉,是画家。他的画都作于1669年,当时梅氏妻子陈氏还健在。与梅氏生平有关,第一首是直接写陈孚吉作画的诗:

白云山顶扶邛道,　憶昔扶邛恣幽讨。
人道嵩山似此奇,　果是登临众山小。
重来对汝心盘桓,　欲晴不晴云漫漫。

① “睾”音高gāo,高大。

陈子长歌拂素楮，笔峰扫荡开晴岚。
岩本青松几千尺，水阁幽人敞虚室。
我欲呼之同上最，高台下视浮云弄白日①。

由诗可体会到，陈孚吉作画及画面的情景，画面是山，从“人道嵩山似此奇”指的应是嵩山。梅氏也如是说。嵩山位于河南省中西部，中国有名的五岳之一（中岳），山峰、土邱很多，又有寺院和道观，是理想的绘画背景。

第二首，是梅氏写两个人的情况，一个叫王玉础，另一就是陈孚吉，两人都善画，但各有所长，在诗前有短序，比诗有价值：

玉础与余妻兄陈三孚吉，交三十年无间。两人皆善画：一以平远，一以马人物，皆擅名一时。居比邻，晨夕共也。嗟乎孚吉先往，不可复作，我思玉础何以为怀感而寄此。②

说的是，玉础迟了一步，有关好的作画背景由陈孚吉抢先作画，由“怀感”和诗的最后一句“独逢佳处共君悲”，似乎玉础不在人世了。

梅氏还有一些诗涉及陈孚吉，都是若干人一起观看什么或相聚等，不再引录。

“送章颖叔归山阴[四首]”，都与历学学术有关，其中第三

① [清] 梅文鼎：《绩学堂诗钞》卷 1“白云山观陈孚吉作画[一名嵩山]”。
② [清] 梅文鼎：《绩学堂诗钞》卷 1“寄玉础王六[有序]”。

首最为重要，不仅有诗句，还有梅氏的注解，很有价值：

七政有凌犯，　逆留皆失行。
今以数求之，　良由轨道生。
薄食验九服，　视差曾未平。
踵事成密率，　谁言古未精。
未可忽天戒，　三才同一情。
耆儒推槜李，　能兼两法并。
象林存古占，　西测详从衡。
舟行入嘉禾，　宁辞共发明。

[槜李陈献可先生，年过八十，著述甚丰。余惟见《象林》《度算》二书，及所制矩度器，皆精核无伦。][1]

这首诗是讲述天文的，主要是七政（即七曜）的视运行规律，但日月没有逆留现象。"凌犯"是七曜所产生的掩盖现象，如金星凌日、水星凌日，至于五星凌犯，历史上屡有记录，至于日月交食不叫凌犯，而叫薄食。可以计算，是由它们的轨道产生的。诗的最末说的是一个人，叫陈献可，即嘉禾（嘉兴）的陈荩谟（16—17世纪间），他有著作《象林》1卷，又有《度测》2卷，而无《度算》，所说"矩度仪"是一种简单测量仪器，《度测》即讲述该仪。

卷3有一首很长的诗，所写几乎是一篇中国历法史，其中加了一些注，使内容更加明晰。现占一点篇幅，抄录于下：

① ［清］梅文鼎：《绩学堂诗钞》卷2"送章颖叔归山阴［四首］"。

江城新雨霁，　春光自骀荡。
延陵多好古，　召客集书幌。
棐几罗芳尊，　轩楹启间敞。
高言四坐清，　陈编亦共赏。
岂敢耽宴游，　德艺贵相长。
君子当代英，　诗格皇初上。
论交折辈行，　彦会车骑枉。
识韩方在兹，　登龙夙响往。
迁疏世所遗，　殷勤被弘奖。
顾余诚谫劣，　妄欲穷垓壤。
受易忆童丱，　河图倚叁两。
深维观察理，　阖索方圆像。
敬授读虞典[1]，璿玑制攸昉。
载稽月令星，　乃与羲和[2]爽。
诸家疏岁差，　文繁终惚恍。
咨诹曾末由，　学浅意徒广。
傍搜及史乘，　天官代依仿。
古历杂谶纬，　六天皆臆想。
太初[3]但草创，四分[4]益脫朊。
积候稍精密，　汉历惟乾象。[5]［刘洪作］

---

① “虞典”是古代《书经》的第一卷。

② “羲和”是古代传说的天文学家。

③ “太初”即西汉之《太初历》，中国历史上第一部成文历法，是“草创”。

④ “四分”即东汉之《四分历》。

⑤ “乾象”即东汉之《乾象历》。

岌焯鸣晋隋[晋姜岌《甲子元历》、隋刘焯《皇极历》]，大衍继洪响，[唐一行作《大衍历》，诸法渐备]纪元[1]与统天[2]，[宋历十余改，惟二历称最]

步算渐晗朗。

许郭起元初，[元郭守敬许衡作《授时历》，集中历之大成，行亦最久]

影测判寻丈。

始信通经儒，　能辨畴人罔。

爰征西国传，　谈天如视掌。

译用赖吴淞[3]，　析义仍吾党。

[西学之入，始于隋开皇己未。唐有《九执历》，元有《回回历》，明亦兼用。至徐文定公，译历书[4]，其说始畅]

自愧居方内，　阚管见盆盎。

以斯重发愤，　九数披榛莽。

心神似有通，　宿疑时豁袒。

于世故无裨，　弃置殊难强。

展转三十年，　回思成怅惘。

为君略复陈，　悠然一俯仰[5]。

---

① "纪元"即北宋的《纪元历》。

② "统天"即南宋的《统天历》。

③ "吴淞"指明末徐光启。

④ "历书"指《崇祯历书》。

⑤ [清] 梅文鼎：《绩学堂诗钞》卷3"吴绮园招同栗亭方郯雨公家瞿山偶长施汜郎集寓斋陪郡司马曹实庵即席拈韵[时曹有历学之询]。"

这首长诗是梅氏于 1687 年答复曹实庵对历法的询问，从内容来看，分为三段：第一段是前 20 句，主要叙述写诗当时的一些情景，无实质内容；以下至第 52 句为第二段，主要讲述中国历法的历史，是全诗重点部分；最后 12 句为第三段，是梅氏感想，不知道这些事是否还有用，很可能是“悠然一俯仰”，使人见笑！

中间的 32 句诗，讲中国历法从起源，直至明末徐光启等编译《崇祯历书》的简单过程。梅氏认为是从《易经》的河图洛书开始有中国历法，在《书经·虞典》中的“敬授民时”和“璿玑玉衡”，以及天文学家羲和等，可是当时没有成文历法。西汉首次编制《太初历》，东汉有《四分历》，但汉代最好的历法是东汉末刘洪编的《乾象历》。后来有晋姜岌（4 世纪）的《甲子元历》、隋刘焯的（544—610 年）《皇极历》、唐一行的（683—727 年）《大衍历》，宋代的《纪元历》和《统天历》到元代许衡（1209—1281 年）与郭守敬（1231—1316 年）的《授时历》，梅氏认为都是好历法。其评价未必都合适，但却构成一个粗线条的系列，给一些不太了解中国历法史的人听也差不多了。接着，梅氏简述了“西学”传入中国的经过，开始于隋开皇己未（599 年），当时只有黄道十二宫等零星天文知识传到中国，如果把印度、伊朗等天文学算在内的话，比这要早。唐代有印度《九执历》、元代有《回回历》传入中国，并先后有中文译本。不过，明徐光启等编译《崇祯历书》，则是相当系统的西方天文历法。从此，确如梅氏所说“其说始畅”。西方天文历法，在中国传播很广，梅氏也同样进行研究。

《绩学堂诗钞》中类似上述内容的篇章还有一些，都是梅氏“自得”的写实诗。

梅氏《绩学堂文钞》，前有乾隆二十二年（1757 年）张必刚序、乾隆三十四年（1769 年）张自超序、乾隆三十二年（1767 年）梅庚序、李光地的“恭纪”和方苞（1668—1749 年）于乾隆三年（1738 年）的“墓表”。这些序等，主要是讲述梅氏的研究工作、生平及某些学术思想。

该书分为 6 卷，按文类编排，所收各文均有题目。依卷和类的分布是：

卷 1：扎子（谢）1，赋 1，辨 2，书 13。

卷 2：说 6，序 7。

卷 3：序 24。

卷 4：引 6，记 6，传 6。

卷 5：书后 18，题辞 2。

卷 6：行略 1，祭文 5，铭赞箴 9。

以上各类文章 107 篇，就内容来说，与历算或其他科技直接有关的有 29 篇，占 27%强，集中在卷 1，卷 2，其他卷也有些。即使篇名与科技无关，而实际却包涵大量科技内容，例如卷 1“复沈超远书”。

很显然，这份复书是对沈超远来信的答复。我们没有见到沈超远给梅氏的信，而从梅氏的回信可知是沈超远向他索要出版物。梅氏在信中，述说了研究问题之认真，对著作修改之反复，其中前半段就是讲修改《方程论》问题，看出他的认真态度，甚有意义。他说：

> 舟中一别，彼此依依。豫翁至，得读手教，殷殷垂注。又承于拙著《方程》，潜心紬绎，有所论撰，能核诸书之误，此学为不孤矣。某（我）此书既成之后，

> 能寓目者不过数人，然未有发其蕴者，兹何幸而得此于知己耶？此书尚有凡例数条，乃系续刻或不妨于豫庵借抄之。缘板尚在闽，不能有以复赠耳。向承作九问，拟将其中最要者，如矩算之制及尺算用法，一一疏明，以答尊意。别来两年，鹿鹿未有以报，疏懒成性，可胜歉仄[①]！然两年中，亦未尝敢废书卷，而所亟欲自明者，尚有弧三角。精微之理，往往积思所通，有数十年之疑，无复书卷可证，亦无发朋可问，而忽触他端，涣然冰释，亦且连类旁通，或乘夜秉烛，亟起书之，或一夕枕上之所得，而累数日书之不尽，引伸不已，遂更时日观，《方程论》可见矣。

从中可见其艰苦程度，当时有些问题，从书上查不到解释，也没有同行可请教，实在太难了，但是他时时挂在心上，很可能“忽触他端，涣然冰释”，一连串问题得到解决，或“乘夜秉烛”，或“一夕枕上所得”，几天都写不完。

从信的后半段知，梅氏还向往有朝一日再与沈超远等“数辈相聚一室，共畅斯怀”，但后来他们一直也未见过面，当然《方程论》一书也未寄赠。

在卷1有两封给秦二南的复信，回答秦的问题。秦二南是梅氏在无锡的朋友，他们曾见过面。在第一封信中，梅氏认为“夫历学固儒者所当知，而无关进取，习之者希(稀)。某向者有志于此”，但是“请益无从”，又“山居株守，闻见固陋”，连薛凤祚著作在南京出版和近在吴江的王锡阐，“皆同时之人，

① “歉仄”，对不起别人，于心不安。

而不相闻知”,当读到他们留下的著作,“常用为恨”。下面一段是正面回答秦二南索要著作的问题:

某所撰亦非一种,率皆稿本,携之行笈,时时有所增定,以故不能录副,即《疑问》已经授梓,亦尚有宜补之图,未备之篇也。对数表,以加减代乘除,别是一种。惟穆尼阁、薛仪甫书,非得此不可读,某有一本正拟校刊,以备九种之一,嗣容请正也。

又讲到其他著作,最后送他《方程论》一部及诗文各三小帙,“请正并质之燕翼、学山两先生,倘天假之便,相聚快谈,必当有日也。”①这里提到的两先生是鲍燕翼和杨学山(作枚)。

第二封信是梅氏于康熙四十二年(1703年)去保定前“匆匆奉复”的,收信的同时,又收到秦二南捎去的杨作枚大著,梅氏“深为服膺”。接着讲述了自己对历算的看法,他说:

盖历算之学,至今日可谓大备。然实能讲究者,亦复指多屈,则精算者希也。夫所谓精算之士,非谓其能如法布算而已,必将洞悉其所以立法之根,乃可以定其得失。

梅氏又委托“舍亲”毛心易(乾乾)给秦二南捎去已出版著作五种(未说书名),希望他与杨作枚“一共览之”②。

① ［清］梅文鼎:《绩学堂文钞》卷1“复锡山秦二南书”。
② ［清］梅文鼎:《绩学堂文钞》卷1“与秦二南书”。

此复信的时间应在1703年初，毛乾乾拜访他也在此时，且到山居梅氏家乡，可是在信末又说："羁保定数年，半在药裹中度日，还山已及一期，尚未平复"，清楚说是从保定回到家乡。另载他从保定回家是1706年6月。信中还说"时方久病，不能捉笔，至今耿耿。兹因舍亲毛心易"云云，显然是后来的事，与前者矛盾。如果将毛心易"癸未惠访山居"改为"丙戌惠访山居"即可消除矛盾，但"癸未"该如何解释？愿"以俟能言者"。

《绩学堂文钞》的文章，也反映出梅氏多方面的兴趣。例如对金石问题，便是其中之一。梅氏的朋友林同人（1627—1714年）于顺治十七年（1660年）随父亲到陕西，访求各种古迹，尤以唐代昭陵石迹为最，撰写了一部《唐昭陵石迹考》5卷，梅氏为之作序。序的开头有这样一段话："碑版之文，往往足以补史氏遗缺，订前闻之误，故君重之。"序中对有关金石情况，进行了概要介绍。他很了解林同人："同人名侗，其弟吉人名佶，受汪尧峰先生之学，兄弟并博雅好古，多藏书。"①

其他如历史等，梅氏都有很高的素养。

还有一本书应当讲述，就是《三家测量合订》。

这本书是在日本浅草文库发现的抄本，共36页（包括半叶白页），系由冯立升教授由日本小林龙彦教授处得到的复印本。全书由书名可知，是三位作者分别写成的，而抄在一起。以前不知有这么一本书，究竟是怎合成的，谁人所抄？目前都不清楚。

三部分著作，第一部分无标题，在总题《三家测量合订》下署"梅勿庵著"（图5.8）

① [清]梅文鼎：《绩学堂文钞》卷3"唐昭陵石迹考序"。

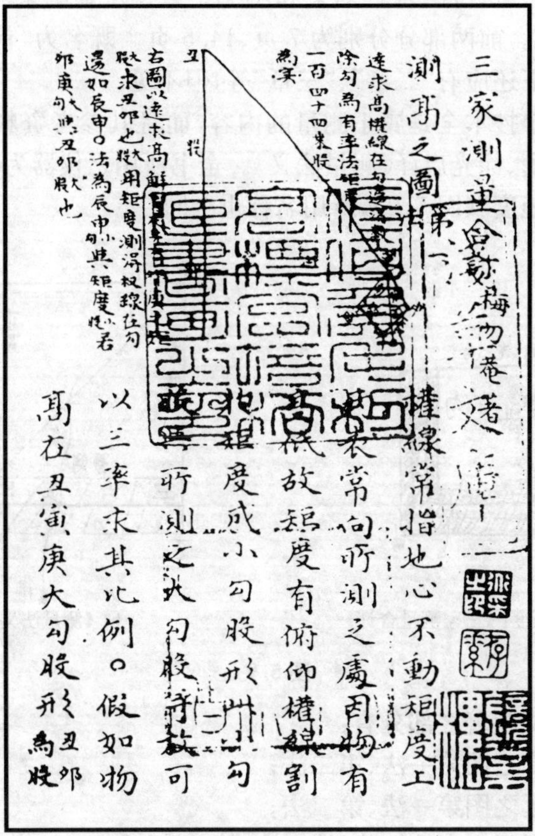
三家測量合訂　梅勿菴著
測高之圖　第一
權線常指地心不動矩度上
表常向所測之處因物有
故矩度有俯仰權線割
矩度成小勾股形與大勾
所測之大勾股形等數可
以三率求其比例。假如物
高在丑寅庚大勾股形為丑卯股

图 5.8　《三家测量合订》首页

第二部分为“方继善先生手授”，下有一行小注：“讳中通，字位白，桐城人”。“继善”应是“方中通”的号，小注或许是抄者所加。

第三部分为“歌风堂正线测量首章”，下有“勉庵刘秉和编著”字样。这位编著者刘秉和不见记载。从篇幅来看，有 15 页，最长。前两部分分别为 7 页、14.5 页。既名为“首章”，按理说以下还应有“二章”、“三章”等，但不见。

这个抄本全是属于测量的内容，而且其参考资料主要来自利玛窦、徐光启译《测量法义》。全书所用之仪器为《测量法义》之“矩度”（图 5.9），所用名称也全同。

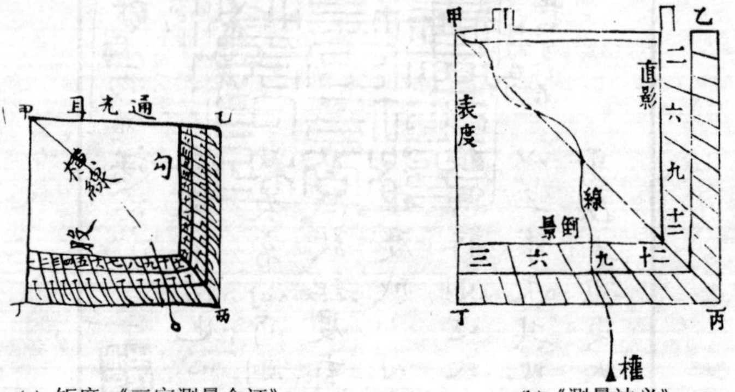

(a) 矩度：《三家测量合订》　　(b)《测量法义》

图 5.9

梅文鼎著之部分有：

测高之图第一法、第二法；

测远之图第一法、第二法；

求无远之高第一法、第二法、第三法；

求无高之远第一法；

深远互求第一法。

共 5 图 9 法。计算主要是乘、除，乘法的形式为写算，实际可能是纳披尔筹，而除法则是其在《笔算》中所用之形式。从理论上来看，没有新内容。

该部分的“求无高之远”第二法之末有一段张简庵的“注六”，他处不见，现录于下：

> 张简庵注六：测高之法，当以勾求股，今测得之数，皆在股边，故当以矩度一百四十四分，自乘得二万零七百三十六分，为实。以所测股边之数除之，使皆化为勾。比较相较为法，二率、三率相乘为实，法除实，即得其所求。

其下还有一行小字为“简庵讳雍，嘉定人”。“雍”为“雍敬”，张雍敬，字简庵，与梅氏学术交流甚深，互相讨论的结果，写成《宣城游学记》一书。该书已佚，“注六”也许是其中的一小段佚文。

在梅氏的《平三角举要》中有类似记述。其卷5为“测量”，包括测高、测远、测斜坡、测深和两个附录。理论上比《三家测量合订》要深一些，这里的计算多用三角，形式与前者也不相同。由此，多少有些使人发生怀疑，《三家测量合订》第一部分是否确为梅文鼎著？尚需进一步研究。

梅氏到底有多少种著作？出版的有多少种？各书所记互有差异，前已说过见名即录，共有101种，也可能不全。其中已见书的，《梅氏历算全书》收28种，《梅氏丛书辑要》所收为21种和杂著1种，而按梅氏自己所记“已刻”历算著作为33种，但其中也有些从未见其书，如《陆海针经》1卷，自注称“又谓之《里差捷法》，已刻”，还有简短说明以及其他几种等等。魏荔彤和梅珏成，特别是后者都曾下工夫搜找，皆未之见。《梅氏历算全书》原分四大部分，其第二为“法数”，据“凡例十则”的最后一则说“本书次序，皆有条理”说“数表次之”，并未刊出，说“续出”。准备续出的是“割圆八线、对数比例，纪数之书”，全是数表，是否当初因未整理好，而落在魏荔彤或杨作枚手中？作为有家学渊源的梅玨成在其《兼济堂历算书刊缪》中说“查其纂刻目录，共列三十种、除《八线表》一卷，有目无书，《解割圆之根》一卷，系（杨）学山之书，余二十八种内……”又说：“又以《八线表》为法数，而注云续出，尤其无谓。”这《八线表》，可能原列入“法数”内，看样子梅玨成也未见到该书。是否杨作枚打算自己编制数表，而实未完成？反正“续出”部分是个谜。

总之，要准确统计梅氏的全部著作，目前已无可能。

现已见到的梅氏著作已在二十余种，这些著作完全可以反映出其历算成就和学术研究的主流思想。

第六章　梅文鼎的“征之于实”与“会通中西”思想

由以上事实可知，梅文鼎从各方面汲取思想营养，形成了自己“征之于实”和“会通中西”思想观点。比较来看，“征之于实”思想更为根本，它是当时“实学”思潮在梅氏思想中的反映。

一、“征之于实”思想的来源与形成

一个人的思想，一般说有自发的一面，也有受前人和他人影响的一面，但是能否形成一套自己的明确的思想观点，并不是每个人都能达到这样的高度，而梅文鼎就达到了。最主要的有两点：一是他善于从各方面汲取思想营养，丰富自己；二是充分运用自己的思维，把汲取到的思想营养，上升为明确的观点。

梅氏是从哪些方面汲取思想营养的呢？首先最主要的是从他接触的家庭；其次是向外扩张、丰富和深化已有的思想。归结起来，梅氏的思想有三个主要来源。

首先，最初最直接的思想来源是家庭，这是任何人都逃不脱的。其差别是有的有家学或家学传统，有的没有。梅氏是属于有家学传统的一类。由本书第二章可知，其祖上很有名望，且有学术传统。几代以前一直有人研究《易经》，其高祖一代的梅继勋著有《周易管窥》一书，祖父梅瑞祚也对《易经》特别感兴趣，而梅氏的父亲士昌更是一位学识渊博的人，除受其父影响继续研究《易经》，“尝以六十四卦爻与春秋二百四十年相比附”，著《周易麟解》外，“若象纬、坤舆、阴阳、律算、阵图、兵志、九宫、三式、医药、种树之书，靡不搜讨殚究”[①]。

梅氏的祖父、父亲对他的影响很大。他祖父于 1654 年去世，从梅氏出生到他祖父去世，祖孙在一起生活超过 20 年，梅氏经常在祖父身旁服侍、学习，受到熏陶，特别是在《易经》方面。梅氏自己曾说：“然理可以深思而得，数不可凿空而撰，则苟非有前人之遗绪，又安所衷乎？鼎自童年受易于先大父，又侧闻先君子余论：谓象数之学，儒者当知，谨识之不敢忘。”[②]这里明确地讲，梅氏在童年时，即从其祖父学习《易经》，而其父也在听讲时，向梅氏讲授了“象数之学”，这使他既受祖父的《易经》教育，同时又接受“象数之学”的培养，把《易经》的思想与象数学相结合，开始走上历算学的研究之路。

梅文鼎由此对历算产生浓厚兴趣，其父才给他找历算老

① ［清］杭世骏：“梅文鼎传”，《道古堂文集》卷 29。
② ［清］梅文鼎：《历学骈枝·自序》。

师倪观湖，深入学习历算学。于是，在他的历算研究中可时时见到《易经》的影响，如在研究春秋以来的冬至时，开头就说：

> 历元起冬至，其来旧矣。易复卦传曰：先王以至日闭关，商旅不行，侯不省方。①

查《周易》确有这句话，不过“侯不省方”的“侯”字是“后”，而不是“侯”。梅氏引用这句话的目的是比喻每年的冬至之日就像闭关那样，可坐而定，“欲验将来，必推已往，所谓求其故也”。于是他研究了春秋以来某些年的冬至时刻。

梅氏对先后天八卦位次进行过专题研究，写有论文两篇②。在第一篇中主要讲述易卦有无先天、后天的问题，他认为有。请看下面的一段话：

> 易卦有先后天乎？曰有卦之先后天也。伏羲、文王作之乎？曰殆非也。圣人不能作先后天也，述之而已。然则，孰作之？曰盈天地间，无往非八卦，即无往非先后天，故圣人述焉。然则其居之位与相生之次，何以不合？曰无不合也。八卦者，乾坤之分也，而坤又乾之分也。合八卦总之一乾坤，合乾坤总之一乾，是故先天也者，以乾为首者也。其卦自乾一以至坤八，阳统乎阴也。所谓易有太极，是生两仪，

---

① ［清］梅文鼎：《春秋以来冬至考·自序》。

② ［清］梅文鼎：《绩学堂文钞》卷1“先后天八卦位次辨一”、“先后天八卦位次辨二”。

两仪生四象，四象生八卦也。后天也者，以乾坤为主者也。

这里他讲了两个问题：其一，八卦不是伏羲、文王等圣人所作，他们仅是“述之而已”。其二，八卦是自然的存在，弥漫于全宇宙，到处是八卦，“无往非先后天”，可以说不分先天后天。八卦又有乾坤之分，乾坤是一整体，且乾为八卦之首，这就是先天。另一方面，“易有太极，是生两仪，两仪生四象，四象生八卦”，说的是八卦的来源。以乾坤为主衍生出来的东西就是后天的。本篇以下的很多文字是梅氏进一步论述自己的看法。其中最重要的一点，是他认为先天与后天是统一的，他叫“合”。

在第二篇中，开头的一段话，是说“合”与“不合”在易学研究中的重要性，他说：

不知先后天之合者，不可以言易；不知先后天之分者，不可以用易。

梅氏主张先天与后天既是“合”，但又“分”。因为在第一篇已经讲了合的问题，所以在第二篇中主要论述先天与后天之分，并且以宋代的周濂溪（字敦颐，1017—1073 年）所作“太极图”为例，进行分析探讨。梅氏把周濂溪等叫做“学士家”，他们主张“先天者体，而后天其用也。先天者静，而后天其交也；先天者对待，而后天流行也，是也，非其至也。”而梅氏认为：这主张基本是对的，可是不到位、不深刻，于是对“分”展开论述。

在第二篇的后半部分，梅氏给出两种看法：一种是先后天是循环的，他说：“人知后天之生于先天，而不知后天复为先天。人知先天之贯乎后天，而不知后天之自有其先天，舍后天无先天。”另一种是学习易学的人，应当通过“太极图”，由此可以知道先天与后天的“分合之故”。最后，梅氏说：“而由其所图，以得乎其所不可图，而神明其意，则象数皆心学焉。”这是他对“象数”的认识和评价。实际上，周敦颐等宋代理学家正是最重要的“象数学派”，梅氏对其做了“心学”的论断，也就是唯心的。

梅文鼎的上述研究，主要来自家庭影响，但与当时的社会环境也是分不开的。重要的是，其中某些观点与其思想的形成直接相关。

其次，是梅氏自己学习、研究而产生的思想。在他所处的时代，中国历算学的状况：一是中国传统的；二是西方传入的，详细情况已在第一章讲过。另外还有早期传入的回回历算。它既是传统的，又是外来的。它与明末传入的西方历算不同。梅氏在这样的环境中，积极吸收和研究所能得到的有关书籍：中国传统历算、西方历算和回回历法。

梅氏对上述这三类著作，下了很大工夫进行搜求和研究，成为其思想的主要来源之一。他不死读书，而是能够批判地吸收其精华和观点，再进一步提升和发展。只有这样，才能把家学变成自己的东西。例如，他虽然研究了《易经》，并对先后天八卦位次写成论文，但是并不死守其说，在《历学答问》中有这样一段记载：

唐历莫善于大衍。……僧一行颇称知历，而窜

> 入于易以眩众。此诚千古定论，而经生家[1]所不能知也。[2]

这一点非常重要，梅氏很可能是首次这样对《大衍历》的批评。实际上，确是如此，“大衍”两字的使用就来于《易经》，有“大衍之数五十”的记载，一行以此展开历法讨论，借以“眩众”。可是如梅氏所说，一行的说法却成了“千古定论”，而“经生家”并不知道。由此可见，梅氏在历算学术研究上的态度是实事求是的。

《九章算术》是中国最古老、最重要的数学著作，但在梅氏的时代，几近失传，根本找不到全书，他只能得到一些片断。他著《九数存古》一书，即与此有关，明确指出“九数即九章也”，又叹息地说：“隶首之法，仅存者九章之目耳。”又说：“古算书载程大位《算法统宗》[3]者，惟刘徽《九章》尚有宋版，鼎尝于黄俞邰处，见其方田一章，算书中此为最古。”[4]对中国历算，梅氏逐项进行深入研究，从古代的“六历”到明代的《大统历》和清代的《时宪历》等，以及邢云路的《古今律历考》，都是研究对象。他还研究了没有出版的明周述学《神道大编历宗算会》，而研究最多的是《授时历》和《大统历》。梅氏的研究侧重于专题，如日月交食、五星运动、小型天文仪器、恒星位置等等多种。《周髀算经》介于天和算之间，梅氏也做了很好地研究，明吴敬的《九章算法比类大全》和程大位《算法统宗》是

① “经生家”大约是指传统的历算研究者。

② [清]梅文鼎：《历学答问》卷1注文。

③ 此处应指《算法统宗》末之“算经源流”。

④ [清]梅文鼎：《勿庵历算书目》“九数存古十卷”条。

他研究中国传统数学的主要资料。

对于传入中国之西方历算学，更是梅氏致力搜求和研究的一大方面，如《几何原本》前6卷、《同文算指》、《崇祯历书》等。这些书的内容、方法，都是梅氏研究的重点。对同时代人的有关著作，如《西镜录》、《数度衍》，以及薛凤祚、王锡阐、揭暄、杨作枚等人的著作他都进行认真研究。在梅氏的出版物中，大多数与此相关，有些是专题研究，如笔算、纳披尔筹算、三角学、对数、多面体、火星运动、七政细草、浑盖通宪图说、天步真原、天学会通，以及其他都有研究和著作。

梅氏对回回历法的研究，同样下了一番工夫，先后完成四项工作。例如关于明贝琳所刻之《回回历法》的研究，他认为“回历即西洋之旧，率泰西本回历，而加精焉耳。故惟深知回历而后知泰西之学有根源”①。他认为西方之历来源于回历而“加精”，因此他主张应先深入了解回历，才能知道西方历学的来源。梅氏的看法有正确的一面，但是不全面，因为西方历法有不同来源，而回历（阿拉伯）为其一，且回历又受希腊之影响。梅氏又说：“盖今泰西天文实用，又本此书（《回回历法》）而加新意也。不知者，或谓此即天文实用，而反谓回回之冒窃其书，岂不陋哉？”②实际上，回回历法与西方15—16世纪之天文学，完全是两回事，互有影响，而不存在谁“冒窃”谁的问题。

上述梅氏的看法，虽然未免有很大偏颇，但是他是首次认真探讨了回回历法和西方天文学，并进行了比较研究的学者。梅氏的看法，系受当时客观条件的限制，与21世纪的今天完

① ［清］梅文鼎：《勿庵历算书目》“回回历补注三卷”条。
② ［清］梅文鼎：《勿庵历算书目》“西域天文书补注二卷”条。

全不同。

通过上述情况来看，梅氏积极吸收各方面的历算知识，丰富和发展自己的学术思想，是他历算思想的重要来源。

最后，梅氏特别善于向同时代的同行学习，吸收他们思想，转化为自己的观点。在这方面可以说他是历算学的典型代表，他把很多人的思想方法集于一身。梅氏自己讲过请教别人的问题：

> 鼎生平于难读之书，不敢置也。每手疏而携诸箧，衍以待明者，问之。则于历算尤多。今虽稍有所窥，如游名胜，其入既深，益多欲探之奇。所愿有志者，起而共图之也。①

他外出带上一个本子，其上记载着自己未解决的历算难题，向有关人士请教。这里不仅显现出梅氏有勤奋好学的态度，而且还表现他很重视求知识的途径和方法，就像游览胜景那样“欲探之奇”益多，这是他的一项总结。他在最后还特别呼吁大家一起研究那些共同感兴趣的问题。

梅氏在这种思想指引下向很多人学习、交流，本书第四章、第五章等都涉及到这一点，如他和李光地、年希尧、方中通、杜知耕、孔林宗、潘耒、张潮、何奕美、张雍敬、揭暄等学习、交流，差不多都是讲的学术交流和来往事实。这种交流和来往，还包含思想方法等多方面的内容。就梅氏来说，既是知识和思想的输出，反过来更是一个吸收和消化他人思想的过程。

① [清]梅文鼎：《勿庵历算书目》“思问编一卷”条。

由于思想不像具体物品，来有踪去有影，思想是潜移默化的，是少有痕迹留下的。很显然，梅氏研究历算，与倪观湖有直接关系，倪是梅氏的老师，特别是对《大统历》的研究，不仅指导他研究具体内容，而且还指导他如何进行研究。梅氏说：

> 壬寅(1662)之夏，获从竹冠倪先生受台官通轨《大统历算》交食法。归与两弟依法推步，疑信相参，乃相与晨夕讨论，为之栉句字比，不惮往复求详。遇所难通，则废瞑食，以助其愤悱。夫然后气朔、发敛之由，躔离、朓朒之序，黄赤道差变之率，交食起亏复满之算，稍稍窥见藩篱。乃知每一法必有一根，而数因理立，悉本实测为端①。

这里，梅氏提出历法计算的一条规律：“一法必有一根”，“根”就是“实测”，就是为发端。这正是他“征之于实”思想形成的原因。这种思想是梅氏兄弟自己总结出来的，还是受到倪观湖的指点，并未说清楚，根据“不惮往复求详”一语，受指点的可能性较大。不论怎么说，梅氏从老师那里学到了思想方法，则是很自然的。这也是他对中国传统历法研究的开始。

梅氏从方以智、方中通父子那里，比较多地了解到西方历算内容，在思想上受惠于方氏父子不少。他到处搜求《崇祯历书》等著作，并进行研究。他对于平三角、弧三角、笔算、度算等之研究，无不来源于西方历算，而他自己也有所发展。梅氏对多面体的研究受到多方面的影响，其中孔林

① ［清］梅文鼎：《历学骈枝 · 自序》，1662。

宗对他的影响是较明显的。

梅氏对受惠于友人之事，一直铭记在心，并有记录，写成《丽泽珠玑》一书，但未见出版，记录了哪些内容，不得而知。幸有一段短小记载，可知大概：

> 鼎生平得力于友朋之益，故虽一言之惠示，不敢忘也。必谨录之，久而成帙，取其关于算学者，别为一卷。①

他的书名"丽泽珠玑"是说友人的指点，哪怕是"一言之惠示"也是极其珍贵的，像"珠玑"那样，而"丽泽"是指两人互相讨论。梅氏对这一点特别看重，其中肯定友人的思想方法，只要"一言"就够了。看来，友人的学术思想，无疑是梅氏思想的主要来源之一。

魏荔彤认为：

> 如吴江王晓庵、青州薛仪甫、睢州孔林宗、桐城方位伯、锡山杨定三、鲍燕翼诸君子，皆深明历算，各有著述。惜未得其全书为憾，然但有闻见，皆于各种内附集其语，与勿庵相印证。学问之道固无穷也。②

这是说，魏荔彤虽然未见到王锡阐等人的全部著作，但也有"闻见"，能够与梅氏的著作思想相印证，处理好所辑《梅氏历算全书》

---

① ［清］梅文鼎：《勿庵历算书目》"丽泽珠玑一卷"条。

② ［清］魏荔彤：《梅氏历算全书·凡例十则》。

工作。从而也就间接说明了梅氏广泛向他人学习,吸收科学思想的问题。

以上,从三个方面讨论了梅氏科学思想的来源,而这三方面在多数情况下不易区分。不论其来源如何,大体上包括正确的和不正确的两大类,但是梅氏能从这些纷杂的思想中,分辨出最主要的一种“征之于实”思想,成为他全部思想的基础,是他成为科学思想家的重要方面。

梅文鼎的“征之于实”思想不是深埋于头脑或从他著述的“字里行间”挖掘出来的,而是有明确表述,他总结出如下的一段话:

> 数学者征之于实,实则不易,不易则庸,庸则中,中则放之四海九州而准。[①]

这段话是什么意思呢?梅氏认为数学是来源于“实”的学问,因为是“实”,就不能改变,不能改变就是庸,庸便达到了中(不偏)。数学具有中,因而放置在任何地方(四海九州)都可以。就是说来源于客观实际的数学,具有中庸性质,不偏不倚,到处适当。归根到底,“实”是梅氏的主导思想,研究历算必须从“实”出发,而不能架空虚构。尤其重要的是,伴随着这种主导思想形成了他的世界观和无神论观点,乃是自然之事。

① [清]梅文鼎:《绩学堂文钞》卷2“中西算学通自序”。

二、世界观与无神论思想

世界观就是人对客观世界的总观点和总认识，每个人都有自己的世界观。有神论和无神论，应是世界观的组成部分。有些人的世界观上升到理论，有独立的文字表述，使外人能了解清楚，梅文鼎就是这样的思想家。

首先是宇宙问题，梅氏有所涉及，但并未展开，他说：

> 至哉，浑仪之为器也，体天地之撰类，经纬之情微，阐幽穷高极深，殆更仆莫殚其蕴，累牍难悉其能者矣。粤自道生宇宙，肇为大圆，健运无息，东西斡旋，七政错行。①

这段话是由天文仪器引出，其中"粤自道生宇宙"一语是说宇宙来自"道"，道是什么呢？这里没有往下说。就全段话来看，它是一个高深莫测的东西，但是它又发端于大圆，而且运转不息，日月五星在其上运行。梅氏似乎是把人所见之天空看作宇宙，而浑仪等仪器，则是这种宇宙的反应。

梅氏又说："天体无穷，天道幽远"②，"天体"是指天空无边无际，和现在所说的恒星等个体不同，而"天道"则是有关无垠天空里的规律，它们幽深广远，意指在研究上是无尽头的。

---

① ［清］梅文鼎：《绩学堂文钞》卷1"拟璿玑玉衡［有序］"。
② ［清］梅文鼎：《历学答问》卷1"考春秋历法"。

他对道的认识又进一步具体化，认为“天地之道，盈虚消息而已”[①]，“盈虚”是满与空的意思，而“消息”是一消一长、互为更替之意，全句是指满实与空虚的一长一落的变化，这就是天地的规律。在梅氏看来，很简单，宇宙就是这样。

梅氏又提出所谓“数”与“理”的问题，而且把“数”与“理”纠缠在一起，在解释“历学”时说：

> 儒者知天，知其理而已矣，安用历？历也者数也。数外无理，理外无数。数也者，理之分限节次也。数不可以臆说，理或可以影谈，于是有牵合傅会，以惑民听，而乱天常，皆以不得理数之真，而蔑由征实耳。[②]

在他看来，理是虚的，儒者可以随便怎么说，历学要用数，而数就不能随便了，即他说的“数不可以臆说”，但是理可以“影谈”，也可以牵强附会，这些人用理“以惑民听”，主要是“蔑由征实”蔑视数由“征实”而来的思想。实际上，这是对儒者的抨击，他们根本“皆以不得理数之真”。

梅氏这里所说的数，应是实在的数，即数目的数，用于历法计算的数。可是，仔细考虑一下，他认为“数外无理，理外无数”，理与数无法分开，像是一对“双生子”。

数与理是怎么来的呢？梅氏认为是来于混沌，他说：

---

① ［清］梅文鼎：《筹算》卷1“除法”。

② ［清］梅文鼎：《绩学堂文钞》卷2“学历说”。

> 当其未始有物之初，混沌鸿濛，杳冥恍惚，无始无终，无声无形，无理可名，无数可纪，乃数之根也。是谓真一，真一者无一也。一且非一，而况其分，及其自无之有，无一而忽然有一，有一则有万。万者一之万也。万各其一，一各其万，即一环应无端①。

把“混沌”看成“无”，什么都没有，“无理可名；无数可纪”，这就是“数之根”，也就是“真一”，“真一者无一也”。正是这样，“无一而忽然有一，有一则有万”。往下引申，“万者一之万”，即一万个一，一万个一即为万，由此则“一环应无端”，是循环的。

说到底，上述观点是理和数都生于无。实际上，其思想系来自《老子道德经》的“天下万物生于有，有生于无”。

《老子道德经》又说：“道生一，一生二，二生三，三生万物。”梅氏讲过“道生宇宙”，道是最根本的问题，而“太极”应与道一样是宇宙的初端。他说：

> 邵子曰：道为太极，又曰心为太极，又曰一为太极，一太极也，而名之如是其众乎？周子之图太极也。有阴阳焉，又有五行焉。始之以○者，又终之以○焉。一太极也，而图之如是其纷乎？老子之言曰：一生二、二生三、三生万物。又曰通于一万，事毕夫万事也。而可毕于一，一毕万事矣。②

---

① ［清］梅文鼎：《方程论自序》(1673 年)。
② ［清］梅文鼎：《绩学堂文钞》卷 1“先后天八卦位次辨二”。

这里引“邵子”的话，即北宋邵雍(1011—1077 年)的话，明白地说“道”和“太极”是一回事。又说“心为太极”、“一为太极”，由此看来，道、太极、一和心等也没有区别。接着又说了周子(敦颐)的太极图说，讲阴阳五行，是一个循环论，“始之以〇者，又终之以〇焉”。而老子所说的“三生万物”是一种由一到万的“一毕万事”。为什么只说“三”？是因为“此可以得其意”。梅氏认为，不能仅仅认为“得其意而已”，还要得其象，“将有以得其数”。意思说的虽然不是象数，“而象数显焉”。再往下说，归根到底是“无极而太极”，是一种“心学”。

梅氏对上述说法是什么态度？并没有明白说明，但是看来他是接受的，因为他在另一处则完全是以自己的口气说了如下的话：

> 太极生生之数：数始于天一，终于地十。故曰太一。太一者，太极也。自极而仪而象而卦，皆加一倍，三加而上，万物始焉。

他又讲了“两地之数”、“参天之数”①，并由这些思想引申到度量衡、亩法等现实具体算法。

梅氏的这些认识，是否可以说他是宋代象数学派的后继者呢？还不是，这将在本书的第八章才能解释清楚，但可以说这是“征之于实”思想的倒退。

在“静室铭”中，梅氏讲了他的动静观，他认为：

---

① ［清］梅文鼎：《笔算》卷 5，“方田通法序”。

> 动由静来,静由动显。苟无动者,静亦何有?离动得静,动者汝心安有离处,爱静求静,静即是动,以有著,故至人无著,亦无所静,无静之静,是谓常静。儒者习静,当于动中存不动,体食息提,撕乾惕戒,慎日与动,俱此中惺,惺动且不动,而况其静,是谓主静,主静立极,天地为室。①

静室是他三弟在宣城南读书的屋子。由"静"破题,讨论了静的含义,动静关系。梅氏认为"动由静来,静由动显",似乎是指一种动体由静止显现出来,反过来也是这样,但没有动,就谈不上静。他又说"静即是动",动和静总是相联的。他又认为"无静之静"叫做"常静",在领会了"动与不动"时,也就知道了静,这种静是"主静"。最后,归到主题上"主静立极,天地为室"。

动与静,到底是什么呢?并未说清楚。大体上可以和"有极而无极"相比拟,不过梅氏没有这样做。

梅氏在另一处,对于"动"的解释,则更明白些,他说:

> 凡物之动者,必有不动者以为之根。而不息者莫如天,则必有常不动者,以为之根矣。②

这是从西方人的看法"动天之外有不动天"而来,他做了上述说明,把"不动天"叫做"根"。这个"根"使动者反应出"动",动

① [清]梅文鼎:《绩学堂文钞》卷6"静室铭[有序]"。
② [清]梅文鼎:《历学疑问》卷2"论无星之天一"。

与不动是分开的。此处是受西方的影响，如果把不动与静等同起来，就成为动是动而静是静了，与前述的看法不同。

梅氏的哲学观点，已如上述，构成他的一幅较简单的宇宙图景。他把天理解成宇宙，是一个高深莫测的东西，而且是无穷的。宇宙之初没有“物”是一片混沌，这是“数之根”，是为“真一”。真一来自理、道，也就是“太极”，由太极(一)而衍生出万物。宇宙又是动静结合的不可分的。实际上是“有”生于“无”。他未明确提到物质问题，他所说的“物”似有这种属性，但又欠明白。这是梅氏世界观的一部分。

世界上有没有一种超自然的“神”存在，而所谓神又和人、人世的命运相关。梅文鼎在这个问题上是相当明确的，持否定观点。

梅氏不相信神鬼，不迷信。他的思想观点，主要表现在对占卜书之类的否定上，他说：“占书之说，未免过于张皇。非其实也。愚不敢辄信占书。”[①]就是说，占卜书上所说都不真实，梅氏不相信。他阅读过一部名为《地理集解》的书，主要是相风水的，看过后写了一篇短文，劝告读这类书的人：

> 吾愿读地理书者，信其所可信，而毋信其所不可信。斯不为书所误矣。书以明理，而非明理亦不能读书。又不独此书为然也。[②]

他指出：读这类书的人，只能相信那些可信的内容，而不要相

① [清]梅文鼎：《历学答问》卷2“答苍州刘介锡茂才”。

② [清]梅文鼎：《绩学堂文钞》卷5“书《地理集解》后”。

信那些不可信的东西，这才不会被书所误。读书本来是为了明白道理，如果不是这样，就不能读，而且也不是仅读这部书。他还读过《阳宅九宫书》这么一部书，是“俗巫之讹传，以矜奇秘，岂非大愚！”这简直是“自误误人，贻害万世。呜呼，可哀也已。”[①]其观点非常鲜明。

怎样阻止这些迷信思想的传播，梅氏提出了自己的办法。有人向他提出：“子谓历学明则占家无所容其欺，妄言之徒不待禁而戢其说，可得闻乎？”他对此进行了较详细的解释，认为：

> 历学不明，而徒为之禁，终不能禁，或已禁之，故而私相传习，矜为秘术，以售其诈。若历学既明，则人人晓然于其故，虽有异说，而自无所容。[②]

这说明，梅氏主张：对于迷信采取禁止的办法，不会取得效果，即使予以禁止，有些人可以“私相传习”。最好的办法是使人们都懂历学道理，使那些迷信思想“自无所容”，可以达到目的。这和我们今天以普及科学，破除迷信的做法完全相同。

梅氏又讨论了一些与天象有关，但又不是恒星的内容。例如他说：“至若十二生肖及演禽之法，别有本末，与历家无涉，亦无与于星占。”[③]不需要深入论述。他对一些星占家所说恒星等有“移动”现象，进行严厉批驳，他认为：

① [清]梅文鼎：《绩学堂文钞》卷5“《阳宅九宫书》题词”。
② [清]梅文鼎：《绩学堂文钞》卷2“学历说”。
③ [清]梅文鼎：《历学答问》卷1“答苍州刘介锡茂才”。

至于恒星有定数，亦有定距，终古不变。而近世之占者，既无仪器以知其度，又不知星座之出入地平有濛气之差，或以横斜之势而目视偶乖，遂妄谓其移动。①

这说法基本正确，但说恒星有“定数”、“定距”终古不变，在当时可以这样认为。实际上恒星是移动的，只是在短时期内不能观测到罢了。梅氏指出：那些“占者”既不用仪器进行天文观测，也不知道濛气差之存在，而仅以“目视偶乖”，就胡说恒星“移动”，实为荒唐！关于恒星移动的问题，梅氏自己也有猜测：说唐代一行就已发现。实际上，那只是由于岁差产生的相对于天赤道位置的变动而已。现代天文学研究，恒星确有移动，叫做“自行”。相对于观测者来说，自行的角度，每年一般小于 0.1″，极其微小，用肉眼在短时间内（如几百年、上千年），不可能发现恒星自行现象。

梅氏承认，天象与人世的关系，赞同宋代程颐（1033—1107 年）的说法：

按：伊川言日食有定数，圣人必书者，欲人君因此而恐惧，修省也。此说是矣。②

伊川就是程颐，日食虽有“定数”，即其发生有规律性，但其发生却是对“人君”的警告，让他注意“修省”，不要做坏事。

---

① ［清］梅文鼎：《历学答问》卷 1“学历说”。

② ［清］梅文鼎：《绩学堂文钞》卷 1“复张彝叹书”。

梅氏还有这样一些话，很有意思：

> 反令术士者流，得挟其不经之说以相炫诱。而不能断其惑，是亦儒者之过也。故人之言天，以占验为奇。吾之言历，以能辨惑为正。曰：然则占验可废乎？将天变不足畏邪？曰：恶，是何言也。吾所谓辨惑者，辨其诬也。若夫王者遇灾而惧，侧身修省，以答天戒，固钦若之精意也。又可废乎？古者日食修德，月食修刑。夫德与刑，固不以日月之食而始修也，遇其变加警惕焉。①

这段话，说明梅氏并不相信“日食修德，月食修刑”，也不是说“王者”每到日食、月食时才开始修省，而是遇到这种现象也有警告的作用。这本是当然之事。

梅氏还有类似论述，不再摘引。

有些情况，使梅氏有点为难，可是又不得不写一段文字，例如“募修痘神庙引”和“募修柏枧寺引”等，就是这样。痘神庙是供奉所谓“痘神”的小庙宇，在他所在郡里有一处“痘母庙”，因年久“倾圮、神像剥蚀”，道士范贞元发愿募捐，进行修缮，并请梅氏写一序。他以“此固人人所乐助，而有助于教，遂不辞而为之引”②。

痘病（天花）在过去是儿童很难避免的病症，轻者落下满脸麻子，重者夺去生命，很可怕，当时人们以为供奉痘神可以

---

① ［清］梅文鼎：《历学答问》卷1“学历说”。

② ［清］梅文鼎：《绩学堂文钞》卷4“募修痘神庙引”。

免灾。现在人们都是接种牛痘免疫，已经绝迹，中国古代也有治疗方法，不太普及。

三、在“征之于实”的前提下探寻历算规律

梅氏孜孜不倦地从事历算研究，长达将近60年，著作之多，在中国历史上无人相比。他如此下工夫研究，其目的是什么呢？从著作可体会到两点：一是研究历算的道理，探讨其理论、发掘新内容，也就是研究历算的规律性；二是他的著作要使多数人能看得懂，也就是说要达到通俗化。这两点在梅氏的论著中是结合在一起的，不像元代数学家朱世杰那样，他的《算学启蒙》(1299年)通俗易懂，而《四元玉鉴》(1303年)则是一部高水平数学专著，可以说泾渭分明。梅氏论著几乎不存在此种现象。我们在这里主要先讲述第一点，第二点将在第八章集中详细讲述。

任何一项科学研究，不论多么复杂，看起来五花八门，眼花缭乱，但仔细琢磨一下便不难发现：所有的工作者都是在探讨客观规律，只是每个研究者有各自的角度，出发点和方法不同罢了。

什么是规律呢？按照一般理解，就是事物之间内在的本质联系，可以重复出现。每个人都生活在各种规律之中，或说由规律所支配，而不能违背。规律是客观的，不以人的意志为转移，但人类可以认识和掌握规律。现在人对诸多规律的认识仅是一部分或说是极小一部分，未知的规律是大量的。科学家的工作就是探索未知规律的工作，或是把不明显的使之

明显,或是把尚未发现的找出来,或者是把只有定性认识的予以定量,或进一步精确化,等等。梅氏的工作,从本质上说,无非就是这些。归根到底,他就是在探索规律。探讨的出发点必须是"实"。

历算包括天文学和数学,它们的规律多得很,但就某一特定历史时代来说,往往是有限的。

有些规律的存在并不明显,而人们大多都知道。梅氏就遇到过这样一些数学规律,如算术方面的"基本定律"就是典型例子。绝对不能说,前人不知道这些规律,只是无人把它明确表达出来,而实际上都是在暗中使用。其中最明显的是"乘法交换律",首先成为明文的表达形式是梅文鼎。他说:

> 实,其物也;法,其则也。法、实在乘法可以互用;而除法必须审定也。乘法,以法与实相遇而生一数,如阴阳相交而生物也,故虽互用而其交之理不易,其生之物亦不易也。除法,以实满法而成一数,如镕金以就型也,故曰实如法而一,若倒用之则非也。①

用现在的话来说,"实"是被乘(除)数,而"法"是乘(除)数,分别用 a,b 表示,可写成 ab 或 $\frac{a}{b}$。梅氏说"法、实在乘法可以互用",就是"实"可以当作乘数,而"法"则可以当作被乘数,即 $ab=ba$,并用阴阳相交而生物,物之不易作为比喻,说明交换的结果不变。但除法就不一定了,并以"镕金以就型"说明"实"与"法",

① [清]梅文鼎:《笔算》卷2"除法"。

不能互用，“若倒用之则非也”。就是说一般情况下，$\frac{a}{b}\neq\frac{b}{a}$。

对其他的算术基本定律，梅氏也都讲到了，但不如乘法交换律这样明白，如“加法结合律”，必须加以分析才比较清楚。他在“截小总法”中说：

凡并法，头项太多者，截分小总则易清，乃垛积之捷法。或有多至百十宗者，宜多分小总，小总又并为小总，末乃并为一大总。变繁为简，最便复核。①

这段文字说的是，很多数字相加，一项一项的加很繁琐，应当像垛积那样，一层加一次得一数叫“小总”，把“小总”加起来得一个“大总”，“总”是总和。如果项数太多，至“百十宗者”可把小总再并成小总，最后得一个大总。梅氏举了一个有 12 项加法的例子，分为三小总，即：

$$\begin{aligned}&5014+3300+891+2090+909+1080+2020+91+667+4700+730+82\\&=(5014+3300+891+2090)+(909+1080+2020+91)+(667+4700+730+82)\\&=11295+4100+6179\\&=21574。\end{aligned}$$

最后的得数为大总，也就是 12 个数的总和。很显然，相当于

$$\begin{aligned}&a+b+c+d+e+f+g+h+i+j+k+l\\&=(a+b+c+d)+(e+f+g+h)+(i+j+k+l),\end{aligned}$$

① [清]梅文鼎：《笔算》卷 1“截小总法”。

实际上就是加法结合律。

其他相关定律，也是这样①，不再赘述。

就算术基本定律来说，梅氏的研究是个开头，过了100年，到清代中期数学家焦循（1763—1820年）给予发展并加以更明确的表述②。在国外，提出的时间也和焦循差不多③，显然在梅氏之后。

在历法方面，前面已经讲过“古疏今密”现象。这是一种宏观的规律，仅据少量记录看不出来，而梅氏考察了一两千年的记录才给出了明确表述，兹不重述。

有些规律已有明确表述，可是是否成立使人疑惑。和梅氏孙子玨成同时代的明安图（1692？—1764年）面对法国杜德美（P. Jartoux，1668—1720年）传进的三个没有证明的幂级数指出：“仅有其法，而未详其义。”不免使人有“金针不度之疑”④。明末清初时，传进中国的许多定律没有论证其成立的所以然，例如三角公式有一大批，这引起中国有关研究人员的注意，王锡阐和梅文鼎是其中最突出的代表，他们都自创方法给予论证，但两者的方式方法不同，研究的对象也不一样。前者主要对平面三角某些公式的论证⑤；而后者则是比较全

---

① 李迪、郭世荣：《清代著名天文数学家梅文鼎》，上海：上海科学技术文献出版社，1988，107～108。

② 李迪：《中国数学史简编》，沈阳：辽宁人民出版社，1984，307～309。

③ B. H. МоΛоΔший，*ОсноВвы Ччения о чцсΛе* XⅧ ц Hauale XⅨ Beka，UockBa，1963，CTP. 29，140，155～156。

④ ［清］陈际新：《割圜密率捷法·序》，载《割圜密率捷法》卷前。

⑤ 陈美东、沈荣法（主编）：《王锡阐研究文集》，石家庄：河北科学技术出版社，2000，134～167。

面地论证了球面三角公式，这部分内容将在本书第八章作为投影思想进行较详细地论述。

梅氏对大地为球形的论证，也属于这一类问题，明确地提出了“论地圆可信”，以他所掌握的资料证明地球的可信性。

梅氏还有很多关于历算规律的论述，但是他并没有明白使用“规律”或“律”这样的词，基本上是“就事论事”，就像现在科学家那样，论证一条物理定律或证明一条数学定理，不会声张说“我在研究某某规律”一个道理。梅氏常用的词有“道”和“故”，它们都是多义的，“道”有多种涵义，其中之一是指事理或规律；“故”的涵义之一是原因或根据，有“故”则“论”必随之，梅氏有“论今法于西历有去取之故”①，这“故”就是原因的意思，至于“论”他用的太多了，都是讲道理，进行论证。

可以说，梅氏的历算论著，主要是研究历算的道理和理论，探讨其规律性，是他的目标之一。几乎所有的研究，都是围绕这一目标进行的。任何规律，只要是客观的正确的，都是物质存在的反映，决不是凭空臆造的。梅氏的目标，是建立在“实”的基础上的。如果离开了这一点，他找不到客观规律，不会在历算上取得成就，不会成为赫赫有名的科学家，更不可能是一位思想家。

四、“会通中西”思想

由于形成了“征之于实”的思想，就使梅氏能够从本质上

---

① ［清］梅文鼎：《历学疑问》卷1。

解释中国和西方历算之异同，它们能够会通。这里必须指出：此种思想是当时一种较为注意中西历算人的观点之一，薛凤祚就有这种思想，并可能影响到梅文鼎。梅氏有所发展，并提出了明确的根据：

> 东西共戴一天，即同此勾股测圆之法，当其心思所极，与理相符，虽在数万里，不容不合，亦其必然者矣。①

这是极其可贵的论点，就是说，东方和西方都在同一个天下，是一样的客观实在，就以"勾股测圆之法"来说，只要各方认真考虑，符合道理（规律），虽然相距数万里之遥，不能不合，也是必然的事。换句话说，不论距离远、近，只要是来自客观的道理就可以会通。

既然如此，会通的核心就要公正对待中西历算学。梅氏在讨论西法与《授时历》割浑圆时，有下面一段非常重要的话：

> 又据《历书》②言，新法之善，系近数十年中所造，则亦非元初之西法矣。而与郭（守敬）图之理，反有相通。岂非论其传？各有本末，而求其理，本无异同耶！其郭法用容圆方直，起算冬至；西法用三角，起算春分。郭用三乘方，以先得矢；西用八线，故先得弦。又西专用角，而郭只用弧。西兼用割、切，而

---

① ［清］梅文鼎：《堑堵测量》卷2"容圆方直简法"。

② "《历书》"，即《崇祯历书》之简称。所谓"新法"，即其中所讲之历算学。

郭只用弦。种种各别，而不害其同。有所以同者在耳，且夫数者所以合理也。历者所以顺天也。法有可采，何论东西。理所当明，何分新旧。在善学者，知其所以异，又知其所以同。去中西之见，以平心观理，则弧三角之详明，郭图之简括，皆足以资探索而启深思，务集众长以观其会通。毋拘名相，而取其精粹。①

这段文字包涵极为丰富的思想，主要有以下几点：

其一，梅氏比较了在圆、容、方、直方面，郭守敬所用之图形与西法在表现上的差别，但他也认为“种种各别，而不害其同”，郭法用圆、容、方、直，由冬至起算；而西方用三角，从春分起算。还有郭用三乘方（即解四次开方式）先求出矢，而西方用八线（亦即三角法）先求出弦。又西方用角，而郭守敬用弧等等。他们的思路或解决方法的不同，只是表面现象，实质是一样的。如起算点是冬至还是春分，其结果没有区别；是先求矢还是先求弦，最后都能求得弧长；而角与弧是对应的，都用同一度数表示等等，它们都可以成对地转换，用数学术语来说就是具有等价性，也就是梅氏所说的“同”。既然东、西方在历算上有“同”存在，那它们就都是合理的。

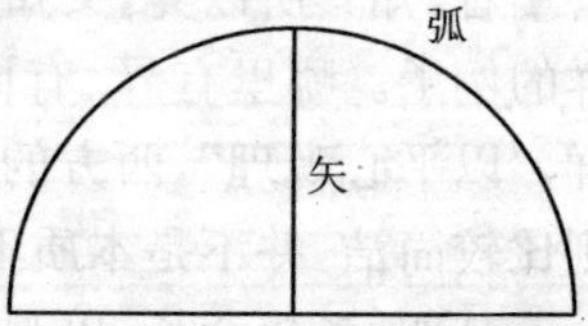

图 6.1

其二，历所以顺天。这是说东、西方的历算为什么都合

① ［清］梅文鼎：《堑堵测量》卷 2“圆容方直简法”。

理，这主要都是顺天的，而不是人为的主观臆造。中国古代科学家杜预(222—284 年)曾对天文历法研究总结出这样两句话：“当顺天以求合，非为合以验天。”成为天文历法家的金科玉律。梅氏所说的仅是这两句话的前一句，意思是明确的，即历法应当顺天，使历法合于“天”。不论是东方还是西方都在追求“顺天”，符合客观自然，因而必然同而合理。

其三，在理解上，不应分东、西和新、旧。梅氏认为，既然来源是同一的，就应当一视同仁，“法有可采，何论东西；理所当明，何分新旧”。这是至理名言。另外，他也明确指出：“在善学者，知其所以异，又知其所以同”，上面的引文就给出了这样的例子。哪里有异、有同，“善学者”极易明白。正因为这样，“以平心观理”，西方的弧三角比较详明，而郭守敬之图形则比较简洁，并不是本质不同。

其四，务集众长，以观其会通。研究者应当把东、西方的研究结果集中起来，看它们能否会通(同)，不能只看其名称和表面现象，而是要汲取它们的精华才行。只有这样，才能达到“千古圣人创法流传之意，庶几无负”的境界。

不论怎样理解，中国传统历算和所译西方历算，毕竟是两种学术，应该如何对待它们呢？梅氏认为应当采取“技取其长，而理惟其是”①的态度，就看哪家的技术优越，哪家的理论正确，不管是中法或是西法。他又说：“历以敬授人时，何论中西，吾取其合天者从之而已。”②最终的标准只有最重要的一点，就是“合天者”，也就是取符合客观实际者用之。

---

① 钱宝琮主编：《中国数学史》，北京：科学出版社，1964，264。

② 《绩学堂文钞》[清]梅庚序。

梅氏看到当时“中西两家之历聚讼纷纭”，他和弟弟们“尽发二十一史[①]所载历法七十余家及西学诸书，参订考究，各求其立法根本，与改宪源流，务得其久而不得不改之端，与夫不久亦不能改之故，及中西名异实同”[②]。可见梅氏对中西历算之看法实因中西两家“聚讼纷纭”而引起，而且着实下了一番工夫。

梅氏为解除人们对中西法之异同的疑惑，特以问答的形式写了若干篇短文予以解释。首先讨论中西两法之同，梅氏写道：

> 问者曰：天道以久而明，历法以修而密。今新历入而尽变其法以从之，则前此之积，候举不足用乎？曰：今之用新历也，乃兼用其长，以补旧法之未备，非尽废古法而从新术也。西历之同乎中法者，不止一端。

以下，梅氏列举了很多例子说明中西两法之同，例如“中法言段日，而西说以岁轮明其故”[③]等等。所谓“段日”是用等差或高阶等差法计算日月五星之运动，而西方则用岁轮几何方法说明运动的道理。实际上，中法在历法研究中主要是用计算方法，而西方则主要是用几何图形，这一点梅氏并未看透，但他举的事例是正确的。另一方面，梅氏也看到“今西历之五星

① 梅文鼎时，《明史》尚未编出，应为二十三史，无二十一史之称。估计是把新旧唐书做为一史、新旧五代史又做为一史，则合称二十一史。

②③ [清]梅文鼎：《历学疑问》卷1“论中西二法之同”。

有交点有纬行，亦如太阳太阴之详明，是则中历缺陷之大端”。于是进一步指出：“得西法以补其未备矣。夫于中法之同者，既有以明其所以然之故，而于中法之未备者，又有以补其缺。”这样“而有以知其不诬，虽圣人复起，亦在所兼收而亟取”。观点是十分明确的，中西两法有相同之处，这是主要的，又有中法未备的，可以补中法之缺。

根据上面的说法，梅氏马上提出这样的问题：“问：今纯用西法矣。若子之言，但兼用其长耳？岂西法亦有大异于中（法）而不可全用，抑吾之用者犹有未尽欤？”梅氏认为“西法亦有必不可用者”，并举出“正朔”这个例子，说中法以夏正为岁首，“此万世通行而无弊”。但西方就不是，其岁首与中国不同[①]。例子是恰当的。中西历法之不同，还牵涉到闰月问题、六十甲子问题、星名问题[②]、黄道十二宫与二十八宿问题等等，西法通行者，“皆今历所未用”。事实上，西方历法是阳历1年，即地球绕日运行的周期365日而略有不满整日数之小数用闰日办法解决，而中国的夏历是以12个朔望月为1年，只有354日多一点，两三年加1闰月，使与阳历年日数接近，是一种阴阳历，两者不同，无法把阳历用到阴阳历上。梅氏说“徐文定公所谓融西算以入《大统》之型模，盖谓此也。”[③]实际上是不可能的。

梅氏接着又讨论了对西法的取舍问题、回回历法与西历

---

① 中西历法之岁首，至今也不相同。中国的夏历正月初一，现在叫春节，而公历1月1日为元旦，都是一年的开始。

② 中西恒星名称完全不同，但能对应，如中国的参宿四，西方为猎户座α星等。

③ [清]梅文鼎：《历学疑问》卷1“论中西之异”。

的关系问题等等。

在梅氏看来，中西历算学可以会通，在讨论"西法用表"如中国古代之用立成时说："立表之法甚简。洵乎此心此理，不以东海西海而殊。"①应公平对待，不要无故任意弃舍西法。

五、"西学中源"说的表现

梅文鼎形成的"会通中西"正确思想观点，可以用这种思想顺理成章解释全部中西方相对应的历算之间的异同问题，是他科学思想的顶峰。可是，当时在中国却出现了一种"西学中源"说的历史性思潮，梅氏从他的"会通中西"思想轨道上滑进了这一泥潭！

为什么出现了"西学中源"说思潮？这有深刻的历史原因和必然性，是调和当时西方历算学与中国传统历算学碰撞所产生的矛盾，而形成的历史性思潮。究其根源，最主要的有两点：一是要保持中国这个大国的体面；二是不要损伤西方历算学的先进性。在中国国内，能自圆其说，"西学中源"说再恰当不过了。下面的事实足够说明问题。

首先是中国历史上，历算很发达，如元代的《授时历》和大批天文仪器、勾股术、方程术、插值法等等。

其次是在从西方传进中国的历算学中，有相当一部分优于中国，例如用西法计算日食比用中国《大统历》准确，用望远镜观察到许多新的天体现象，笔算能保留计算过程，便于复查

① ［清］梅文鼎：《勿庵历算书目》"七政前均简法一卷"条。

等等。

不禁使人产生疑问：中国传统历算原来很发达，为什么现在反而不如西方历算呢？有些人在寻求答案，对于中西历算都了如指掌的梅文鼎自不例外。就在这时出现了“西学中源”说。

“西学中源”，对梅文鼎时代的中国学者来说是一种出于无奈，而又完全错误的思潮。当时对西方历算优于中国传统历算是一个无可争辩的事实，眼看中国落后又不愿承认，正好欧洲对代数有个“东来法”说法，使人们恍然大悟：原来西方的历算都是从中国传去的，只不过是他们发扬光大而已。事实上，这纯属中国人的一场误解。

这误解的真正来源可能是康熙帝。梅氏之孙珏成有下面的话：

> ……后供奉内廷，蒙圣祖仁皇帝授以借根方法，且论曰：西洋人名此书为阿尔热八达，译言东来法也。敬授而读之，其法神妙，诚算法之指南。而窃疑天元一之术颇与相似，复取授时历草观之，乃渔如冰释，殆名异而实同，非徒曰似之而已也。夫元时学士著书①、台官治历②，莫非此物？不知何故，遂失其传。犹幸远人慕化，复得故物，东来之名，彼尚不能

① “元时学士著书”指元代数学家李冶著《测圆海镜》一书，其中用天元术解题。

② “台官治历”此处指《授时历》，其中有些问题用天元术求解。

忘所自。[1]

这段话说得再清楚不过，其中"阿尔热八达"即拉丁文"algebra"之音译，而"借根方法"是中文译名。19 世纪，中国又从英文"algebra"译为"代数学"，沿用至今。而"东来法"之说，该做如何理解？康熙帝和梅文鼎都认为"东来"指来自东方的中国，他们都有所论述。实际上，东来法不是来自中国，而是来自阿拉伯。"algebra"一词是由花剌子模（Khorazm 或 Khwarizm，783？—850？）的阿拉伯文著作《还原与对消计算概要》（*al-Kitāb al-mukhta sar fi hisab al-jabr wa'l-mugabala*）改写成"al-jabr"而来。对欧洲人来说，花剌子模是在东方，也可以把"algebra"叫做"东来法"吧！显然不是指中国。

法国传教士傅圣泽（Jean-Francois Fouquet，1665—1741 年）于 1712 年来华，向康熙帝介绍"一种新代数"，当时康熙帝对这种代数采取贬斥的态度，认为傅圣泽的"代数非常简单和极为不足。总之，它是很可笑的。"[2]但是在主编的《数理精蕴》中却大量吸收了"借根方法"的内容[3]。可见康熙帝的态度转变了，即对代数由贬斥到接受。是什么原因促使他发生转变的？笔者推测，在这种情况下，很可能是傅圣泽说了自己介绍的代数是"东来法"，正合康熙帝之意。其实，西学东来说是康熙帝早就有的观点，例如在康熙四十三年（1704 年）之前

① ［清］梅珏成：《赤水遗珍》"天元一即借根方解"。

② （法）C. Jami 著、徐义保译：《欧洲数学在康熙年间的传播情况》，《数学史研究文集》第一辑，1990，117～122。

③ 《数理精蕴》下编卷 31～36。

他就说过：

> 凡万几余暇，即专志于天文历法二十余载，所以略知其大概，不致于混乱也。论者以古法今法之不同，深不知历原出自中国，传及于极西。西人守之不失，测量不已，岁岁增修，所以得其差，分之疏密，非有他术也。①

这里说的是，西方历法源自中国，而东来法之说，无疑又给他增加了例子。在这之前，人们的看法无疑存在分歧，可是康熙帝的一番话就定案了。梅氏明确指出了这一点，他在一首诗的注中说：

> 伏读《御制三角形论》谓古人历法流传西土，彼土之人，习而加精焉尔。天语煌煌，可息诸家聚讼。②

也就是，梅氏的思想观点，在"聚讼"中有了皇帝的判决，是"胜利者"。事实上，梅氏在此前后，多次宣扬"西学中源"，有了康熙帝的说法，便更加受到鼓舞。

梅氏精通中国传统历算，很容易找到"中国古已有之"的例子佐证"西学中源"说。他多次在著作中讲述这种观点，最集中的地方是他的文集式的《历学疑问补》一书。从而即可看出他的思想："论西历源流本出中土即周髀之学"、"论中土历法得传

① 《御制三角形推算法》(满汉文合璧)。

② [清]梅文鼎：《绩学堂诗钞》卷4"上孝感相国"诗的自注。

入西国之由”、“论浑盖通宪即古盖天遗法一”、“论浑盖通宪即古盖天遗法二”、“论简平仪亦盖天器而八线割圆亦古所有”、“论盖天之学流传西土不止欧罗巴”等。其主要讲法是先论述中西法基本可比的事项，结果都是中国领先，然后传到西方，西方有所发展。梅氏说中国传统历算之西传相当早，似有所据：

> 问：欧罗巴在数万里外，古历法何以得流传至彼？曰：太史公言幽厉之时，畴人子弟分散，或在诸夏，或在夸翟①。盖避乱逃咎，不惮远涉殊方，固有挟其书画而长征者矣。然远国之能言历术者多在西域，则亦有固。②

这里引太史公（司马迁）所说的话出于《史记》“历书”，原话是：“幽、厉之后，周室微，陪臣执政，史不记时，君不告朔，故畴人子弟分散，或在诸夏，或在夷狄，是以其机祥废而不统。”说的是西周末年，周室衰微，进入春秋时期，畴人子弟分散到各处，但并未说跑到外国。而梅氏却说那些人有的逃到欧罗巴，还有的到了西域。这些分散的畴人子弟带走了历学“书器”，使中国历法传到欧洲和西域，成为那些地区历法的来源。这个问题，不合历史事实。就以当时所用的书籍来说也是不可能的。春秋时的书是写在竹简上的，一小册书也要写几十枚或一百多枚竹简，当时畴人子弟逃亡到西欧要带上一小册书就是要带上一捆竹简，那是不可能的。这和梅氏时代的纸质书完全不同。

---

① “夸翟”即“夷狄”。

② ［清］梅文鼎：《历学疑问补》卷 1“论中土历法得传入西方之由”。

梅氏曾多次论述《周髀算经》传入西方，认为书中所说“北极之下，以半年为昼夜，是即西人之说所自出也”[①]。可是《周髀算经》中的内容是什么时代的？他认为“必在唐虞以前”。所谓“唐虞”是传说中的时代，约在四五千年前，《周髀算经》传到了西方没有任何根据。那时根本没有《周髀算经》这部书，大约过了 2 000 多年，到汉初才正式出现该书。

梅氏又说：

> 然《周髀算经》所载北极之下，朝耕暮获，与西测地圆之说相符契。由是观之，算术本自中土传及远西，而彼中学者专心致志，群萃周处，而为之青出于蓝而青于蓝，冰出于水而寒于水，亦固其所。[②]

由上所述，梅氏的思想观点与康熙帝的看法，如出一辙。他们都是西学中源说的积极鼓吹者，而梅氏又是论证者。一个是国家帝王，一个是全国著名学者，他们宣传西学中源说，其影响之大、之广可以想见。在 17—18 世纪，成为中国的主导观点，一直到 19 世纪还有市场。

由于西学中源说的长期盛行，事实上阻碍了人们进一步深入探讨西方近代科学技术，致使中国人在长达一个多世纪对西方科技发展情况两眼抹黑，对人家的进展情况一无所知，而把自己主要精力和时间用在发掘中国古代的科技资料和考据上。积极的方面就是学术界不再抵触 17 世纪传入中国的

① [清]梅文鼎：《勿庵历算书目》“周髀算经补注一卷”条。
② [清]梅文鼎：《绩学堂文钞》卷 2“测算刀圭序”。

西方历算了。

西学中源说的流行，无损于梅氏会通中西思想，对中西历算等可以平等对待，但中方都已是陈旧的东西，绝无西方新鲜科学技术成果。

六、研究课题的来源

任何研究工作，都必须有明确的具体课题，没有课题的研究是不可能的。研究课题，对梅文鼎来说既是形成“征之于实”和“会通中西”思想的基础，又是在这两种思想指导下进行的历算研究。

首先是研究课题的来源。梅氏研究的课题很多，而且很广泛，但关键是他善于思考，能抓住需要研究的内容或对象。可以说，他不放过任何一个可研究的课题。其来源是多方面的，大致有：本人和他人的交流；阅读他人著作；某种任务；客观事物。

梅氏和他人广泛的学术交流是梅氏研究课题的主要来源之一，他交流广、涉及到诸多历算问题。他的第一部著作《历学骈枝》，就是和老师倪观湖交流的结果。当时学习明代的《大统历》等，他“信疑参半”，便和老师讨论交流，在此基础上进行研究，最后完成《历学骈枝》一书。其他如《历学答问》、《历学疑问补》、《答刘文学问天象》等都是梅氏和他人互相交流、讨论而形成的。不过这又多与答疑相关。

又如，有一次梅氏在北京和李光地的儿子李钟伦进行交流，讨论《授时历》中所用之平立定三差问题。李钟伦感到疑惑，而梅氏则“试为思之”，并在珏成的协助下完成《平立定三差详说》一书。

《历学疑问》也是交流的结果，梅氏和李光地交流时，李光地提出了一个问题，希望梅氏仿照《革象新书》写一著作：

> 历法至本朝大备矣。经生家犹苦望绎者，无快论以发其意也。宜略仿元赵友钦《革象新书》体例，作为简要之书，俾人人得其门户，则从事者多，此学庶几益显。余受命惟谨，然自惟固陋，雅不欲袭陈言，又欲其望而辄解，斟酌于浅深详略之间。①

这是一个很难的研究课题，梅氏花了很多时间进行探讨，才完成《历学疑问》一书。

本书第四章，讲了许多历算交流事例，有不少都与其研究课题有关，此处不再重述。

阅读他人著作是梅氏研究课题的另一个主要来源。他阅读的著作很多，能从中发现各种问题进行研究，其中相当一部分属于这一类。在《勿庵历算书目》中所列 62 种书中有 40 种左右是通过阅读他人著作发现的问题进行研究的。在这 40 种左右课题中有关于《火纬本法图说》一书，题下有“解地谷立法之根，以正历书之误”一段注文，是来自《崇祯历书》的问题，认为其火星运动有不确处，进行改正。后来对这个问题发生了一场不大的争论。这些著作绝大部分，都是他认为原书有不明白处，或有错误予以补注或订正，或引入更大的研究课题，例如他对三角学的研究就是一例。梅氏认为“全部历书皆弧三角之法也。不明三角，则历书佳处必不能知，其有缺误亦

① ［清］魏禧：《历学疑问序》，载《梅氏丛书辑要》卷 46。

不能正矣”，这就引出他研究球面三角问题，但是他马上注意到“必先知平三角而后可以论弧三角”①。由此他研究了平面三角和球面三角两个相联系的课题，完成了两部著作。

接受写作任务是梅氏研究课题的第三个来源，这是他的研究工作进展到一定程度，有了名气后，便有人请他写作，主要是官府。在他的《勿庵历算书目》中，有《宁国府志分野稿》1卷、《宣城县志分野稿》1卷、《江南通志分野拟稿》1卷和《明史历志拟稿》3卷共4种，都是官府找到他头上的工作。最后1种是当时国家的任务。

还有一种情况，梅氏偶见某种事物有所启发，事例虽然不多，但是很能说明问题。他对多面体的研究即属此种情形：

> 壬申春月，偶见馆童，屈篾为灯，诧其为有法之形[其制以六圈成一灯，每圈匀为六折，并周天六十度之通弦，故知其为有法之形，可以求其比例，然测量诸书，皆未言及。]及复取《测量全义》量体诸率，实考其作法根源[法皆取自楞剖至心，即皆成锥体，以求其分积，则总积可知。]以补原书之未备。②

这就是，梅氏在“壬申春月”(1692年春天)看见孩子们做灯笼玩，恰是一个正二十面体，它所有的棱都相等，即所谓“有法之形”。由此引出他对多面体的研究，完成《几何补编》一书。

---

① [清]梅文鼎：《勿庵历算书目》“三角举要五卷”条。

② [清]梅文鼎：《几何补编自序》。

需要注意的是，这种偶然性为什么未落在别人头上，看见这种形状灯笼的人何止梅氏一人？主要的是他思想中已有这个问题，明确提到了《测量全义》一书，其中包括多面体内容，梅氏感到有些地方不完全。这次看见灯笼，提醒他深入考虑，否则可能不会再进行研究。

由上述情况来看，在梅氏那里到处都是研究问题的起点，和别人的交流，看一本有关历算等书籍，以及偶然现象等等都引起了他的注意，这是他在学术上非常突出之处。

同时，我们应该看到，这些历算研究课题的来源并不都是单一的、独立的，往往是几个来源汇合而成，如关于半正多面体的研究看到小孩的灯笼制作是一个方面，而同时又与《测量全义》有直接关系。

还有一点特别重要，为什么梅氏一生获得如此多的研究课题？这是因为他头脑里已思考过相类似问题，加上他有知识基础，所以只要一遇到有关问题或现象，他马上就可形成研究课题。就像他在等待一样，在眼前一出现便被捉住。可以试想：一个没有知识基础和思想准备的人(包括某学科的专家)，非常有价值的研究课题，很可能从眼皮底下溜过，被别人捉住。梅氏所发现和获得的研究课题，有些就是从他人眼皮底下溜过而被他捉住的。别的不说，就阅读他人著作这一点，中国传统历算和《崇祯历书》等著作不知有多少人阅读过，只有梅氏等极少数人发现其中的问题，而发现最多的当属梅氏。

梅氏在研究中，善于抓住关键和要害。他明确指出：

若知交食，则诸法尽知矣。然必能推步，而加以讲究，然后能由其当然，以知其所以然，是谓真知。苟未能然，则所知或未全耳。①

在这段话里，由"当然"到"所以然"，达到"真知"就是梅氏的认识规律，也是他对于"真知"的理解。要得到真知，就必须下工夫追求，进行研究，而研究必须运用某种方法，把方法运用到课题上，才能取得成果。

梅氏在历算研究中，使用的方法(钥匙)很多，有的是人们较熟悉的常用方法，也有的是梅氏自创的，适用的范围也各不相同。在以下要论述的研究方法中，主要是在一般性的适用领域运用较广的，而在历算领域的研究方法，将在以下两章讲述。

梅氏善于使用对比方法处理某些问题。例如计算方法，当时有普遍使用的传统珠算，也有从西方传来的纳披尔筹算和笔算。有时他把比例规(尺算)也算在一起，这就出现了珠算、筹算、笔算和尺算四种计算方法。这些算法，他都有研究，都有著作。他对这些方法进行了对比研究，结果他认为笔算最有优越性，他说：

笔算之便与筹算同，然筹仍资笔，而笔则无假于筹。于文人之用尤便。[笔算无歌括，最便学习。又无妨酬应，久可复核，皆于筹算同。]②

① [清]梅文鼎：《历学答问》卷1"问推步交食之法"。

② [清]梅文鼎：《笔算发凡》。

“无歌括”是指没有珠算那套口诀，最便于学习。另一方面，“无妨酬应，久可复核”，就是计算到中途，有事可以搁笔停算，回来还能继续进行计算。

梅氏又举出中西历法，进行对比，如回回历。中国传统历法还有多种，他做了多种对比，从不同角度进行研究，获得了多种成果。前面已遇到过此类例子，不再重复。

考证也是梅氏所用的研究方法。他多用于历史问题研究。考证就是根据文献资料考核或证实某种说法。例如，他得到一本一百余页的《象纬图》残本，蝴蝶装，装帧考究，但是不知年代，也无作者署名。他便通过考证来确定。他利用各种文献资料，进行考证，未得到应有结果，仅知该书大体成于明代，至于撰人只好等待“他时或见全书有以考知”①。

梅氏作为专题研究了元初耶律楚材（1190—1244 年）所作《西征庚午元历》的年代问题：为什么叫“庚午”？他根据《元史》记载，太祖（成吉思汗）征西域是在己卯第二年庚辰夏五月驻跸也石的石河。经考证认为：

> 太祖庚午始绝金，次年伐之，不五年天下略定。故推演上元庚午、冬至、朔旦、七曜齐，元为受命之符，谓之《西征庚午元历》。西征者，谓太祖庚辰也，庚午元者，上元起算之端也。②

① ［清］梅文鼎：《绩学堂文钞》卷 5“书象纬残本后”。
② ［清］梅文鼎：《勿庵历算书目》“庚午元历考一卷”条。

于是他写出《庚午元历考》一书，惜该书未见出版，详情不知。

与《庚午元历考》类似的以考证为主的至少在10种以上，如《三十杂星考》，是把西域天文书中所举30杂星名称找出中国对应的星名，通过岁差“考之得其二十余”，后来又见到袁士龙和薛凤祚，所作之考证，“不谋而合者十之七八”，他又以“巨蟹第一星证之，回历刻本似尤确也。”[①]其中“巨蟹”回历也是西方一个星座的名称，又是黄道十二宫的第四宫。他例不再列举。

总之，梅氏是广泛使用了考证方法，获得大量成果。一般说，这种方法的使用，要求研究者对相关文献比较熟悉，否则不知从何入手。

附带讲一下梅氏在著作中多次提到秦始皇焚书的问题。凡是涉及到先秦典籍缺失，总要归结到“焚书”事件。例如，他说：“秦火以后，三代之人文若灭若没”[②]，“秦火以还，典章废缺”[③]曾进入他的诗句：“古籍曾秦炬，遗文存有无。”[④]还有一段，把“畴人子弟散亡”归于“秦炬”[⑤]，可是他自己清楚“散亡”是依据《史记》所载，说的是西周末的事，与“秦炬”毫无关系。梅氏还说“羲和旧器，浸于秦焰”[⑥]，就是说羲和时的旧仪器，遭到秦火，给烧掉了。这是没有根据的。羲和本是传说人物，即使真有其人，也很难说他造的仪器能保留到秦代。传说

① ［清］梅文鼎：《勿庵历算书目》“三十杂星考”条。
② ［清］梅文鼎：《绩学堂文钞》卷3“偶存稿序”。
③ ［清］梅文鼎：《历学疑问》卷3“论盈缩高卑”。
④ ［清］梅文鼎：《绩学堂诗钞》卷2“送章颖叔归山阴[四首]”。
⑤ ［清］梅文鼎：《绩学堂文钞》卷1“复张彝叹书”。
⑥ ［清］梅文鼎：《勿庵历算书目》“测器考二卷”条。

羲和时代到秦始皇约在 2 000 年以上，可以说绝对不可能有羲和的仪器留存。

据记载，秦始皇焚书，在历史上确有其事。公元前 213 年，秦始皇根据李斯（？—前 208 年）的建议："臣请史官非秦记皆烧之。非博士官所职，天下敢有藏《诗》、《书》、百家语者，悉诣守、尉杂烧之。……所不去者，医药卜筮种树之书"，始皇批准焚书。① 很显然，所说焚书并不是所有书都烧，"医药卜筮种树之书"不在焚烧之列，其余要烧的书"博士官"还要保留一套。当时历算书，极少，没有提到该如何处理？以理推之，应属于"不去"的范围。由此可知，秦焚书不影响历算书的存在和流传。

梅氏对秦焚书事件，没有进行考证研究，即人云亦云地予以宣传，是其不慎之处。

在梅氏论著中还有其他各种思想，闪烁于其中，有些将在下两章结合他的天文历法和数学研究进行讲述。综观本章所论，似乎有点杂乱，但是"征之于实"和"会通中西"却是他的核心思想。可以说这种思想基本贯穿在他的所有研究内容之中，在中国天算史上是具有代表性的。

① ［汉］司马迁：《史记》卷 6"秦始皇本纪"。

第七章 梅文鼎的天文历法思想

梅文鼎的会通中西思想，贯穿在他工作的各个方面，自然也体现在天文历法工作中。他在天文历法方面的研究方向很多，既有中国传统的，也有从西方传进的，更有中西法融会在一起的。本章选择若干有代表性的内容，予以讨论。

一、梅文鼎所认识的天文体系

很显然，笔者在这里以“天文体系”作为小标题，而不是“太阳系”。尽管太阳系是核心问题，但是梅氏所认识和讨论的范围却超出了太阳系。

在梅氏的思想中，天文体系比较混乱，可以分成中国传统的和西方的两大类。

中国传统的天文体系并不太明确，有天地构造形状的两种假说，长期流传。

中国古代最初从直观上形成了盖天说，汉代时又有浑天说和宣夜说，实为三种，但宣夜说没有流行和发展，差不多自生自灭了。盖天说主要来自“天圆地方”，即人所见的天空像口大锅（半个圆球）扣在平坦的大地上。白天只有太阳从东方升起、到西方落下；夜晚满天星辰也是东升西降，还有很大的月亮呈弦望朔变化。记载这个学说的权威书籍是《周髀算经》，它包括西周初年的情况，其中有更早的“勾三股四弦五”这条数学定理。所谓“周髀”就是书上说的“髀者，股也。正晷者，勾也。”就像一个直立地面的人的大腿（股），及其正南北的影子（晷）。这说法出自陈子之口，而陈子被认为是春秋时代的人。就是长八尺的标竿，又叫表，直立地面，观察其正午的影长，最长的一天为冬至，最短的一天为夏至。立表测影就这样流传下来，成为一种长期使用的天文工具。“勾股定理”的叫法也来自《周髀算经》。

《周髀算经》的内容比较丰富，又包括对北极附近主要是北斗星的研究、二十八宿、二十四节气、月行计算等以及去极远、近的地理情况，如近北极有“物有朝生暮获”和“夏有不释之冰”，而在“中衡”附近则“万物不死，五谷一熟再熟”。但书中有“天象盖笠，地法覆盘”的比喻，天还是原来的样子，而地却像是个口朝下扣着的盘子，底朝上而鼓起，不是平坦的了。不过在以后人们的理解中仍是大地为平的。

盖天说的要点是大地平坦不动，而天空绕着通过北极的一条轴线（书中未提）由东向西运转，一昼夜转一周，但是恒星却整体逐日东移，由此又形成一个“左旋说”。

梅文鼎研究了《周髀算经》和盖天说，写有《周髀算经补注》一卷。该书既未出版，也不见有抄本流传，可是他作为

“西学中源”说的所谓例证，留下如下一段话：

> 周髀即盖天也。自汉人伸浑天，而拙盖天，书虽不传，今惟有周髀一经，又言之不详。然观其理差之法，谓北极之下，以半年为昼夜，是即西人之说所自出也。因稍稍注之，俾天下疑西说者，知其说之有所自来。①

这里，梅氏说到：在汉代人们“伸浑天，而拙盖天”的问题。实际上，盖天说只有半个“天”，一些重要天文现象无法解释，特别是不利于观测天象的仪器制造，于是自然形成了“浑天”的想法。

很显然，浑天的“天”是全的，类似于现代天球，而大地还是平坦而不动的，天在地上一半、地下一半。天与地之间是水。这样，便有了“天轴”概念，即现在人们常说的“地轴”。浑天学家就以此轴和当时已有的赤道等概念构成浑仪的骨架。另一方面，那个想象中的浑球，天文学家便缩制为一个有限的铜球，其上画有主要星点或镂空，这就是浑象。

中国对浑天的研究起于西汉，而到东汉由张衡（78—139年）上升到理论，制作了浑象仪。这时，从表面上看，似乎是浑天说占了上风，盖天说退出了历史舞台，但事实上是“浑盖合一”了，确切地说是“浑天盖地”，也就是天是个完整的球，而地仍是最初的盖天的平地，不是球形。

在后来的发展中，两种学说各有优点和用途：绘制天文图、大地测量等，以盖天说为主；制造观测天象的大型天文仪

① ［清］梅文鼎：《勿庵历算书目》“周髀算经补注一卷”条。

器则依据浑天说。

梅文鼎所接受的中国传统的天文体系，主要就是上面那些。至于各种具体问题，大多离不开这种体系。

梅氏所处的时代是一个非常复杂的时代，如本书第一章所述。就天文体系来说，也是这样。他所接触到的西方天文体系，比中国传统的还要复杂。西方从古希腊时起，就有地球概念，逐渐形成以大地为中心的天文体系，流传最广的是天的重数，像个透明的层球，一层一层地把地球包在中间，用一套同心圆来表示。因为希腊学者发现常见天体到地球的距离有

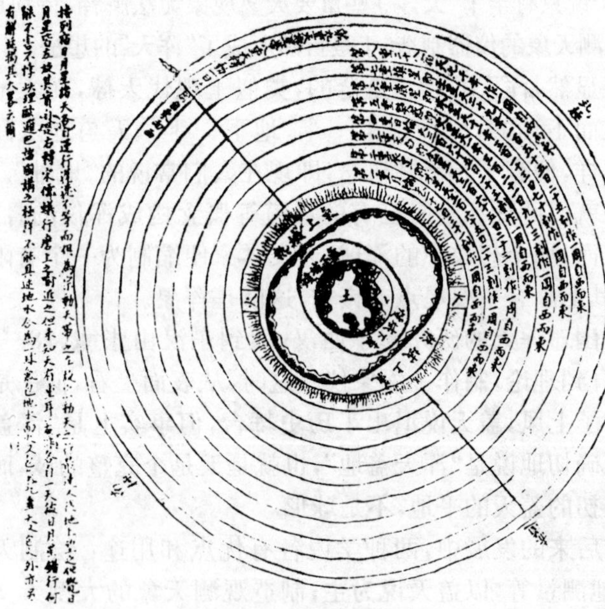

图 7.1 “中星解”中之“九重天”图

远近之别。到底有多少重，当时西方也有不同说法，传入中国的重数也有多种，如九重、十一重、十二重等。在抄本“中星解”中有“九重天图”（图 7.1）似是来源于传教士利玛窦，又按中国的传统改变几个名词，其重的排列由近及远是月轮、辰星（水星）、太白（金星）、日轮、荧惑（火星）、岁星（木星）、填星（土星）、二十八宿（恒星）、无星天共九重。其中“无星天”又叫“宗动天”，是它带领众星绕地圆周运转一日一周，下面的各层各有各的转法。梅氏有两篇短文专论此事，其第一篇讲的很清楚：

> 问：七政既有高下，恒星又复东移，动天一日一周，静天万古常定。则天之重数岂不截然可数欤？曰：此亦据可见之度，可推之数，而知其有重数可耳。若以此尽天体之无穷，则有所不能。即以西说言之，有以天为九重者，则以七曜各居其天，并恒星、宗动而九也。有以天为十二重者，则以宗动之外，复有南北岁差、东西岁差并永静之天，十二也。有以天为层层相裹，如葱头之皮，密密相切，略无虚隙者，利氏之初说[①]也。又有以天虽各重，而其行度能相割能相入，以是为天，能之无尽者。以火星有时在日天之下，金星有时在日天之上，而为此言历书之说也。又有以金水二星绕日旋转，为太阳之轮，故二星独不经天，是金水太阳合为一重，而九重之数又减二重，

① “利氏之初说”是指利玛窦最初向中国传播十二重天说。其说载于他用中文写的《乾坤体仪》上卷。

共为七重也。又谓五星皆以太阳为本天之心。盖如是则可以免火星之下割日天,是又将以五星与太阳并为一天,而只成四重也。[一月天、二太阳五星共为一天、三恒星天、四宗动天]其说之不同,如此,而莫不持之有故。其可以为定议乎？尝试论之,天一而已。①

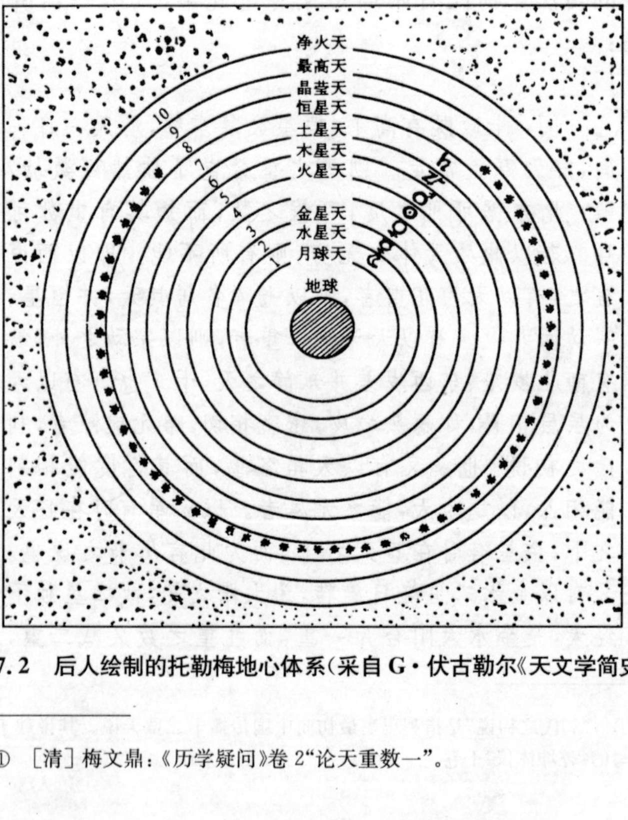

图 7.2 后人绘制的托勒梅地心体系(采自 G·伏古勒尔《天文学简史》)

---

① [清] 梅文鼎:《历学疑问》卷 2“论天重数一”。

这段文字，有很重要的两点：其一是梅氏不同意"天"有多少重的说法，因为"天"只有一个；其二从所引内容来看已不完全是古代希腊的东西，而是稍后甚至17世纪的东西都掺了进来。其中所谓"四重天"实为第谷体系。

由于几重天的说法，无法说明行星视运动如逆行等，于是古希腊出现了托勒梅(Ptolemy，公元2世纪)。他建立一个几何模型。他设想：以地球为中心，有一套同心圆(图7.2)。同时他又考虑日月和五星轨道，认为在每重天球上有一行星绕地球运转的大圆圈，叫做"均轮"，还有一个较小的圆圈，叫做"本轮"，其圆心在均轮上(图7.3)。它们都以逆时针方向匀速运动：本轮心在均轮上运动，行星在本轮上运动，当行星运动到均轮上时就是"留"，在均轮内是逆行，在外即为"顺行"(图7.3)。但行星的轨道是偏心的，所以他的均轮是偏心的。

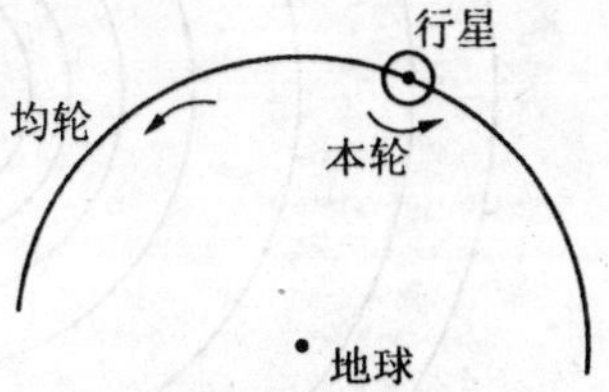

图 7.3

托勒梅的这套模型，流行了一千多年，但是圆圈也在不断增加，越来越复杂。到了16世纪，哥白尼才彻底抛弃了它。

哥白尼把托勒梅模型中的"地球"换上太阳，而地球则和其他行星一样都以匀速绕太阳做圆周运动，建立了日心说，不用任何本轮(见图7.4)，有关现象都可以解释。这是天文学上的一次伟大的革命。他自信地说："如果把其他行星的运动与地球的轨道运行联系在一起，并按每颗行星的运转来计算，那么不仅可以对所有的行星和球体得出它们的观测现象，还可以使它们的顺序和大小以及苍穹本身都联系在一起了，以至不能移动某一部分的任何东西而不在其他部分和整个宇宙中引起混乱。"①

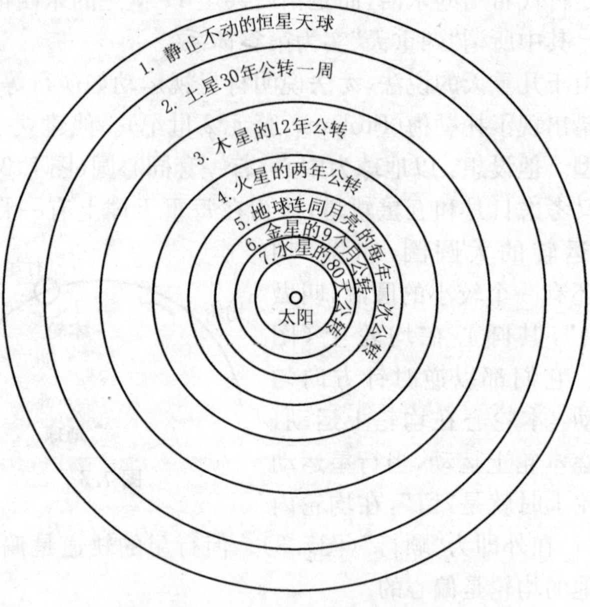

图 7.4　哥白尼的日心体系示意

这是哥白尼在给保罗三世教皇陛下的献词,战战兢兢地写的话,请求教皇和其他天文学家对著作《天体运行论》给予鉴定。

这部书于 1543 年出版以来,与托勒梅的体系形成了针锋相对的两种天文体系。在当时,信奉托勒梅学说的人,不仅很多,而且在耶稣教会里占统治地位,哥白尼所受到的压力之大

① (波兰)尼古拉·哥白尼著,叶式辉译:《天体运行论》,武汉:武汉出版社,1992。

可以想见。该书一出版，他便与世长辞了，但是《天体运行论》不久却被列为禁书。

正在这时，丹麦出现了一位天文学家第谷·布拉赫（Tycko Brahe，1546—1601 年）。他在天文观测方面有很大贡献，但在两种天文体系方面，他采取了折衷的办法：除地球以外的行星均绕太阳运动，而太阳又带领这些行星绕地球运动，实际上仍是地心学说（图 7.5）。但是他的学生、德国科学家刻卜勒却坚信哥白尼日心说。

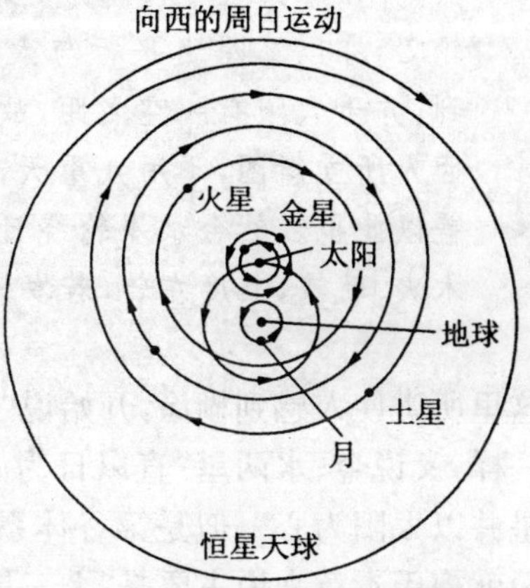

图 7.5　第谷的天文体系示意

这样，在 17 世纪的西方存在着托勒梅、哥白尼和第谷·布拉赫三种天文体系，而且主要局限于太阳系。

16～17 世纪，是西方传教士东来我国时期，他们先后把这些天文体系传入我国。明末徐光启等编译的《崇祯历书》以及其他著作，都是介绍西方天文历法和相关的数学。《崇祯历书》等主要以第谷·布拉赫天文体系为主，也大量引用了托勒梅的观点和哥白尼、刻卜勒等的计算结果，而未涉及他们的体系。

梅文鼎所接触到的西方的天文体系，自然就是这些。前面所说天的重数问题，显然受到托勒梅和第谷的影响。

梅文鼎在自己的论著中，似乎并不太明确用的是哪一体系，或西方之改变，也未可知。他有下列说法：

> 五星本天，并以地为心，与日月同至，若岁轮。[即古法迟留逆伏之段目[1]]则惟金水二星，绕太阳左右而行其岁轮，直以日为心。土木火三星，则不然，并以本天上平行度为岁轮心。[金水以太阳为岁轮心，亦以二星之平行与太阳同度也]然其轨迹所到，并于太阳有一空之距，故又成绕日左行之圆象。西人所立新图，不用九重天，而五星并以太阳为心，盖以此也。然金水岁轮绕日，其度右移，上三星[土木火]轨迹，其度左转，若岁轮，则仍右移耳。[2]

这里所讲使人感到糊涂，开始说“五星本天”以地为心，和日月一样，又说金、水两星“直以日为心”。最后又说西人新图“五星并以太阳为心”，似是第谷体系，但未说“日绕地”运动。然而就梅氏本意来说主要是“上三星”成绕日圆象。看不出到底是那家体系。文中所说“岁轮”相当于均轮，而“岁轮心”则相当于地球。梅氏本想撰写一本书，可是未见该书出版。

梅氏对行星日月等还有许多论述，多把均轮叫“大轮”，本轮叫“小轮”。在一篇短文中专门讨论了小轮问题，特别是有两幅图形，较容易理解文中之内容。他说：

> 问以最高疏盈缩，其义已足，何以又立小轮？曰：小轮即高卑也。但言高卑，则当为不同心之天以居日月。小轮之法，则日月本天，皆与地同心，特

---

① “段目”为“段日”之误，本章下同。

② [清]梅文鼎：《勿庵历算书目》“上三星轨迹成绕日圆象一卷”条。

其本天之周，又有小轮为日月所居，是故本天为大轮，负小轮之心向东而移。日月在小轮之周［即边也］，向西而行。大轮移一度，日月在小轮上亦行一度，大轮满一周，小轮亦满一周。而盈缩之度，高卑之距，皆不谋而合①。

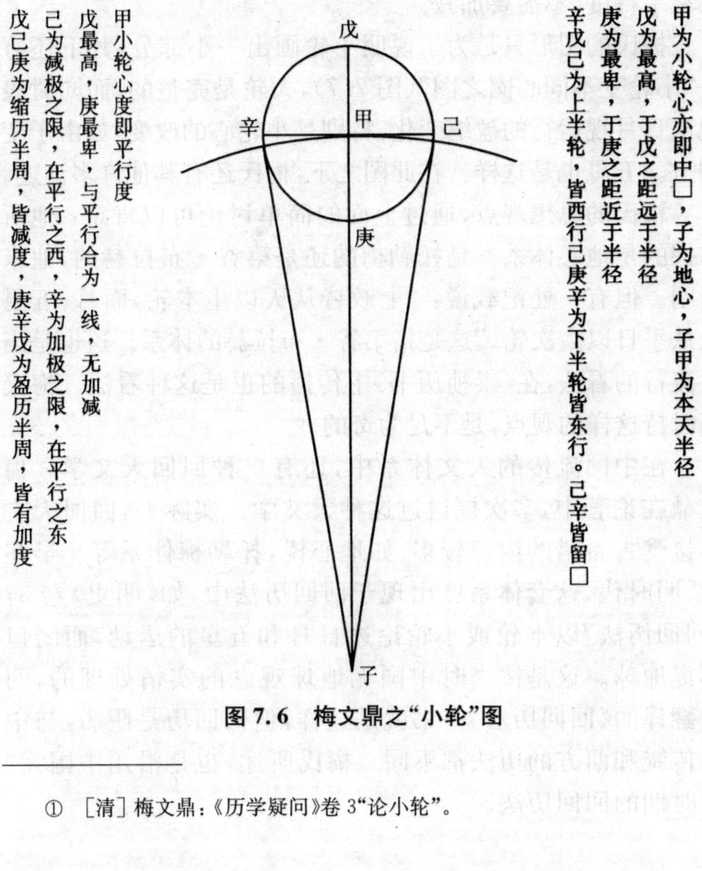

图 7.6　梅文鼎之"小轮"图

---

① ［清］梅文鼎：《历学疑问》卷 3"论小轮"。

这段文字，言简意赅，十分清楚，其下又有“小轮”图一幅，旁边有文字说明(图 7.6)。梅氏所讲是以地球为中心(子)，日月行星各有本天，即大轮绕其做圆周运动，其上的一点(甲)为小轮中心，日或月在小轮上运动。如果正好走在子甲连线上的庚或延长线上的戊点，则对子来说，戊是最高点，庚是最卑(低)点，但小轮上的其他点到子的距离要加或减，而甲、己、辛都是平行度，不需要加减。

梅氏的图形只是为了说明小轮画出一小部分，其下还有一“小轮变不同心圈之图”(图 7.7)，大轮是完整的，而同时表现出日月视运行的盈缩变化，特别是小轮心的改变，如由子变到丑。五星也是这样。在此图之下，梅氏还有其他许多论述。

梅氏的思想观点，通过上面的简单讨论可以肯定：他所掌握的是地心体系。是托勒梅的还是第谷·布拉赫的，他未指明。但有一处记载说：“七政皆从天以生本轮，而月、五星又从乎日以生次轮。”这是指第谷·布拉赫的体系。这也是当时流行的看法，在《崇祯历书》中传播的也是这种看法。梅氏当时持这样的观点，是不足为奇的。

在中国流传的天文体系中，还有一种回回天文学。梅文鼎在论著中，多次探讨过这种天文学。实际上，回回天文学接受古希腊的内容较多，如地心说，托勒梅体系等。早在元、明时代，这套体系就出现于回回历法中，如《明史》卷 37“回回历法”以本轮或小轮论述日月和五星的运动，而闭口不提地球。这是按当时中国无地球观念的实情处理的，明代翻译的《回回历法》一书就是这样，但回回历是阴历，与中国传统和西方的历法都不同。梅氏所述，也是沿用中国元、明时期的回回历法。

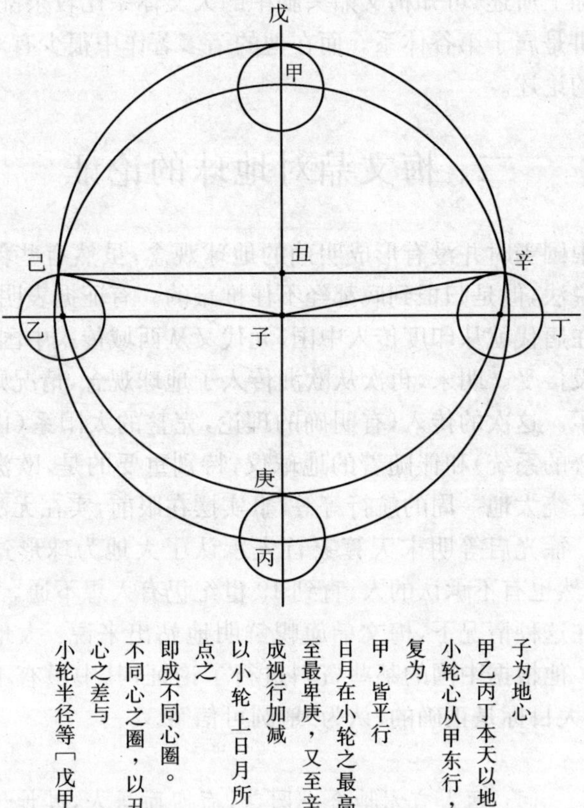

子为地心
甲乙丙丁本天以地心为心
小轮心从甲东行，过乙至丙至丁
复为
甲，皆平行
日月在小轮之最高戊西行过已，
至最卑庚，又至辛而复于戊，而
成视行加减
以小轮上日月所至戊己庚辛诸
点之
即成不同心圈。
不同心之圈，以丑为心，丑子两
心之差与
小轮半径等[戊甲、丙庚□]

图 7.7　梅文鼎之“本天”心之变化

综上所述,可知梅文鼎头脑中的天文体系比较杂乱,但总的来讲是属于第谷体系。而在他的诸多著作中很少有对某种系统的论述。

二、梅文鼎对地球的论证

中国当时并没有形成明确的地球观念,虽然有些似是而非的说法,但是归根到底都经不住推敲的。有证据表明,地球观念在唐代就从印度传入中国,元代又从西域传入中国,中国人都没接受。明末,再次从欧洲传入了地球观念,情况则完全不同了。这次的传入,有明确的理论,完整的太阳系(以地球为中心的系统)和伴随着的地球仪,特别重要的是,欧洲人已实践了绕大地一周的航行等等,事实摆在眼前,实在无法予以否定。徐光启等明末天算家首先承认了大地为球形这一事实,当然也有不承认的人,直到 19 世纪仍有人想不通。

在这种情况下,梅文鼎旗帜鲜明地站出来说:大地就是球形!他根据中国的某些资料进行了论证,其中虽有不确切处,但大目标是正确的,认为"地圆可信":

> 问:西人言水地合一圆球,而四面居人,其地度经纬正对着两处之人以足版相抵而立,其说可信与?曰:以浑天之理征之,则地之正圆无疑也。是故南行二百五十里则南星多见一度,而北低一度;北行二百五十里,则北极高一度,而南极少见一度。若地非正圆,何以能然?至于水之为物,其性就下,四面皆

天，则地居中央为最下①。水以海为壑，而海以地为根，水之附地又何疑然。所疑者，地既浑圆，则人居地上不能平立也。然吾以近世征之，江南地极高②三十二度，浙江高三十度，相去二度，则其所戴之天顶即差二度。[江南天顶去北极五十八度，浙江去天顶六十度。]各以所居之方为正，则遥看异地，皆成斜立。又况京师极高四十度，琼海极高二十度。[京师以去北极五十度之星为天顶，琼海以去北极七十度之星为天顶。]若自京师而观琼海，其人立处皆当倾跌。[琼海望京师，亦复相同。]而今不然，岂非首戴皆天，足履皆地，初无欹侧，不忧环立欤？然则南行而过赤道之表，北游而至戴极之下，亦若是已矣。③

梅氏的这段论述，是从中国的浑天说出发的，以南北两地的北极出地高度及其天顶说明大地确实是圆球，而"两处之人以足版相抵而立"，人却不觉。为了说明问题，以画图代表。文中的江南指南京，浙江指杭州，京师指北京，琼海指海口。图7.8以京师(A)和琼海(B)两地为代表比较明显。A处站立的人和B处站立的人，头都是向各自的天顶而足向地心。从A处观看B处的人是斜的。这样情形，就是往南越过赤道，往北到达北极都是如此，以此证明大地是圆球形状。

梅氏又从"西学中源"说观点出发，说西方人的大地为

① 此处是指大地在"天"的中央之下的最低处。

② "地极高"是当地的北极出地高度，相当于地理纬度。

③ [清]梅文鼎：《历学疑问》卷1"论地圆可信"。

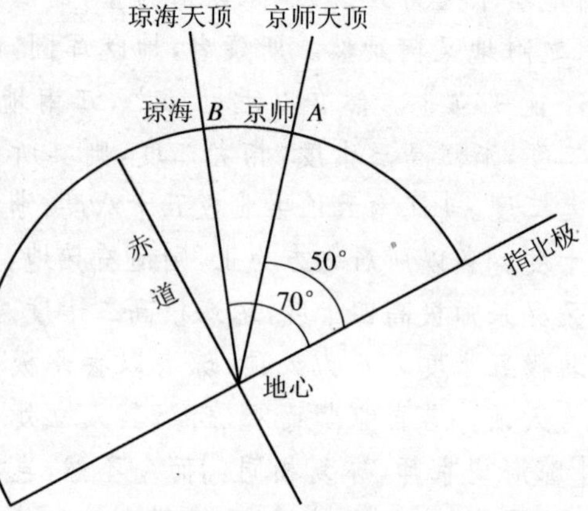

图 7.8　京师与琼海之天顶

球形说，中国古已有之，举出了《大戴礼》中孔子的“天道曰圆，地道曰方”的说法，《内经》中岐伯[①]的说法以及宋代邵雍和程颢各自的说法。其中邵雍《观物篇》的说法是：“天何依？曰依地。地何附？曰附天。曰天地何所依附？曰自相依附。”仔细琢磨一下，邵雍所说的仅是天和地的相互依存关系，并未说到大地形状。

梅氏接下去又说“地圆之说，固不自欧逻西域始也。”似乎是“地圆之说”起于中国。然后举出了元代札马鲁丁造“西域仪象”一事，内容为“有所谓苦来亦阿儿子，汉言地理志也。其制以木为圆球，七分为水，其色绿；三分为土地，其色白。画江河湖海，贯穿于其中。画作小方井，以计幅员之广袤、道理之

① “岐伯”是传说的古代名医，为黄帝之医。

远近。此即西说之祖。”这段文字来源于《元史》[①]，但说这是“西说之祖”，则有问题。如果说，明末从欧洲把地球观念传入中国，则晚于札马鲁丁所说的“苦来亦阿儿子”是事实，而札马鲁丁的说法却来自古希腊，才是“西说之祖”。

可是无论如何，梅文鼎确实是论证了大地为球形。他在理论和计算上，都是以地球三论为基础的，例如“有两处（戊、己）北极高度，又有两处（戊、己）相距之经度（α），而求两地相距之里数（l）”一题，即把大地看作球形，即用球面三角形（甲丙戊），变成一个小三角形（戊己庚）也是球面的[②]（图7.9）。就是说，大地为球形的观点，梅氏是牢固的，只有这样才更有说服力。

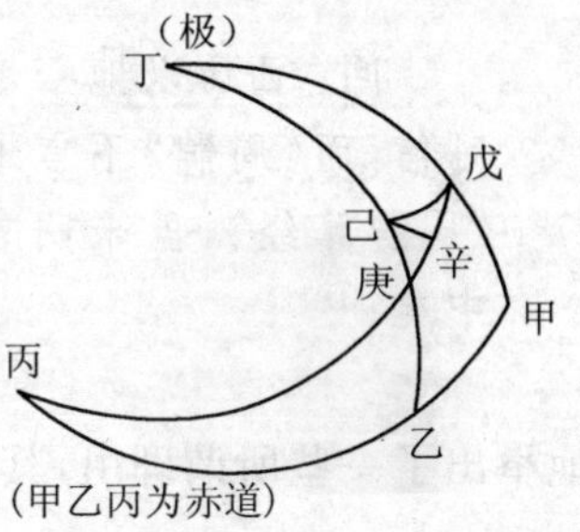

图 7.9

对梅文鼎来说，上述的讨论还未结束，至少有如下两个问题：

首先是大地既然是球形，那一定该有正面和背面，“背面”应如何理解？梅氏举了许多正反同时并存的事例予以说明，例如说：“中土圣人所产，即其面也”是正面，而“西方之佛教及天（主）教”则为背面；词语有倒正之说，日本把“卖酒”叫“酒卖”等等[③]，就是事物都具有正反两面，地球也应有背面。这

① 《元史》卷48“天文一·西域仪象”。
② ［清］梅文鼎：《梅氏丛书辑要》卷60“杂著·地度弧角·地度求斜距法”。
③ ［清］梅文鼎：《历学疑问补》卷1“论地实体而有背面”。

种看法全属无稽之谈。实际上，本节开始所讲已经解决了这种现象，任何地面上站立的人，都足向地心，无需多言。

其次是对《周髀算经》中关于盖天说是否包括地圆说问题，是一篇有意思的论文。梅氏认为包括地圆说，他说：

> 问：西历以地心地面为测算根本，则地形浑圆可信，而《周髀》不言地圆。恐古人犹未知也。曰：《周髀算经》，虽未明言地圆，而其理其算，已具其中矣。①

他举出了一些所谓理由，其一是：

> 《周髀》言北极之下，以春分至秋分为昼，秋分至春分为夜，盖惟地体浑圆。故近赤道，则昼夜之长短渐平，近北极则昼夜长短之差渐大，推而至北极之下，遂能以半年为昼，半年为夜矣。若地为平面，则南北昼夜皆同，安得有长短之差随北极高下而异乎？

这里所说内容出于《周髀算经》卷上，确是如此。引文的最末一段是梅氏的看法，而开始时所说“地体浑圆”是他的结论性观点。其二是：

> 《周髀》又言日行极北，北方日中，南方夜半；日行极东，东方日中，西方夜半；日行极南，南方日中，

① 梅文鼎：《历学疑问补》卷1“论《周髀》中即有地圆之理”。

> 北方夜半；日行极西，西方日中，东方夜半。盖惟地体浑圆，与天体相似，太阳随天左旋，绕地环行。各以其所到之方，正照而为日中正午，其对冲之方，在地影最深之处，而即为夜半子时矣。假令地为平面、东西一望皆平，则日一出地而万国皆晓，日一入地而八表皆昏，安得有时刻先后之差，而且有此方日中彼为日半者乎？

其中"日行四方"之说，出于《周髀算经》卷下，是由北而东而南而西，"绕地环行"，大地像一个固定不动的圆饼，而太阳绕其边缘按顺时针运行。这样，实际上得不出绕圆球运动的结论。

以上两点，有些说法与地球巧合，有的则是臆说。

另外，梅氏还举出《周髀算经》所说大地南北不同纬度植物，特别是植物的生长和成熟期问题以说明大地的球状。最后更论证说：

> 赤道既在天顶，则北极南极，俱在地平可见。然但言北极不言南极者，中土九州在赤道北。圣人治历，只据所见之北极出地，而精其测算，即南极可以类推。然又言北极下地高，旁陀四陨而下，即地圆之大致可见非不知地之圆也。即如日月交食常在朔望，则日食时日月同度，为月所掩，亦易知之事。

这段文字对大地形状的认识很重要。他认为如果观察者在赤道上，天球的赤道就在天顶，这样来观看南极和北极，完全一样，"俱在地平可见"。为什么只讲北极而不讲南极？主要原因是中国位于赤道北,只据所看到的北极得出结论,但是对于“南极可以类推”。又根据北极下地高,而“旁陀四隤而下”,由此可见地圆的大体情况。梅氏认为古人并不是不知道。

对日月交食问题,梅氏的思想正确无误,日食是因月球遮掩太阳所致,被食部分呈圆形边缘,可证月为球形,可是他再未说月食是由地球遮掩太阳而成,容易证明大地为球形的事实。他在讲了日食之后说“亦易知之事”,也许包括了“地掩日”与日食所呈现象是一样道理吧?

纵观上述,梅氏对《周髀算经》的论述是想说明书中已包涵了地圆说(中国古代就产生了这种观点),以此说明西方的地球观念并不新鲜。

原来《周髀算经》的作者(不是一个人)是站在北半球的中国,越往北越冷,越靠近赤道越热,由推测和想象便得出农作物的成熟期等观点,而“北极下地高,旁陀四隤而下”的记述也是推测,人的直观感觉,好像越往北地势越高(或者所在地面的隆起),而东南沿海则低下,无法得出大地为球形的观念。至于日行四方更不能说明问题。

梅文鼎根据《周髀算经》的上述说法,又掺进西方传进的地球等观念,向前推进了一步就变成了《周髀算经》中之盖天说为地圆说。这是他的很重要的思想之一。

梅氏论证的这个问题,仍有讨论的余地,对他不应过分苛求。他对地球的认识相当可贵,必须给予充分肯定。

三、中西天文历法之异同

“天文”是客观存在的事实,其中的天体又是核心内容,天文学则是研究它们的位置、分布、运动、形态及其物理、化学等规律的学科。历法是天文学的一个分支，它主要是研究时间等问题，以年、月、日等时间为单位，依一定的法则组合在一起，形成计算较长的时间系统。其中年、月、日三种单位是最基本的，而且它们之间是没有公约数的。

这些内容，不论对中国还是对西方都一样，就是说天文历法的内容和对象完全相同。可以说中西方之人"共戴一天"。差别主要在于，不同的地理环境、不同的生活习惯以及其他方面的原因，如对恒星的分群，年、月、日三个时间长度单位的不同组合、岁首的规定、对大地的看法等等。对梅文鼎来说，是他必须要考虑的问题。前面已经讲过，梅氏对西方和中国传统天文历法都有研究。他有两篇短文，专门讨论中西两法之同或异。

先说中西法相同之法。他说："夫西历之同乎法者不止一端"，举了很多例子，大多是名词不同，而内容一样；也有处理方法上的差别，而实际上是相同的，等等。梅氏认为有以下各端：

> 其言五星之最高加减也，即中法之盈缩历也，在太阴则迟疾历也。其言五星之岁轮也，即中法之段目也[迟、留、逆、伏]。其言恒星东行也，即中法之岁差也。其言节气之以日躔过宫也，即中法之定气也。其言各省直节气不同也，即中法之里差也。[①]

以上共五项名异实同的天文历法内容，其中有的说法不确切，

① ［清］梅文鼎：《历学疑问》卷1"论中西二法之同"。

有的名词还要加以解释。如第一项明言“五星”，而其下则说的是日月运动，应说“七曜”或日月五星才准确。实际上，都是指的七曜运行速度的变化。

第二项所谓“岁轮”即小轮，亦即本轮，而“段目”则是指将七曜按某时间段(如由冬至到春分等)划分成更小的时间长度，或等距或不等距，为段目，都是指处理七曜运行不等速的方法。在小注中有“迟、留、逆、伏”。其实在中法的段目中，只能处理运行速度，而不能处理留、逆、伏现象，而岁轮则能够处理。

第三项关于恒星东移，西法是这样说的，而中法叫“岁差”，是由岁差引起恒星逐年有东移现象。

第四项说西法的“节气”是指“日躔过宫”，即太阳运动至黄道十二宫某宫某处，而中法则叫“定气”，指两个节气之间的实际时间长度而不是平均长度(平气)，如平均长度为15°，而定气可能长到16°，短的则为14°，都有长、短变化。

第五项“各省直节气不同”，说得不清楚，实指同一日期南北不同地区的气候，而在中国则说是因里差造成的。所谓里差是在同一子午线上南北相距250华里，纬度相差1°，温度也就不同。不管叫什么，都是指南北的温差。

梅文鼎在讲述了中西天文历法相同各点之后有一段文字，具有进一步概括的意思：

> 中法言盈缩迟疾，而西说以最高最卑明其故；中法言段目，而西说以岁轮明其故；中法言岁差，而西说以恒星东行明其故。是则中历所著者当然之运，而西历所推者其所以然之源。此其可取者也。

这里梅氏提到中西法相同的三项，还有两项如定气、里差“中历原有其法，但不以注历耳，非古无而今有也。”也就是说，定气和里差之说，在中国历史上都有，就是未用到历法上。所说定气是在清初《时宪历》中才使用，东、西里差则也进入中国历法。

在以下的论述中，充分体现出梅氏的会通中西思想，中西法可以互补，认为中法有的地方不如西法，应由西法补缺。他说得十分明白：

西历始有者，则五星之纬度也。中历言纬度，惟太阳、太阴有之[太阳出入于赤道，其纬二十四度，太阴出入于黄道，其纬六度。]而五星则未有。反之者，今西历之五星有交点、有纬行，亦如太阳太阴之详明，是中历缺陷之大端，得西法以补其未备矣。夫于中法之同者，以明其所然之故；而于中法之未备者，又有以补其缺。于是吾之积候者，得彼说而益信。而彼说之若难信者，亦因吾之积候，而有以知其不诬。虽圣人复起，亦在所兼收而亟取矣。

在这里，梅氏举了一个具体例子，以说明问题。他指出：在中国只有日月的运行轨道出现在赤道内外或黄道内外的现象，而其他行星则没有，但在西方天文学中却有。实际上，行星的轨道面与黄道面既不同面也不分离平行，而轨道又有共同焦点，因此行星的轨道在天球上必与黄道有两个交点，也有黄道南北的纬度变化。这就是梅氏所说的“有交点有纬度”的意思。中国历史上并未提到此种现象。既然如此,就应当在中国天文学中采纳,“虽圣人复起,亦在所兼收而亟取矣。”这是梅氏非常可取的态度!

梅文鼎有一篇文章专门论述中西天文历法之不同,他认为最大的不同在于“正朔”,也就是“岁首”问题,或者说一年开始的瞬间。梅氏说:“西法亦有必不可用者,则正朔是也。中法以夏正为岁首,此万世通行而无弊者也。西之正朔则以太阳会恒星为岁,其正月一日定于太阳躔十四度之日。”①中国传统历法是阴阳历,以朔望月为基础,以某一朔望月的朔日子正开始为一年的开始,从汉武帝时采用冬季的一个朔日,即正月初一日子正进入新的一年。梅氏称之为“夏正”,加上闰月就是一种阴阳历,现在叫做“夏历”。西方当时所用的历法是新式儒略历(格里历),是一种回归年,亦即阳历年,但要加闰日。梅氏说的“以太阳会恒星为岁”是由春分点到春分点为周期的。他发现这样的“岁”是“屡变无定的”,因春分点由岁差在黄道上变化较大,每700年就差10天。于是他指出:“如是不定,安可以通行乎?”因此,中西方对“年”的规定不同,而西方的“正朔”不如中国的“夏正”优越,连明末徐光启制订历书时都对正朔“弃之不用”。

梅文鼎认为“正朔”乃是相异的大者,其余“不同者尚多”,以下他一连举出八项。现列简表于下(表7.1):

---

① [清]梅文鼎:《历学疑问》卷1“论中西之异”。

表 7.1　中西天文历法之异①

内　容	中　国	西　方	附　注
步月离	始于朔	始于望	步月离即求月的运行
日之始	子半	午中	子半即夜半
置　闰	闰　月	闰　日	
黄道星象	二十八舍(宿)	十二象(宫)	
星名			中西都不相同
纪日	甲子　六十日而周	七曜,七日而周	
纪岁	甲子　六十年而周	总积六千余年	
节气	起冬至	起春分	西方无二十四节气,只有二分、二至

“以上数端,皆今历所未用。徐文定公所谓镕西算,以入《大统》之型模,盖谓此也。”徐文定即徐光启,他只有“镕入”之想法,并未编出历法,更未入《大统历》,便与世长辞了。

对于同一件事,中西法有不同的处理方法,到现在也存在,毫不奇怪。但在梅文鼎时代,却是个大问题,认真讨论是必要的。

还有一个问题,梅文鼎又进一步予以解释“问者曰,皆西法也,而有弃取,何也?曰:凡所以必用西法者,以其测算之精而已,非好其异也。”②回答了人们的一个疑问,就是,既然

① ［清］梅文鼎:《历学疑问》卷1“论中西之异”。

② ［清］梅文鼎:《历学疑问》卷1“论今法于西历有去取之故”。

都是西方天文历法，有许多不同于中国之处，那为什么有的被中国吸收了，而有的又弃之不用？梅氏认为所用者主要是取其"测算之精"，而不是好其新奇。

回回天文历法，不论对中国还是西方都是"外来"的。对中国来说回回天文历法和西方天文历法，都不是中国原有传统，那么它们之间有什么异同？梅氏给出了如下的回答：

> 问：回回亦西域也，何以不用其历而用西洋之历？曰："回回历与欧罗巴[即西洋历]同源异派而疏密殊。故回回历亦有七政之最高以为加减之根，又皆以小轮心为平行其命度也亦起春分；其命日亦起午正；其算太阴亦有第一加减、第二加减，算交食三差亦有九十度限，亦有影径分之大小，亦以三百六十整度为周天，亦以九十六刻为日，亦以六十分为度，六十秒为分，而递析之以至于微；亦有闰日而无闰月；亦有五星纬度及交道；亦以七曜纪日而不用干支；其立象也亦以东方地平为命宫；其黄道上星亦有白羊金牛等十二象而无二十八宿。是种种者无一不与西洋同，故曰同源也。"①

它们还有不同之处，有些是受中国传统历法之影响。梅氏仍心存疑惑，"然其法之善者，种种与西法同，今用西法即用回回(法)矣，岂有所取舍于其间哉？"

① [清] 梅文鼎：《历学疑问》卷1"论回回历与西洋异同"。

需要说明的是，回回历与西洋历并不同源。如说同源则有更深的层次，它们都受古希腊天文学的影响，而古希腊天文学中有些则来自更早的两河流域文化。我们所说的回回历，实际是阿拉伯天文学。阿拉伯统辖地区的广大穆斯林创造了自己的天文历法，同时又吸收了古希腊天文学等研究成果。阿拉伯天文历法又传到欧洲，逐渐发展成明末传到中国的样子，即梅氏所说的西法。

这样的回回历法是太阳历，明初马沙亦黑等编译的《天文书》，即《回回历法》，又经贝琳整理成《七政推步》而刊刻流传。梅文鼎所说的回回历就是指贝琳刊印的《七政推步》的内容。回回历法还有一种太阴年，是根据太阴圆缺十二次为一年，主要用于穆斯林做宗教仪式的①。

梅文鼎也对两种回回历法说的非常清楚：

> 问：回回历有太阳年，又有太阴年，其国之纪年以何为定乎？曰回回国②太阴年谓之动的月，其法三十年闰十一日而无闰月，惟以十二月为一年，故遇中国有闰月之年，则其正月移早一月，故曰动的月。其太阳年，则谓之不动的月，其法以一百二十八年而闰三十一日，皆以太阳行三十度为一月，即中历之定气。其白羊(宫)初即为第一月一日，岁岁为常，故曰不动的月也。然其纪岁则以太阴年而不用太阳年。此其异于中历，而并异于欧罗巴之一大端也。然又

① 马坚编译：《回历纲要》，北京：中华书局，1955，9～10。
② “回回国”，应指信奉伊斯兰教的地区，而不是一个国家。

有异者，其每岁斋月又不在第一月而在九月。满此斋月至第十月一日，则相贺如正旦焉。不特此也，其所谓月一日者，又不在朔不在望而在哉生明①之后一日。②

这段文字不需要任何解释，读者都可明白。

通过上述，可知梅氏对西方天文历法、回回历法和中国传统历法的了解都很透彻，所以才能进行多方比较其异同。

四、梅文鼎对日月交食的研究和认识

日月交食在中国天文历法研究中，一直占有极重要的位置。一部历法的好坏，主要看其对交食的预报是否准确和对以往数百年甚至上千年的交食的验算与观测情况进行比较，特别是日食的准确预报更为重要。因为有时帝王要根据日食的发生的时间进行回避或大赦或“修德”。梅文鼎清楚知道交食的重要性，他认为“交食为验历大端”，其最重要的问题有三点：“一曰食分深浅，一曰加时早晚，一曰起复方位。”③基本上，包括了有关交食本身的主要内容。他特别注意研究交食问题，先后完成《交会管见》、《交食蒙求》等专著，其他论著中也常涉及这类内容。

---

① “哉生明”，语出《书经 · 武成》，是指农历每月初三日，月亮开始发出亮光。

② ［清］梅文鼎：《历学疑问》卷1“论回回历正朔之异”。

③ ［清］梅文鼎：《交会管见 · 小引》，1705。

首先是交食原理问题。交食的发生是由日、地、月三者的位置关系形成的，其中月球不发光，乃是由太阳光照射而呈现光亮。中国古代早已知道“月在日下”的事实，是月球走到日、地之间，且成一直线时，就发生了日食。当地球处于月、日之间，共线时则发生月食，但是何物遮住太阳光使月面该圆不圆？中国古代无地球观念，反正有个东西，实际是地球的阴影投到月面上，古人称之为“暗虚”（或“阇虚”），梅文鼎也这样称呼。

梅氏明确指出“日大月小，日高月卑”[①]这一点，进一步提出“月食地影”说：“按月食地影之说，肇于泰西，骤言之若可骇，细审之确有实据。然必于历学深究其根，乃知其说为不诬耳。”[②]他说得明白，这是西方的主张，确实可靠，没什么值得大惊小怪的。

交食的基本理论及梅文鼎的工作我们在另一著作[③]中有所论述，现在摘其要点介绍如下：

交食，不论日食还是月食都持续两三个小时，且是一个过程。日食在地球的表面上，可以在一个带状地域内观察到。日全食分为初亏、食既、食甚、生光、复原五个阶段，日偏食没有食既和生光两个阶段。月食则更复杂些，因为这时月、地、日三个天体由小到大的顺序排列，地影便出现半影和本影。当月球进入地球的半影时就出现了月偏食，进

---

① [清] 梅文鼎：《历学答问》卷1“学历说”。

② [清] 梅文鼎：《历学答问》卷1“问月食地影”。

③ 李迪、郭世荣：《清代著名天文数学家梅文鼎》，上海：上海科学技术文献出版社，1988，78～86。

入本影时就发生月全食。月全食分为半影食始、初亏、食既、食甚、生光、复圆和半影食终七个阶段,月偏食没有食既和生光两个阶段。

梅文鼎对交食的研究,最重要的成果在图形方面,他认为"交食之验,非图莫显,必分作其象始真"①,因此他给出了大量图形,在《交会管见》中有27幅,而在《交食蒙求》中有8幅,共35幅,可以说是交食图解。下面主要讲一下日食过程的图解,并按现代理解重新绘制。

他先画一垂直于地平面的直线,上指天顶。在此线的适当位置取一点O为圆心,适当长为半径作圆,与直线交于A,B,此圆表示太阳。过O作一直线,与圆交于C,D,为白道(月道)的平行线(图7.10)。$\angle BOC$为"定交角",它为60°即与黄道的交角。梅氏这时说"在食十分时,可名为月道;其食不满十分者,可名为月平行线"。在前一种情况下,"月视行线"(与前一斜线CD平行)与月道平行线重合;在后一情况下不重合,如$C'D'$线(如图7.11)。当月球圆心E在"月视行线"$C'D'$上,并且沿着由C'到D'的方向运行,两圆相外切的一瞬间就是日食的初亏。如果是属于前一种情形,两圆要发生两次内切,第一次为食既,第二次为生光。两圆内离时就是食甚,是全食或是环食不一定。由于梅氏所画日、月两圆相等,所以这时无法作图。但是,他却画出了日偏食的食甚图6幅,图7.12是其中之一。在两圆第二次外切就是复圆。如果是后一种情形,因为月视行道$C'D'$可能在月道平行线CD的这一侧或那一侧[图7.13(a)(b),图7.14(a)(b)]而有差别。

① [清]梅文鼎:《交食管见》"作日食分图法"自注。

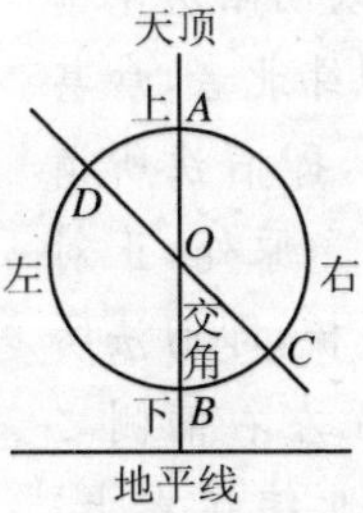

图 7.10

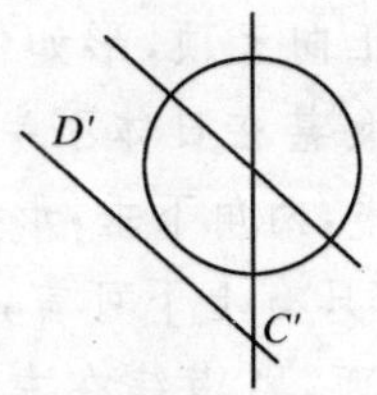

图 7.11

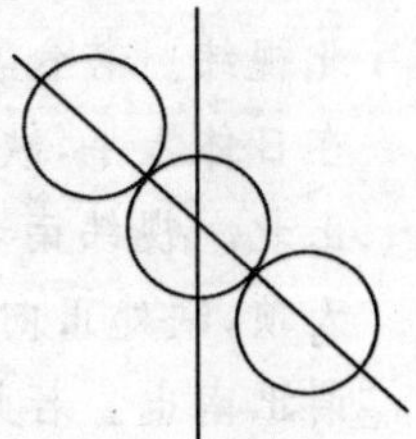

图 7.12

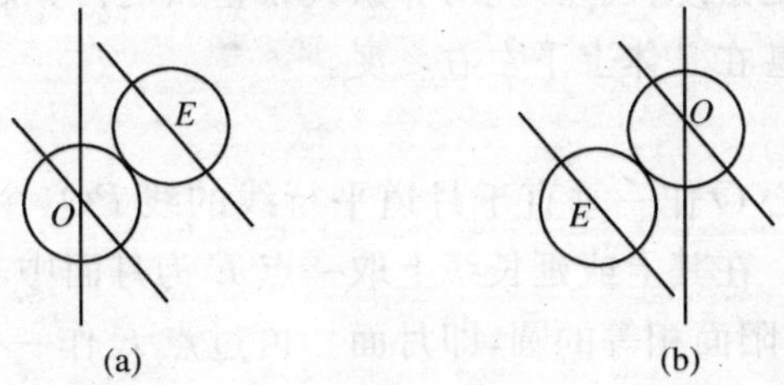

图 7.13

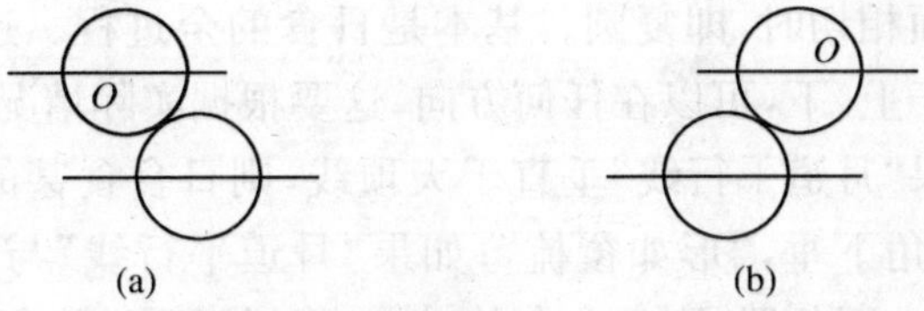

图 7.14

在偏食的情况下就要考虑食分问题，食甚要考虑梅氏所说的“深浅”以及“起复方位”等，他有一段精彩的叙述：

惟食十分者，食甚时两心相掩，或全黑或作金环

> 皆无上下左右可论。其食九分以下皆以阴阳历论南北视纬。若食甚时正在黄平象限，则视纬北者，食甚在日体上半，缺口正向天顶，形如仰瓦，即旧法所谓正北。视纬南者，食甚在日体下半，余光原处，正对天顶，缺处正向地平，两角下垂，形如覆梳，即旧法所谓正南也。若此者只有上下可言，而无左右偏侧之度。其余日在限[①]西，则南纬在左下，北纬在右上。日在限东，南纬在右下，北纬在左上。并以食甚时交定角之余度，或左或右，并从天顶垂弧之两旁起算即得食甚在日体上下左右之度。[②]

过日心 O 作一垂直于月道平行线的线 PQ，令其为太阳面的直径。在其上或延长线上取一点 E 为月面中心，以 E 为心，作与太阳面相等的圆，即月面。再过点 E 作一平行于“月道平行线”的直线，为“月视行道”，即月在其上运行。假定当月行与太阳面相切时，即初亏，行到 E 点时即食甚，再运行到与太阳面相切时，即复圆。基本是日食的全过程。这种考虑就不限于上、下，可以在任何方向，这要根据实际情况而定。

如果“月道平行线”垂直于天顶线，则日食食甚的缺口向地平、两角下垂，“形如覆梳”；如果“月道平行线”与“月视行道”调换一下位置，则日食食甚，缺口正对天顶，“形如仰瓦”。

梅文鼎把太阳面直径 PQ 均分 10 等份，看看在日食食甚

---

① “限”指图 7.10 之 AOB 线，与地平线垂直，其左、右两边各为一直角，即一象限，“限西”、“限东”指左、右侧。

② ［清］梅文鼎：《交会管见》“求食甚在日体上下左右”。

时月面遮住多少份，例如月面外周与 PQ 交于 G，则 PG 就是食甚时的深度，例如“食三分”，余光部分就是七分。由此能够计算出太阳面上被食的圆弧长度和未食的圆弧长度（以度计算），所掩之弧由 M 过 G 到 N，而未食之弧则由 M 过 Q 到 N（图7.15）。

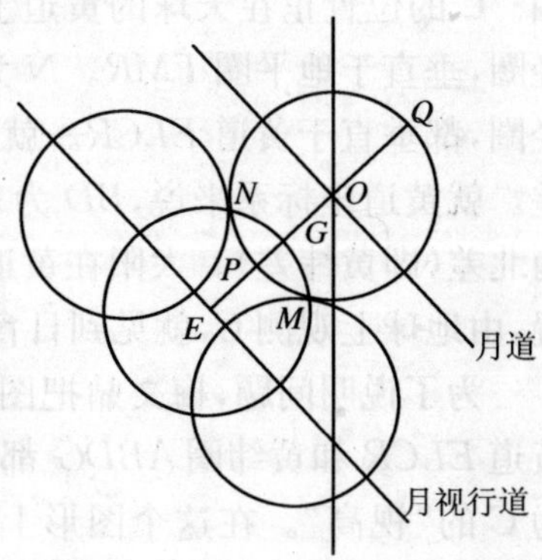

图 7.15

梅文鼎为了使计算更精确，提出“日食必求三差”：

> 何以谓之三差？曰高下差也，东西差也，南北差也。是为三差。三差之内，其一为地平纬差，即高下差。……其一为黄道经差，即东西差。其一为黄道纬差，即南北差。①

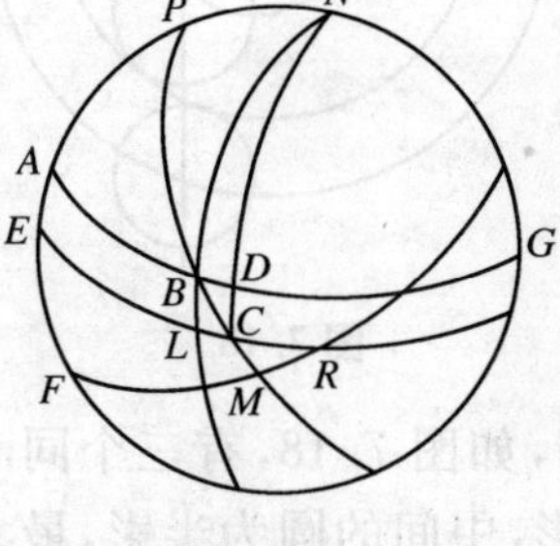

图 7.16

这主要是说在地球上观察月球时，它反映在天球的视位置与真实位置稍有不同，如图 7.16。

设 B 为月球的真位置，C 是观察到的位置。又设圆 $FAPNG$ 为天球大圆，FMR 为地平图，$ELCR$ 为黄道，$ABDG$ 为北黄纬

① ［清］梅文鼎：《交食蒙古》卷 2“日食附说·第十求”。

圈。C 的位置正在天球的黄道上。P 为天顶，PBCM 为地平经圈，垂直于地平圈 FMR。N 为北黄极，NDC，NBL 都是黄经圈，都垂直于黄道 ELCR。就地平坐标系来说，BC 为高下差。就黄道坐标系来说，BD 为东西差（即黄经差），而 DC 为南北差（即黄纬差）。太阳在黄道 ELCR 上，只有它在 B 的位置，由地球上观测 C，就见到日食。

为了说明问题，梅文鼎把图 7.16 改为平面图7.17，因而黄道 ELCR 和黄纬圈 ABDG 都变成了直线，而 CM 被梅氏称为 C 的“视高”。在这个图形上，更容易理解日食的形成、方位等具体问题。

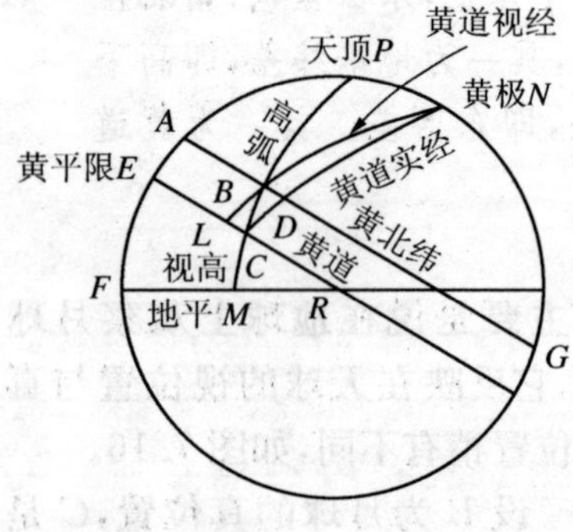

图 7.17

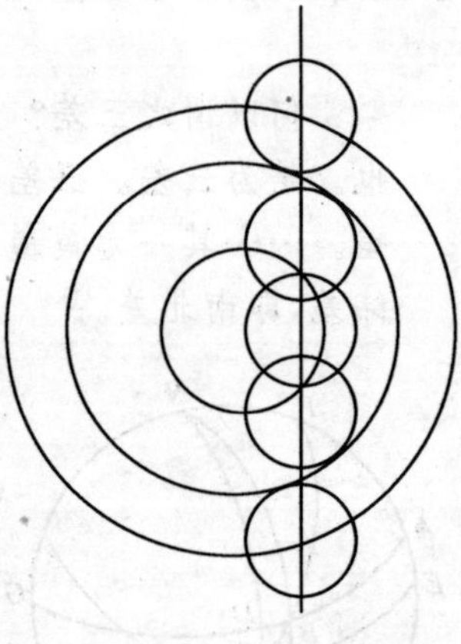

图 7.18

对于月食，梅氏也用图解说明，如图 7.18，有三个同心圆：最小（内）的一个为地球的本影，中间的圆为半影，最大（外）的圆为“食限圆”。右侧的五个小圆大小相等表示月面的移动。假定月面由下向上移动，第一个位置与中圆相外切为月食初亏，第二个位置月面与中圆相内切为食既，第三个位置是月面圆心与小内圆圆心距离最小为食甚，下两位置为生光和复圆。月面的这串移动，就是月球在地球影锥(部分)中穿越的过程，在地球上的适当地方便看到月食一切情况 。由于月面的第三个位置未完全进入小圆内部，也就是未全进入本影，不会出现月全食，仅为月偏食。

像对日食那样，梅氏也对月食给出了一幅图解(图7.19)。他的具体作法是将黄道坐标系，变成了平面图形，类似 2 维直角坐标系：横线为黄道，竖线为一黄经线。白道与黄道斜交，月面在其上移动。这容易理解，不再详述。

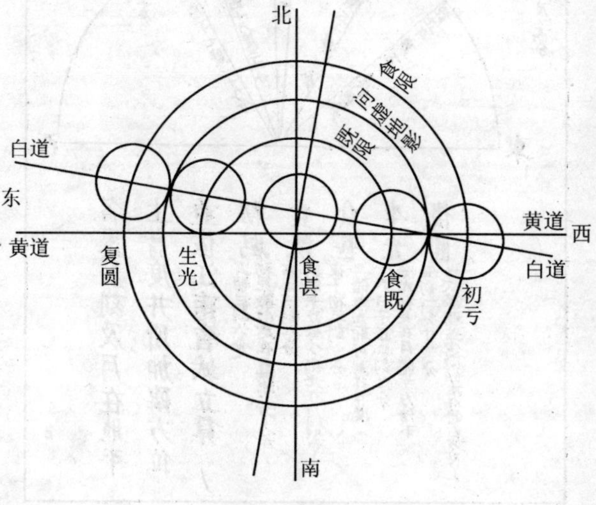

图 7.19

对于某地所见月食情况 ，梅氏也有详细考虑，例如绘制一幅江南某地所见月食食相图，并有每相发生时的地平高度

(弧度)和时刻等(图 7.20)。他对有些日食或月食发生在地平线下的情形也进行了研究,即所谓“带食”问题,一般都发生在日出之前或日落以后。

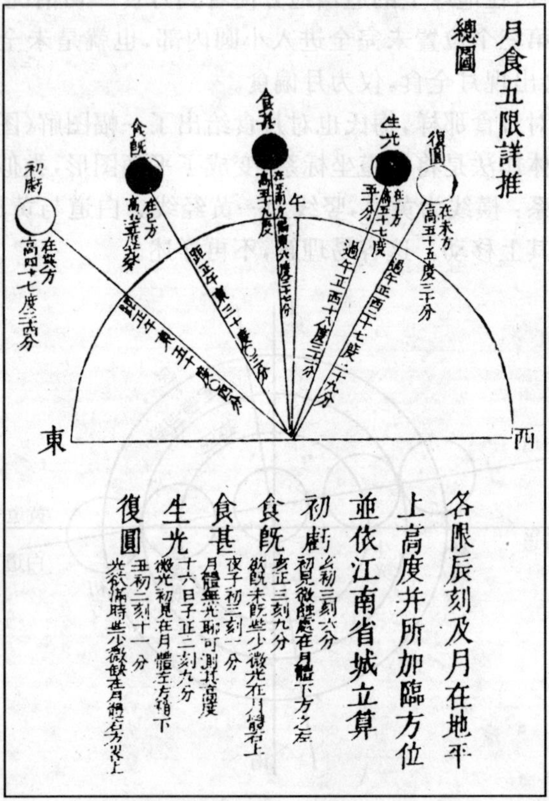

图 7.20 月食五限详推总图

总之,梅文鼎对日食、月食的研究比较全面而深入,认识上也比较明确,不涉及迷信观点。

五、梅文鼎对天文历法史的研究与认识

梅文鼎的大量研究工作，都涉及到天文历法的历史，有些论著还专门对这个问题进行探讨。以下主要论述三个问题。

首先，梅氏对有史以来的历法，有通盘了解，尤其是对二十一史①有关天文律历等志的编撰情况更是精熟，而且有自己的观点。他以回答高念祖问题的形式讲解了自己的看法，问曰在二十一史中"《史记》八书②：三曰律、四曰历、分律与历言之也。《前汉书》合称律历，改书为志，而《后汉书》、《晋书》、《北魏书》、《隋书》、《宋史》并因之。《宋书》、《新唐书》、《辽》、《金》、《元》三史则皆有历志，而不及律，何欤?"这种分合作法，表面上看，似是技术性问题，实际上是很重要的，梅氏的回答是：

> 按律历本为二事，其理相通，而其用各别。观于唐虞命官，羲和治历，夔典乐，各有专司。太史公③本重黎之后，深知其理，故分为二书。班书④合之，非也。独是历书所载，非当时所用之法，乃殷历也，非汉历也。而汉《太初历》八十一分日法反载于班

① 从《史记》到《元史》共有23史，当时《明史》尚在编撰中，估计他把新旧唐书和新旧五代史分别合称，由23变为21。也许是保留新旧4史而去掉《南史》和《北史》，也是21史。

② 《史记》卷23至30分别为礼书、乐书、律书、历书、天官书、封禅书、河渠书、平准书。

③ "太史公"即司马迁，《史记》的作者。

④ "班书"系指东汉初班固之《前汉书》。

> 志，意者孟坚[1]以其起数钟律，遂从而合之欤？后世言历者，率祖班志，故书亦因之。厥后渐觉其非，而不能改。直至元许衡、郭守敬，乃始断然以测验为凭，不复以钟律卦气言历，一洗诸家之傅会，故其法独特。此律历分合之由也。至于称书称志之不同，盖太史公合记古事，故名《史记》。班孟坚专述本朝，故踵《虞书》、《夏书》[2]之目，全部既称书，不得不别其类为志，无深意也。[3]

他还解释了后来才有的"天文志"、"历志"以及其他，如"天象志"、"司天考"等。这种历史考察一直有人进行，直到现在。

梅氏曾有《历法通考》一书，虽不见其出版，但有自序传于今。他总结历史，认为历学"大法"就推步而言有四项：恒星、日、月和五星；就治历的方法来说则有算数、图像和测验之器。由后三者"以得前四者"。接着他讲述了岁差在中国的历史：

> （岁差）所差甚微，非目力可至，不能入算，故古未有知岁差者。自晋虞喜，宋何承天、祖冲之，隋刘焯、唐一行始觉之，或以一百年差一度，或以五十年，或以七十五年，或以八十三年，未有定说。元郭守敬定为六十六年有八月。回回、泰西差法略似，而守敬又有上考下求，增减岁余天周之法，则古之差迟，而

---

① "孟坚"班固之字。

② 《虞书》和《夏书》是《书经》（又称《尚书》）的前二卷。

③ ［清］梅文鼎：《历学答问》"答嘉兴高念祖先生"。

今之差速，是谓岁差之差可谓精到。[1]

岁差是指春分点沿着黄道以与太阳周年视运动相反方向运动着，一年内的变化量约 50.3″，叫做“周年岁差”，72 年左右差一度[2]。约 26 000 年春分点在黄道上运动一周。

《历法通考》是梅文鼎研究中国天文历法的专著，其中包括《历沿革本纪》、《年表》、《法沿革表》等，可惜失传，无法详知。

其次，梅文鼎对恒星及其记录的历史也进行了研究。他有一本书专论恒星，即《恒星纪要》。在这书中有“纪星数”一节，主要讲历代记录之恒星数，首先讲述西方恒星记录，并指出：

> 大西儒测算，凡可见可状之星，一千二十二。若微小者或不常见者或朦黑者不与焉。其大小分为六等，又因其难以认识，盖假取人物之像以别其名[星非真有像也，但人借名之耳。]每合数星以成一像，凡四十八像其多寡大小不等。

这里所说的“像”就是星座(constellations)，当时有 48 个，现确认为 88。在梅氏的记载中，有的名称改为中国对应的名字。下面列一表(表 7.2)。

---

① [清]梅文鼎：《梅氏丛书辑要》卷 60“杂著·历法通考自序”。

② 中国古度为 1 圆周等于 $365\frac{1}{4}$ 度，引文均指此。

表 7.2　西方星座(像)星数表

	像	星数 内	星数 外	附注
在黄道北	小熊	7	1	
	大熊	27	8	
	龙	38		
	黄帝	11	2	
	守熊人	22	1	
	北冕旒	8		
	熊人	29	1	
	琵琶	10		
	雁鹅	22	1	
	岳母	13		
	大将	26	3	
	御车	14		
	医生(逐蛇)	24	5	一医取蛇合药以求世,其星如人逐蛇状
	毒蛇	18		
	箭	5		
	日鸟	9	6	性喜视日
	鱼将军	10		性好人,闻人歌乐即来听,呼其名渐来就。人溺水则载之岸边。人取鱼彼即领众鱼至。呼之彼先跃过网,众鱼则罹网矣
	驹	4		
	飞马	20		
	公主	24		
	三角形	4		
	合计	338	28	共 360 星,一等 3,二等 18,三等 84,四等 174,五等 58,六等 13,昏者 10。比实际少 6 星

续表

	像	星数 内	星数 外	附注
在黄道中(按节气)	白羊	13	5	即春分清明
	金牛	33	11	即谷雨立夏
	双兄	18	7	即小满芒种,今译为双子
	巨蟹	9	4	即夏至小暑
	狮子	27	8	即大暑立秋
	列女	26	6	即处暑白露,今译为室女
	天秤	8	9	即秋分寒露
	天蝎	11	3	即霜降立冬
	人马	31		即小雪大霜
	魔羯	28		即冬至小寒
	宝瓶	42	3	即大寒立春
	双鱼	34	4	即雨水惊蛰
	合计	280	60	共346星,一等5,二等9,三等64,四等134,五等106,六等29,昏者3,比实际多6星
在黄道南	海兽	22		
	猎户	38		
	天河	34		
	天兔	12		
	大犬	18	11	
	小犬	2		
	船	45		
	水蛇	25	2	
	酒瓶	7		
	乌鸦	7		
	半人牛	37		今称半人马
	豺狼	19		

续 表

	像	星数 内	星数 外	附注
在黄道南	大台	7		
	南冕	13		
	南鱼	12	6	
	合计	298	19	共 316 星,一等 7,二等 18,三等 60,四等 168,五等 53,六等 9,昏者 1,比实际少 1 星

以上各像的统计为 1 022 星,与实际数相差 1 星。其下还有“新增一十二像”,系近南极之星,实际是 21 像,共 134 星。这些资料无疑都是来自译为中文的西书,究为何书待查。但与《西洋新法历书》、《灵台仪象志》等所记星数都不同。

他又记有《天学会通》星数为 1 080 星,《汉书·天文志》星为数 783 星,《晋书·天文志》星数为 1 464 星,《隋书·天文志》星数为 1 565 星。梅氏对北极星去北极不动点距离(弧度)的历史变化也有研究。

梅文鼎通过对天文历法史的研究,注意到“古疏今密”的规律性。他说:“古之为历也疏,久而渐密,其趋然也。”①他举日食为例:“日食在未用定朔以前差一日者,唐《麟德历》始用定朔,自兹以后无差日矣,而犹有差时,宋元明则无时而有差刻,亦可见屡测益精之效矣,至近日西法推步益密。”②就是说,早期对日食的推算有相差 1 日的,后来进一步有改进至 1 时再到 1 刻,越来越精密。他更明确地指出:

---

① [清] 梅文鼎:《历学答问》卷 1“学历说”。
② [清] 梅文鼎:《绩学堂文钞》卷 1“复张彝叹书”。

> 按历法古疏今密，乃古今之通论。盖谓天体无穷，天道幽远，踵事渐增，斯臻其善，非谓古人之智，不及后人也。夫考古历之疏密，必须得其立算之根。……若夫三代以下，《太初历》始创规模，洛下闳之功自不可没。自是以后，屡代加详，由后之密历观之，遂觉其前之为最疏耳。历家之言曰：验天以求合，无为合以验天。是故治历者，必当求之天验，求诸天验，则当以近代之密测者为凭，而详征算术，以得其当然之理，又知其所以然之故。①

梅氏所说的“立算之根”是指历法家所追求的“验天以求合”。因为“天体无穷，天道幽远”，可以一直追求下去，达到“斯臻其善”的地步，这就不仅能知当然之理，更能“知其所以然之故”。

他对西方历法也有同样看法，以对从外国传入中国的历法为例说明西历也是“古疏今密”。他从唐代传入的《九执历》、元代传入的《万年历》、明代传入的《回回历》和当时所用的西洋新历法，都进行了简短说明。实际上，上述四种历法并不都来自西方，《九执历》来自印度，而《万年历》和《回回历》则是阿拉伯历法。梅氏对西方天文历法有这样一段论述：

> 欧罗巴最后出而最精，岂非后胜于前之明验欤？诸如历书所述，多禄某之法至歌白泥而有所改订。

① ［清］梅文鼎：《历学答问》卷1“问尝考春秋历法讹舛甚多，不知左氏之误……”。

歌白泥之法,至地谷而大有变更,至于地谷法略备矣。而远镜之制,又出其后,则其为累测益精。大略亦如中法,安有所谓神授之法而一成不易者哉!①

这里之"多禄某"即托勒梅,"歌白泥"即哥白尼,"地谷"即第谷·布拉赫。哥白尼把托勒梅的地心说改为日心说,而地(第)谷又折衷地回到地心说,传到中国的也是地(第)谷体系,被当时中国所接受,梅文鼎成为重要的信奉者,已如本章开头所述。不过到伽利略使用望远镜观测天体而有所发现时,则进一步证实哥白尼体系的正确性。梅氏只提到其观测结果,而未提及对哥白尼体系本身的认识。

总之,梅文鼎对天文历法史的认识,不是尽善尽美的,但是他具有进化观。

六、梅文鼎对天文器具的研究与立表测量

梅文鼎对天文器具的研究和使用,有明确而正确的认识,多次论及此事。他明白地指出:"历家所凭,全恃测验。"②天文历法之所以日益精密主要来源于"测天之器",等等。他不仅这样说,而且也这样做。本节将围绕这个问题从两个方面予以论述。梅氏对天文器具的研究,有一段重要论述:

① [清]梅文鼎:《历学疑问》卷1"论西历亦古疏今密"。
② [清]梅文鼎:《弧三角举要·自序》。

> 在璿玑玉衡以齐七政，乃治历之根本。自唐虞以来，未有不精测验，而能定历者也。历法以踵事增华而益善，测天之器亦然。羲和旧器没于秦焰，洛下闳、鲜于妄人等始创为之，谓之浑天仪，但有赤道无黄道。至东汉永元中，始有黄道铜仪。厥后李淳风、梁令瓒之徒代有制作，至唐一行、元郭守敬，始有行测之器，而郭公简仪只用赤道一环，以二线代管，窥诸星距度，始有分秒可言，最简最确。其所制仰仪、立运（仪）诸器或用深圆之半，或只平圆一规，以视古器之重环掩映，殊为简妙矣。至今西法，以象限仪测高度，只用平圆四之一；以纪限仪测两星之距，又只用圆六之一。其器益简，其测益精。行测之器，有浑盖简平诸制，随地随时皆可施用，浑天浑地之理，遂如列眉。然则测器至今日，诚大备矣。①

这篇文字，主要是讲述了中国历代天文仪器的演进，天文历法之进步全靠仪器观测，而仪器本身也在不断改进与发展。其中，他把梁令瓒和一行分开是不当的，是他们共同创制了黄道游仪和水运浑仪②。同时也讲到了西方之象限仪和纪限仪，“其器益简，其测益精”的事实。

对梅氏来说，上述仪器均为大型观测仪器，当时在北京观象台上或台下存有元代以来“幸存者”，他也去过北京，但未必

---

① ［清］梅文鼎：《勿庵历算书目》“测器考二卷”条。

② 李迪：《唐代天文学家张遂（一行）》，上海：上海人民出版社，1964，21～26。

直接参观过，只能根据历史文献来了解。至于制造，对他来说更是无法办到。他对这些仪器虽有较详细研究，写成《测器考》2卷，但从未见出版，也不知稿本流落何处，甚为可惜。

梅氏制作大型天文仪器确有困难，而对小型仪器，特别是计时器之类的仪器则不遗余力地进行研究。他所研究的仪器有十余种，可大体分为两个系统：一为观天的，二为计时的，有时两者又互相联系。我们先说第一个系统。

梅氏所研究的观天仪器有侧望仪、仰观仪、浑盖仪、月道仪等，各有论著，均未所见。其中侧望仪，他有简短说明：

> 简平仪专论日影，故以二至为限。鼎此制于二制外仍具纬度：北至极、南至地平，如置身六合之外，以望天体，故曰侧望。①

虽然只有这简短数语，但是可以初步体会到其主要内容。所谓简平仪就是西方所说的星盘，他对这仪器予以改进，制成侧望仪。其他各种仪器也都是在他人仪器上加以改造成为新的仪器，因未留下图形和详细说明文字，尚应进一步研究其结构和原理。

梅文鼎所研究的计时器，从种类来说相当全面，包括日晷、漏刻、自鸣钟及星晷等，适用范围有白昼见日的、夜间见星的，以及不受任何限制的。

日晷有多种形式，他家乡有一种依赤道"斜安"的日晷，这是赤道式日晷，认为是唐代的，因无法见到实物，难以断定。

① ［清］梅文鼎：《勿庵历算书目》"勿庵侧望仪式一卷"条。

他又说“西制有平晷、立晷、碗晷、十字晷诸式，广之不啻百十余种。余所见，自历书浑天仪说、比例规解外，别有日晷专书三种，互为完缺。而其中作法亦有似是而非之处”[①]。对所见三种日晷专书，有他自己的看法。他还提到一种“赤道提晷”，“其制甚巧，友人有其器，不知所用”，为此“补其说”，写成一本著作[②]。

自鸣钟和漏刻是不受昼夜限制的计时器，不论日夜和阴晴都能照常计时。漏刻是中国传统计时器，而自鸣钟则是从西方传入中国的机械计时器。梅氏说是一种“穷工极巧”，虽“无裨实用”，但其大者“为用亦大”[③]。

梅氏制作“璇玑尺”，通过测星以知时刻。

他自己肯定制作过日晷和星晷，都写有铭文，但无详细说明。

梅文鼎对仪器进行了大量研究，改进和制造了不少小型仪器，同时也做了一些观测实践，特别是他力所能及地进行了立表测影工作。他的一个显著特点是充分运用数学工具，尤其是运用了球面三角(在小范围内用平面三角)，天文上的岁差，地理上的里差概念和它们的数据。前者是每年春分点在黄道上差50.3″，后者是同一条经线上两点相距 250 里相差1°，都是当时所用的数据。

在梅氏的时代，人们都把地球看做理想球体，因此某些地方的日影长度不一定实测，可以通过计算而得到相应的结果。

---

① ［清］梅文鼎：《勿庵历算书目》“日晷备考三卷”条。

② ［清］梅文鼎：《勿庵历算书目》“赤道提晷说一卷”条。

③ ［清］梅文鼎：《勿庵历算书目》“自鸣钟说一卷”条。

他比较系统地讲述了立表测影方法，但并未说明用多高的表，有一处说是 10 尺，又说 8 尺，其实多高都可以，只要用一个高度作为标准就行。南北影长要加都加，要减都减。

他讲到测日求影之法，有“四要知”，“先要知太阳纬度，其次要知里差，其次要知勾股算法，其次又要知割圆八线。”①然后他讲述了各种纬度下的影长变化情况，如图 7.21。假定冬至日，太阳在赤道南 23°半，为太阳纬度之极南，其影极长。自此之后，太阳由南渐北，影长渐短。到春分日，太阳在赤道上，纬度为 0°，其下之影长亦为零，北纬的日影还在缩短。过

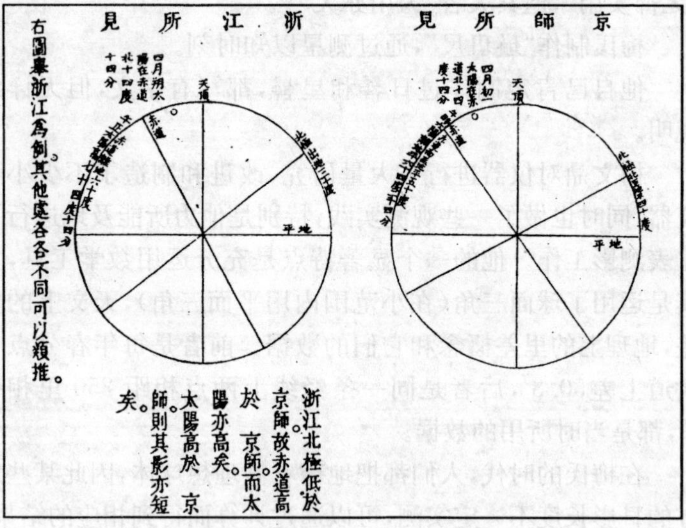

图 7.21

① ［清］梅文鼎：《揆日候星纪要》(即《揆日纪要》)“求日影法”。

春分点，太阳在赤道北，出现北纬度数，这要看表立在何处，如在北纬 23°30′之北，到夏至日则影长到极短。过此，太阳又南回，如此每年由冬至回到冬至，往复一次。他总结说："长极则短，短极则长。总由太阳南北纬度之所生，其纬日日不同，故影之长短，亦日日不同也。"由此可知每日的太阳纬度是判定某处影长就成为关键。

梅氏接着给出了赤道南和赤道北各 15 日的太阳纬度表，而且说明了查表方法。

关于表影问题，他根据当地的太阳地平高度求表影，某日午正的太阳地平高度，其余角就是表与太阳光线的夹角 α。如表高为 l，则表影 h 可由 $l\tan\alpha$ 求得（图 7.22）。因此，某地任一天午正表影长短都能计算得到，不必实测。在计算中，梅氏不用太阳地平高度之余角 α，而是直接由太阳地平高度入算，公式为 $h=l\tan(90°-\alpha)=l\cot\alpha$。他还举例说明。

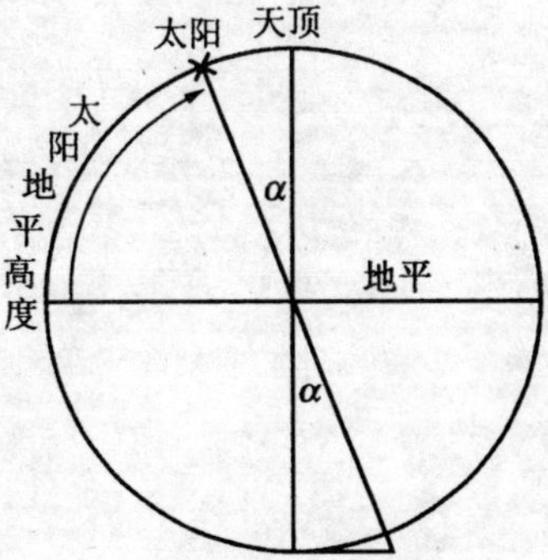

图 7.22　太阳出地高度示意

梅氏对立表有严格要求，他叫"当知"四事，如下①：

(1) 凡立表须直，不得稍偏，否则表影不准，须以线垂校准；

(2) 立表取景之地，须极平，若微有高下不平，则表影也

① ［清］梅文鼎：《揆日纪要》中之"四省直节气定日表影考定"。

不准确,“当以水准之”;

(3) 立表量影之尺,刻度必须极匀极细;

(4) 取正午之影,须在正南,但不是罗盘针所指之正南,须稍偏西,就是必取影为正南北。

总之,梅氏关于立表测影问题进行了认真的研究,从理论到实践都有探讨,形成了系统。

梅文鼎的天文历法研究思想极为丰富,上到天文体系,下到仪器研究等都在其内。

第八章 梅文鼎的数学思想

梅文鼎的会通中西思想,体现在他研究的各个方面,前一章已论述了在天文历法方面的思想,本章则讲述他在数学领域的会通中西思想及其他思想。

梅文鼎的数学研究内容相当广泛,可以说他当时能接触到的不论中国传统数学还是从西方传进的,包括笔算、计算工具,中国传统的勾股、方程、立体几何、三角学、差分法,《几何原本》等。梅文鼎的整本数学著作有《笔算》、《筹算》、《度算释例》、《少广拾遗》、《方程论》、《方圆幂积》、《几何补编》、《环中黍尺》、《堑堵测量》、《方田通法》、《平立定三差详说》等,另在《梅氏历算全书》中有《勾股阐微》一书,在《梅氏丛书辑要》中又分为《勾股举隅》和《几何通解》两书,但有很大变动,原书的最后部分大多被删除。本章无法详细介绍相关的数学内容,只能简要予以说明,主要讲述数学思想。

一、会通中西与数学研究

梅文鼎在学术上的会通中西思想,既不是先天的,也不是突然冒出来的,而是通过历算研究逐渐形成的。他研究了中国的历算,又研究了从西方传进来的历算,摒弃了固有中国传统历算的部分弊端,接受了西方历算部分正确的观点,而且将他们会通。这在前两章都已讲过,这里再结合数学研究予以说明。

如上所述,梅文鼎的数学研究,涉及到当时已有的全部数学。① 从分支方面来说,他研究的数学包括了算术、代数、几何和三角,但是就中国传统数学来说,主要有量法和算术,而量法"极于勾股",算术"极于方程"②。因此,梅氏在这两方面,都进行了专门研究。以下为叙述方便起见,仍按分支进行。

在算术方面,他研究过从西方传进来的笔算、纳披尔筹算和比例规。后两种都是当时西方流行的计算工具。

笔算在梅氏之前,孙元化曾有过研究,写有一本《太西算要》,没有出版,只有抄本流传至今。以"笔算"为名的著作,梅氏是中国第一人,其著作《笔算》也是第一部自著的专著。梅氏认为笔算有不少优点,与筹算相比,本书第六章讲述比较方法时,曾引及"笔算之便与筹算同,然筹仍资笔,而笔则不假于筹。于文人之用尤便。"在这句话之下有自注说:"笔算无歌

① 本部分主要参考了李迪、郭世荣:《清代著名天文数学家梅文鼎》的第三章。

② [清]梅文鼎:《方程论·发凡》。

括，最便学习，又无妨应酬，久可复核，与筹算同，详筹算书。”[①]这里所说的筹算显然是纳披尔筹算，而不是中国传统筹算。在叙述上，则是中西融会的做法。

《笔算》书中讲了十进制进位法、小数、分数、整数的四则运算、开平、立方、各种比例等。其中关于小数的记法有一定特点，他认为：

> 乘除之难，在于定位，而畸零为尤难。所以者何？凡定位以单数为根，而畸零无单位可言故也。[②]

在实际运算中，梅氏在列式时，混合小数的“实”（被除数）的整数最末一位之右侧加一个“根”字。

这种列式并不是普遍使用，仅是在做乘除法时怕计算结果引起混乱而采取的办法。不久，在《数理精蕴》中可能受西方影响而采用了小数点。

在《笔算》中涉及到了算术基本运算规律，归结起来有加法结合律、加法交换结合律、乘法交换律、乘除互换律和指数运算律等，这些已在第六章讲过。对于指数运算律出现在《少广拾遗》中，其中用到了相当于下面的式子：

$$(a^{\frac{1}{n}})^{\frac{1}{m}}=(a^{\frac{1}{m}})^{\frac{1}{n}}=a^{\frac{1}{m\times n}},$$

$$(a^m)^n=(a^n)^m=a^{mn}。$$

在代数方面，梅文鼎主要研究了两个问题，即中国传统的

① ［清］梅文鼎：《笔算·发凡》，1693。

② ［清］梅文鼎：《笔算》卷4。

“方程”问题和内插法问题，各有著作《方程论》和《平立定三差详说》。

中国传统方程，最早出现在《九章算术》一书中，所解决的问题相当于现在的线性方程组。到明代时，常以未知数的个数，即色数进行分类，如有三个未知数就叫三色，等等。梅氏认为这样分类不反映方程的本质，应以“和较”来分，他说：“万算皆生于和较，和较可以御万算，分含之义也。”“和较者万算之纲也，算之至于勾股、方程，至矣尽矣，窥高致远，探颐穷幽，无所不备，然其用不出于和较。”①因而他首先在书中提出“正名”问题，把方程按照系数的符号变化情形重新进行分类，共有四种情形：

（1）“和数方程”：“和者无正负”，即每个方程的系数符号一致，不变号；

（2）“较数方程”：“较者有正负”，即每个方程的系数都有正有负，符号是改变的；

（3）“和较杂方程”：“杂者半有正负，半无正负”，即在方程组中有的方程的系数不变号，有的方程系数变号；

（4）“和较交变方程”：“变者，或先无正负而变为有正负，或先有正负而变为无正负。”这是说在消元过程中“和数方程”与“较数方程”由一者转变为另一者而新产生的方程。

梅氏解方程的一般方法是布列方程后互乘对减，逐次消元，最后得“三角形矩阵”，再代回求得各未知数。他发现，可利用缺项来减少运算步骤。例如当一行有缺项时，就可省一次消元，又如当两行中某一未知数的系数一个为另一个的若

---

① ［清］梅文鼎：《方程论》卷1“正名”。

干倍,则可省乘一次,等等。他具体分析了三、四、五、六元方程的"省算"情况,得出了一般性结果：n 元方程组要消去一元需相减 $\frac{n(n-1)}{2}$ 次,如有空位,则至多可减少运算 $\frac{(n-1)(n-2)}{2}$ 次,因此,要消去一元,至少需运算 $(n-1)$ 次。梅氏又讨论了三种特殊方程的求解方法,研究了他认为的五种错误,但梅氏所说有的正确,论述清晰,有的则不正确,论述也十分牵强。对方程理论的研究,由于当时条件的限制,梅氏未能完全达到自己的目的。

他对于内插法的研究,主要来自《授时历》。该历对太阳在黄道上的运行,把由冬至到春分和由秋分到冬至实际运行88日91刻,如按理论计算为一周天的四分之一为91日31刻,相差2日40刻。为了计算出每日太阳在黄道上实际运行与平均运行的差,要用内插法。把88日91刻分为相等的6段,称为段日。梅氏有下列一段精彩论述：

> 考《历草》[①]并以盈缩日数厘为六段,各以段日除其段之积度得数乃相减为一差,一差又相减为二差,则其数齐同,乃缘此以生定差及平差、立差。定差者,盈缩历初日最大之差也。于是以平差、立差减之,则为每日之定差矣。

设段日为 l,则有 $2l,3l,4l,5l,6l$,其积差为 $f(l)$,$f(2l)$,

① "《历草》"指《授时历》的"历草"。

$f(3l)$，$f(4l)$，$f(5l)$，$f(6l)$。求得 $F(nl)$ 和一次差 $\Delta F(nl)$，二次差 $\Delta^2 F(nl)$：

$$\Delta F(nl)=f[(n+1)l]-f(nl);$$
$$\Delta^2 F(nl)=\Delta F[(n+1)l]-\Delta F(nl)。$$

由此可求得平、立、定三差：

$$定差=F(x+l)-\Delta F(x+l)+\Delta^2 F(x+l)=a;$$
$$平差=\frac{1}{l}\left[\Delta F(x+l)-\frac{3}{2}\Delta^2 F(x+l)\right]=b;$$
$$立差=\frac{1}{l^2}\left[\frac{\Delta^2 F(x+l)}{2}\right]=c,$$

又因而可得平、立、定三差公式：

$$f(x+nl)=nla-(nl)^2 b-(nl)^3 c,$$

并可得三次等间距内插法公式：

$$f(x+nl)=f(x)+(nl)\cdot\Delta f(x)+\frac{(nl)(nl-1)}{2!}\Delta^2 f(x)$$
$$+\frac{(nl)(nl-1)(nl-2)}{3!}\Delta^3 f(x),$$

其中 $f(x)=0$。

梅氏的这一工作，虽然没有多高的创造性，但整理得比较清楚。另外他对于高次开方等问题也有一定研究。

梅氏在几何方面的工作较多，而且有较多的创造性。他的平面几何著作有《几何摘要》、《几何补编》、《几何通解》和《方圆幂积》等。内容比较丰富，简单地说，有如下七项：

（1）对宋代秦九韶提出的“三斜求积”公式

$$S_{\Delta}=\sqrt{\frac{1}{4}\left[b^{2}c^{2}-\left(\frac{c^{2}-a^{2}+b^{2}}{2}\right)^{2}\right]}$$

给予了证明。（其中 a,b,c 为斜三角形的三边）

（2）对勾股定理给出两种证明，都是用“出入相补原理”。

（3）对勾股相求的研究。

（4）对勾股测望术的研究，主要是关于三国时刘徽的“重差术公式”给予证明。

（5）研究了平面图形互容问题。这又分为三角形内容圆、三角形内容方、圆内容圆、圆方互容、正三角形与圆互容等。其中圆内容圆比较新颖，是在一个给定的圆内作几个相等的外切小圆，又都与给定圆相内切，如图 8.1。在日本称为累圆术，并有很大发展。

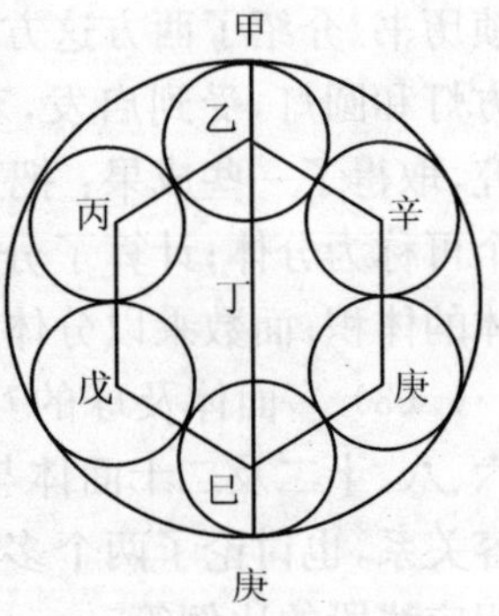

图 8.1　圆内容圆图

（6）理分中末线，即现代所说的“黄金分割”(golden section)，在17世纪中国平面几何发展中有相当大的重要性。

（7）“以量代算”的平面几何图解法，即用直尺圆规准确地确定所需的解，也就是解的存在性。梅氏还讨论了解的惟一性问题，且必须根据作法证明所求出之解的正确性。

在立体几何方面，梅氏主要有《几何补编》和《方圆幂积》两书。归纳起来，梅氏的结果有以下几项：

(1) 球体积和表面积。他利用中国传统的割补方法论证：① 圆柱的体积是同底等高圆锥体积的三倍；② 球体积是外切圆柱体积的 2/3，表面积也有相同比例；③ 球的表面积是同径大圆面积的 4 倍；④ 球体积是以大圆为底、半径为高的圆锥体积的 4 倍；⑤ 球缺的体积是它所在球扇形体积的 5/8。

(2) 对正多面体和半正多面体的研究。中国古代在这方面没有研究，只在研究体积时有涉及正六面体和正四面体的情形，至于其他正多面体和半正多面体都没有讨论。明末《崇祯历书》介绍了西方这方面的内容，梅文鼎又观察到儿童玩的方灯和圆灯，受到启发，对正多面体和半正多面体进行了研究，取得了一些成果：把正多面体按面分为全等的正棱锥，每个可称为分体；计算了分体的底面积；求分体的高度；计算分体的体积；面数乘以分体体积等于总体体积。

(3) 多面体及球的互容的研究。梅氏具体研究了正四、六、八、十二及二十面体与方灯、圆灯与球等各种立体间的互容关系，也讨论了两个多面体相容时切点的个数和位置以及相应线段的比例等。

(4) 研究了多面体之间的各种比例关系，计算了某些棱的长度。

(5) 他提出一种"立三角法"的概念。立三角实即三棱锥，是一种四面体，其特殊情形为正四面体。梅氏研究了正四面体的重心；他把立三角形作为多面体的基本形状，是"量体之密率"。

梅氏在三角学方面的研究，也比较突出，包括平面三角和球面三角。这些内容首先见于《崇祯历书》。他自己写有

《平三角举要》、《弧三角举要》、《环中黍尺》和《堑堵测量》四部著作。"三角"一词是梅氏较早在中国使用①,"平三角"即平面三角,"弧三角"即球面三角。《平三角举要》5卷,书中首先讲述一些概念叫"测算名义",包括点、线、面、体、角、弧,以及三角中常用的名词的解释,如"通弦正弦"、"正矢大矢"、"割线切线"、"割圆八线"、"八线表"、"余弦"等等。早期传到中国的三角是用相关的8条线段来表示它们的值。正弦线、余弦线、正切线、余切线、正割线、余割线、正矢线与余矢线(如图8.2),叫做八线,但八线并不是平等的,梅氏指出:"正弦为八线之主",他认为:

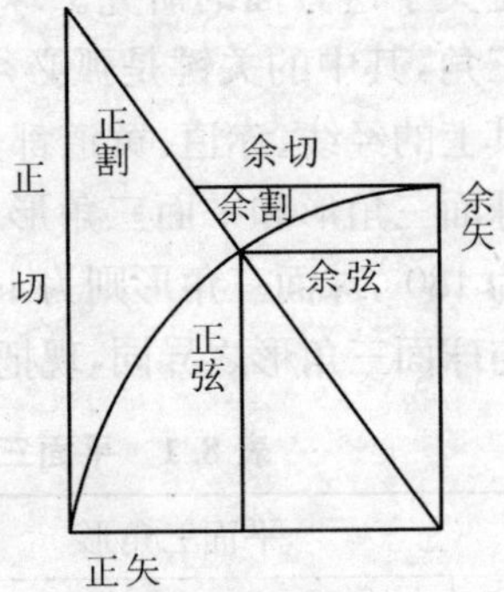

图8.2　八线

> 割圆之法,皆作勾股于圆内,以先得正弦,故古人只用正弦,亦无不足。今用割切诸线,而皆生于正弦。

梅氏对于前人提到的若干三角基本定理给予了自己的新证明,主要有正弦定理、正切定理和半角定理。这些定理在研究工作中都是常用的结果。

球面三角是梅氏研究的重点,在他的四部著作中有三部

---

① 稍早的薛凤祚已用过。

是关于这方面的研究。球面三角是研究球面上的以弧为边的三角,其中的关键是弧必须是大圆的一段。他以天球为模型,其上的经线、赤道、黄道都是大圆,但纬线除赤道线外都不是。球面三角形和平面三角形,有很大不同,如平面三角形内角和为 180°,球面三角形则为 180°到 540°之间。为说明平面三角形与球面三角形之异同,现把梅氏之比较研究列表于下(表 8.1):

表 8.1 平面三角形与球面三角形之比较

平面三角形		球面三角形	
1	三内角之和等于 180°	1	三内角之和在 180°与 540°之间
2	边无限制,可大可小①	2	边必在 180°以下,且三边之和小于 360°
3	已知两角可得第三角	3	由两角不可得第三角
4	如有一角为直角,其余两角皆为锐角	4	如有一角为直角,其余两角仍有各种可能
5	如有一角为钝角,其余两角皆为锐角	5	可能有两个或三个钝角
6	有相似形和全等形	6	有全等形,无相似形
7	三边可求角,三角不可求边	7	三边可求角,三角亦可求边
8	八线只适用角	8	八线同时适用于角和边
9	角的八线与边成比例	9	角之八线与边之八线成比例
10	边能度量长度	10	边不能量长度,只有弧度

① 两边之和必须大于第三边。

通过这个比较表可以看出：两者大多不相同，相同或相似的极少。由于这些差别，解球面三角形的方法也有特殊性。同样有球面直角三角形和斜三角形两大类问题，在实际解题时，后一类中有一部分可通过作垂弧的方法变成前者，也就是从一个顶点向对边作垂弧，如三角形乙丙丁为斜三角形，而乙甲为所作的垂弧，但甲点可在丙丁之内［如图 8.3(a)］，也可在丙丁之外［图 8.3(b)］。这就把斜三角形变成两个球面直角三角形乙丙甲和乙丁甲。

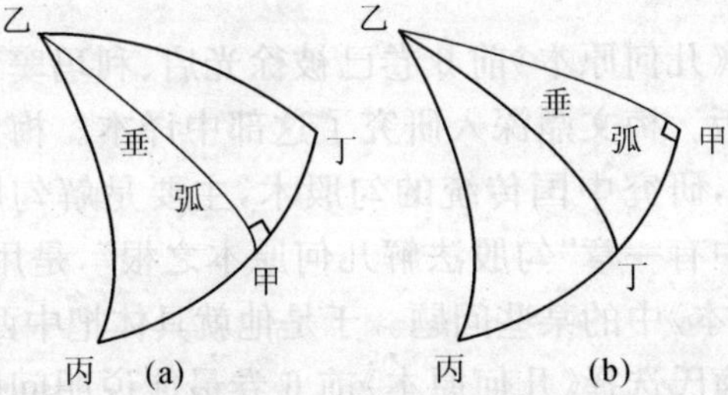

图 8.3　垂弧化斜弧三角形为直角弧三角形

在梅氏的研究中还有一种次形法，即把不好求解的三角形变为另一个好解的三角形，“大边易小，钝角易锐”或“易角为弧，易弧为角”。具体地说，如图 8.4，△甲乙丙为直角三角形，可用次形求三边，作次形△丙丁庚，由此利用正弦定理即可得原三角形的三边。究竟应当用何种方法得到所需要

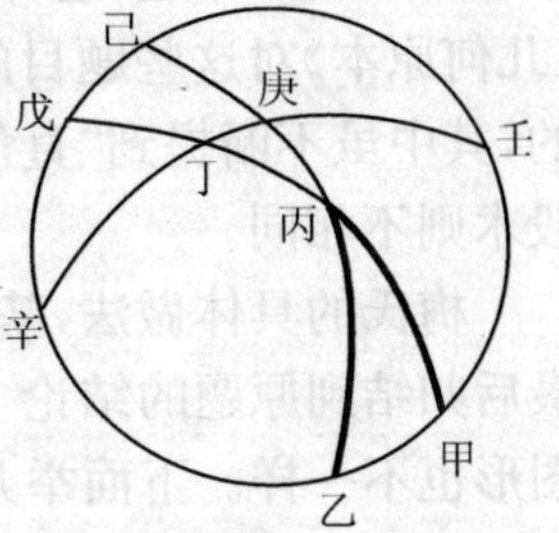

图 8.4　次形

的次形，由各自不同情况决定，上面所举仅是一个例子。

梅氏对西方传到中国的一些没有证明的球面三角公式给予了补证，补证的方法是他自己独创的，将在下面介绍。

梅氏在数学研究中，到处反映着他的会通中西思想，特别是几何与三角两方面更为明显。

二、《几何原本》之研究与会通中西

明末，《几何原本》前 6 卷已被徐光启、利玛窦译为中文，在中国出版。梅文鼎深入研究了这部中译本。梅氏有《勾股阐微》一书，研究中国传统的勾股术，主要是解勾股形问题。他在该书中有一章“勾股法解几何原本之根”，是用勾股术解证《几何原本》中的某些问题。于是他就具体把中西几何学会通起来。梅氏选择《几何原本》前 6 卷最能说明问题的 12 个题目予以论述。这些题是：卷 2 的第 5，6，8，9，10 题；卷 3 的第 27，35，36，37 题；卷 4 的第 10，12 题和卷 6 的第 30 题。查《几何原本》对这些题目的证法是从公设、界说（定义）等进行的，其中虽不断提到“直角形”或“直角方形”，但与梅氏之用勾股术则不相同。

梅氏的具体做法，基本上都是首先给出已知图形的说明，最后归结到原题的结论上。他不再给出《几何原本》的题目，图形也不一样。下面举几个例子。为了阅读方便，把书中的甲、乙、丙……都改为 $A,B,C\cdots$

例 1 “解几何二卷第五题、第六题”，是把二个题合在一起研究的。

《几何原本》卷2第5题是:“如果把一条线段既分成相等的线段,再分成不相等的线段。则由二不相等的线段构成的矩形与两个分点之间一段上的正方形的和等于原来线段一半上的正方形。”①

如图8.5,设由点 C 将线段 AB 分成相等的两线段 CA,CB,又由点 D 将 AB 分成不等的两线段 DA,DB,则可由 AD,DB 构成的矩形 $ADHK$,$DBFG$ 加上 CD 上的正方形 $LHGE$ 的和等于 CB 上的正方形 $CEFB$。

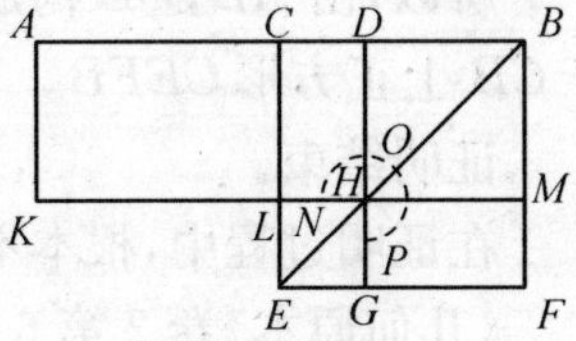

图8.5

接下来是论证结论的正确性。

设 $CEFB$ 是作在 CB 上的正方形[根据第一卷第46题],连接 BE,过 D 作 DG 平行于 CE 或 BF,再过 M 作 KM 平行于 AB 或 EF,又过 A 作 AK 平行于 CL 或 BM[根据第一卷第31题],则补形 CH 等于补形 HF。[根据第一卷第43题]将 DM 加在以上两边,则整体 CM 等于整体 DF,但是 CM 等于 AL,这是因为 AC 也等于 CB[根据第一卷第36题],所以,AL 也等于 DF。

又将 CH 加在以上各边,则整个的 AH 等于拐尺形 NOP。

而 AH 是矩形 AD,DB,因为 DH 等于 DB。所以,拐尺形 NOP 也等于矩形 AD,DB。LG 等于 CD 上的正方形,将

① 引文来自兰纪正、朱恩宽译:《欧凡里得几何原本》,西安:陕西科学技术出版社,1990。下同。有时叙述上略有变化。

它加在以上各边上。则拐尺形 NOP 与 LG 的和等于 AD，DB 构成的矩形与 CD 上正方形的和。

但是，拐尺形 NOP 与 LG 的和是 CB 上的整体正方形 $CEFB$。

所以，由 AD，DB 构成的矩形与 CD 上的正方形的和等于 CB 上正方形 $CEFB$。

证明结束。

在证明过程中，根本不涉及勾股术。

《几何原本》卷 2 第 6 题是："如果平分一线段并且在同一线段上给它加一线段。则合成的线段与加上的线段构成的矩形及原线段一半上的正方形的和，等于原线段一半与加上的线段的和上的正方形。"

如图 8.6，设点 C 平分线段 AB，并在同一直线[①]上加上线段 BD，则可证由线段 AD，DB 构成的矩形与 CB 上的正方形 $LEGH$ 的和等于 CD 上的正方形 $CDFE$。

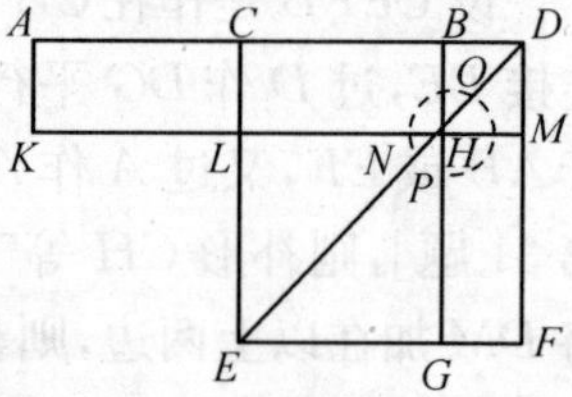

图 8.6

证明与上题相似，从略。

梅氏的证明方法，与上述不同，而是完全利用勾股术。现把书中的甲、乙、丙……都改为拉丁字母 A，B，C，…。他的证明是：

设 AC 为弦，DC 为勾，DA 为勾弦和（$AC+DC$），BD 为勾弦较（$AC-DC$）（DA 同，DM，AN 并同）。G，H，E，F[②] 为

① "直线"应为线段。

② 这些单个的字都各自代表一块面积。下同。

弦幂(AC^2),F 为勾幂(DC^2),E,G,H 较乘和 DA 之长方幂为($DA\times AN$)。

移 E 补 E,移 G,H 补 G,H,而弦幂内,净多一个 F 形,即 DC^2,故弦幂(AC^2)内有和较相乘($DA\times BD$)之长方,又有一勾幂(DC^2)。(图 8.7)

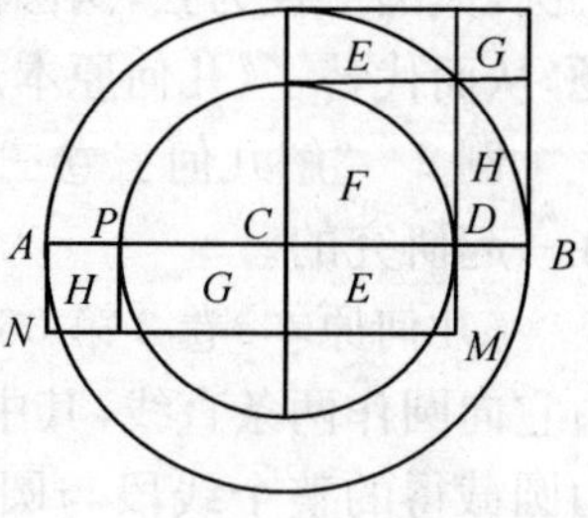

图 8.7

下面有一段"论曰":"凡大小方形相减,则其余必为两形边和较相乘之长方,是故已(F)形者,勾自乘之小方也。戊(E)、庚(G)、辛(H)勾弦较乘勾弦和之长方也。合之成戊(F)、庚(G)、辛(H)、己(E)形,即弦自乘之大方矣。"

接下来,梅氏把论证的结果运用到第 5 题和第 6 题上。他说:"几何二卷第五题,以倍弦为 AB 原线,以 AC 弦为平分之线,以 AD 和 BD 较,为任分之两线,以 DC 勾为分两线,其理一也。"就是说,把弦 AC 两倍变为 AB,等于已给线段,点 C 把它分为相等的线段 AC 和 CB,而 AD 和 BD 为任分之不等两线段。这就归结为第 5 题了。

对于第 6 题,他说:"第六题,以 PD 倍勾①为原线,以 DC 勾为平分线②,以勾弦较 BD[即 PA]为引增线③,以 DA 勾弦和为全线。其理亦同。"这就归结为第 6 题的已知条件,不需

① "PD 倍勾"意思是 PD 为勾 DC 的两倍长。

② "DC 勾为平分线"意即 DC 为 PD 的一半长。

③ "引增线"即延长线。

要再解释。

梅氏用一个图形论证了两个问题，图形的特点是一对同心圆，大圆半径为弦，两圆的半径差为勾，由勾股术解决了问题，从而代替了《几何原本》的证法。

例 2 “解几何三卷三十六、三十七题”，也是把两个题合在一起研究的。

《几何原本》卷 3 第 36 题是：“如果在一个圆外取一点，且由它向圆作两条直线，其中一条与圆相截而另一条相切。则由圆截得的整个线段与圆外定点和凸弧之间一段构成的矩形，等于切线上的正方形。”

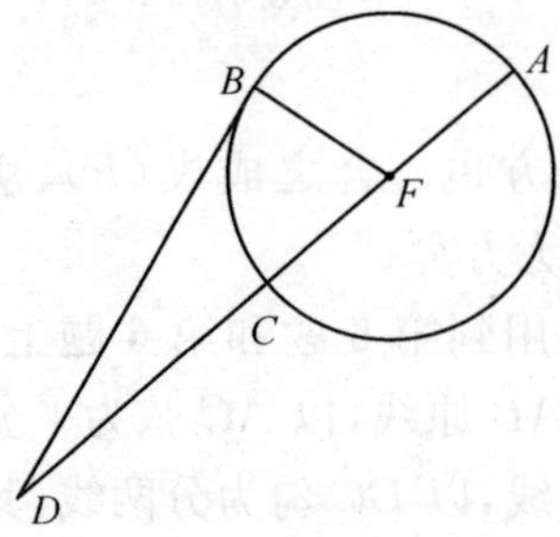

图 8. 8

如图 8. 8，设在圆 ABC 外取一点 D，且由点 D 向圆上作两条直线 DCA，BD；DCA 截圆 ABC 而 BD 切于它。

论证从略。

《几何原本》卷 3 第 37 题：“如果在圆外取一点，并且由这点向圆引两条直线，其中一条与圆相截，而另一条落在圆上。假如由截圆的这条线段的全部和这条直线上由定点和凸弧之间圆外一段构成的矩形等于落在圆上的线段上的正方形。则落在圆上的直线切于此圆。”

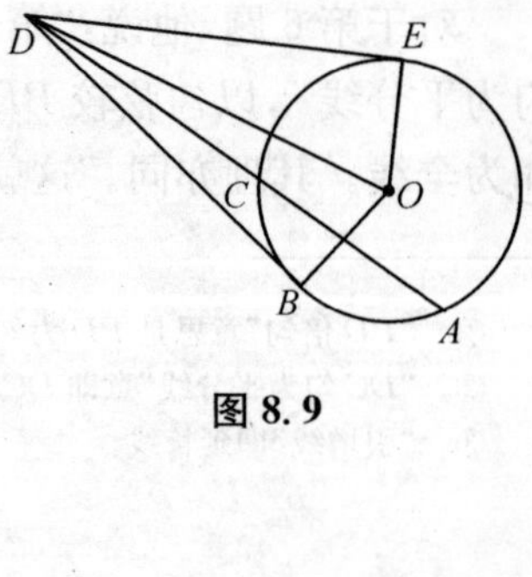

图 8. 9

如图 8. 9，设在圆 ABC 外取一点 D，由点 D 作两条直线 DCA，DB 落在圆 ACB 上；DCA

截圆，而 DB 落在圆上。

又设矩形 AD，DC 等于 BD 上的正方形。

论证从略。

上两题的论证，与第二卷第 5 题相似。梅氏以勾股术予以讨论，他作 ACB 勾股形，以 CB 勾为半径画圆，则 AC 股为切线，AB 弦为割线。AB 割线内减 DB 半径，则 AD 为勾弦较（$AB-DB$）。AB 割线加 EB 半径，成 AE 为勾弦和（$AB+BE$）。和、较相乘 $(AB+BE)(AB-DB)=AB^2-BC^2$（因 $BE=DB=BC$），平方开之，得股 AC。（图 8.10）

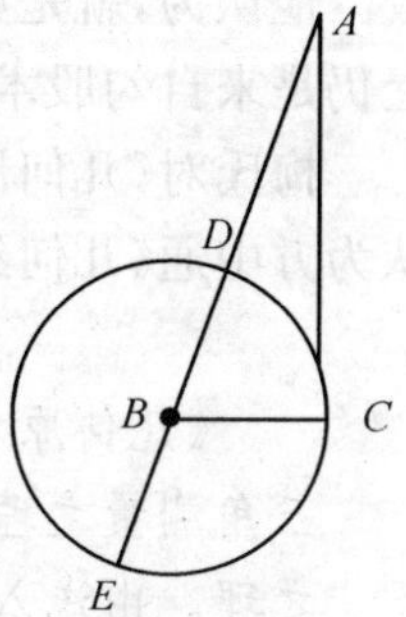

图 8.10

梅氏说："几何三卷第三十六、三十七题之理，盖出于此。"以下的讨论，不再详述。

上面的例子，同时说明两个问题：一是他对《几何原本》进行了深入研究；二是他力图用勾股术进行某些问题的论证，以实现他的会通中西的思想，但这不是个别的例子，他处还有表现。

梅氏对上述思想有一段总的说明：

> 《几何》不言勾股，然其理并勾股也［此言勾股，西人谓之直角三边形，译书时未能会通，遂分途径］，故其最难通者，以勾股释之则明。惟理分中末线似与勾股异源，今为游心于立法之初，而仍出于勾股，信古九章之义，包举无方徐文定公译《大测》，表之曰

《割圆勾股八线表》,其知之矣。[1]

由此可知,梅氏对勾股术的重视,并将其与《几何原本》进行比较。他认为,就是如"理分中末线",看似与勾股无关,但实际上仍是来自勾股术。

梅氏对《几何原本》有较详细研究,著有《几何摘要》3卷,认为方中通《几何约》一书太简略,他认为:

> 《几何原本》为西算之根本,其法以点线面体,疏三角测量之理;以比例、大小、分合,疏算法异乘同除之理。由浅入深,善于晓譬。但取径萦纡,行文古奥而峭险。学者畏之,多不能终卷。方位伯《几何约》,又苦太略。今遵新译之意,稍微顺其文句,芟繁补遗,而为是书。

列为他的《中西算学通》第七种[2]。因此,《几何摘要》并不是从《几何原本》中选择一部分部抄书,而是一部比《几何原本》浅显又比方中通《几何约》稍高深的著作。这也体现了他的会通中西的思想,但这书并未见流通。

梅氏的《几何增解》[3],也是对平面几何研究的一本著作,虽未明提《几何原本》,但其内容则与该书有关,具有会通的性质。

梅氏对勾股术看得特别重要,它是实施会通中西的主要

---

① [清]梅文鼎:《勿庵历算书目》"用勾股解《几何原本》之根一卷"条。

② [清]梅文鼎:《勿庵历算书目》"《几何摘要》三卷"条。

③ [清]梅文鼎:《勾股阐微》卷4。

手段之一,在平面三角形方面更为突出。他认为:

> 西法用三角,犹古之用勾股也。但三角有钝角,而勾股无之。论者遂谓勾股之术有所穷。殊不知锐角形须分为两勾股,钝角形须补成勾股。边角比例莫非勾股也。至于弧三角,以直线割浑圆,其理最奇,又于无勾股中寻出勾股也。然则勾股虽不能备三角之形,而能兼三角之理。三角不能出勾股之外,而能尽勾股之用,一而二,二而一者也。新历①之妙全在弧三角,然必先知平三角,而后可以论弧三角,犹之必先知勾股,而后可以论平三角也。②

在梅氏看来,这是一个系列:勾股→平三角→弧三角。勾股是两种三角的基础,不可或缺。他在论弧三角时,又重申了类似思想:"全部历书③皆弧三角之理,即昔勾股之理,顾未尝正言其为勾股,使人望洋无际。""虽弧三角之巧,岂能出勾股范围。"④

在其他有关地方,梅氏也反映出同样的思想,《中西算学通》就是会通中西的著作。他指出:

> 中国有自己的传统算学,但自利玛窦氏"以西算

---

① "新历"可能是根据《西洋历法新书》编出之《时宪历》。
② [清]梅文鼎:《平三角举要·自序》。
③ "全部历书"应是由《崇祯历书》改编的《西洋新历书》。
④ [清]梅文鼎:《弧三角举要·自序》。

鸣，于是有中西两家之法，派别枝分，各有根本，而理实同归。或专己守残，而废兼收之义；或喜新立异，而缺稽古之功。算学之所以无全学也。夫理求其是，事求其适用而已，中西何择焉？虽然不为之各异其趣，亦无以观其会通。"①

因而他撰著《中西算学通》9种，以说明自己会通中西的思想。

梅氏在这里所表达的思想观点是广义的，他所指的是对中西数学应兼收并蓄，不应"专己守缺"或"喜新立异"，只要求"理求其是，事求其适用而已"，但是他把中国传统的勾股和方程，提高到"至矣尽矣"的程度，这也是一种不符合实际的思想认识。

三、逻辑推理思想

在17世纪到18世纪时期，梅文鼎的会通中西思想是非常典型的代表。这种思想贯穿于他的历算研究的全部过程中。逻辑推理思想是其中的一个方面。

这里所说的逻辑推理，实际是指形式逻辑，是以命题和演绎论证作为主要内容的学科，一般地表现为推理论证。在数学研究中，这种方法应用很广。在中国传统数学研究中，就有这种思想，如人们熟知的刘徽的数学研究方法②。中国传统

① [清]梅文鼎：《勿庵历算书目》"《中西算学通序例》一卷"条。

② 李迪：《刘徽的数学推理方法》，《科技史研究文集》(8)"数学史专辑"，上海：上海科学技术出版社，1982，95～104。

数学，主要都是由一连串应用问题构成的体系，缺少一般性命题，在有些应用问题之后，归结为一般性的“术”，但就数学本身来说逻辑思想相当薄弱，只有零星的结果，远未形成系统。在西方古代，首先是形式逻辑发达①，然后成功应用于数学研究中，其最有代表性的数学是欧几里得《几何原本》，该书就是由一系列非应用性的数学命题构成，通过演绎论证，形成一个数学的形式逻辑系统。它的演绎论证的基础是在该书的第一卷给出的定义、公设和公理②，为全书之用，又根据情况在其他卷前也给出了相关的定义。这和中国传统数学不同。

梅文鼎对《几何原本》有深入研究，已如前述。他接受了其中的内容和某些思想，但是他未接受公理和公设的设置。

在梅氏的数学著作中，凡是有可能的部分，他都给出一般性命题，而不是应用问题，特别是几何与三角更为突出。也许，这两个分支容易做到这一点。中国古代数学著作也有这种表现，如《九章算术》就是如此，刘徽的工作主要体现在形式逻辑方面，但是后来，这类内容在中国数学中逐渐减少，到明代时期则几乎少到不见了。现在所能见到的都是实用性的问题。

梅氏的数学著作，如《勾股阐微》、《几何补编》、《平三角举要》、《弧三角举要》、《环中黍尺》、《堑堵测量》、《方圆幂积》等都是由一般性命题构成的著作，只有《平三角举要》5 卷中的最后 1 卷“测量”为应用问题，是作为前 4 卷命题的应用而特

---

① Bochenski，I. M.：*Ancient Formal Logic*，Amsterdam：North-Holland Publishing Company，1960。

② 《几何原本》从其出现到现在的二千多年中，变化很大，各种版本的定义、公设和公理条数也多不相同。

意加上的。《笔算》和《方程论》也是这样，只不过是为了叙述方便而用实例来说明问题，从整体上说明有关理论。

在每一部书的开头差不多都有一段预备知识。这种做法，在中国传统数学中同样存在，但梅氏似乎更明确。这些预备知识中，最重要的一类是对概念的定义，实际上也是命题。如《方程论》有“正名”一段，就是讲述定义，“名不正，则言不顺”，定义了四类方程，已如前述。

最重要的定义集中在《平三角举要》卷1，都是对一些常用的基本概念所做的。下面选择几个例子。

点：“点如针芒，无长短阔狭可论。然算从此起，譬如算日月行度，只论日月中心一点，此点所到，即为躔离真度。”

线：“线有弧、直二种，皆有长短而无阔狭。自一点引而长之，至又一点止，则成线矣。”

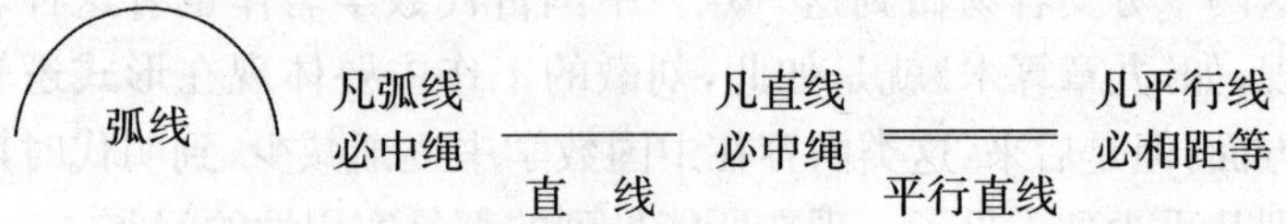

面：“面有方圆各种之形，皆有长短、有阔狭，而无厚薄，故谓之幂。幂者所以冒物，如量田畴界域，只论土面之大小，不言深浅。面之方圆各类，皆以线限之，故面以线为界（面之线亦曰边。）”

体：“体或方或圆，其形不一，皆有长短、有阔狭，又有厚薄（或浅深、高下之类。）圆体如球如柱，方体如柜如斗，或如圆塔方塔，皆以面为界。”

梅氏对点、线、面、体给出了定义，他一方面吸收了《几何原本》的某些说法，但又和中国传统的观点联系起来，除“点”

外都能测量大小。长度、面积和体积，都是有限的，比《几何原本》说的更确切。线、面两个概念，当时人们并不清楚，线段是有限的，而直线则无限；面也是这样。

对“角”这个概念，梅氏的定义包括更多的内容，有些可以作为定理。他说：

> 两线相遇则成角。[平行两直线，不能作角。何也？线既平行，则虽引而长之，至于无穷，终无相遇之理，角安从生？是故作角者，必两线相遇，必不平行也。]
>
> 角有三类：一正方角，一锐角，一钝角。

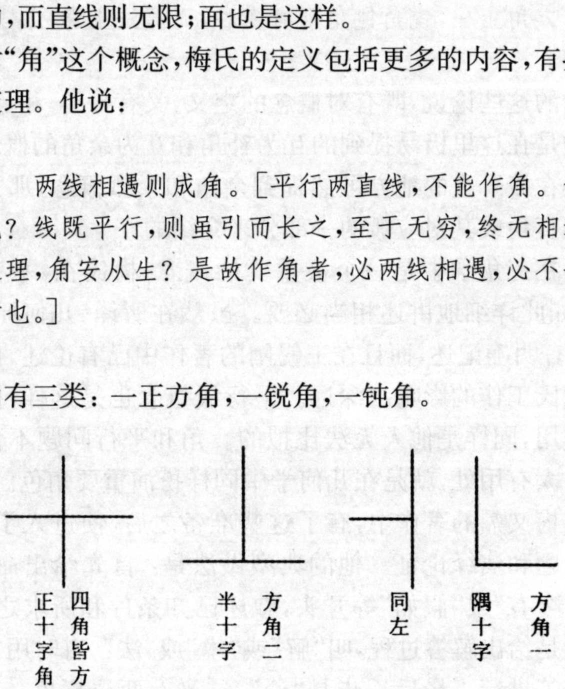

> 如右（上）图，以两线十字纵横相遇，皆为正方角。（亦曰直角，亦曰方角）。

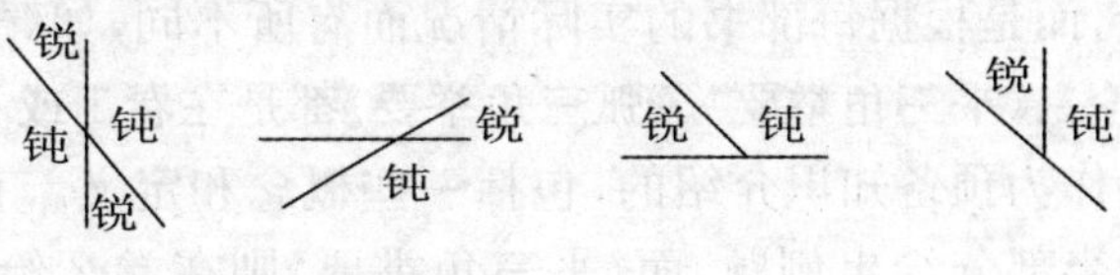

如右(上)图,以两线斜相遇,则一为锐角,一为钝角。凡锐角必小于正方角;凡钝角必大于正方角。

正方角止一,锐角钝角则有多种,而算法生焉。

关于角的这些论说,既有对概念的定义,又有分类,相当清楚,遗憾的是在这里极易提到的互为补角和互为余角的概念没有涉及。在接下去的地方虽然提到余角和余弧概念,那只是作为构成直角或其对应弧的一部分来介绍的。

角在三角学中是一个极重要的概念,梅氏在《平三角举要》中如此详细地讲述相当必要。虽然在所译《几何原本》前6卷已有明确记述,而且在王锡阐的著作中已有论述,但是远不如梅氏工作的影响之深远。平行线概念也是这样,梅氏所起的作用,同样是他人无法比拟的。角和平行问题不仅在三角学中大有用处,就是在几何学中同样扮演重要角色。

在梅文鼎的著作中,有了这些准备之后,便进入了正题:给出命题和演绎论证。他的典型做法是:首先给出命题,以"问"、"今有"或"假如"等开头,叙述已知条件和所求之结论。第二步是给出解答过程,叫"解"或"术"或"法",有时用"试"或"如图"等进行。最后一步是"论",这又有两层意思:一是论证"解"的正确性(和现在数学中的证明相同);二是某种讨论。有时,同一命题的"论"包括这两者,有的命题则只有其一。

当然,梅氏的做法并不都按命题、解和论这样的整齐的步骤施行,而是根据每部书的实际情况而有所不同,如《笔算》、《方程论》、《平三角举要》、《弧三角举要》都是在卷1或卷1前半部分作为预备知识介绍的,包括一些概念和定义。有的在卷1后半部分给出例题,而《平三角举要》则在卷2给出"算例”，以下几卷才是正题。如卷 3 三角形容方题，其中的一种情形是：

［命题］　假如 BCD 三角求容方，依 BC 边为底。

如图 8.11，以 BC 底作正形（即 $ABCE$ 方），又作 DH 对角线[①]，次作 AH 及 EH 两斜线[②]，割原形之两斜线于 F 于 G，乃作 FG 线，为所求容方之一边。（求作 FM 及 GE 两条，成小方形 $MFGN$ 于大正方 $ABCE$ 之内，即为所求）

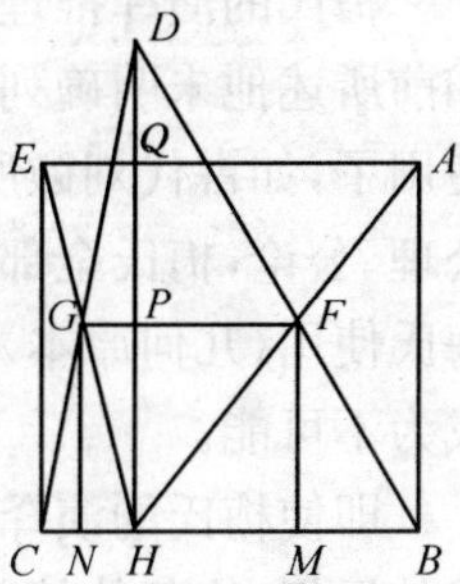

图 8.11

解曰：AE 与 FG 和 DH 与 PH 四线成比例（三角形 FGH 为三角形 AEH 之切形[③]，则其横与直之比例相等）。

还有两种情形，此处从略。

论曰：此皆以底上方形为法，而得所求小方形也。故不论顶（点）之偏正，其所得容方并同。惟勾股容方依正方角，中长线与原边合而为一。法虽小异，其用不殊。

上面的解和论，分别相当于演绎论证和讨论。解是根据作图而来，即先依三角形 BCD 的底边 BC 为边作正方 $ABCE$，再在 BC 边上作 $FMNG$。很显然，$FMNG$ 与 $ABCE$ 对应边平行成相同比例，而 $ABCE$ 为正方形，$FMNG$ 也必是

---

① “对角线”即△BCD 的底 BC 上之高。

② “两斜线”即 $ABHQ$ 及 $HQEC$ 两长方形之对角线。

③ “切形”是指△FGH 与△AEH 有共同顶角，其两边分别重合在两条射线上。

正方形。

这里的演绎论证,梅文鼎在该书卷1已论述了相似形和比例两个概念,因此上述论证是合乎要求的。

梅氏的演绎推理与《几何原本》相比,可以说是不完整的,如前所述他未明确列出公设和公理,而是在推理过程中暗地使用了,如古代刘徽所做的那样①。实际上,《几何原本》中的公理、公论,梅氏全部都用到了,只是未明说而已。假如不许梅氏使用《几何原本》中的公理公设(暗中),则其推理论证便成为不可能。

即使梅氏的演绎推理论证是不完善的,但是他的一贯追求的思想,比起他的前人是大大向前迈进了一步。

四、"征之于实"思想

梅文鼎的形式逻辑思想,看起来似乎是很抽象、有脱离实际的倾向,实际不然。就抽象的数学命题来说,有利于扩大应用。

梅氏一直关注理论与实际的联系,理论来源于客观实际的问题。他有如下一段话,值得深思:

> 数学者,征之于实。实则不易,不易则庸,庸则中,中则放之四海九州而准。器即为道,人即为天,

① 李迪:《中国古代数学家对面积的研究》,《数学通报》,1956年7月号,23~25。

又何古今中外之不可一视乎？①

这段文字有相当丰富的内容，实际是两部分，以中间的句号分界。前一部分是：首先最重要的一点是“数学者，征之于实”，说的是数学的来源问题，即来源于“实”，也就是客观实在，它不以人的意志为转移；其次正是因为这点，“实”所含有的数量关系不能改变，是平常之事；第三，由此它表现为“中”的状态，不偏不倚，对任何人都一样；最后是“放之四海九州而准”，就是人们的认识不论在什么地方必然相同。

后一部分是自然引出的结果，既然这样，那又为什么对古今中外的数学“不可一视”呢？这就是梅文鼎“会通中西”思想的根本出发点之一。这部分还有“器即为道，人即为天”两句，这是由前面的话来的，“会通”的“通”必是一种“自然之理，故道器可使为一体，天人可使为一贯，古今可使为一日，中外可使为一人”。这就明确地说明，道器一体，天人一贯，不论古代还是现代都是一个太阳（一日），中国、外国都同样是人（一人）。一个太阳即是一个客观实际，同样都是人，在认识上必然相同。

梅氏的“征之于实”的思想贯穿于他的整个历算学研究中，数学的各种抽象命题都是来自于客观实际，而不是凭空造出来的。说明抽象命题和客观实际之间的关系，他相当清楚。数学来源于实际之后，根据演绎论证的抽象研究，可以完全脱离“实”而走得很远，这时便与实离开了，只是一串各种数学命题。他的《平三角举要》、《方圆幂积》、《几何补编》、《勾股阐微》、

① ［清］梅文鼎：《绩学堂文钞》卷2“中西算学通自序”。

《弧三角举要》、《笔算》等等数学著作，莫不如是。

梅氏在历法研究中进一步指出：

> 历犹易也，易传象，以数犹律也。律制器以数，数者法所从出，而理在其中矣。……理可以深思而得，数不可凿空而撰。……数因理立，悉本实测为端①。

这段话的开始，虽然梅氏引用了《易经》的说法，但是为了后面要说的话，就是"数"不能凿空杜撰，它都是以实测为开端。这不仅说明了"征之于实"的观点，而且还进一步指出了是通过实测而来的更进一步的思想。

梅氏所说的实测，不是指人们用某种测量工具，如尺子等度量，而是更广泛的测量。因为他所指的是在天文历法范围，所以实测的方法主要是间接的，就连立杆测影定节气也是如此。很显然，大多数实测不可能直接进行。早在东汉末年到三国时期赵君卿就说过：

> 夫高而大者莫大于天，厚而广者莫广于地。体恢洪而廓落，形修广而幽清。可以玄象课其进退，然而宏远不可指掌也。可以晷仪验其长短，然其巨阔不可度量也。②

---

① ［清］梅文鼎：《历学骈枝·自序》。

② ［三国］赵君卿：《周髀算经序》。

其所谓“巨阔不可度量”，不是不可度量，而是不能直接用“晷仪验其长短”；若想知道天地之高厚，必须间接测量才行。

梅氏的思想是赵君卿思想的延续和发展。他认为：“在璿玑玉衡，以齐七政，乃治历之根本。自唐虞以来，未有不精测验而能定历者也。历法以踵事增华而益测天之器亦然。”①就是说，历法之进步，它的精密度的提高，都是测验的结果，由此使测天仪器也就随之改进。更进一步，他用8个字予以概括：“历家所凭，全恃测验。”②完全根据测验，历法家凭其结果进行历法研究和改进。实际上，这也是数学问题的来源之一。他的这种思想就在他的数学著作之中。

天文历法研究者，通过观测取得数据，进行理论研究，“于是乎黄可变赤，赤可变黄；可以经度知纬，可以纬度知经。罗络钩连，旁通曲畅。分秒忽微，胪陈算位。求诸中心，可无纤芥之疑。”③很显然，人们绝对不可能去亲自到天上去测量黄道和赤道，但是它们却可间接得到相当精确的结果。这也就是数学内容的来源之一。球面三角研究，在西方与天文历法研究紧密相连。梅氏认为“全部历书，皆弧三角之理，即皆勾股之理”，因成《弧三角举要》一书。可见，他的认识具有相当的深度。

梅文鼎对仪器制造和直接测量，一直非常关心。他本是农村的知识分子，在许多方面受到限制，财力、物力等都不允许他做大型天文仪器，只能力所能及地做一些小型仪器。例如他研究过各种日晷，还有月道仪、仰观仪、测望仪等。日影测量，他也研究过。

---

①　[清]梅文鼎：《勿庵历算书目》中之“测器考二卷”条。

②③　[清]梅文鼎：《弧三角举要·自序》。

对数学工具，梅氏同样进行过研究，西方传进来的纳披尔筹算、伽利略比例规等他都有专著。对纳氏筹来说是一个有 4 个面的方型柱筹，它的每个面按一定规则写上乘法表(图 8.12)。一套 10 枝，分别称为第 1,2,…9 和 0 筹，另有平方筹和立方筹各 1 枝，一般 2 枝或 3 枝就可计算。筹的数量要根据计算数的大小决定，计算的数越大，用筹的数量越大。纳披尔还设计了放置这些筹的盒子[①]。梅氏认为这种筹有很多方便之处：

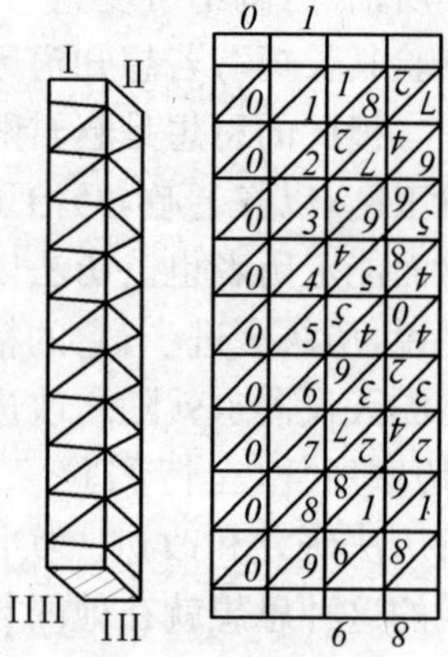

图 8.12　纳披尔筹

> 筹算有数便：奚囊辽涉，便于携带，一也。所用乘除，存诸片楮[②]，久可复核，二也。斗室匡坐，点笔徐观，诸数历然，人不能测，三也。布算未终，无妨泛应，前功可续，四也。乘除一理，不须歌括，五也。尤便学习，朝得暮能，六也。[③]

这是他深入研究后，所得到的看法。至于他的具体做法，"凡

① 郭世荣：《纳披尔筹在中国的传播与发展》，《中国科技史料》，1997，18(1)，3～11。

② "片楮"即筹，数字写在其上，保存。

③ [清]梅文鼎：《筹算·自序》。

筹以牙为之,或纸或竹片皆可,长短任意,以方正为度。”①就是说,筹的大小,长短都没有限制,可以自由选择,只要求做到“方正”[标准]就行。

梅文鼎到了晚年,还研究比例规。它由两个尺子一端装合在一起,可以开合,有的像两脚圆规。其作用是测量比例,他写了一部叫《度算释例》2 卷的书,详细讲述比例规之作法和用法。还有几种形状的图形(图 8.13 为其中之两种)。

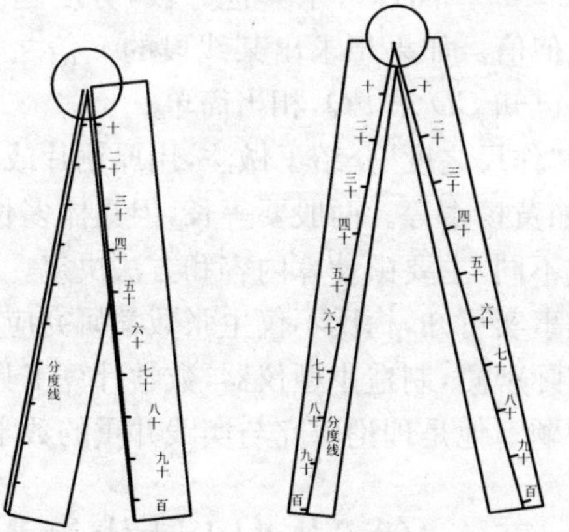

第一式　　　　第二式

图 8.13　《比例规解》中的比例规图

在使用上是将比例规平放,按两股上的刻度和需要,有多种用途,如等分线段、倍数线段、求比例第四项,乘、除等。比例规的做法是在两股尺上刻有均匀刻度,且相对应或从枢轴

① ［清］梅文鼎:《筹算》卷 1“作筹之度”。

处画对称的斜线即可。例如，最简单的求一已知线段的几分之一段。设 PQ 为一已知线段，求它的 n 分之一 CD。假定比例规 POQ 的两股 OP，OQ 对应的刻度为 100，这时将其张开，对准 PQ 两端平放、不再动，如求 PQ 的 1/5 段，则在两股上都由 0 数刻度到 20，分别点 C，D，则线段 CD 即为所求(图 8.14)。同理可求其他分段，分度越细越好，有时只能求出近似值。如果想求出某线段的 n 倍之长，倒过来测就可以了。已知 CD 求 PQ，相当简单。

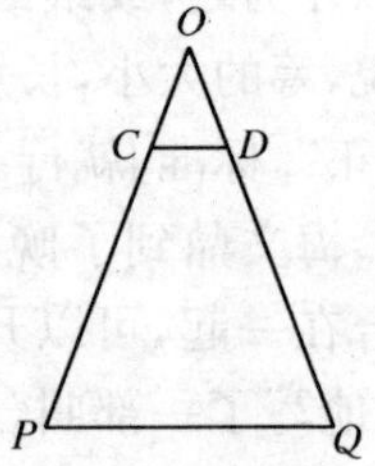

图 8.14　求等分线段

梅氏的“作尺之度”介绍了做法，用厚铜片或厚纸，也可用坚硬之木，如黄杨木等。两股要等长，但具体多长可随意。比例规的形式不同，主要由计算内容和方法决定。

由上述事实可知，梅氏不仅主张数学研究应“征之于实”，而且注意实际观测，制造小型仪器，数学计算工具也是他所关注的研究课题。他是理论研究与实践并重的数学家。

五、“算”与“以量代算”

纵观梅文鼎的数学研究，一方面因受西方学术思想的影响，他加强了理论工作，形成了他自己的一套逻辑推理思想；另一方面他继承了中国传统数学研究的思想方法，注重计算。其计算主要表现在几何问题上，这和中国数学研究传统一致，但研究对象有所扩大。

原来中国早期的《九章算术》的几何研究就是计算线段长

度、平面形面积和立体形体积。线段长度一般是给出的，在勾股问题中已知两者的长度，便可求第三者的长度。面积和体积问题都是给出一些边长、棱长、高度（都是线段长度）进行计算，求出结果。本质上，不涉及直线、平面、圆、球等之间的关系的研究（不包括计算）。这之后，刘徽稍好些，但并未发展下去，而是越来越“算”，到明代更加突出，如最流行的《算法统宗》可为这方面的代表。

梅文鼎所接受的中国传统数学著作主要是《算法统宗》，其以计算为中心的应用题思想严重限制了思想观点的开展。《西洋新法历书》也有这种计算问题，两者合流，使他更加跳不出这个圈子。例如，他说：

> 历书周径率至二十位①，然其入算，仍用古率。[十一与十四之比例术。祖冲之径七周二十二之密率]岂非以乘除之际，难用多位数与（欤）？今以表列之，取数殊易。乃为之约法，则径与周之比例，即方圆二幂之比例。[径一则方周四，圆周三一四一五九二六五，而径上方幂与圆幂亦若四与三一四一五九二六五，尾数八位，并以表为用]亦即为立方立圆之比例。[同径之立方与圆柱若四与三一四有奇，则同径之立方与立圆，若六与三一四有奇]殊为简易直截。②

① 《西洋新法历书》中之《测量全义》卷5。
② [清]梅文鼎：《方圆幂积·方圆幂积说》。

这段话的意思主要是讲圆的直径与周长之计算，推广到其平方比、立方比等，而且可通过数表简易求得。问题的主旨是利用圆周率进行计算。

梅氏是在《方圆幂积》卷“前言”中，一进入正题，大部分讲的是计算问题。有些问题开头有一般性命题，也还有点理论论证。在该书的“方圆周径相求”中就有“同积较径：为方变圆、圆变方之用”一节，主要内容讲的是正方形和圆的面积相同时，如何计算互相转换的问题。因此，梅氏的研究都是通过数学计算来达到目的的，例如：

> 凡方圆同积，则圆径大，方径小，其比例若一一二八三七九与一〇〇〇〇〇〇。

这就是等积的圆直径 D ∶ 正方形一边 l = 1 128 379 ∶ 1 000 000，以此求出它们的面积非常接近。然后进行等积方圆变换，还可以已知圆径求正方形一边。

这个问题，显然和古希腊几何三大难题之一的“改圆为方”紧密相连，但是梅氏并未这样考虑。

该书的最后部分论证了一些一般性命题，不用计算。

在《勾股阐微》一书中，其“勾股积求勾股弦”部分都用数字讨论勾股术问题，而各题之后有“论曰”则不用数字，都是一般性论证。也就是说，他的研究是由具体的个别问题到一般，换句话说是要证明计算的正确性。

在《几何补编》中，主要内容是多面体和它们的互容问题等，绝大多数研究，梅氏用数字计算予以解决。在计算中，他都假设正多面体的棱长为 100（单位），然后求其他结果，如每面的面积等等。下面举一个例子，改为现代数学语言叙述。

立方体（正 6 面体）内容正 20 面体的算法。

如图 8.15，βn，$m\delta$ 为正 20 面体上、下相对面的各两条棱线中点对角线，称为“径”，长为 100。两径交于正 6 面体中心 O，Om，On 相等，为“半径”，长为 50。m，n 两点为正 20 面体各为其一边（棱）的中点，mn 即为正 20 面体一边之半。由此有 $\angle mOn=36°$。

Om 为黄金分割之全数，而 mn 为黄金分割之大分。

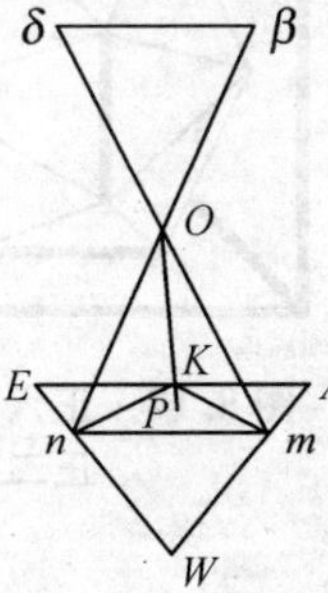

图 8.15

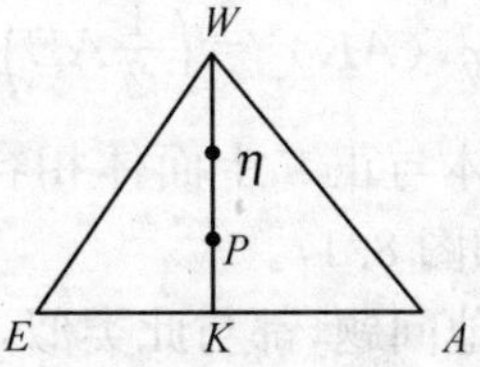

图 8.16

如图 8.16，是把图 8.15 最下之三角形 AEW 取出，再翻转。$\triangle AEW$ 为一正三角形：$AE=EW=WA$，都是 mn 之 2 倍，即正 20 面体的一个棱长，其长为 61.803 398，而 $AK=\frac{1}{2}AE=30.901\ 669$（应为 30.901 699），亦即等于 mn。WK 为正三角形 AEW 之一边上的高，其长为 53.523 3。$W\eta=$

$\frac{1}{2}WK=26.7616$。又 $AK^2=\left(\frac{1}{2}AE\right)^2=954.9150$①，$3AK=3\times954.9150=2864.7450\cdots$②。

到此结束。

梅氏又假设正二十面体之一个棱长(径)为100，往下计算，求出一串数字。

根据上述情况来看，本题的解法可以不用数字，而是按已知条件，即正二十面体的外切正六面体，之对角线 βn 或 δm 之长度为 l，便依次求出 $AE(=EW=WA)$，$\frac{1}{2}AE=nm$，WK，$W\eta$，$(AK)^2=\left(\frac{1}{2}AE\right)^2$，$3AK$。正六面体与正二十面体相容的现代图形，如图8.17。

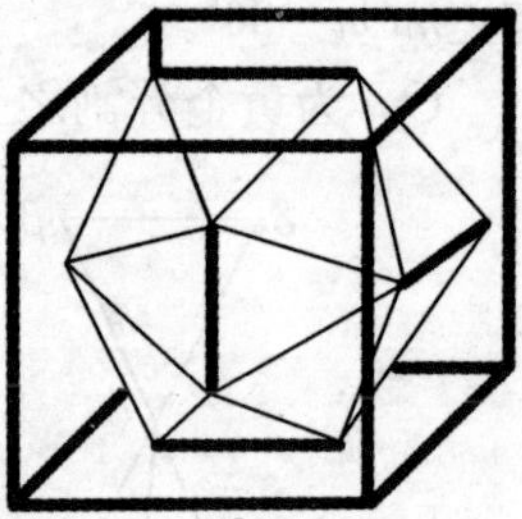

图 8.17　正六面体内容正二十面体

其他问题，都与此类似，不再赘述。

梅氏的“以量代算”讨论球面弧的问题，前面已讲过大意。这类问题，无法测其实长，只能量得度数。在其著作《环中黍尺》卷2专论此事，又分为“平仪论”，“论以量代算之理”和“三极通几”是“以量代算之法”两部分。

第一部分的开头一大段，主要是讲“以量代算”的意义和道理，摘录于下：

---

① 经计算为954.91314，下一计算也随之不准。

② [清]梅文鼎：《几何补编》卷2。

以横线截弧度，以直线取角度，并与外周相应。

(如图 8.18)如 $G'F$ 弧，距极三十度。为 sr 横线所截，故其度与外周 rp 相应，$K'B$ 应 uB 亦同。又$Q'B$弧，距极六十度，为 Ln 横线所截，故其度与外周 LB 相应，$S'P$ 应 QP 亦同。

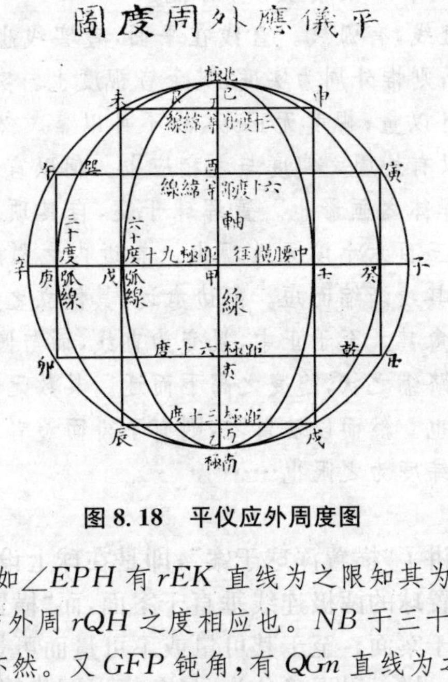

图 8.18　平仪应外周度图

又如$\angle EPH$ 有 rEK 直线为之限知其为六十度角，以与外周 rQH 之度相应也。NB 于三十度角应 PL 度亦然。又 GFP 钝角，有 QGn 直线为之限，知其为百五十度角，以与外周 $QrPsmp$ 弧相度也。MBH 百二十度角，应 $uBKnH$ 弧亦然。

以上所讲，其出发点是大圆周为 360°，弧度及其弦所对之圆心角的度数相等，如图 8.19。所说之问题都是弧、角或角、弧相对应，并无其他。以下还有“论曰”，也不外乎这些内容，但说得更明确些。

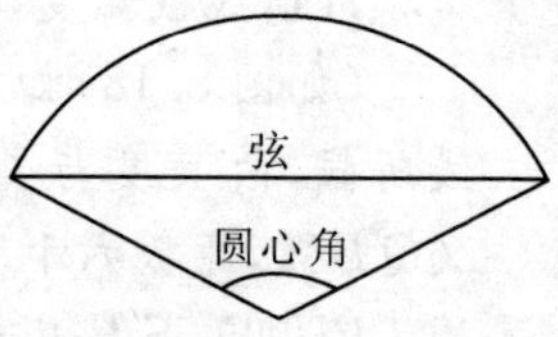

图 8.19

论曰：平仪有实度，有视度，有直线，有弧线。直线在平面，皆实线也。弧线在平面，则惟外周为实度，其余皆视度也。实度有正形，故可以量；视度无正形，故不可以量。然而亦可以量，以有外周之实度与之相应也。何以言之，曰平仪者，浑体之画影也。置浑球于案，自其顶视之，则惟外周三百六十度无改观也。其近内之弧度，渐以侧立而其线渐缩而短。离边愈远，其侧立之势益高，其跻缩愈甚。至于正中，且变为直线，而与圆径齐观矣。此跻缩之状，随度之高下而迁。其数无纪，故曰不可量也。然而以法量之，则有不得而遁者，以有距等圈之纬度为之限也……

梅氏往下又讲了“横置浑球于案”，即是在球上设南、北两极，上引文字是置球的两极连线垂直于案面，而“横置”则是指两极连线平行于案面。至于其可量或不可量而可量者，与前者的意思完全一样。以下又分为“量角度以图代算”和“量弧度以图代算”两部分，都以实例论述。它们是：

“今设 BDC 弧三角形，DC 边五十度，BC 边五十五度，BD 边六十度，而未知其角。”

“又设 BCD 弧三角形，有六十度$\angle C$，有 BC 边一百度，有

DC 边一百二十度，求 DB 边。”

前一题是已知球面三角形 BDC 的三边之度数，求三个角的度数。方法是“以量代算”，现以第二题为例，说明梅氏是如何“量”出所求结果的。所列图形和文字都是梅氏自己的，除改换子、丑、……为 P，L，…外，说明文字也变为现代口语。

如图 8.20，作大圆 FECG，圆心为 A。再作其两个垂直的直径 FC，GE。在大圆上，自点 C 向右数至 H，而已知弧三角形 BCD 之一边 DC 为 120°，作 HDQP // GE，为 120°之“距等圈”。HQ 为等距圈之半，以 HQ 为半径，Q 为中心向上作半圆，将其均分为 180°。自 H 向上数 60°至 T，连线 TD，与 FA 平行[①]。又自 C 数至 B 为三角形之 BC 边，已设 100°。再从 B，A 连线，交大圆于另一点 n，则 Bn 也是大圆的一个径。又作一直径 Mm ⊥ Bn，DC 为三角形之一边，就是要求得弧 DB 的度数。

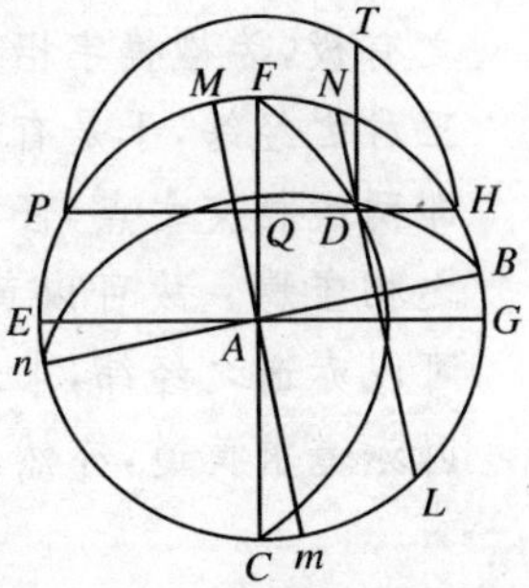

图 8.20

自 D 作距等线 LDN // mM，自 B 数至 N 之度数，即 DB 之度数。

梅氏的论证，从现代数学来看，虽然有明显缺陷，但其意思明确，就是利用量代替算以达算的目的。也就是说，不用计算可以取得计算的结果。

① TD // FA 需要证明，而梅氏未证。

“三极通几”是梅氏对“以量代算”的进一步讨论，他是在假定一个天球上的黄道、赤道等展开的，其叙述如下：

> 平圆则有心，浑圆则有极。如赤道以北辰为极，而黄道亦有黄极，人所居又以天顶为极，故曰三极也。极云者，经纬度之所宗，如赤道经纬悉宗北极；而黄道经纬自宗黄极；地平上经纬又宗天顶，亦如屋之有极，为榼桷宇梠楶棁之所宗也。既有三极，即有三种之经纬，于是有相交相割，而成角度。角之锐端即两线相交之点，任指一点而皆有三种经纬之度与之相应焉。故可以黄道之经纬，求赤道之经纬。亦可以赤道之经纬，求地平上之经纬。以地平求赤道，以赤道求黄道，亦然。

这里，梅氏给出“三极”之概念，即北极（赤极）、黄极和天顶，各成一天球坐标系。三种坐标系（经纬线）互相交织，形成一个网，构成大大小小的球面三角形。每个三角形的边都是一段弧，它们之间的经纬度可以互换。他用以量代算的方法进行换算求解。以下他举出一些例子，如：

以黄经纬求赤道经纬；若先有赤道经纬，而求黄道经纬，亦同。

以赤道经纬求地平经纬；若先得地平上经纬，而求赤道经纬，其理亦同。

以两纬度，求经度。

求太阳所在之方。

求北极出地简法。

具体求法，和上面详细讲的例子相同，此处不赘述。

由上述事实，可知梅氏致力于数学计算之努力，对于那些不能直接算出结果的问题，而使用以量代算的方法给予解决。这也是梅氏数学思想的一个重要方面。

六、投影思想及方法

对于球面几何与三角的研究，前节已多次涉及，梅氏的具体做法都是设法将其变为平面来进行，即所谓“平仪”。如何变法？主要是通过投影来实现。除零星提及外，他还有专门论述。其在《弧三角举要》和《环中黍尺》两书中都是用的这种方法，前述之以量代算为《环中黍尺》之一部分。

梅氏的投影都是平行投影，从投影方向上来说有两种：一是俯视，一是主(正)视。他有一段话，首先说“视度”和“实度”问题，认为弧三角“必用视法，变浑为平”：

> 平置浑仪[①]从北极下视，则惟赤道为外周不变，而黄道斜立，即成椭形。其分至各经圈，本穹然半圆。今以正视，皆成圆径，是变弧线为直线也。
>
> 立置浑仪，使北极居上，而从二分平视之，则惟极至交圈为外周不变，其赤道、黄道俱变直线为圆径，而成辏心之角。[即大距度平面角]是变弧线角为直线角也。[又距等圈，亦变横线而成各度正弦，

① “浑仪”指球，而非仪器。下同。

与圆径平行]①

这里所讲,包括了本节开头所说之俯视和正视,他统称“正视”。每种视法都有“视度”(变形)和“实度”(不变形有实际长度大小)。图 8.21 的两个图,即梅氏的正视:a 为俯视;b 为主视。文中所说“分”、“至”是指春分、秋分和冬至、夏至,梅氏把它们看做四等份大圆周的四个分点。

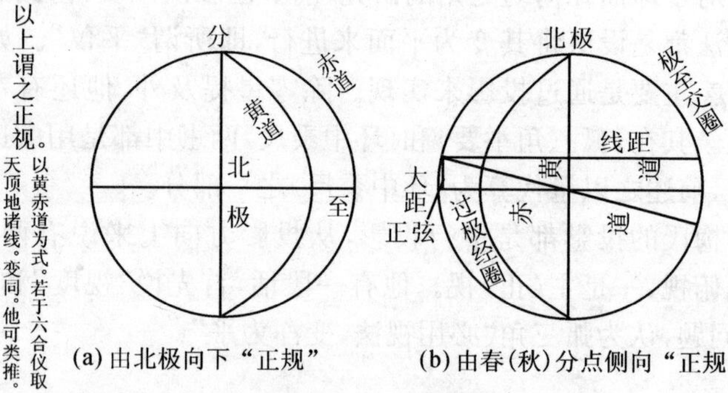

(a) 由北极向下“正规”　　(b) 由春(秋)分点侧向“正规”

图 8.21　正视图

梅氏的正视,不论哪种都是投影线(一组平行线)垂直于投影平面。他还有一种“旁视”图(图 8.22),用现在的话说,就是投影线不垂直于投影平面的球的投影。梅氏的投影方向是:a 的北极仍在上,而投影线向左下斜;b 的天顶在上,投影线也是向左下斜。因此,两图的黄道、赤道都向下弯曲,没有直线。

梅氏在另一处,则讲到了“正形”问题,他说:

① [清]梅文鼎:《弧三角举要》卷 1。

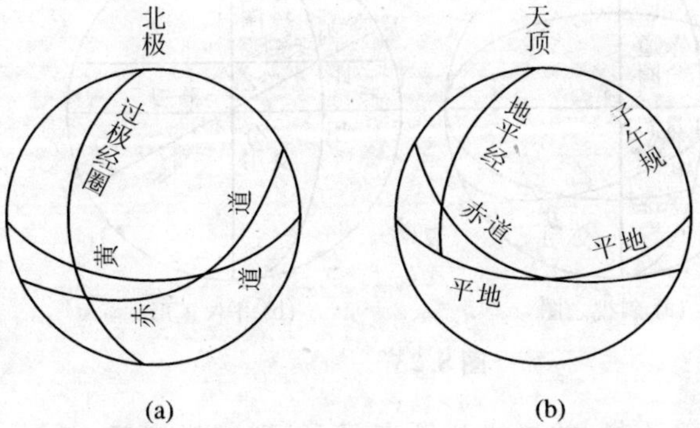

以上谓之旁视 浑圆上有垛叠诸线。从旁侧视之。庶几可见。难不能按度肖形。而大意不失。以显弧三角之理为用亦多

图 8.22　旁视图

作图之法有二：一为借象；一为正形。以平写浑，不得已而为。侧睨遥远之形以曲状其变，多借象而非正形，兹一准平仪法度。真二极于上下，而从旁平视之。［如置身大圈之表，以观大圈］则浑球上凸面之经纬弧角，一一可写于平面，而悉为正形。于是测望之法，步算之源，皆不烦笺疏而解。①

同时给出两图(图 8.23)，一为“斜视”(a)，二为“正形”(b)。在其下还有“平仪用实度之理”一段，也是讲概念问题：

斜视之图，无实度可纪。［弧角之形，聊足相碍，其

① ［清］梅文鼎：《环中黍尺》卷 1。

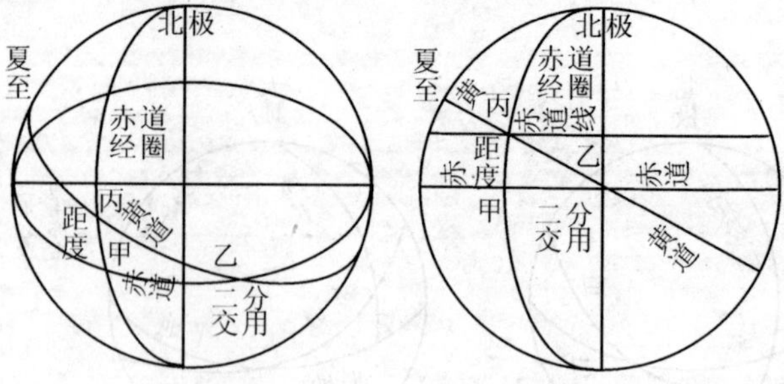

(a) 斜视之图　　(b) 平仪正形

图 8.23

实度非算不知]兹者平仪既归正形,则度皆实度,循图可得,即量法与算法,通为一术。

上述内容,基本上都是投影思想的理论问题,只有这些内容清楚了,才能作为一种方法加以运用。梅氏思路十分清晰。

梅氏在对球面三角的研究中,分为两大类:直角三角形和斜三角形,每大类又分为若干小类,小类下再分,与现代作法相当。设 A,B,C 为球面三角形之三角,a,b,c 为三角分别对应的弧,都以度入算。对直角三角形有如下解释:

正弧三角形之边,有三边并足者。[足,谓足九十度]有二边足一边小者。[在象限以下为小]有二边足一边大者。[过象限以上为大,以上三种可不用算]有三边并小者[内分二种:一种二边等,一种三边不等]有二边大而一小者。[内分三种:

一种二大边等，一种二大边不等，一种（为）小边为一大边减半周之余。]计正弧之边八种，而用算者五也。

这就是把球面直角三角形以边进行的分类，共有

$a=b=c=90^\circ$；

$a=b=90^\circ, c<90^\circ$；

$a=b=90^\circ, c>90^\circ$；

$a<90^\circ, b<90^\circ, c<90^\circ$：(1) $a=b\neq c$；(2) $a\neq b, b\neq c, c\neq a$；

$a>90^\circ, b>90^\circ, c<90^\circ$：(1) $a\neq b$；(2) $a=b$；(3) $c=180^\circ-a$。

总共 8 种，而梅氏认为前 3 种不需要计算，实际“用算者五也”。

在上段引文之后，梅氏又举出几种情形，如 $a<90^\circ, b<90^\circ$，则 $c\not>90^\circ$，因而“无二小一大之形”；还有若 $a>90^\circ, b>90^\circ$，则 $c\not>90^\circ$，故“无三边并大之形”；不能有一边为 90° 之形。就是说这 3 种情形是不存在的。

梅氏又讨论了角的情形，他提出 3 种：

$C=90^\circ, A<90^\circ, B<90^\circ, a<90^\circ, b<90^\circ, c<90^\circ$；

$C=90^\circ, A>90^\circ, B>90^\circ, a>90^\circ, b>90^\circ, c<90^\circ$；

$C=90^\circ, A<90^\circ, B>90^\circ, a>90^\circ, b>90^\circ, c<90^\circ$。

这 3 种情形，分别与上面的某一种形状相同。

以下是梅氏对球面斜三角形，以角分 14 种，以边分 20 种，不再列举。

在解球面三角形时，梅氏反复使用垂弧法，把斜三角形分

为两个直角三角形，按直角三角形进行解题。次形法也是他所常用，前已述及。实际是球面三角形的互相变换，形与形变，边与角的互变，目的是得到一个能容易求解的三角形，最终解原来的三角形。他有一段概括性的话：

> 正弧三角、斜弧三角，并有次形法，而其用各有二：其一，易大形为小形，则大边成小边，钝角成锐角；其一，易角为弧，易弧为角，则三角可以求边，亦二边可求一边。①

下面举一例子。

已知 BAC 为已知球面三角形；将其变为次形 DCG。

梅氏的作法是：把 AB 边看做赤道的一段，而 BC 是黄道的一段，AC 是通过北极点 D 的经圈的一段。将赤道面进行正投影，得到如图 8.24 的图形。在图中，HDM 是过极至交圈，M 是夏至点，H 是冬至点。EDA 是过极经圈，B 是春分点，F 是秋分点，而 GM 为黄赤大距。而 C 为黄道上的一颗恒星。

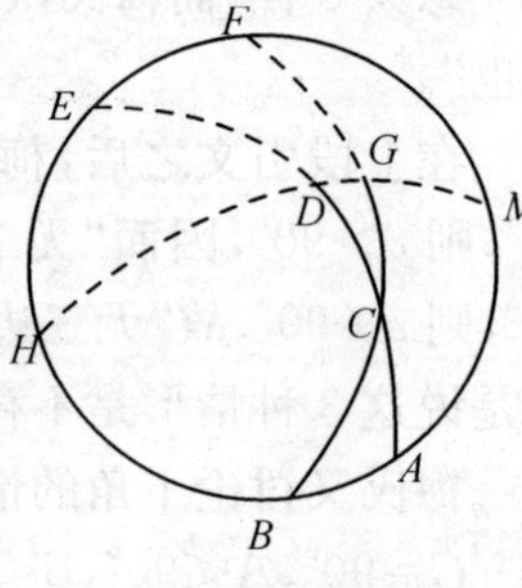

图 8.24

CB 为黄道至春分的度数，其余 CG 为由点 B 至夏至交圈，为次形之一边。同样，可以得 DG 和 CD，为次形的另外两边。次形有了三边。再考虑其三个角：$\angle DCG$ 是 $\angle ACB$ 之对顶

① ［清］梅文鼎：《弧三角举要》卷 4。

角，$\angle DGC$ 是直角，而 $\angle CDG$ 对应弧 MA，有相同度数，于是可以“边易为角也”。由此可知，边易角不是将边换成角，而是由弧的度数知道角的度数。

这就把球面三角形 BAC 变成了次形 DCG。

假如在三角形 BAC 中，已知 $\angle BCA$ 和 $\angle CBA$，可求三边，求法是

$$\sin C : \cos B = r_1 : \cos b; \tag{1}$$

在次形 DCG，则有

$$\sin C : \sin \overset{\frown}{DG} = r_2 : \sin \overset{\frown}{DC}。 \tag{2}$$

在(1)中，可求出 b，因而可求得 a，c。在(2)中，可求出 c，因而可求得其余两角。其中 r_1，r_2，梅氏都叫“半径”，实际均为 1。

很显然，如果解决了(2)，由此(1)也就得解。

梅氏对球面三角形的解法主要是用投影方法，把球面三角形投影到一个平面上，关键是投影后的线段或弧的长度的变化。为此，他首先总结出三条性质①：

第一，球面正投影图的周界是大圆，其上任何一点都可以选为“极”。一经把极确定，就可作出其对应的极和直径、赤道平面(是垂直于前一直径的直径)以及与赤道面平行的纬圈也都投影成线段。

第二，如图 8.25，N，S 是两极，WE 是赤道面的正投影，面 AA_1 是一纬线的正投影，弧 NA_2S，弧 NA_3S 为两条经线的投影，A_2，A_3 是它们与 AA_1 的交点。也就是说经线弧段

① 吴文俊(主编)：《中国数学史大系》第七卷，北京：北京师范大学出版社，2000，389～391。

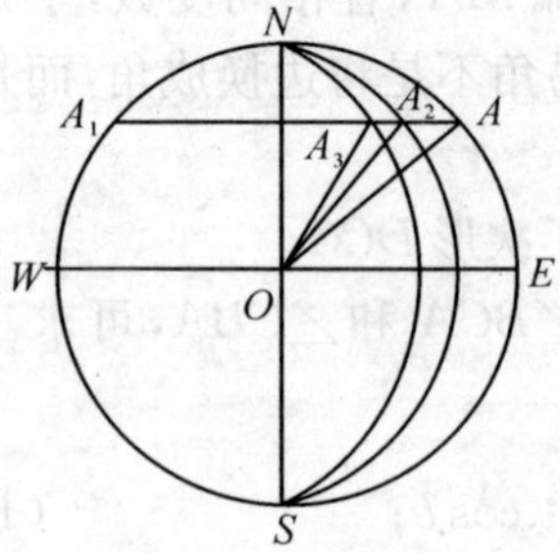

图 8.25

正投影与它的实长间关系图 NA_2，NA_3，…NA 都是过同极 N 的有相同长度的经线弧段的投影。在投影面上的视长度有 $NA_3 < NA_2 < NA$，而实长却是相等的。因此，如果已知某一经线弧段，如 $\overset{\frown}{NA_2}$，予以投影，过 A_2 作 $AA_2 \perp NS$ 交周界圆于 A，那么 NA 就是 NA_2 的实长。

第三，如图 8.26 设有正投影图 $NESW$，有等距纬线 AA_1，而 A_2A 是其上的一段。求其所载经度或经线 NA_2S 所在之平面与 $NESW$ 所成平面角。取等距纬线 AA_1 之半 AB 为半径，作半圆 ACA_1。从 A_2 作 $A_2D \perp AA_1$，交半圆于点 D，这时弧 AD 即可视为 A_2A 的实长。

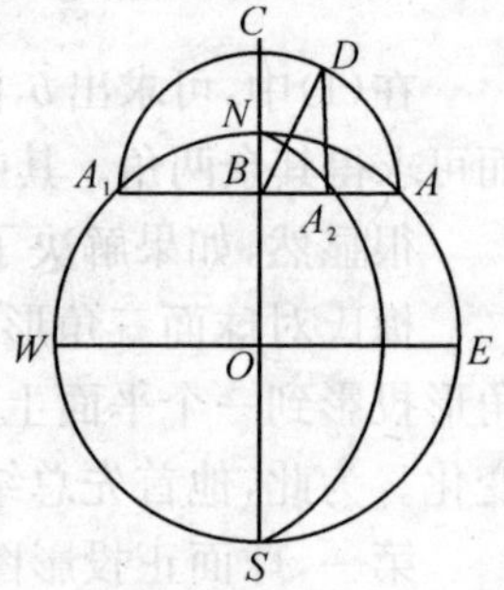

图 8.26

有了这三条性质，就可以顺利解球面三角形问题了。现举一例予以说明。

如图 8.27，在球面三角形 ABC 中，已知三边 a,b,c，求三角 A,B,C。

把球面三角形用正投影变换为平面图形，其符号仍为原设的。假定球面三角形的一边 BC 正投影到同界上，这时 $BC = a$（根据性质一）；各以 B,C 为极：在 B 左右各量得 c 得弧 BF,BD，连线 DF 为 c 之等距圈（性质二）；自 C 左右各量 b，

得弧 CM，CE，连线 EM 为 b 之等距圈。DF，EM 均交于点 A，而 A 即为 BA，CA 相交之处。按等距圈的定义，由极到该圈的经线弧都相等，$CE=AC=b$，$BF=AB=c$。在此基础上，利用以量代算方法求球面三角形的三个角。

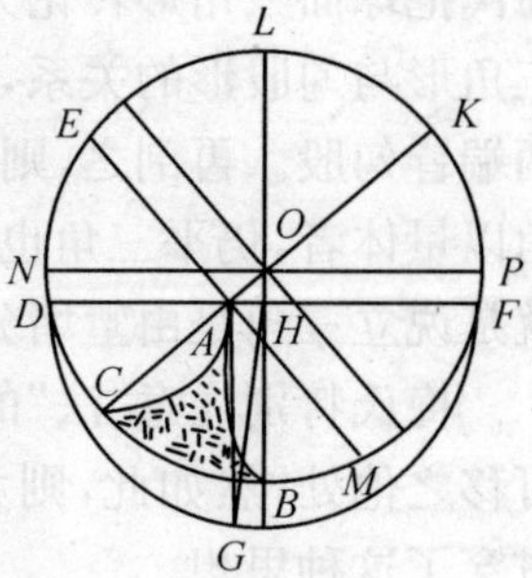

图 8.27

假如求角 B，B，O 连线，其延长线交周界于点 L，又与等距线 DF 交于点 H，DH 为 DF 之半、为半径、H 为心作半圆。由 A 作 $AG/\!/LB$，G 在半圆上。这时，GD 之度即角 B 之度。

根据上述实例可大体知道梅氏的投影思想和方法，这也是他在球面三角方面颇具创造性的研究方法。

就思想方法来说，梅氏充分利用了《授时历》所开创的转化思想，他把立体问题，转化为平面问题来解决。实际上，就是把高维转化为低维，把曲线转化为直线，等等。他这样做，是加强了新旧知识的联系，在前人的基础上有所发展。例如，梅氏把前人的“鳖臑”叫做立三角，由此他致力于把球面三角形转化为平面三角形，再转化为直角三角形，用熟知的勾股术予以解决。其基本思想是把弧形转化为直线。他认识到：立三角形顶点旁三个侧面的顶角和三个侧面间的三个二面角与球面三角形（图 8.28 中 ABC）的弧三角形的角相当。于是，

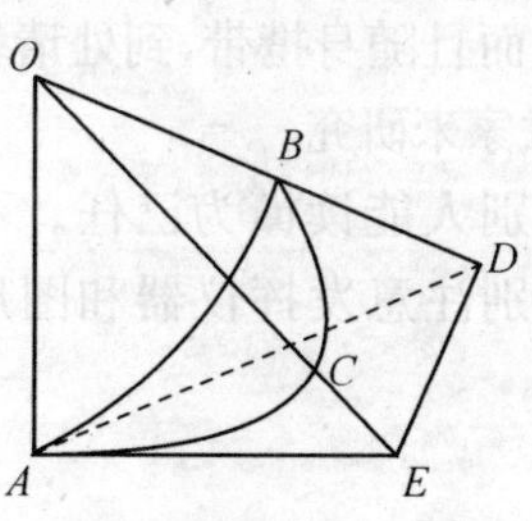

图 8.28

梅氏把球面三角形转化为立三角形来研究。他特别注意到立三角形与勾股形的关系，认为“古九章以立方斜剖成堑堵，其两端皆勾股。再剖之，则成锥体，而四面皆勾股矣。”“用立三角以量体者，仍平三角也，而用平三角以量面，仍勾股也。”这就是说立三角是由堑堵分解而来。

梅氏特别注意“法”的一般性，他认为“仅可施之本例，不可移之他处，然如此，则为无用之法。”[①]以上的各项论证，即贯穿了这种思想。

七、通俗化与中国化思想

梅文鼎的各种天算著作，都比较容易懂，是他有意识这样做的，特别是数学著作更是如此。他曾说：

> 鼎生平于难读的书，不敢也。每手疏而携诸箧衍以待明者，问之，则于历算尤多。今虽稍有所窥，如游名胜，其入既深，益多欲探之奇。所愿有志者，起而共图之。[②]

这段话说的是梅氏经常给著作注“疏”，而且随身携带，到处请教他人。最后，希望多数人都能看得懂，大家来研究。

正因为如此，他所著的书总是以别人能读懂为己任。不仅在文字方面做到通俗易懂，而且特别注意发挥仪器和图形

---

① ［清］梅文鼎：《方程论·发凡》。

② ［清］梅文鼎：《勿庵历算书目》“思问编一卷”条。

方面的作用。他明确指出：

> 凡看历书与别项文字不同，须胸中想一浑圆天体并七政旋行之道，了了在吾目前，则左右逢源，有条不紊，故图与器，皆足为看书之助。右所疏数条①，言虽浅近，然由浅入深，庶几有序。天下最深微之理，亦即在最粗浅中，舍粗浅无深微矣。②

根据这段自述，可知他研究、制作小型仪器的目的之一，就是为了普及有关知识，使别人能明白其中的道理。

梅氏在其著作中大量使用各种图形，解说相关问题，浅显文字与图形相配合，图文并茂，使读者通俗易懂，虽不能说一目了然，但不会在理解方面受到很大阻碍。他说过这样的话："凡数之可算者，皆可作图明之。"③其图形之多，在中国历算著作中绝对数居首位，而且重要的是在内容上基本上是全新的。

到梅氏的时代为止，中国古代天文历法著作极少有图形，和西方托勒梅《天文大集》、哥白尼《天体运行论》不能相比。在数学著作方面，秦九韶《数书九章》、杨辉著作中都有不少图形，多为形象图。程大位《算法统宗》等书都有大量图形，可是相比之下给人一种陈旧感，而梅氏的图形却使人耳目一新，两者不能相比④。固然梅氏也吸收了西方天算的成果，但吸收

① "右所疏数条"一语是指梅氏自己所作书中对他人问题的注疏解答的一些内容载于所引这段文字的前面。

② [清]梅文鼎：《历学答问》卷1。

③ [清]梅文鼎：《堑堵测量》卷1"总论"。

④ 笔者无意贬低中国传统数学著作，因为这是事实。

者绝不是梅氏一人。同时代的薛凤祚、王锡阐等对图形的使用都很多，却都远不如梅文鼎。

梅氏历算著作的通俗化做法是一贯的、全面的，得到后人的肯定评价，阮元（1764—1849年）就说：

> 其论算之文，务在显明，不辞劳拙，往往以平易之语，解极艰深之法，浅近之言，达至深之理。使读其书者，不待详求，而义可晓，然诚以绝业难传，冀欲与斯世共明之。故不惮反复再三，以导学者先路，此用心之善也。①

所以梅氏的论著，在文字叙述上都比较通俗易懂，不存在那种佶屈聱牙的现象。一般地说，他在每书的开头总是对书中所涉及到的名词术语或原理、方法等给予说明，读者可不费力地进入主题。下面举几个例子。

例 1 《环中黍尺》。这是一部论述球面三角证明的著作，而且证法是梅氏首次提出的，在理解上有相当的难度，但他一步步化解。他在自序中即说明了论证思路的梗概，把球面上的大圆，像是天外观天那样投影到平面上，变成平面形，用“以量代算”进行证明球面三角公式。在正文的开始给出了“总论”，这里又解释了“弧三角用平仪正形之理”及“平仪用矢线之理”。什么叫“平仪正形”？梅氏以天球的赤道、黄道、纬围、子午线进行正投影所得平面图形，就是平仪正形。他说：

---

① [清]阮元：《畴人传》卷38“梅文鼎”。

兹一准平仪法度。真二极于上下，而从旁平视之。[如置身大圈之表，以观大圈]则浑球上凸面之经线弧角，一一可写于平面，而悉为正形。于是测望之法，步算之源，皆不烦笺疏而解。

对于第二点，梅氏说：

八线中有矢，他用甚稀。乃若三边求角，则矢线之用为多，而又特为简易。信古人以弧矢割浑圆（球），其法不易。然亦为平仪正形，能著其理。

他这是按照中国传统作法，又结合西方传进之八线，利用矢线，三边求角，由弧矢割浑圆变为平仪正形，解决球面三角问题。书中又给出了例子，对矢线与矢较作了定义。

此后，梅氏又讲了“先数后数法”，他以注的形式给予解释：

此以平仪弧角正形，解浑球上斜弧三角用矢度矢较为比得先数者，正弦上距等圈矢也。与角之矢相比。后得数者，两矢较也，与较弧矢相加。

由此可看出梅氏的研究是一步一步地深入，只要具备普通历算知识的人，即可看懂这部学术专著。

以下用实例讲解先得数与后得数问题。

例 2　《历学骈枝》。这是梅氏第一部历算著作，以研究《大统历》与《授时历》为主题，不像《环中黍尺》那样系统，循序渐进，但是《历学骈枝》卷 1 和卷 2 分别给出了“大统历步气朔用数目录"与"大统历交食通轨用数目录",并不是只提出一些名词,而是都进行了解释,一看便明白,并不费大力气。

例 3 《方程论》。梅氏在正文前先讲"方程论发凡",其中有这样的话:

> 算学书有例无论,则不知作法根源,一再传而多误,盖由于此。本书欲明算理,故论多于例。每卷之首,皆有论以为之提纲,然后举例以实其说[即假如也]。而例中或有疑似之端,仍各有说以反复申明之。令览者彻底澄清,无纤毫之凝滞。凡为论者十之七,而例居其三,以论名篇,著其实也。

他这样,惟恐"览者"不清楚,反复申明和解释,论述占全书七成。这是他著作的一个典型。

例 4 《历学答问》。是以回答别人问题的形式撰写的著作,它的特点是把历史问题,用粗浅的语言解释了较深的道理,特别是对一些术语的解释,更为重要。和前述例 2 有相似之处,但是本书是在例 2 之后的作品,解释得更深刻。例如对"发敛"一词,他解释说:

> 又按发敛二字,乃日道发南敛北之谓。盖主乎北极为言,则夏至近极为敛;冬至远极为发。而自冬至以至夏至,则由远而近,自夏至以至冬至,则由近而远,总谓之发敛。①

① [清]梅文鼎:《历学答问》卷 1"问发敛加时之法"。

可以说再清楚不过了。"经朔"、"合朔"、"闰余"等莫不如此。对"平差立差定差之法",解释说"古无其术,乃郭太史(守敬)所创,为以求七政盈缩之度,所以造立成之根本也。其法日月五星并有之。"[①]他的《平立定三差详说》一书,与此有直接关系。

梅氏的通俗化做法,不是仅体现在上述三四个例子上,而是非常普遍的。就以图形来说,不仅在几何著作、三角著作中数量多,而且在《筹算》、《度算释例》等著作中,图形也很多。在天文历法著作中,凡需要或能画图的都画了图形。有些图形特别复杂,而且把主线或可见线画成双线,其余的如辅助线或不可见线等则用单线,相当明晰。当然较多的则画一种单线,读者也不会发生疑问。

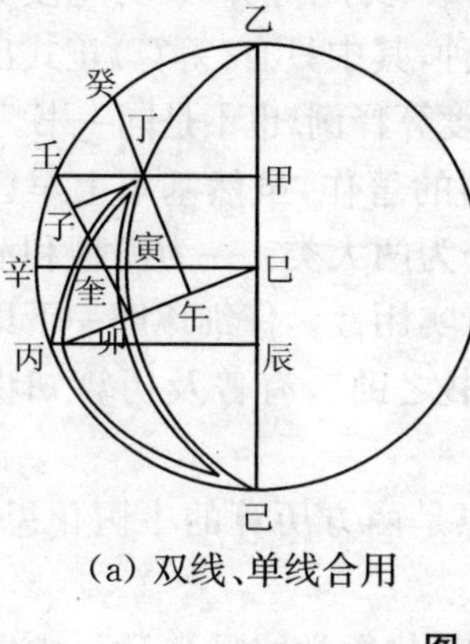

(a) 双线、单线合用

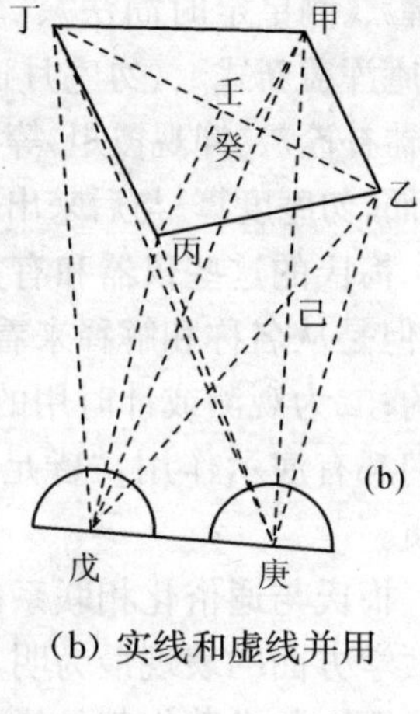

(b) 实线和虚线并用

图 8.29

① ［清］梅文鼎:《历学答问》卷 1"问平差之差"。

以上各图代表各种情况，前图在数学书中，都是双线和单线共用；后图在天文学书中，均用单线。在《筹算》和《度算释例》两书中，分别画出纳披尔筹和比例规的样式及它们的应用图形，都是相当多的。这里不再列出。

说到仪器，目前尚未见梅氏遗留下的实物，但他对其是颇感兴趣的。仪器既能帮助他了解有关原理，又能帮助他读书。这是他所希望的。很显然，大型仪器他个人无力制造，而对小型仪器的研究则非常多，研究的和写成著作的，至少有算筹、比例规多种、堑堵及立方体、阳马、鳖臑、比例尺(计算尺)、月道仪、仰观仪、简平仪、浑盖新式、测星定时仪、璇玑尺、揆日器等多种。著作有《星晷真度》、《测器考》、《自鸣钟说》、《壶漏考》、《日晷备考》、《赤道提晷说》、《勿庵揆日器》、《揆日浅说》、《璇玑尺解》、《测星定时简法》、《勿庵测望仪式》、《勿庵仰观仪式》、《勿庵浑盖新式》、《勿庵月道仪式》、《勿庵筹算》、《勿庵度算》、《奇器补诠》、《仰观覆矩》等共 18 种，其中只有《筹算》正式出版了，而《勿庵度算》与后来出版的《度算释例》也不是同一书。

梅氏的这些仪器和有关仪器的著作，虽然基本上早已无存，但是从名称和解释来看，可分为两大类：一为模型和演示用的；二为观测或计时用的，具有实用性。仔细琢磨一下即知它们都有演示作用，“皆足为看书之助”，有普及历算知识的性质。

梅氏与通俗化相联系的思想是西方历算的中国化思想，在数学方面的表现最为明显。

西方数学著作都是横书，文字与数学式子一致。中国的文字叙述为上、下竖书，算式也是竖的，即使一个开方式也是如此，或大多用文字从上到下进行叙述。从明末起，西方数学传入中国后，在译为中文时就出现矛盾，《同文算指》就是典型。梅文鼎同样也遇到了这问题。他在《笔算》中给出了一种解决办法及理由：

> 夫古者圣人，声教洋溢，无所不通。南车、记里[①]之规，随重译而四达，我则失之，彼则存之。乌乎！识其然。乌乎！识其不然耶？且夫治理者，以理为归；治数者，以数为断。数与理协，中西匪殊。是故礼可以求诸野，官可以问诸郯[②]，必以其西也而摈之？道不如是隘也。况求之于古，抑实有相通之故乎？曰然则子何以易衡（横）而直，曰旁行者西国之出也。天方[③]国字自右而左，欧罗巴字自左而右，皆衡（横）为行，彼中文字尽然也。彼之文字既衡，故笔算亦衡，取其彼便于用耳，非求异于我也。吾之文字既直，故笔算宜直，亦取其便于用耳，非矜胜于彼也，又何惑焉。问者以为然。[④]

这段文字，包括较多的内容，最主要的是中国的直书是圣人这样做的，不能改变。西方文字为横书，笔算也横书，对他们来说相当方便；中国文字直书，把笔算改为直书，对我们来说也"便于用"，而不是表示"矜胜于彼"。所以梅氏又说："笔算易

---

① "南车、记里"指南车和记里鼓车。
② "郯"指郯城，在今山东。似指儒家。
③ "天方"泛指阿拉伯。
④ ［清］梅文鼎：《笔算自序》，1693。

横为直，以便于中土。盖直下而书者中土圣人之旧，而吾人所习也。”①

从上述事实来看，梅氏的观点不无道理。他在《笔算》著作中也是这样做的，把数字都改为上、下直书，现在观察其书也无不可。因为其中尚不见有公式之类的横书式子。可是，稍晚就不行了。如《数理数精》把“借根方比例”（相当于现在的方程）都是横书，就是文字叙述保留原来的直书。后来一直是这样。横、直相间使用，在不涉及必须横书公式等情况仍采用梅氏的做法，就连一些能改为直书的式子也都改为直书，其影响长达200年以上。

梅氏对纳披尔筹算也做了相应改进。西方的这种算筹都是竖直的，其上的数字都是横书。他为了统一直书思想，便把筹改为横，数字自然变成了上、下直书了。同时他把原来筹上的斜画改为半圆圈，其形式如图8.30所示。他有一段说明改变理由：

> 但本法横书，仿佛于珠算之位。至于除法则实横，而商数纵，颇难定位。愚谓既用笔书，宜一行直下为便。辄以鄙意，改用横筹直写，而于定位之法尤加详焉。

又说：

> 原法横书，故用直筹。筹直则积数横。彼中文字，实用横书也。今直书，故用横筹。筹横则积数

① ［清］梅文鼎：《笔算发凡》。

直，其理一也。亦有数便。自上而下，乃中土笔墨之宜，便写一也。两半圆合一也，便查数二也，商数与实平行。便定位，三也。

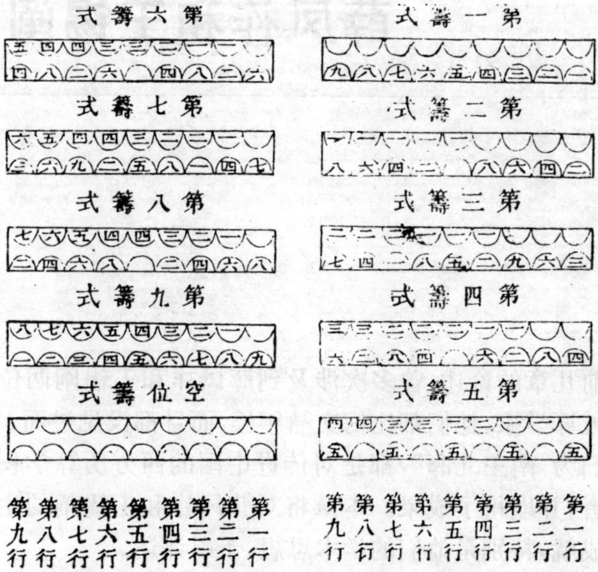

图 8.30　梅文鼎改造的纳披尔筹

可以说，梅氏的讲述已清楚说明了他对筹的两种改变。改的目的是使筹算上数字由横书改为直书，和中国书写完全一致。

总之，通俗化和中国化是梅氏的主要思想之一，前者表现在历算著作的各个方面，而后者虽主要表现在《笔算》和《筹算》两书上，但不等于其余著作不体现这种观点，只是不需要明确表达罢了。

第九章　梅文鼎同时代的薛凤祚和王锡阐

前几章的论述，曾多次涉及到薛凤祚和王锡阐两位著名中国天算学家，他们都比梅文鼎年长，而且都没见过面。梅氏称他们为"南王北薛"，都是对传进中国的西方历算学积极的研究者，并取得了成果。本章将对薛凤祚和王锡阐的生平与科学成就，特别是他们的学术思想，予以评述。

一、薛凤祚与波兰传教士穆尼阁

薛凤祚与王锡阐相比，长28岁，生于明末一个动荡时期。凤祚，字仪甫，号寄斋，山东益都金岭镇人[①]。虽然对其籍贯

① ［清］韩复敬：《两河清汇叙》。

有淄、川等不同说法，但是经近人研究，薛氏一直居金岭镇[①]。他生于明万历二十八年(1600年)，卒于清康熙十九年(1680年)。他的家庭是当地的望族，祖父薛冈，明万历初举人，终生拒不做官。父近洙，万历末年进士，官到中书舍人，为官清廉，后因宦官魏忠贤(1568—1627年)擅权，不满阉党弊政，"感愤以病归却"而家居[②]，这对薛凤祚有很大影响。

薛凤祚幼年时，天资聪敏，又受到很好的家学教育，后来考中秀才，补为廪生。"尝师事定兴鹿善继、容城孙奇逢。著《圣学心传》，发明认理寻乐之旨。"[③]鹿善继(1574—1636年)和孙奇逢(1584—1675年)两人都是王阳明(1472—1528年)"心学"派人物，薛的著作《圣学心传》应是研究心学的作品。

不久，薛凤祚认识到"心学"是一种无用的学问，于是转而研究天文历法。跟谁学呢？当时在满城有一位魏文魁研究历法，便从他学习天文。当时，满城与定兴、容城三县都属直隶，相距极近。薛凤祚向魏文魁学习很方便。

本书第一章已经讲过，明末时中国所用的历法《大统历》很不准确，应当彻底改革。徐光启主张改用西洋新历，成立新的历局，与原来的钦天监、回回司天监共三家，分头进行测验。历局进行大量准备，其中之一是编译《崇祯历书》，从崇祯四年(1631年)初开始分批进呈已编译出的《崇祯历书》。就在这

① 袁兆桐：《清初山东科学家薛凤祚》，《中国科技史科》1984，5(2)，88～92。该文调查结果，薛凤祚的具体居址：原为山东益都县，现为淄博市临淄区金岭镇。

② 袁兆桐："清初山东科学家薛凤祚"，《中国科技史科》，1984，5(2)，88～92。

③ 无名氏：《清史列传》卷68"薛凤祚"。

时，满城布衣魏文魁也编出《历元》、《历测》两书，令其儿子魏象乾进于明廷[①]，转到历局，徐光启等进行了认真研究，发现其中有很多错误，根本不能使用。连钦天监的官员都看出其中的问题。

薛凤祚从魏文魁那里学习的，无疑就是这些过时了的旧历法，比《大统历》还差。他了解到这种情况后，便转向研究西洋新法，但朝廷的历局无法进去。此时的国家局势，由于明清战争，更加动荡不安，他又"喜谈兵"[②]。此后，清朝统治逐渐稳定，他于"壬辰春日"南下白下（今南京市）[③]，壬辰即 1652 年。在白下遇上传教士穆尼阁。

穆尼阁（P. Nicolas Smogolenski，1611—1656 年），字如德，波兰人，1635 年入耶稣会，1646 年到达中国，在江南传教。1647 年至 1651 年在福建，帮助艾儒略传教，清军到达福建时，他感到必有危险，于是去了南京。清军在南京知道了穆尼阁擅长历算，并命他去北京，但他为了在南方传教，没有北上。死于广东肇庆[④]。

薛凤祚怎么知道穆尼阁在南京，他们通过什么渠道或方法走到一起的，都不清楚。根据某些事实来看，他们一起研究历算的时间较长，估计有一两年。

首先，他们翻译了《天步真原》一书，应是薛凤祚学习西方天文、数学的结果，穆尼阁口述（译），而薛凤祚做笔录。

---

① 《明史》卷 31"历志一·历法沿革"。

② ［清］韩复敬：《两河清汇叙》。

③ ［清］薛凤祚：《历学会通·中法四线引》。

④ 徐宗泽：《明清间耶会士译著提要》，北京：中华书局，1989，385～386。

其次，还有一种《天学会通》，同样是他的一部译作，是在前书的基础上推演而成。

薛凤祚与穆尼阁学习西方天算时，还有方中通，有记载说：他“少嗜象数，初次授时于汤子，既与薛子游泰西穆先生所，时刊其《天步真原》成，语通，喜而交焉。”[①]其中“汤子”是谁？看来此人通《授时历》，显然不是汤若望，严敦杰注为“圣弘”[②]，即汤圣弘。方中通与薛凤祚同时到穆尼阁处则是确切的，但从时间看，似晚于薛凤祚，因已是薛“刊其《天步真原》成”的时候。至于他们所学，各有所偏，而薛凤祚则更深入，掌握了对数等新鲜的西方学术，方中通似也知道对数的大意，但在著作中并未明白讲述。正如后来，阮元所说，薛凤祚与“西洋人穆尼阁谈算，始改从西学，尽传其术。”[③]他确实和汤若望学习过，“所学日精”[④]，可是学习什么等细节，则未有记载。

这次学习之后，薛凤祚便回到了金岭镇老家，“隐居著述”，孜孜不倦地进行研究，所追求的是“会通”问题。薛凤祚所说的“会通”与梅文鼎的“会通”不是一个意思，或者说是更初级的，他认为“会通”是使人们能明白西方天算的内容，还指出“盖其时，新法初行，中西文字辗转相通，故词旨未能尽畅也。”[⑤]又在他的著作《历学会通》的序中说：“要必先自立于无

---

① [清]方中通：《陪古》卷1。

② 严敦杰：《方中通〈数度衍〉评述》，《安徽史学》，1960(1)，52～57。

③ [清]阮元：《畴人传》卷36“薛凤祚”。

④ 咸丰七年(1857)《青州府志》，转引自袁兆桐：《清初山东科学家薛凤祚》。

⑤ [清]薛凤祚：《天学会通》。

过之地,而后吾道始尊,此《会通》之不可缓也。"①

到晚年,他增加一项新的任务。由于他刻苦钻研,成为一位远近闻名的学问家,便有人聘请他参与更具有实学意义的工作。最具典型的事例是,当时河道总督王光裕闻名,聘薛凤祚为幕僚,协助其治河。王光裕于康熙十年(1671 年)担任河道总督,十六年(1677 年)罢官②,薛凤祚已是七十多岁高龄老人,他"躬历数千里,考黄淮漕运,利害曲折,施有成效。盖先生之学实有以用于世利济之心,亦未尝忘"③。

薛凤祚从水利工地回到家乡后,整理他治河所得资料,进行著述,康熙十九年(1680 年)走完他 80 年的人生历程。

薛凤祚的一生是勤奋的一生,先从易学、王阳明"心学"开始,转向"实"学,但投师魏文魁学习旧法,仍不合要求,最后向穆尼阁学习西法的天文学和数学,才达到了他的目的,晚年从事治河工作,直接有利于国计民生。

薛凤祚学识渊博,涉及天文学、数学、物理、地理、水利、兵法等,其中天文学、数学是他的主要研究方向。著述有多种,主要可概括为两种,《历学会通》与《两河清汇》。

《历学会通》(又称《薛氏遗书》),分正集、续集、外集,有刊本和抄本,子目如下:

正集:共 15 卷,前有薛凤祚序(1662 年),《参订条议》1 卷,薛凤祚议。

(法数部)《正弦》1 卷,南海穆尼阁编,北海薛凤祚注。

---

① [清]薛凤祚:《历学会通·正集叙》。

② 《清史稿》卷 197"疆官年表一"。

③ [清]韩复敬:《两河清汇叙》。

《比例四线新表》1 卷(即《中法四线》),海岱薛凤祚纂著、颍川刘捷拱校,康熙元年十二月下浣(1663 年 1 月下旬至 2 月上旬)。

《太阳太阴诸行法原》1 卷,海岱薛凤祚纂著、颍(川)刘拱捷[1]校阅。

《五星经纬部》1 卷。

《交食法原》1 卷。

《中历》1 卷,海岱薛凤祚纂著、颍(川)刘捷拱订阅。

《求岁实》1 卷,海岱薛凤祚著、颍(川)刘捷拱订。

《五星高行立成》1 卷。

《交食表》1 卷。

《经星部》(又称《经星距宫度》)1 卷。

《日食诸法异同》1 卷。

《辨异同》1 卷。

《比例对数表》1 卷,北海薛凤祚序。

续集：共 19 卷。

《三角算法》1 卷,穆尼阁著、薛凤祚纂。

《律吕》1 卷。

《法律吕部》1 卷。

《西法医药部》1 卷。

《中法占验》3 卷,朱熹辑、薛凤祚订。

《古法占验》1 卷,薛凤祚编辑。

《选择》2 卷。

《十干化曜》1 卷,金陵林翘蔚起编集、薛凤祚订阅。

---

① 应为"刘捷拱",原文误。

《人命》3卷，即《天步真原》之《人命部》，穆尼阁口译、薛凤祚编辑。

《中西火法》1卷，穆尼阁撰、薛凤祚纂。

《中外师学》2卷，韩霖编，薛凤祚选。

《中外水法》1卷，熊三拔撰，王征选，薛凤祚编。

《重学》1卷，金四表撰，王征选，薛凤祚编。

外集：共27卷

《旧中法选要》6卷。

《时宪蒙求》1卷。

《今表》1卷。

《西域回回历》1卷，薛凤祚校。

《域表》1卷。

《今西法选要》2卷。

《天步真原》4卷。

《日月食原理》1卷，大西穆尼阁撰，海岱薛凤祚辑。

《历法部》1卷，大西穆尼阁撰，海岱薛凤祚辑。

《正弦部》1卷。

《天步真原蒙求表》1卷。

《天步真原表》3卷。

《纬星性情·经星性情·恒星性情》3卷。

《世界部》1卷。

他的另一部主要著作是治河方面的：

《两河清汇》，又称《两河清汇易览》8卷。

这两部著述，虽不是薛凤祚的全部工作，但主要内容却在其中。《历学会通》三集，总共51卷，庞杂纷乱，是逐渐编成的，既有薛氏自己的著作、译作，也有前人或他人著作或由他改编的一些著作。不管怎么说，薛凤祚对工作是认真负责的。他下了相当大的工夫，长期刻苦钻研，就拿《历学会通·正集》来说，也是他经过较长时间研究才完成的，他说“斯集殚精三十年，始克成帙。旧说可因可革，原不泥一成之见；新说可因可革，亦不避蹈袭之嫌”。[①] 说明他在几十年时间里有选择、有批判地吸收前人的学术。至于说“三十年”，那是因为写这话的时间是康熙元年(1662 年)，上推 30 年，那时穆尼阁尚未来中国。这个时间估计是从他向魏文魁学习旧法时开始算的。

通过上述情况可知，薛凤祚毕生所追求的目标是研究“实”学、发展实学。这是他的主导思想。当他学习和研究西法之后，便考虑西法和中法的会通问题，在他看来会通主要是要使人们能明白、懂得西法。只有人们懂得了西法才能真正接受，也就达到了研究和发展实学的目的。

一、薛凤祚的“实”学研究

薛凤祚的“实”学研究，首先是从旧式历法开始的，经过 10 年又转向新学，他说：“壬辰春日，予来白下，从癸酉且二十年，复得与弥格穆先生[②]求三角法，又求对数及对数四线表。”[③]从《历学会通》三集的目录可知薛凤祚所研究的内容十分广泛，包括天文学、数学、水利学、力学、律音学、医学以及星占等，其中成就最大的是天文学和数学。

---

① ［清］薛凤祚：《历学会通·正集序》。

② “弥格穆先生”即“穆尼阁先生”。

③ ［清］薛凤祚：《历学会通·正集·中法四线·引》。

在天文学方面，薛凤祚的研究成果主要集中在《历学会通·正集》中。这书的取材，薛氏称："其立义取于授时及《天步真原》者十之八九，而西域、西洋二者亦间有附焉。"[①]这里所说"西域"和"西洋"是指回回历算和明末传入中国的西方历算，主要是《崇祯历书》等，也叫"旧西法"，而穆尼阁所介绍的《天步真原》，则称"新西法"。中国传统的历算为"旧中法"。由此可见，《历学会通·正集》中大部分是"新西法"和极少数"旧中法"。该书的主要内容是天文学和数学。

由于《历学会通·正集》的资料主要是"新西法"，其观点自然是穆尼阁的，该书又是薛凤祚翻译成中文的，因此薛凤祚必然接受书中的观点。

当时一个很重要的问题是哥白尼的日心说是否传入中国？哥白尼及其著作明末时已在所编译《崇祯历书》中提及，但对日心说却未明白讲述。有人认为方以智《物理小识》则有进一步论述，是哥白尼日心说在我国的首创[②]。近来有人发现稍晚的黄百家（1643—1709年）在著作中有"哥白尼则以太阳居中而地球循旋于外"及"太阳居天地之正中，永古不动"的记载，是哥白尼日心地动说在我国见诸文字，恐怕是最早的[③]。现在的问题是：穆尼阁和薛凤祚持何种看法？在《历学会通·正集》（以下称《正集》）中有一定的回答。

---

① ［清］薛凤祚：《历学会通·正集序》。

② 中国天文学史整理小组：《中国天文学史》。北京：科学出版社，1981，237。

③ 杨小明：《哥白尼日心地动说在中国的最早介绍》。《中国科技史料》，1999，20(1)，67～73。

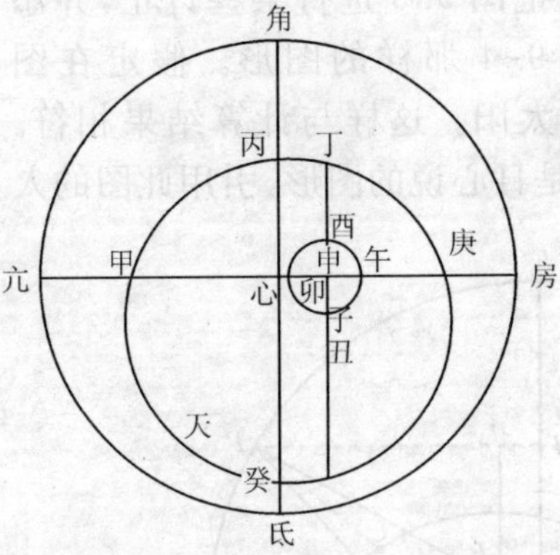

图 9.1　《历学会通》中之图

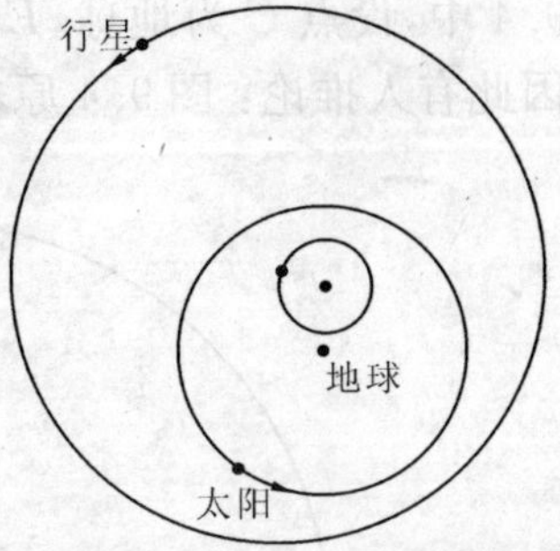

图 9.2　改绘图 9.1 为现代形式

《正集》卷 4“五星经纬部”有这样的话：“土木火三星经行法原”并有一图(图 9.1)。下有简短解释：“心为地心，角亢氐房为土木火星圈，丁甲癸庚为太阳圈，星从角氐顺行。”如果把图 9.1 改绘为现代图形就是图 9.2。这显然是一个地心体系，而非哥白尼日心地动体系。在此基础上，《正集》又讨论了土、木、火三行星的每日平行度数，且以土星为例较详细地计算了位置图例(图 9.3)。这图 9.3 和前

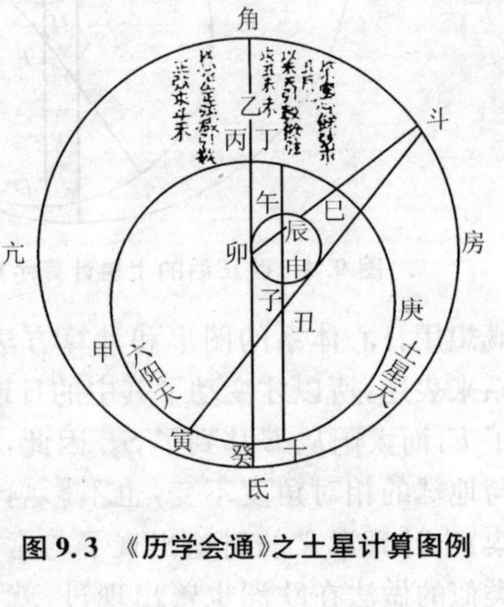

图 9.3　《历学会通》之土星计算图例

边的图 9.1 是一致的。如果把图 9.3 进行某些订正，并添加必要的辅助线就变成图 9.4 那样的图形。假定在图 9.4 中，设点 C 为地球，E 为太阳。这样与计算结果相符。因此有人推论：图 9.4 原本是日心说的图形，引用此图的人

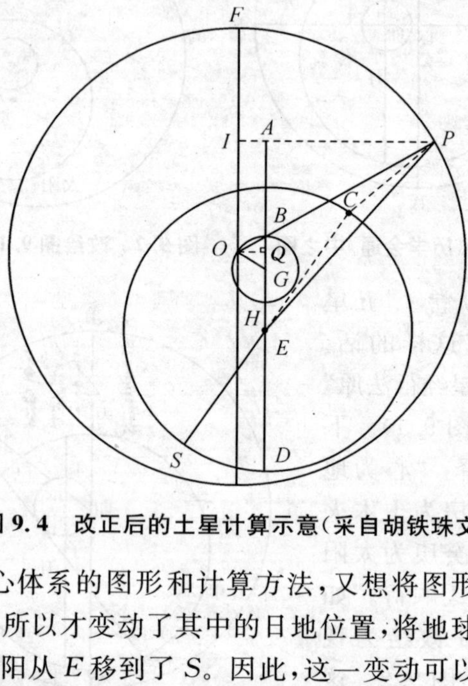

图 9.4　改正后的土星计算示意(采自胡铁珠文)

既想用日心体系的图形和计算方法，又想将图形按地心体系来表述，所以才变动了其中的日地位置，将地球从 C 移到了 E，而太阳从 E 移到了 S。因此，这一变动可以保证太阳与地球的相对角度不变，也不影响计算结果，但是却与《正集》中计算意义的讨论出现了与常理相矛盾的结果。这种类似的做法在欧洲也曾出现过，就是刻卜勒的老师麦斯特林(Michael Maestlin，1550—1631 年)对日心体系的解释，并给出如图 9.5 那样的图形，E 表示太阳；O,P,Q 的圆表示地

球轨道;过 M,N 的小圆相当于《正集》图 9.2 的小圆,其他三个小圆则相当于哥白尼《天体运行论》图中的小圆[①]。显然,图 9.5 可以看作是《正集》中的图与《天体运行论》中有关图的重合,实际上麦斯特林就证明了《正集》和《天体运行论》的两种图形的等价性[②],归根到底也说明两种体系是等价的。

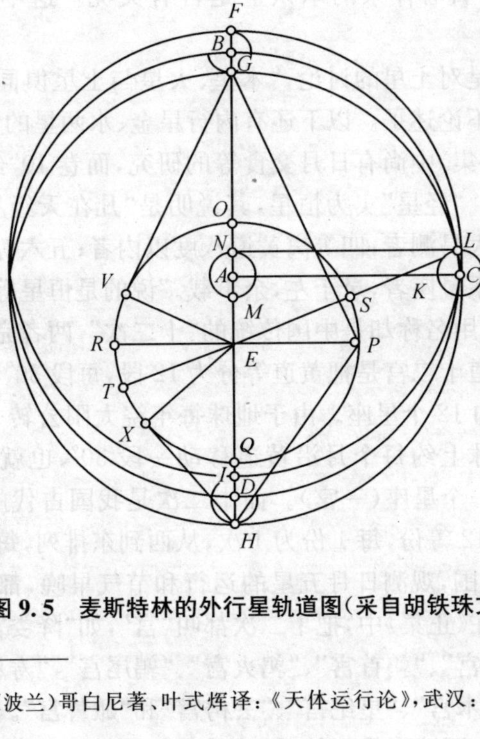

图 9.5 麦斯特林的外行星轨道图(采自胡铁珠文)

---

① 见(波兰)哥白尼著、叶式辉译:《天体运行论》,武汉:武汉出版社,1992,238。

② 胡铁珠:《〈历学会通〉中的宇宙模式》,《自然科学史研究》,1992,11(3),224~232。

根据上面的简单论述，可以认为薛凤祚的宇宙体系倾向于哥白尼日心地动说，但是由于所采用的图形还试图用地心说，所以使后人不易看懂和了解。这种情况并不意外，在欧洲还是处于日心说和地心说斗争的时代，穆尼阁非常知道这种情况，能够把与哥白尼日心体系等价的学说介绍给中国学者也就不错了。当然，穆尼阁与哥白尼都是波兰人，在关于日心体系的承认上是否有关呢？这不是本书的任务了。

以上是对土星的讨论，“木星、火星与土星俱同理同法”，这里也就不论述了。以下还有内行星金、水两星的计算问题。

在《正集》中尚有日月交食等的研究，而卷10“经星部”应略加说明。“经星”实为恒星，其说明是“凡在天经星，一等二等三等光大易测者；四等离黄道八度以内者；五六等小星在八度以内联系星座者，录于左，余不载。”说的是恒星等和黄道十二宫，但所用名称却是中国传统的“十二次”，两者完全是两码事情。黄道十二宫是把黄道等分为12段，每段30°，在其两侧8°范围内的12个星座。由于地球每年绕太阳公转一周，所以太阳在天球上约每个月沿黄道移动一段30°，也就是相当于每月通过一个星座(一宫)。而十二次是我国古代的作法，将赤道分为12等份，每1份为1次，从西到东排列，每“次”占赤经30°的范围，观测日月五星的运行和节气早晚，都以十二次为标准。在《正集》中，把十二次都叫“宫”，如“降娄宫”、“大梁宫”，“实沈宫”、“鹑首宫”、“鹑火宫”、“鹑尾宫”，“寿星宫”、“大火宫”、“析木宫”、“星纪宫”、“玄枵宫”和“娵訾宫”。其目的可能是希望中国读者易于接受，也许是一种会通吧？这显然是不必要的，因为中国人早已知道黄道十二宫的名称。我想这种努力还是应当肯定的。

《正集》主要讲天文学，而天文学又需要大量计算，书中给出各种天文数表，大多用中国的“立成”称之。最重要的是对数表。薛凤祚说到他从穆尼阁学习对数时说：

> 穆先生出，而改为对数。今有对数表，则省乘除，而况开方立方三四五方等法，皆比原法工力，十省六七，且无舛错之患，此实为穆先生改历立法第一功。予执笔以受，时而重译，于戊辰(1628)历元后二十五稔(1653)，岁在寿星，历春暨夏而秋，方盛暑则烈阳薰灼，挥汗浃背，劳诚苦矣，功于何有！①

当时其艰苦情况可想而知。薛凤祚还制成《比例对数表》，并解释其用法：

> 愚今授以新法，变乘除为加减，较旧术特为便捷，其于斯道②未必无补，解此别有专书，今特略明其理，如下二表，二同余算，不论从一、二、三、四起，或从五、七、九、十一起，但同余之内中三相连度数，可取第四。③

用汉字给出了两种小表，今改用阿拉伯数码如下：

---

① [清]薛凤祚：《比例对数表序》。

② “斯道”指天文历法。

③ [清]薛凤祚：《比例对数表》。

比例算	1	2	4	8	16	32	64	128	256	512	1 024	2 048
同余算(Ⅰ)	1	2	3	4	5	6	7	8	9	10	11	12
同余算(Ⅱ)	5	7	9	11	13	15	17	19	21	23	25	27

其中“同余算”有两个,分别对应“比例算”,即两个小表。“比例算”即四率成比例,求第四率。例如有用三率法:“比例算”一率 4 对“同余算(Ⅰ)”3,二率 32 对 6,三率 128 对 8,而 6+8-3=11。由 11 查表,对应的“比例算”1 024 即为所求。薛凤祚说:“思得此理,即作大表,其取用之理,尚有他解,假时当细诠传世。”他还举出 160 232 求对数的例子,用比例法求出 lg 160 232=5.204 748。由此制作成 20 000以内的对数表,小数为 6 位,叫做《比例对数表》,是中国历史上第一分对数表。在表中,把真数叫“原数”,对数叫“比例数”。

《正集》中还有一本《比例四线新表》,是将正弦线、余弦线、正切线和余切线的“四线”用对数进行计算,成“四线比例数”,认为这样做是把乘、除变为加、减,“用之作历,省易无讹者也。”这表也是 6 位小数。

在《历学会通》续集中有《三角算法》一书,其讲述的是平面三角和球面三角问题。设 a,b,c 为平面三角形的三条边,而它们所对之角为 α,β,γ,于是用现代表示则有

$$\lg b=\lg a+\lg\sin\beta-\lg\sin\alpha;$$

$$\lg\tan\frac{\alpha-\beta}{2}=\lg\frac{a-b}{2}+\lg\tan\frac{180^\circ-\gamma}{2}-\lg\frac{a+b}{2};$$

$$\lg\tan\frac{\alpha}{2}=\frac{1}{2}\{[\lg(s-b)+\lg(s-c)]-[\lg s+(s-a)]\}$$[①]，

其中 $s=a+b+c$。

在球面三角部分，他对《崇祯历书》中之《测量全义》很多公式以对数给出，此外又列举出一些新公式，如"德兰布尔比例式"、"纳贝尔比例式"、半角公式及半弧公式[②]等都是第一次在中国见诸记载的。而在《天步真原》人命部中，他也使用了不少球面三角法。

总之，穆尼阁和薛凤祚在三角法研究工作中大量使用了对数，其计算相当快速，是一大特点。由此进行推测：至少在薛凤祚的学术思想上，把对数这种新鲜数学看得很重，或者说占有很高的地位，这也符合历史实际。在引进西方天算时，也带进来一些糟粕，他并未予以批判，这是其不足之处。

下面来看看薛凤祚的其他工作。

薛凤祚在晚年应邀转向治水，任务完成后写成《两河清汇》一书。所谓"两河"指流经山东的黄河与运河，全书 8 卷。其首卷"黄运两河全图"，共 15 页，由粉、绿、蓝三色绘成(印刷时为黑白)。图 9.6 是收入《四库全书》的《两河清汇》中的《两河图》，图形全改为黑白，实际为 15 幅(段)。黄河与运河都是全程，并把两河画在一起。如果把 15 幅图连接成一大长条，就完整无缺。黄河由星宿海东行，在江苏入海(当时黄河河道在南)。运河南起杭州，北上到今北京，在江苏境内由骆马湖到清江的一小段两河南北并行，而在清江交汇。

---

① 李俨：《中算史论丛》第三集。北京：科学出版社，1955，196。

② 李俨：《中算史论丛》第三集。北京：科学出版社，1955，220～221。

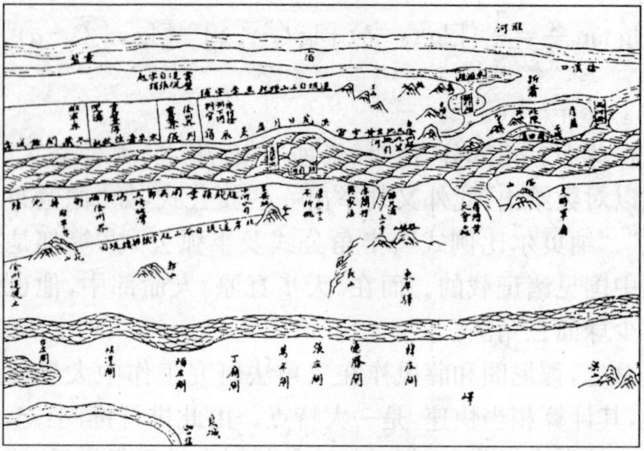

图 9.6　两河图(部分)

绘制黄、运两河全图绝不是一件简单事情,薛凤祚必掌握两河的资料,还要尽可能亲履其地进行勘察,否则是难以画成的。

从《两河清汇》的内容来看,薛凤祚查阅了大量历史文献,特别是元明两朝尤详。更重要的是,他在很多问题上有清醒的认识,如他对所谓“河神”的看法:

> 或有问于愚曰:河有神乎?愚之曰:有。问者曰:化不可测之谓神,河决而东,神舍西矣。河决而南,神舍北矣。神之所舍孰能治之?愚曰:神非他,即水之性也。水性无分于东西,而有分于上下,西上而东下,则神不欲决而西,北上南下则神不欲决而北。间有决者必其流缓而沙垫。是过颡在山之类也,挽上而归下,挽其所不欲而归于其所欲,乃所以

奉神,非治也。[1]

就是说,薛凤祚根本就不承认有"河神",河决与不决乃是水性,不是别的,他还进行了解释和比喻以说水性问题。

关于沙垫问题,薛凤祚对河沙的看法是"水去沙停,其底自高。归漕则沙随水,自难垫底,但沙最易停,亦易刷。即一河之中,溜头趋处则深,平缓处则浅。此深彼浅,总不出我范围,此挽水归漕必不可缓。而欲挽水者,非塞决筑堤不可也。"[2]

他认为,治河必须根据水性,应塞则塞,应导则导,就像"治土而防其川,犹之儿啼而塞其口,故禹之治水以导,而今治水以障"。在他看来,"防之者乃所以导之也。"[3]又认为有的堤,如旧遥堤"系沙土,则不必论坚瑕皆当改筑",为什么?"盖能漏水,漏水则易溃。铁锥筒验试,遇之即行添补。"这是"国计民生之命"[4]。

薛凤祚又认为"治河有疏、浚、筑三法;疏者今有分流,浚者逐去其沙之谓也。令塞决口坚堤岸,皆以事于筑耳。岂疏浚之功,可不讲乎?水性喜直,建筑之势其行速而莫御曲,有回旋之处其行缓而易滞。"这也是很有价值的见解。

他为了治河曾向主管人三上建议[5],上述之见解即为首次之内容。可见薛凤祚直到晚年仍执着致力于"实"学之实

① [清]薛凤祚:《两河清汇》卷7"黄河·河议辨惑·河神"。
② [清]薛凤祚:《两河清汇》卷7"黄河·河议辨惑·沙垫"。
③ [清]薛凤祚:《两河清汇》卷7"黄河·河议辨惑·防河非障河"。
④ [清]薛凤祚:《两河清汇》卷8"查理旧置遥堤"。
⑤ [清]薛凤祚:《两河清汇》卷7"黄河·刍议或问序"。

行，而非敷衍塞责。

薛凤祚还研究了西方传进的力学、简单机械、水力学等，他深有体会地说：

> 圣人制器以利天下，凡前百工之技，皆有巧寓焉。以重学言之，今支矶、轮盘、等子、辘轳、滑车诸物，其资益世用久矣。但人日用由之而不知其所以然。不明其理，则不能变通诸法，即美利在前亦以无所传述而不悟度数。重学其轻捷省便处，新奇玄奥，令人心花顿开。虽其中有费时之虑，然得其意而善用之，自有迟速咸宜之妙，……费工不及十之一二，而措办无难。……起重、引重、转重，三种为类颇烦，每种[取一]之益为三隅之反，非谓此学已尽于此，非谓此学尚未尽于此也。①

他认为人们应当知道简单机械的原理，才能推广。这里所说的"重学"就是现在的力学，利用原理制造的简单机械，常省很多力，但说"费工不及十之一二"，则有所夸大。重学就是"起重、引重、转重"较复杂一些的机械原理，可以先制作一种，起举一反三的作用。不是说，重学至此已什么都包括了，也不是说是"尚未尽于此"。意思是重学还要发展，它没有停止，到此并未到尽头。

既然重学在水利工程中有此好处，而且"措办无难"，就应当制造有关工具，推广使用。由此，薛凤祚建议：

---

① [清]薛凤祚：《薛氏遗书·重学叙》，据康熙刊本。

> 河工惟筑堤筑决为上策，勤劳民力至不容已矣。而堤塞之工尚有可从省易者。今有重学一法，畚[1]土之器以机发之往往一人可当三四人，至易而简。遇有兴工，如用丁夫十万，止用四五万而足，民力国计并有裨益。曰土车，曰石夯，曰石杵，每器各置一式，为观者一笑！[2]

从最后一句话，可以看出：薛凤祚仅是建议这样做，但他并没信心，每种器具先做一件，让大家看看，也可能使"观者一笑"。估计当时在治河工地没有制成任何一种机械，直到150多年后治河工具仍用的是中国传统的工具，并没有新式工具[3]。

由于薛凤祚知识渊博，有很高理论水平，在治河工程上要求实践(个人在这一点无能为力)，提倡用新的科学原理制造有关工具，做到了应做的一切，正反映出他作为一个思想家的本色。

薛凤祚的一生，追求真理，积极推行"实"学，在科学实践方面做出了贡献。

三、为明守节思想笼罩一生的王锡阐

王锡阐，字寅旭，号晓庵，明崇祯元年六月二十三日(1628年7月23日)诞生于江苏省苏州府吴江县震泽镇(今苏州市吴江市震泽镇)，比薛凤祚小28岁。他"生而颖异，多深湛之

① "畚"音本 běn，簸箕。

② [清]薛凤祚：《两河清汇》卷8"刍论·重学"。

③ [清]麟庆：《河工器图说》，1836。

思，诗文峭劲有奇气，博极群书，尤精历象之学。”[①]当时明王朝已处于风雨飘摇之中，他主要潜心于学习，很少与外人交往。

崇祯十七年(1644 年)，李自成军进入北京，崇祯帝自缢于北京景山，明亡。不久，清军击败李自成，入京，年仅 8 周岁的爱新觉罗·福临在北京登皇帝位，是清入关后的第一位皇帝，年号顺治，当即改为顺治元年。这时，王锡阐对明朝的灭亡痛不欲生，出于爱明思想，投河寻死，但遇救，在家又绝食 7 天，由父母劝说才复食而活下来。他完全弃去科举，只是在家专心读书，研究明末时遗留下的徐光启等人译撰之《崇祯历书》。他为亡明守节，过着清贫的生活。不久，在吴江县一农村私塾教书度日。当时明朝虽亡，但还有一小股势力在南方抵抗清军，史称南明。有些吴江的知识分子，如潘柽章(1628—1663 年)等，常聚在一起讨论为亡明立传，潘虽很年轻，但已精历史，决定仿汉司马迁作《明史记》[②]。

潘柽章作《明史记》时，是由一些同道分工进行的，王锡阐主要负责年表历法。由于他们是同乡，王便常住潘家，文献记载说：王锡阐“尝馆其家，讲论算法，常穷日夜。”[③]潘柽章之弟潘耒后来也有记载，说王锡阐“与亡兄力田(柽章)最善，馆余家数年。……亡兄修史书，君(王锡阐)分任十表，索其稿无有矣。”[④]

---

① 《苏州府志》卷 106“王锡阐”。

② 《吴江县志》卷 32“潘柽章”。

③ [清]徐世昌：《清儒学案》卷 6“林亭学案附柽章”。

④ [清]潘耒：《逐初堂集》卷 6“晓庵遗书序”。

在顺治庚寅年(1651 年),王锡阐的同乡吴宗潜、叶继武等发起成立"惊隐诗社",王锡阐也参与其中。在明亡之后,"士之憔悴失职高蹈而能文者,相率结为诗社,以抒其旧国旧君之感,大江以南,无地无之。"可见江南文人是以诗的形式结为诗社,互相唱和,抒发怀念故国(明)之情感。苏州一带是文人荟萃之地,这种诗社自然很多,其中最盛者,即是被誉为吴社之冠的惊隐诗社。此社又称"逃社"、"逃之盟",入社的名流,可考者有湖州、杭州、昆山、无锡、苏州、吴江等地 48 名,其中仅吴江就有 34 名。"分湖叶桓奏社中之领袖也,家唐湖北渚之古风庄,有烟水竹木之胜,岁于五月五日祀三间大夫(屈原),九月九日祀陶征士(渊明),同社麇至,咸纪以诗。"在此期间,王锡阐与惊隐诗社诸同道"相与遁迹林泉,优游文酒,角中方袍,时往来于五湖三泖[①]之间"[②]。由此可知,这个诗社在当时很是潇洒,"遁迹林泉、优游文酒",但内心却是怀念故明。

顺治九年(1652 年),王锡阐的家乡吴江发生旱灾,农业欠收,他写诗一首表达自己对乡亲们遭受苦难的心情:

郁仪生旸谷[③],　朱光彻帘垓。
苍生憔悴极,　天意竟不回。
薄云聚复散,　永日闻空雷。
我固冰雪心,　炎燎不能灭。

---

① "泖"音卯 mǎo,"三泖"即泖湖,位于今上海市松江县。

② 此段取自吴国良:"王锡阐年谱",载《王锡阐研究文集》,石家庄:河北科学技术出版社,2000,184～219。

③ "旸谷"是太阳出来或升起之处。

独怜瘴烟厚，　焦死空阶台。
长风不可得，　青蝇拂又来。
座客流汗赤，　精神敝黄埃。
双眉无用颦[1]，　浊醪[2]为君开。
运数适如此，　浩叹何为哉?
蝉抱高枝鸣，　渴死声不衰[3]。

诗的最后几句，明显表现出王锡阐为明守节之心意。这时，清已入关登极八九年了，王锡阐还是念念不忘明王朝(当时南明还在)。

这可以说，是王锡阐在惊隐诗社的一次诗作吧，多少有借题发挥的意思。看来，他的生活相当忧愁，把时间都打发在写诗和对天文学、数学的研究上。其《历说》5 篇即于此时前后陆续完成的。《历说》对当时中西历法之得失多有中肯之评论，特别是日月食的研究更是重点，他认为:“推步之难，莫过交食，新法于此特为加详，有功历学甚钜。”并进一步指出:“以交纬定入交之浅深，以两经定食分之多寡，以实行定亏复之迟速，以升度定方位之偏，以黄道中限定日食之时差，以北极高卑定视距之远近，以地度东西定加时之早晚，皆前此历家所未喻也”，讲述西历在交食方面之高明，但在理解上有不足，并以戊戌仲夏朔(1658 年 6 月 1 日)日食，己亥季春望(1659 年 4 月 6 日)月食为例说明西历之优越性: 前者初亏差天半

---

① “颦”音频 pín，皱眉。
② “醪”音劳 láo，醇酒。
③ 《震泽镇志》卷 3“灾祥”，转引自吴国良“王锡阐年谱”。

分，复明先天一刻；后者带食分秒，所差尤多。西法认为是“月在最卑，视径大，故食分小；月在最高，视径小，故食分大”。王锡阐说这种理解是不对的，应是“视径大小，仅从人目，食分大小，当据实径。太阴实径，不因高卑有殊。地影实径，实因远近损益，最卑之地影大，月入影深，食分不得反小；最高之地影小，月入影浅，食分不得反大。”[1]这种认识更合乎实际，因而是正确的。

王锡阐已知5个行星金、水、木、火、土绕日而行的规律性，其中“金、水二星于本圆右旋，木、火、土三星于本圆左旋，皆为日天所掣而东”[2]。认为汤若望在顺行、逆行上的理解有违于运行实际。

他特别强调不论对于中法还是西法，都不能保守不变，西法只能与中法会通，不这样不行。他认为“以西法为有验于今可也，如谓不易之法无事求进不可也。”[3]可见，王锡阐的思想是对前人的历法有批判地接受和在不守旧中提高与发展，西法可以“有验于今”，但不是“不易之法”。

在这个时期，王锡阐虽然与他人接触不多，但如前述，却与有反清复明思想的人多有联系，参加惊隐诗社和编写《明史记》都是明显的事例。接触最多的当是同乡潘柽章。由于这种接触，很自然便与柽章之弟潘耒成为亲密朋友。该人很聪明，有“神童之目”，当王锡阐馆于其家时，两人“讲论常穷日夜”。

---

① ［清］王锡阐：《晓庵遗书·杂著·历说四》。

② ［清］王锡阐：《晓庵遗书·杂著·历说五》。

③ ［清］王锡阐：《晓庵遗书·杂著·历说一》。

王锡阐也与在明代做过官的著名学者顾炎武(1613—1682年)有过交往。约于顺治十八年(1661年),顾炎武由昆山来往杭州等地要经过吴江,他和王锡阐必见面。后来他们之间有书信来往。

康熙二年(1663年),南明与地方的抗清势力都彻底失败,清朝一统天下,局势渐趋稳定。于是在此情况下,清政府便加强了国内统治。就在这时,一场大祸便落在了王锡阐朋友的头上。

在潘柽章等编撰《明史记》之后,南浔(今浙江吴兴县境内)的庄廷铣也在撰写《明史》,其中尊奉南明弘光、隆武、永历为正朔,还有对清的指斥之辞,被人告发,酿成大祸,名士伏法者有221人。庄廷铣当时已双目失明,以故国的阁臣朱国桢的史概为蓝本,由一些同志文人,撰成《明史》。庄廷铣自然死亡,其父庄允诚为竟子志,遂将其书印刷行世。在书的署名上,有潘柽章、吴炎(?—1663年)之名,为参阅者,竟被列入221人中而罹难。其实潘、吴两人并未寓目,只是因他们有盛名而列入,纯属天大之冤枉。

王锡阐的妹妹锡蕙于幼年时即许配给庄廷铣之侄庄济。庄济亦因《明史》案被流放至盛京(今沈阳市)。锡蕙闻凶讯后日夜涕泣求死,幸有母亲百般照顾得免。当时,同镇有一叫沈镰的人,闻听锡蕙之情况后,自告奋勇,只身一人不顾天寒地冻北上盛京戍所设法营救出庄济,回到南方后,庄济与锡蕙结婚,并改姓为王,居吴江。

当庄济被捕后,先关押在杭州监狱。王锡阐曾前去探望,他平生仅去杭州这一次。后来他有一回忆说："虎林[①]纷靡浮薄之区，不佞自板荡[②]以来三十年，所惟癸卯[③]一至，与彼中人眉目暂向，语言乍接，震骇惶怖，惟恐去之不速。"[④]

由此，原来的《明史记》工作，也就自然停止、散摊了。王锡阐更加谨慎，只能闭门研究天算。这年，他完成了重要著作《历法》6 篇，即《晓庵新法》。

这时，王锡阐又引导潘耒，按《大统历》进行研习历法，作《丁未历稿》。他对潘耒备加爱护，他自己也说："某少，承寅旭先生屡相劝诱，惰不肯学，近颇愿学而僻陋无师永……其（王锡阐）所著历稿约有数年，不止丁未，皆大统法也。"[⑤]由此知，他们是共同研究《大统历》，而又合作《丁未历稿》的。后来，清政府征求文学之士，诏博学鸿儒，潘耒被推荐，但"辞不就"，可是又被征召，只好去北京应试，授翰林院检讨。

就在这前后，王锡阐和张履祥、吴嘉玲、吕留良等学者接触。张履祥（1611—1674 年）字考夫，居桐乡（今浙江桐乡市）之杨园村，故学者们称他为杨园先生。他早年丧父，在母亲教育下成为著名学者，"肆力程朱之书"。他又从事农业研究，著《补农书》1 卷[⑥]。张嘉玲字佩葱，吴江人，还有一何汝霖（1618—1689 年）海盐（今浙江海盐县）人等，与王锡阐同馆于语溪（今浙江桐乡市境内）吕留良（1629—1683 年）处，可以说

① "虎林"即武林山的别称，在今杭州市西，亦为武林城。

② "板荡"指政局变乱或不稳定。

③ "癸卯"指康熙二年、癸卯年，1663。

④ [清]王锡阐：《晓庵先生文集》卷 2"与吕仁左书"。

⑤ [清]潘耒：《遂初堂集》卷 5"与梅定久书"。

⑥ [清]李元度：《国朝先正事略》卷 27"张先生履祥"。

是在修明史之后，一些明朝遗民又一次结合，他们不是再写明史，而是研讨程朱理学，异于当时王阳明的心学，人们颇推崇张履祥、吕留良①。

在这期间，王锡阐开始与薛凤祚通信。康熙七年（1668年）八月，顾炎武向王锡阐推荐薛凤祚，说薛在天文历算方面颇有造诣，他立即给薛凤祚写了一封信：

> （锡阐）自己"生无他嗜，惟于历象之学究心多年，然而僻在江表，既少书器，又无师授，是以志弥苦而术弥疏，岁弥深而惑弥甚，苟得先生为之析疑妄。"

他"以疑数端，请正高明"，还预测了"今冬十月望月食，来年四月朔日食"②，与薛凤祚互相研究。这两个日期分别是1668年11月18日和1669年4月30日。

王锡阐去这封信，并未收到薛凤祚的回答。此时，薛凤祚先在家乡金岭镇"隐居著述"，后在水利工地上奔波，也许是没顾上。过了三四年，于康熙十一年（1672年），吴孟举从语溪去北京，王锡阐请他捎封信给潘耒。信中就提到了他给薛凤祚信的问题，问作何答语，是否肯以秘书奇器赐教，还请潘耒在北京帮助搜寻有关图书资料③。

同一年七月，王锡阐收到万充宗寄赠的历表和信函，除对王的恭维称许外，主要是请教和商讨有关历法问题。王锡阐

---

①③ 薛斌："王锡阐年谱"，《中国科技史料》，18卷4期，1997，28～36。
② ［清］王锡阐：《晓庵先生诗集》卷2"又续答潘次耕书"。

很快就给万充宗写了回信，对方提出的问题分别予以回答[①]。这封回信的主要之点是：首先对万充宗的"今人学不如古，历则古不如今"说法表示应分别看待，指出"以为创始难工，增修易善，古人之学殆未可轻议也。"举出事例，说明道理。其次万充宗在信中对中西历法作了比较，王锡阐则认为应当认真分析，且要分别对待。因为"西历源于九执，而测候稍精"，"大统未必全失，西人未必全得"，从理论上予以分析："历有法有数，……法有法中之理，数有数中之理。法中之理，大统所失甚微，西人更张数事，舛戾无穷"，至于"数中之理，西人所得优于大统，"但"亦犹有所未昼知也"。最后，王锡阐说："宜信加详慎"。

这封信，比较集中地反映出王锡阐对中西历学的思想。中西历法的得失，不能一概而论，就是《大统历》"未必全失"，"所失甚微"，而西法也有"未尽知"之处，它的优点主要是"数中之理"。实际上，西法中所用之数学如梅文鼎所说主要是球面三角法，优于中法。

在此时，王锡阐在浯溪与朋友们讨论《中庸》和自己撰写的文章《日月左右旋问答》，对于程朱理学亦开始宣传，认为对前人诸经的看法是"愿同志求经于传注之内，毋疑经于传注之外也。"可知他思想上的要点。

40岁以后的王锡阐，身体不好，但还念念不忘亡明，他守节如常，穿古衣，用古字，写文章不用清的年号等等。当时已病到不能握笔的程度，还是勉强写信。已往的朋友，如张履祥、吴嘉玲等相继去世，王锡阐倍感凄凉。辛好这时还有潘耒，又相识了徐善，（徐发之弟，发著《天元历理》，兄弟为浙江

① ［清］王锡阐：《晓庵先生文集》卷2"答万充宗书"。

嘉兴人）。

这时，潘耒有一项活动，使王锡阐非常担心：潘耒不顾其兄等之罹难，又致力于明史研究。王锡阐不愿看到当年的情景再次重演，于是写信相劝："吾愿次耕因人成事，可幸无罪斯已而已，弗烦过用其心也。"①应当多加注意。

但是，王锡阐的家庭不幸却接踵而至：康熙十七年（1678年），父亲去世，十九年（1680 年）侄子亡故，不久弟弟锡伦和母亲都相继去世，骨肉略尽，十分凄惨，生活也日益穷困。这时他已 53 岁，离自己的去世也仅剩两年了。

虽然这时的王锡阐已是贫病交加，悲伤异常，但是仍坚持科研，撰写论文。康熙二十年八月朔（1681 年 9 月 12 日）将发生日食，他用自己编的历法，与《大统历》、《崇祯历书》等分别进行预测，还与徐发等人以五家历法同测，观测的结果是自己的历法最密。他写了一篇《推步交朔测日小记》并序，记载此事。在其序中说："平情而论，创法为难，测天次之，步历又次之"，但"验历亦不易也。"②这是他的亲身体会。

康熙二十一年（1682 年）春，王锡阐应友人之请为友人之寡嫂作序③，由此他联系世事人生，感叹"人之最堪悲者，惟亡国之臣与丧偶之妇，而最难必者亦惟亡国之臣与丧偶之妇。非始之难，终之难也。始之，终之，而曲节细行不可以微爽之难也。一步之差，或贻悔终身；一语之误，或口实后事，不可不慎也。"他借此，抒发对亡明之悲伤。

---

① ［清］王锡阐：《晓庵先生诗集》卷 2"又答潘次耕书"。

② ［清］王锡阐：《晓庵遗书·杂著·测日小记序》。

③ ［清］王锡阐：《晓庵先生诗集》卷 1"黄贞妇四十序"。

就在这年的九月十八日（10 月 18 日），王锡阐在病中去世。他终生为明守节，是一典型的布衣科学家。无子，有二女。据记载：王锡阐以“中寿没，且无子，潘耒从其家求遗书，得诗文二帙，著述数种。”①

关于王锡阐的著述，早在王锡阐在世时潘耒就已注意整理，有的“尽为妄人窃去”，有的已被带走等等。王去世后，潘耒、徐善、沈眉寿、俞钟岳等人都曾搜集王锡阐的著作，有的已在本书第六章提过。

据现在所知，王锡阐有下列著作：

《大统历法启蒙补遗》1 卷；

《历法》（即《晓庵新法》）6 卷；

《晓庵遗书》3 册或 5 册；

《王晓庵先生遗书补编》16 卷；

《圆解》1 卷；

《筹算》1 卷②；

《晓庵先生文集》3 卷；

《晓庵先生诗集》2 卷；

《五星行度解》1 卷。

其中第三、四两种都包括了王锡阐全部天文历法著作。第四种，仅日本东北大学图书馆藏一部抄本 6 册。王氏生前没有出版过任何著作，幸有潘耒、徐善等大力搜集、整理才保存下来。

---

① [清]钱仪吉：《碑传集》卷 132“王锡阐”。

② 李迪、查永平：《中国数学史大系》副卷 2“中国算学书目汇编”，北京：北京师范大学出版社，2000，670。

四、王锡阐的科学成就

"西学中源"到康熙帝和梅文鼎的时候才真正在全国确立，同时才被多数人所接受的观点。

薛、王、梅三人之间从未见过面，以上所述都是他们思想上的共同点而已。三人中，梅氏最小，知道前两人的作品自然最多，这就涉及到他们之间的一些具体事情。以下分三小部分论述他们之间在著述中的记叙。

梅文鼎与薛凤祚。梅文鼎早年并不知道薛凤祚其人，康熙十四年(1675 年)他去南京才知道薛凤祚。薛凤祚所编辑的译著，如《天学会通》等都是在南京刻印的。当梅文鼎到南京时，薛凤祚早已返回山东。梅氏是听马德称说的这件事，从南京顾昭处借抄《天步真原》和《天学会通》两书，并为两书作"订注"。对前书的订注说：

我读守圉书， 重下徐公泪。
神威及旷远， 良哉攻守器。
当时卒用公， 封疆岂轻弃。
执辔果何人， 历险失骐骥。
国论归党同， 嘉谟阻深忌。
会通及师学， 要眇益人智。
法制殊不悉， 知君有深意。
趵突自重渊， 妙理参天地。
运转如瞀任， 征奇于焉至。

用兹为灌溉，　农亩将蒙利。
何以不尽言，　悠然穷拟议。
愿君发藏笈，　慷慨怜同志。
临风实跂予，　莫惜微言寄[1]。

诗中既肯定了薛凤祚的历算工作，也指出了他的价值。梅氏是个很有感情的人。

梅氏既然得到了薛凤祚的“全书”，就有充分的资料对于对数进行深入研究，于是著有《比例数解》4卷。他还认为王锡阐疾病缠身，但是他十分勤奋，除了在室内研究、计算外，夜间还到屋顶上观天。清代有记载说王锡阐：

博览群书，守义树节，与张杨园讲濂洛[2]之学，兼通中西天学。……先生独闭户著书，潜心测算，遇天色晴霁，辄登屋卧鸱吻[3]间，仰观景象，竟夕不寐，务求精符天象，不屑屑于门户之分。著《晓庵新法》六卷，考古之误而存其是；择西学之长而去其短。据依圭表改立法数。虽私家撰述，未见施行，而为术精妙，识者莫不称善。[4]

这是具有小结性质的话，也是对《晓庵新法》的简要评价。

① ［清］梅文鼎：《绩学堂诗钞》卷2“寄怀青州薛仪甫先生［四首］（庚申）”。
② “濂洛”指宋代之周敦颐、程颢程颐之理学。
③ “鸱吻”是房屋一种构件，正脊两端有折而向上似张口吞脊之势。
④ ［清］李元度：《国朝先正事略》卷33“王寅旭先生事略”。

清代最著名的学者顾炎武在其《广师篇》中说："学究天人，确乎不拔，吾不如王锡阐。"[①]可见，王锡阐的天文历算水平之高。

王锡阐在天文学方面有两本主要著作，即《五星行度解》和《晓庵新法》。前书有时收入他书内，篇幅较小。他的主要研究，可归结为两项：关于宇宙模型和交食问题。

当时传入中国的宇宙模型或说日月五星体系主要是西方流行的第谷体系，但还是比较复杂的。他首先于1663年完成了《晓庵新法》一书，其中包括较广的内容。对西方历法，他认为不能是完美无缺的，在该书自序中指出：

> 万历季年，西人利氏来归，颇工历算。崇祯初，命礼臣徐光启译其书，有历指为法原，历表为法数，书百余卷，数年而成，遂盛行于世。言历者莫不奉为俎豆。吾谓西历善矣，然以为测候精详可也，以为深知法意未可也。循其理而求通可也，安其误而不辨不可也。

又举出中西法实例予以比较，"当辨者"10条。原来"译书之初，本言取西历之材质，归大统之型模，不谓尽堕成宪而专用西法"，我现在就是这个意思，"兼采中西，去其疵类，参以己意，著历法六篇"，写书的意图十分清楚，是要"取西历之材质，归大统之型模"，以会通等事使中西两存之。这是《崇祯历书》问世以来的创举。

---

① [清]《清史列传》卷68"顾炎武"。

《晓庵新法》原称《历法》6 篇，似后改 6 卷。

第一卷主要是从勾股问题起讲述一些常数，如把全圆周分为 365.256 559 32 度、西方的 360°和他自己所设的 384 分，它们分别叫做“度限”、“平限”和“爻限”。王锡阐没有说明为什么要设爻限，以理推之可能是想用它会通中西之度吧！

第二卷给出了“度法百分”、“爻法百策，策法百分”都是百分递析。他又给出了二十八宿每一宿的黄经跨度和距星的黄纬，而且都用上述的度限和爻限，黄纬用“南”或“北”表示。以崇祯元年为历元、“南京应天为里差之元”，这可能是王锡阐为明守节的具体表现。他把自己的这套方法叫做“新法”，用以会通《崇祯历书》或《大统历》。

第三卷主要讲求用中西两种方法处理日月五星的位置。

第四卷讲述昼夜长短、五星远近、视径、月星伏见和日星光体盈亏等等，其中“日星光体盈亏”虽然说的不是很清楚，但也说明了星有盈亏现象。

第五卷讲述气差、视差、晨昏日月径、月体光魄定向、变差等问题，气差即时差，而晨昏日月径就是日月在晨昏时径的大小有变化，实为濛气差产生的现象。其中月体光魄定向是“给出确定日心和月心连线的方法，这是王锡阐首创的方法”。①

第六卷讨论日月交食和凌犯等问题。这是该书最重要的一卷，篇幅也最长。王锡阐在这里研究了日月食，首创了对初亏、复圆方位角的计算问题。考虑到了交食的各种现象，相当细致。其中关于“太白食日”是中国天文学史上第一次提到的

---

① 江晓原：《王锡阐及其〈晓庵新法〉》，《中国科技史料》，1986，7(6)，48～51。

新见解。现称金星凌日，王锡阐研究了凌日的计算方法等，在“日中黑子”称“食中限大于太白定径者，太白体全入日，为日中黑子。置太白定径如日晨昏径而一，得黑子分秒。”给出了金星凌日所形成的“黑子”现象，就是金星全进入日面内，就像日食的环食那样。同时，他也给出了计算方法。

在《晓庵新法》中，王锡阐没有明确讲述太阳系模型问题，但是全书讨论了日月五星运动现象，因而必需在一种模型中进行才行。由于该书写得特别简略，往往只有规定性的叙述，又无图形，研究起来相当困难。前些年，日本学者宫岛一彦等四五人每数月进行一次讨论，三年左右才大体上解释清楚了前 3 卷。研究者们认为：王锡阐“从西洋学说得到启发，独立地做出了模型，也批判了第谷·布拉赫学说。”“做出这样模型的王锡阐，对天文学的深刻理解，可以说他是杰出的独创性的所有者。”①

可能是由于在《晓庵新法》中只是间接涉及到太阳系模型，所以过了 10 年于 1673 年，他又完成《五星行度解》一书，直接提出自己的太阳系模型。

太阳系模型最不好处理的是五星视运行问题，因为土、火、木三星为外行星，而金、水为内行星，故有左旋、右旋之说。西历虽然说五星都右旋，但是“与天行不合”，这是王锡阐建立新模型的理由。这样，就要求建立的新模型须五星视运行应同向，又与天行合。

---

① 宫岛一彦：《王锡阐〈晓庵新法〉的太阳系模型》，原载《中国古代科学史论续编》，京都：京都大学人文科学研究所，1991，243～266。中译文载《王锡阐研究文集》，64～84。

建立新模型,一般要有一个现成的模型为参考。中国天文学史上无这类几何模型,所以只能参考西方传来的托勒梅模型和第谷模型,尤其是后者。

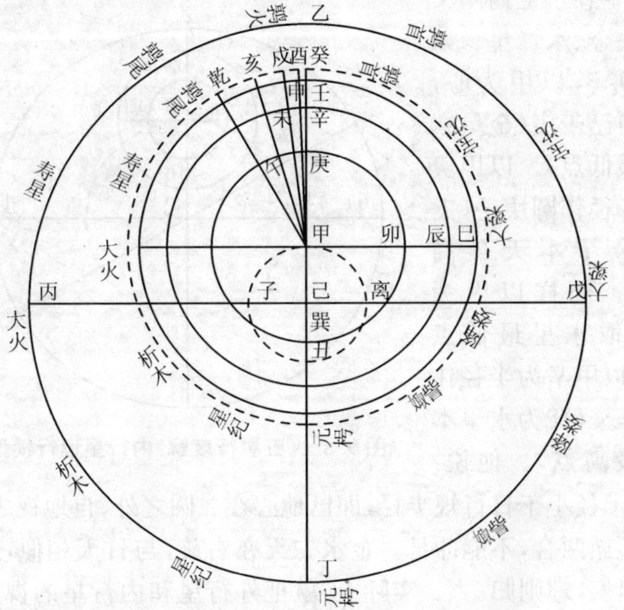

图 9.7　《五星行度解》外行星运行模型

王锡阐作一图形(如图 9.7),用语都是中国传统的。先解木、火、土三星,己为地心,甲为日体。从己作己甲直线,引长至乙,己乙为半径,己为心作圆,叫黄道大圆。这是太阳本天,简称之为日天。再以己为心,己甲为半径作圆,称为日行规。又以甲为心,甲丑为半径作圆,为火星本天。依同样方法作木星本天、土星本天。最后以甲为心,在土星本天外任取一点如癸,以甲癸为半径作五星平行圈。这时,土、木、火三星皆左旋,而黄道右旋,“挈内诸天而东。亦挈太阳绕地右旋成日行轨”即在视运行上为右旋。

然后,王锡阐又解决金、水二星。如图 9.8,以甲为心,截甲己于庚(金星本天最低点)。以甲庚为半径作圆庚壬(壬为金星本天最高点)。同样以甲为心,取水星最低点辛,以甲辛为半径作圆辛癸(癸为水星本天最高点)。他说:

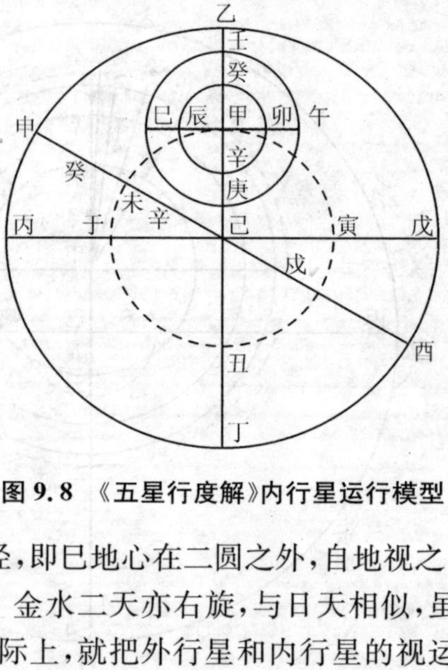

图 9.8 《五星行度解》内行星运行模型

“天半径小于日行规半径,即巳地心在二圆之外,自地视之,但有顺逆两合,不能冲日。金水二天亦右旋,与日天相似,虽行有迟疾,理则归一”。实际上,就把外行星和内行星的视运行的旋转方向统一为右行了。

在原著作中,日行规和平行圈都是虚设,用朱色画,而印刷本则改为虚线。己代表地心,甲代表日心。有人将上引两图改为一图(如图 9.9)[①],其中 S 即甲,E 即己。

以上,王锡阐用自己的模型解决了五星视运行问题,接着

① 宁晓玉:《〈五星行度解〉中的宇宙结构》,《王锡阐研究文集》,石家庄:河北科学技术出版,2000,85~97。

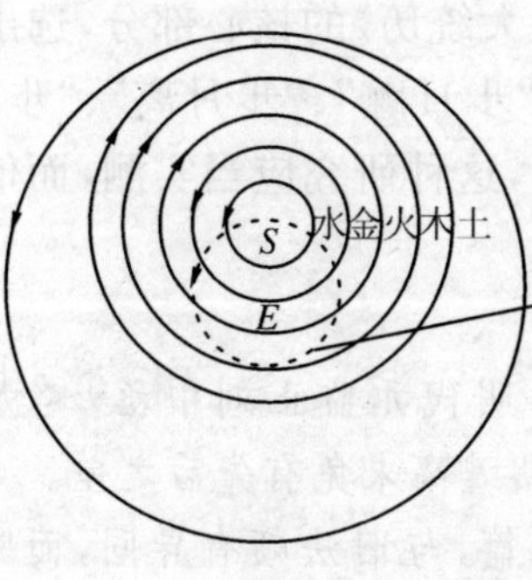

图 9.9　五星运行示意图

解决运行与天合现象，此处不赘述。

后来，钱熙祚指出："火、金、水三星有时在太阳上，有时在太阳下。历家谓天虽各重，而其行度能相割能相入。王氏则谓五星本天皆在日天之内，但五星居本天周而绕日环行，太阳居本天心而绕地环行。如是则诸圆不必相割相入，而五星算例较若画一，虽亦异于西人，实并行不悖也。"①

当时在世界上实有三种太阳系模型：托勒梅模型、哥白尼模型和第谷模型，没有一个占绝对统治地位，特别是在中国，三种模型都已有所流传，尤以托勒梅和第谷两者为盛。此前穆尼阁与薛凤祚引进了一种与哥白尼日心说等价的麦斯特林模型，而王锡阐则完全是自己建立的模型，是他的重要创造。可惜的是，长期不被他人知道。

王锡阐不仅研究了西方的天文学，而且对中国传统天文历法也进行了深入探讨，特别是《大统历》是中国最后，也是距

---

① ［清］钱熙祚：《五星行度解跋》。

他最近的一部历法。他从《大统历》的核心部分，选出五项进行研究，他们是“步气朔”、“步日躔”、“步月离”、“步五星”和“步交会”。不过，他认识到，这种研究应当实测，而他却办不到，于是他说：

> 监历本于郭守敬，明代元监正刘中丞[①]略加增损，至今三四百年，气朔躔离未免有先后之差。余推候二十余年，成历法六篇，与旧法颇有异同，而验诸乾象，庶几不致疏远，然草野无制作之权，未敢轻以问世。[②]

对中西历法的研究，使王锡阐对两种历法有了明确的认识，在思想上有深刻影响。两种历法的孰优孰劣，只有经过对比才能发现问题，才能想出解决问题的办法，对其思想的形成起了不可忽视的作用。

王锡阐研究天文历法，必然用到大量数学内容，从其工作中可清楚看到这一点。本书前几章曾多次提到他的《圆解》一书，但未展开论述。

《圆解》篇幅不大，只有抄本 23 页半，无序和跋，也无署名和著作年代。开头在右上角写有“圆解”两字应是书名，根据徐善等记载可断定为王锡阐的著作。全书有 12 个小标题，[③]可能受到《几何原本》的影响，基本上都是先明确提出命题（定

① “刘中丞”即刘基（1311—1375）。

② [清]王锡阐：《大统历法启蒙·凡例》。

③ 抄本上编号为 11，但其中有两个“第八”。

义或定理)，然后进行解释或论证。其共有命题 45 条，形成一个演绎系统，与已有中国传统数学著作不同。但何者为定义，何者为定理？有的命题很难分清。例如“凡两线相交必成四折，两线为一折，两折共一线”，此命题前没有“折”的定义。书中给出一图(如图 9.10)。

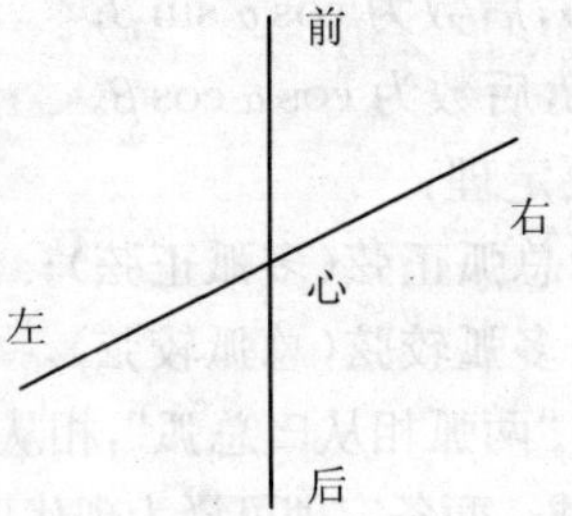

图 9.10

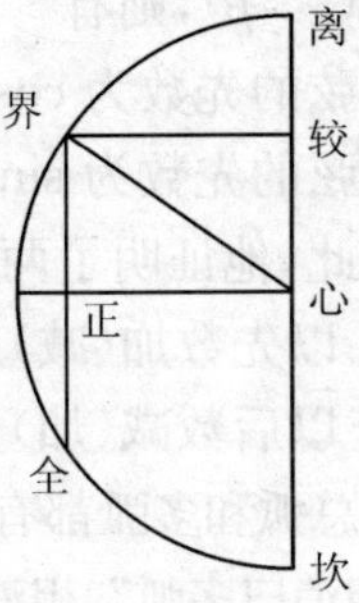

图 9.11

下面是一连串定义：

> 任用圆周之一段曰正弧[随所用之大小未定度分]，倍之曰全弧。以当正弦之直线，其两端于全弧之两端者曰全弦，半正弦为正弧之正弦，正弧为全弧之半，故正弦亦得全弦之半。自弧折中之处出直线至全弦折中之处，折弧、弦之中，即弧、弦最远之处，曰正矢。正弧与象限之较曰较弧，较弧之弦、矢曰较弦、较矢。

书中给出一半圆图，如图 9.11，弧震界为正弧，自震向反向截一段弧震全使与弧震界等，则弧界震全为全弧。界全连线为全弦。过界作一直线平行于震心，与心离交于较，界较为较弦。弦界全与震心相交于正，界正为正弦。其中所谓正弦、较弦与现在的正弦函数、余弦函数相同。

王锡阐利用《崇祯历书》中的"先数"、"后数"证明平面三角中的两角和差的正弦、余弦的展开式。设α，β分别为大弧和小弧($\alpha>\beta$)，则有

正弦的先数为$\cos\beta\sin\alpha$，后数为$\cos\alpha\sin\beta$；

较弦的先数为$\sin\alpha\sin\beta$，后数为$\cos\alpha\cos\beta$。

由此，他证明了两条重要定理：

1. 以先数加(减)后数为总弧正弦(多弧正弦)；

2. 以后数减(加)先数为多弧较弦(总弧较弦)。

对总弧和多弧都有定义："两弧相从曰总弧"，相从即相加。"两弧相消曰多弧"，相消即相减。两条定理可译为现代形式：

1. $\sin(\alpha\pm\beta)=\sin\alpha\cos\beta\pm\cos\alpha\sin\beta$；

2. $\cos(\alpha\pm\beta)=\cos\alpha\cos\beta\mp\sin\alpha\sin\beta$。

这就是有名的两角和、差的正弦、余弦公式。

王锡阐的证明分为大小两弧，俱不及象限和小弧，不及象限大弧过象限两种情形，求出先数、后数的几何表示(线段)，并证明两线段合为一个线段。他进一步分别按12种不同情况进行论证①。

明末传入中国的三角学，都是只有公式而无详细证明，梅文鼎、薛凤祚和王锡阐都看到了这一点，于是补充证明。所用方法虽不相同，但都是他们的独创，值得称道。

① 梅荣照：《王锡阐的数学著作——〈圆解〉》，《明清数学史论文集》，南京：江苏教育出版社，1990，97～113。

《圆解》的思想可能来自《晓庵新法》。《晓庵新法》卷 1 主要讲数学，分“勾股”、“割圆”、“变率”和“通率”4 个小题目。前两题与《圆解》关系密切。两书有些部分、内容基本相同，有的全同，连口气都一样①。不过，《晓庵新法》是讲天文历法的，数学为其服务，不能展开论述。《圆解》可以看作是《晓庵新法》卷 1 的补充和扩张。通过《圆解》可以看到王锡阐的数学才能和深邃造诣。

有一个问题需要指出：《圆解》的最末一个标题分为两段，前一段是最末一题的末尾，文相连。而此段之后有小题“切分界分”似是后加的，但笔体一样。它的下一部分“有甲乙五十寸……”笔体则是另样，与全书不同，好像是后加的。究系何人所为，现在还不清楚。总之，是经过几人之手，应向读者交待。

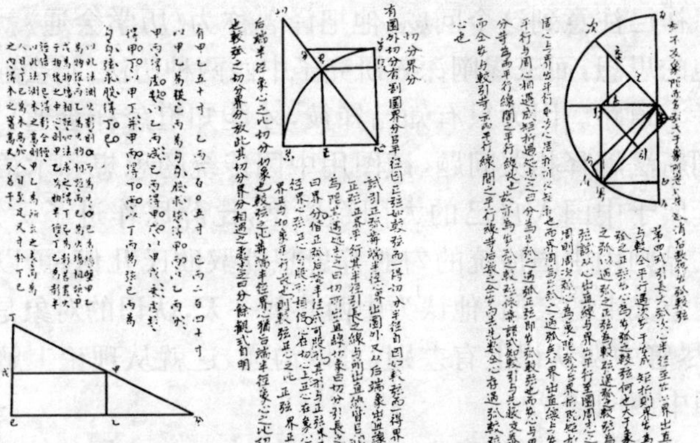

图 9.12

① 李迪：《对〈圆解〉的一些探讨》，《王锡阐研究文集》，石家庄：河北科学技术出版社，2000，149～159。

五、薛凤祚、王锡阐与梅文鼎的关系

这三个人，从年龄上来看，其生年分别为 1600 年、1628 年和 1633 年，前后相差 30 多岁，但他们所处的时代都遇上了西法大量传入中国和改朝换代两件大事，对知识分子来说，第一件事是不能回避的。政治态度和境遇则完全不同，已在他们各自的传记资料中交待过了。

在西方天文历算传入中国问题上，对当时的知识分子是个很大的震动，特别是这 3 个人更是首当其冲。首先是西方历算传入中国后，人们发现与中国传统历算相比确实有很多优越性，需要使中国人能接受和懂得，要做的是“会通”工作。薛凤祚已注意到这个问题，他把译著称为《历学会通》就反映出他的思想，而王锡阐深入研究了中西两种历法，给会通中西铺平了道路。因为只有知己知彼，才能知道怎样会通。他是自创新法解释相关问题，试图用中国传统的思想和术语建立一套属于中国人自己的太阳系模型，比薛凤祚进了一大步。梅文鼎则用中国传统的勾股等思想驾驭欧氏几何，可以说是真正意义上的会通，他认为中西共戴一天，认识的对象是同一个，尽管中西认识上有差别，可以沟通，这就从理论上解决了会通中西问题。

由此，必然联带产生一问题，那就是原来中国传统历算不是很好吗？传进来的西方历算竟然比中国的优越，实不可理解，但这是事实，无法回避，更不能否定。在这种情况下，一种“西学中源”说思潮便逐渐形成。王锡阐和梅文鼎正是历算界的代表人物。

这种思潮，从西方历算传入不久就开始了。最早的提倡者是黄宗羲(1610—1695年)，他曾说："尝言勾股之术乃周公商高之遗而后人失之，使西人得以窃其传。"[①]这明白说是西方窃取了中国古人的勾股，而未说西方历算比中国优越，而实际是包涵了这个意思，否则窃取与否是无关紧要的。方以智(1611—1671年)也有类似观点，但都举出具体例证，而王锡阐则对此做了详细阐述[②]。他有如下一段重要的文字：

> 旧法之屈于西法也，非法之不若也，甄明法意者之无其人也。今考西历所矜胜者不过数端，畴人子弟骇于创闻，学士大夫喜其瑰异，互相夸耀，以为古所未有。孰知此数端者，悉具旧法之中，而非彼所独得乎！一曰平气定气，以定中节也，旧法不有分至以授人时四正，以定日躔乎？一曰最高最卑以步朓朒也，旧法不有盈缩迟疾乎？一曰真会视会以步交食也，旧法不有朔望加减食甚定时乎？一曰小轮、岁轮以步五星也，旧法不有平合定合晨夕伏见疾迟留退乎？一曰南北地度，以步北极之高下，东西地度以步加时之先后也，旧法不有里差之术乎？大约古立一法必有一理，详于法而不著其理，理具法中。好学深思者，自能力索而得之也。西人窃取其意，岂能越其

① ［清］全祖望：《鲒埼亭集》卷11"梨洲先生神通碑"。

② 江晓原："试论清代'西学中源'说"，《自然科学史研究》，1988，7(2)，101～108。

> 范围？就彼所创始者，事不过如此，此其大略可睹者。①

王锡阐所说的“数端”事例都是指西法所有的，也都是“旧法”（中法）所有，还未涉到西法所有而“旧法”所无的。他又说：“旧法之屈于西学也，非法之不若也，甄明法意者之无其人也。”②就是说，西法为什么能使旧法屈服，主要是无人明白两种历法的道理。西方人把中国的旧法窃取去，而没有超过旧法的范围，中国人应当知道。不过，王锡阐所举的事例及观点已接触到“西学中源”说的实质。

王锡阐在另一处又说：

> 天问曰圜则九重，孰营度之？则七政异天之说，古必有之。近代既亡其书，西说遂为创论。余审日月之视径，密五星之顺逆，见其实，然益知西说原本中学，非臆撰也。

这段话，王锡阐是用“九重天”等做为实例证明“西说原本中学”，而不是自己“臆撰”，好像是批驳反对的说法。由此可知，王锡阐的“西学中源”是坚定的，但因他的著作当时没有公开出版，所以影响有限。

> 西士穆尼阁作《天步真原》与《历书》，有同有异，

---

① ［清］王锡阐：《晓庵遗书·杂著·历策》。

② ［清］王锡阐：《晓庵遗书·杂著·历说五》。

其似异而实同者，布算之图，对数之表；与《历书》迥别，然得无二，则虽异而实同也。若夫黄道春分二差则根数大异，此谓诚异，然非测候之真，亦无以断其是非，原书舛阙多伪，殆不可读，故稍为订注，以待后贤论定。①

对后书，梅氏也有“订注”：

青州薛仪甫[凤祚]本《天步真原》而作《会通》，以西法六十度通为百分，从授时之法，实为便用。然仍以对数立算，愚则以不如直用乘为正法也。②

从上述两订注来看，梅氏可能是认真阅读《天步真原》和《天学会通》的历算学家，但对这两本书使用对数计算还不十分熟悉，说“不如直用乘除为正法”，但梅氏知道对数是从此开始。

对于这两本书的来源，梅氏有明确记述：

以上二书，向从金陵老友顾文学于弢[昭]借钞，续遇颍州刘行人子端[淑因]慨然欲校刻青州③遗书，约鼎为之，是正以事不果。承东藩粱鹤江先生[世勋]惠寄薛氏全书，则气化迁流，诸卷俱已续刊矣。穆先生久居白门，吾友六合汤圣弘[濩]与之善，

① [清]梅文鼎：《勿庵历算书目》“天步真原订注”条。
② [清]梅文鼎：《勿庵历算书目》“天学会通订注”条。
③ “青州”指薛仪甫。

言其喜与人言历，而不强人入教，君子人也。仪甫初从魏玉山[文魁]，主张旧法，后复折节穆公，受新西法，尽传其术，亦未尝入耶苏会中。当其刻书南都，鼎方株守穷山，不相闻知。岁乙卯(1675)晤马德称诸君，始知之，则其归已久。至庚申(1680)，汪发若先生[灿]作宰，缁川托致一书，而薛先生方病革，遂未奉其回示，甚矣僻处之难为学，而深自悔其因循也。①

以上这段文字涉及到不少事情，首先是梅氏从顾昭处借抄了《天步真原》和《天学会通》两本著作。他遇到刘淑因，刘淑因想要出版薛凤祚的"遗书"。他约梅文鼎来做这件事，但由于梅氏"以事不果"。就在这时，梁鹤江先生给梅氏寄来"薛氏全书"，实际上都已刊刻。

又说到梅氏自己，住处偏僻，株守穷山，薛凤祚同穆尼阁学习历算之事，梅氏"不相闻知"。幸有马德称等相告，才知道。1680 年，梅氏托汪灿给薛凤祚捎去一信，但这时薛凤祚"方病革"正好去世，也就不能给梅氏回信了。

由此可知，梅氏仅给薛凤祚去过这一封不能回答的信，还自叹"悔其因循"。

当梅氏得知薛凤祚去世的消息后，立即赋诗四首，以抒怀念，诗很长，现摘录其中之一首(部分)：

西历译先代，　傍通称十事。

---

① [清]梅文鼎：《勿庵历算书目》"天学会通订注"条。

爰及杀青时，　未见彰斯义。
将毋见广传，　私之以为秘。
乃若兵家谋，　亦复资巧思。

“中土习用珠盘，西法用笔用筹用尺，各有所长。然并须布算而知，今则假对数以知本数，不用乘除，惟凭加减，术之奇也，前此无知也。”看来，现在他是真正精通了对数。梅氏接着又讲述了对数在中国之原委：

本朝顺治间，西士穆尼阁以授薛仪甫，始有译本。对数之奇尤在开方，古开方术至三乘方以上委曲繁重，积晷刻而后成，今用对数，俄顷可得，神迷简易，殆非拟议所及。又有四线比例数，亦穆所授也。八线、割圆，西历旧法，今只用正弦、余弦、正切、余切，故曰四线。穆先生曰表有十万，西来不戒于途，仅存一万，万以上以法通之。仪甫又有四线比例，用四线同，惟度析百分。穆有《天步真原》，薛有《天学会通》，并以此立算，不知此则二书不可得而读，故稍为诠次，为初编之第四书。①

最后一语“为初编之第四书”是指所著《比例数解》为《中西算学通初编》之第四种，但未见出版。

梅文鼎与王锡阐。由于王锡阐的著作，在生前没有出版，所以梅文鼎不了解王的任何情况，直到王于壬戌（1682 年）去

① ［清］梅文鼎：《勿庵历算书目》“比例数解四卷”条。

世后才有所知，最初是从潘耒处知道的。梅氏曾著论一些有关情况：

> 吴江王寅旭先生［锡阐］深明历术，著撰极富。初太史潘稼堂先生为鼎称述之。已巳入都，始从嘉禾徐敬可［善］抄得其《圆解》一册，为之订其缺误，已。复因阮于岳副宪寄讯，稼堂抄得《测食》诸稿。又因张简庵［雍敬］寄到历法书二卷，又于简庵处见其所定大统法及三辰仪晷。窃亦稍有附论，然寅旭之书，不止于是也。鼎尝评近代历学，以吴江为最，识解在青州以上，惜乎不能早知其人，与之极论此事。稼堂屡相期订，欲致王书，属余为之图订，以发其义类，而皆成虚约，生平之一憾事也。①

根据这段记述，可知在王锡阐身后，梅氏从潘耒、徐善、张雍敬处抄得或见到相当一部分王锡阐的遗著，于是才有明确评价，并有《王寅旭书补注》之作。

梅氏对王的《圆解》一书多有关注，曾作序一篇，前已论及。在他给潘耒的一封信中有一段讲到他与薛、王著作的关系：

> 北有薛南有王，著述并自成家，可以专行，然北海之书详于法，而无快论以发其趣，剞劂又多草率，人不易读；王书用法精简而好立新名，与历书互异，

---

① ［清］梅文鼎：《勿庵历算书目》"王寅旭书补注"条。

亦难卒读。某尝拟于鄙著《历法通考》外，别为专本，于薛则订其误脱；于王则通其异同，皆附之以注而为之论次，庶令学者得以措意，当亦两先生所许乎？北海未刻书颇于颍州刘行人处抄得稿本。王书自承惠寄所抄外，惟于亡友徐敬可行笈获见《圆解》一帙及《历论》八篇而已。《圆解》似是随手写成，业已稍微订补。《历论》颇有精语。敬可曰首一篇乃潘力田笔也。意着令兄先生仍他有著撰乎？已又于友人所见小帙，是约西法入授时，甚简而妙，然未著撰人之目，窃以鄙意断之，以为非先生不能作也。其书大体纯拟《元史・历经》而实用西术，然亦微有差别，所立诸名多与西异，以此知之。然则当亦有自立诸表及测验改宪之说。来谕欲共为表章，某何敢自谓其人？然盛意则何敢忘也？惟未见全书，终为憾事。祈以藏本见借，俾得卒业，幸甚。①

从这里知，梅氏所见王锡阐的著作有《圆解》一帙和《历论》8篇，并对《圆解》"业已稍微订补"，而对《历论》则评价为"颇有精语"。他又于友人处见到佚名"小帙"，认为一定是王锡阐所做，"非先生不能作也"。梅氏还希望潘耒将所藏王锡阐的著作全书"见借"，以完成对王的研究。

梅氏对王锡阐常挂在心上，尤其是《圆解》一书更是如此。在他抄录《圆解》十多年后，突见徐善为该书所写之序，引起他对往事的回忆，于是写了一篇"序后"：

① ［清］梅文鼎：《绩学堂文钞》卷1"与潘稼堂书"。

忆庚午人日[1]抄得王寅旭先生《圆解》中有错简而无今序。于是敬可南归，拉予同行，多方劝驾，其意欲为寅旭历书补作图注，以发其深湛之思，且曰此行非先生不能为。盖即今序所称诸弧相推之故，皆举捷法，初未明言其所以然。人骤读之不能者也。时余入都未久，欲稍需之属有他务，遂不果。逮明年得黄俞邰太史书，则敬可亦溘然逝矣，伤哉！按序敬可自建子月，又言其年遇潘稼堂京邸复得此书，作序应在是时。岂敬可所藏原稿，反未入此序耶？余尝谓近代知中西历法而自有特解者三家：南则王寅旭、揭子宣，北则薛仪甫，当特为之表章。而稼堂尤拳拳欲余至吴江，共雠寅旭书，以寿梨枣，驰书相要约，而余适去闽。比己卯冬归舟相造请，则稼堂游屐远在罗浮[2]，何相需之殷，相遇之疏也。长公文虎出其家书目，有余所未见寅旭书数种。又知王有女弟，甚贤淑，颇能收藏遗帙。倘天假之便，能及稼堂酬此夙诺，即敬可亦当愉快于九原。而余且老病，终未知后此何如耳？虽然作者之精神不没，珠光剑气，出必有时，且安知后世？遂无子云也。敬可归后，余既尝序此书，阅十有二年，乃于嘉禾友人张简庵处得今序而又数年矣。日月易迈，有感于友朋生死之谊，聊记

① “庚午人日”为康熙二十九年正月初七日(1690年2月15日)。

② “罗浮”地名，位于今广东省东北部。

其略。[①]

徐善这篇序写于“康熙甲申重阳后五日”，即1704年10月12日，距梅氏初次抄得《圆解》已有14年之久，中间的各种经过都记得很清楚。而且又几次与潘耒相约赴吴江整理王锡阐遗稿，“以寿梨枣”，都因两人不能相遇，而错过机会，梅氏深感遗憾。

梅氏对薛、王的评价。梅氏对薛凤祚和王锡阐的评价，前面已有涉及，这里再略加论述。总的观点是“北薛南王”可以齐名，但王则高于薛。他在讲杨学山历算书时指出：

> 余尝谓历学至今日大著，而能知西法，复自成家者，独北海薛仪甫、嘉禾王寅旭二家为盛。薛书受于西师穆尼阁；王则于历书悟入得于精思，似为胜之。锡山书多本嘉禾，然如月离表法不与历指相应。嘉禾与北海书，深疑此事。……寅旭与余同时在江以南，而不相闻知，不能相与极论，每用为恨。[②]

很显然，梅氏认为薛凤祚、王锡阐两家的历学研究在杨学山之上，而王“得于精思，似为胜之”。他在另一处，也有评论说：

> 本朝（清朝）《时宪历》用之，则西术之一变，……又有西士穆尼阁著《天步真原》与《历书》，规模又复

---

① ［清］梅文鼎：《绩学堂文钞》卷5“书徐敬可圆解序后”。
② ［清］梅文鼎：《绩学堂文钞》卷5“锡山友人历算书跋”。

> 大异。青州薛仪甫[凤祚]本之为《天学会通》，又新法中之新法矣。通律书之理而自辟门庭则有吴江王寅旭[锡阐]，其立议有精到之处，可谓后来居上。①

梅文鼎作为清初一位历算大家，有资格做出上述评论。在梅氏之后，人们的评论又把梅氏加上，成为三家。阮元认为"方今梅氏之学盛行，而王氏之学尚微，盖锡阐无子，传其业者无人，又其遗书皆写本，得之甚难，故知之者少。持平而论，王氏精而核，梅氏博而大，各造其极，难可轩轾也。"②就创造性来说可以这样认为，而薛凤祚把对数译成中文，引进中国也不可低估，又做了会通的尝试，参与水利工程工作，都值得赞扬。

由于当时中国的社会状况，薛凤祚、王锡阐和梅文鼎三人的具体条件虽然差别甚大，但是他们所追求的学术却都是实学，都是从中国的传统《易经》等经典，转向研究刚传入中国的西学。中学和西学存在着差异，这就使他们形成了会通思想，目的是希望中国人能接受西学，而不是排斥西学，但是他们（主要是王、梅）却落入"西学中源"说思潮的旋涡。

在这三人的论著中，都遇到一个非常棘手的问题，就是太阳系的构造。有的接受西方传入的，有的受其影响而自创一套体系，试图跳出地心体系的圈子，但是他们的讨论和叙述都无例外地使用了中国传统的左旋、右旋说。这是站在地球上直观地观察行星的运行，说来说去总是离不开

---

① ［清］梅文鼎：《勿庵历算书目》"古今历法通考"条。

② ［清］阮元：《畴人传》卷35"王锡阐下"。

地心说的影子。尽管这些学者,在思想上可能倾向于日心说,可是终归没有明白表述,但还不能算是日心说的拥护者。我们还应注意到,当时欧洲在日心说与地心说的选择上仍处于混乱时期,中国在东方有自己的观点和模型,特别是王锡阐所做的工作放出了一道异彩。

第十章　梅文鼎历算思想的广泛影响

梅文鼎的历算思想，他生前在国内就有很大影响，访问者络绎不绝，前已述及。本章所讲主要是身后之事。他产生影响的原因最根本的是研究的学科领域宽广、成果多；还有是他愿意与他人交流；最后是康熙帝的接见，使其声名显赫。正因为这样，形成了一个数学学派，由于他出生于安徽宣城，人们多称他为“梅宣城”，我们称其学派为宣城学派。

宣城学派的历算思想，在国内外有广泛影响。从18世纪直到现在，研究者不断。

一、梅文鼎历算思想在国内的影响

这要首先从《数理精蕴》谈起。该书是在康熙帝晚年编成，并以康熙御制的名义于雍正元年（1723 年）刻成的一部百科全书式的数学官书。康熙帝于前一年去世，这是他亲自主持下完成的一部著作。由于梅文鼎之孙瑴成为该书主编之一，而康熙帝又给予梅文鼎很高评价，其研究思想、成果自然要被《数理精蕴》所采纳。日本桥本敬造说得好：《数理精蕴》能够如实的反映梅氏的工作，“通过它梅文鼎的数学渗透给了后代的数学家”[①]。

在《数理精蕴》中确实吸收了许多梅文鼎的数学研究成果，可以说到处可见梅氏数学研究的痕迹，既有研究成果类的摘编也有思想方面的影响。现主要根据以前的研究工作[②]，改写于下：

（1）数学思想。梅文鼎的数学思想，在《数理精蕴》中有明显体现，如该书下编卷 15 说：“可见理之至者，先后一揆，法之精者，中外一理。”[③]这与梅氏的说法“法有可采，何论东西”，“东西共戴一天”是一致的。至于“西学中源”说，本来就是康熙帝所提倡，在书中当然要贯彻这种思想，在上编卷 1“周髀经解”内给予特别强调，并把“周髀”列于卷首，“以明数学之宗，使学者知中外本无二理焉尔”[④]。而梅文鼎在《周髀算经补注》中也认为是为了“俾天下疑西学者知其说之有所自

① （日）桥本敬造：《梅文鼎的数学研究》，《东方学报》（京都）第 44 册，1973，233～279。

② 李迪、郭世荣：《清代著名天文数学家梅文鼎》，上海：上海科学技术文献出版社，1988，212～214。

③ 《数理精蕴》下编卷 15“面部五·割圆”。

④ 《数理精蕴》上编卷 1“周髀经解”。

来。”[①]两者极为相似。钱宝琮曾说：“上编之《周髀经解》或即用乃祖[②]《周髀补注》原稿也。”[③]

(2)《方程论》的影响。《数理精蕴》下编卷10“线部八·方程”可以说是根据梅氏的《方程论》而改写，其中对方程的分类和解题思路与《方程论》基本一致，解方程的原则为：“盖用互乘者，所以齐其分，使其首数皆同，减尽而余一法一实，以得一数也。”这与梅氏的论述没有区别。还有，在方程的表示法上，也与梅氏无多大区别，只是改竖式为横式罢了。这种改变可能又受到“借根方比例”的影响。

(3) 勾股互求的影响。《数理精蕴》下编卷12～13专讲“勾股”，而勾股互求部分应出自梅珏成之手。有其祖父的工作，也有他自己的研究，他在“有勾股积有股弦和求诸数”一文中有这样一段话：“昔在蒙养斋汇编《数理精蕴》，苦思力索，知其用带纵立法四条，载入体部中。”[④]《数理精蕴》中收入《勾股举隅》中勾股互求的内容，其中“勾股弦和较互求”第七、十、三十四、四十三各法都见于梅氏书中。在“勾股积与勾股弦和较相求法”9术中有6术梅氏已有，而且所用公式相同，证明方法也大多一样。两者在证明方法上都采用几何图形等积变换来进行的。

(4) 解三角形的影响。梅氏的《平三角举要》曾进呈康熙帝御览，不能不对《数理精蕴》产生深刻影响。该书下编卷17

---

① [清]梅文鼎：《勿庵历算书目》“周髀算经补注”条。

② “乃祖”指梅珏成的祖父梅文鼎，珏成是《数理精蕴》的主编之一。

③ 钱宝琮：《钱宝琮科学史论文选集》，北京：科学出版社，1983，136。

④ [清]梅珏成：《赤水遗珍》之“有勾股积有勾股和求诸数”。

关于求解三角形的方法即来自梅氏用的正弦定理和正切定理。正弦定理的证明以及某些题目都与《平三角举要》相同，正切定理则是采用梅珏成改进后的证明。下编卷18“测量”中的内容，也参考了梅氏有关著作。这部分可能是由梅珏成执笔写成的。

(5) 容圆与容球问题。《数理精蕴》下编卷20“曲线形”最后讨论了大圆内容3个或4个相等小圆时，大小圆直径的相互关系问题。同样地，又在下编卷37“难题”中列举了一个大球内容4,6,8个相等小球时，大小球直径互求问题，都与《几何补编》卷4的论述相同。

(6) 正多面体问题。《数理精蕴》下编卷27“各等面体”，卷28“球内容各等面体”、“球外切各等面体”，卷29“各等面体互容”、“更体形”等，讨论了正多面体和它们之间的相互关系，以及正多面体与球之间的关系等内容。这一部分可能是梅珏成根据《几何补编》写成的，他在自己文章中明确指出：“余详《数理精蕴》、《几何补编》。”在球内求正6面体时，他说：“余详《数理精蕴》。”[①]经过仔细查阅《数理精蕴》的这部分内容可知，该书的27,28和29三卷有关部分几乎转录了《几何补编》的全部材料，只在个别论证方面比《几何补编》更简洁一些而已。

(7) 开方问题。《数理精蕴》下编卷11,23,24的内容分别是开平方、开立方、开带纵平方、开带纵立方，其开方原理与梅氏《笔算》、《筹算》中有关部分相同，而且开带纵立方的分类采

---

① [清]梅珏成：《赤水遗珍·求理分中末线并圆内各体边线法[以量代算]》。

用了梅氏带一纵、两纵相等、两纵不等的分法。又在下编卷32“借根方比例,开诸乘方法”中,所述代开法与梅氏《少广拾遗》之代开法相同。在明末的《同文算指》中也介绍过代开法,但有错误,梅氏做了改正,《数理精蕴》中的代开法正确,应来自梅氏。

(8) 比例规问题。《数理精蕴》下编卷39,40是“比例规解”,其中有些内容出自《度算释例》。在罗雅谷的《比例规解》中有10种线,梅文鼎更改了某些名称,纠正了一些错误。在《数理精蕴》中他采用了梅氏著作的一些名称,而在《比例规解》中分体线的错误解法,也按梅氏的观点予以改正。

以上所列举的各项,都是明显的事实。实际上远不止这些,例如梅文鼎有《比例数解》4卷,这是一本对数专著,书虽已不存,但李俨认为“已采入《数理精蕴》”①。该书下编卷38的“对数比例”可能也就是被采入的梅氏书中的内容,等等。

梅氏的历算思想对天算家的影响十分广泛,在毛宗旦、庄亨阳、江永、明安图和王贞仪等人的研究和著作中都可见到这种影响。

毛宗旦(1668—?),字扆再,钱塘人。当他读到梅氏《方程论》一书时,十分赞赏,并进行钻研。这本书推动他对古代《九章算术》的冥求,使他写成了《九章蠡测》这部著作,也将《方程论》收入其著作中。他以为《方程论》应当是《九章算术》“方程章”的内容,事实上完全不同。当时《九章算术》仅有孤本,人们不了解古术,毛宗旦的做法实属不得已,但可看出梅氏《方程论》对他的影响。

庄亨阳(1686—1746年),字元仲,南靖人,康熙戊戌(1718年)进士,官至淮徐海道。他曾参加河防工作,很注意

① 李俨:《中算史论丛》第二集,北京:中国科学院出版,1954,204。

高深广远的测量等技术问题。在日常工作中遇有心得，他随时记录。在他生前并未完成一部著作，仅有草稿，而是在他死后由后人把遗留的书稿整理成《庄氏算学》8卷。该书“遵御制《数理精蕴》、而参以《几何原本》、《梅氏全书》，分条采摘，各加剖晰，颇称明显。末为‘七政推步’。”[①]其中卷1为“梅勿庵开方法”和“用筹法”，前一部分是根据梅氏的《笔算》和《筹算》中有关开方的内容整理而成，分为“开平方”、“开立方”、“开带纵平方”和“开带纵立方”四节；后一部分讲解如何使用纳披尔筹，也采自梅氏的有关著作。

江永(1681—1762年)，字慎修，婺源人，著名历算学家，著有《推步法解》5卷、《翼梅》(又称《数学》)8卷，续1卷。他对梅氏著作的研究非常深刻，既推崇梅氏的学识，又对其著作中的某些论述存有疑问。其《翼梅》一书，就是专门讨论梅氏著作的。江永完全接受西方历学知识，以西学的观点评价梅氏的著作，对梅氏历学进行了全面检查，指出其存在的各种问题，并予以修正。以下是该各卷的要点：

其卷1为“数学补论”，包括18篇短文，其第一篇自注称：“勿庵先生《历学疑问》三卷五十二章，又补二卷二十四章，已为历法疏通源流，指示窔[②]奥。永熟味其书，别有触悟，随笔识之，或赘说于本书之外，或衍绎于本书中，泰山河海无俟一卷一勺，聊自道其管蠡窥测云尔。”[③]由此可知本书的主旨和

---

① 《四库全书提要》“庄氏算学”。

② “窔”音耀 yào，幽深之义。

③ [清]江永：《数学》卷1，据《中西算学丛书》本，以下所引江永的论说均同此。

内容。就卷1来说,都是讨论梅氏的观点,有的是对梅氏观点的补充,有的则是对梅氏观点的批评。

卷2为"岁实消长辨"。"岁实"相当于回归年,其时间长度在中国古代就有变化,如《授时历》为365.242 5日。江永在此卷对梅氏的观点"岁实消长论"提出质疑。梅氏认为"高冲"近冬至而岁余渐消,过冬至则复渐长,而江永则认为岁实本无消长,并加以论证。他先逐条列出梅氏的论述,然后加以分析。

卷3为"恒气注历辨","气"指节气,而"恒气"(又叫"平气")是推算24节气的一种方法,即把一个回归年24等份,对应24个节气,节气之间的时间长度相等。江永自注说:"勿庵先生……亦甚重定气矣,而《(历学)疑问补》等书谓当如旧法之恒气注历,持论甚坚。"他则主张用定气注历。他也是先引梅氏之说,后加评论的。"定气"的两节时间间隔不是相等的,根据天文实际,有的为16日多,有的只有14日多。

卷4为"冬至权度",又分为三部分:"论平岁实"、"论最卑行"、"论轻重差"。此卷是江永评论梅氏《春秋以来冬至考》,认为"算术虽明,而未有折衷",并没有找到合适的方案,于是江永又加考定。

卷5为"七政衍",分为"太阳诸轮"、"土木火三星诸轮"、"金水二星诸轮"、"七政诸轮起点运行"、"太阴诸轮"和"日月体上下有定"等六部分,评说梅氏对"七政"的研究,既有肯定,也有否定。

卷6为"金水发微",评说《五星纪要》,认为梅氏的论述不够详备,有的地方尚需进一步阐发。

卷7为"中西合法拟草",讨论《历学疑问补》,就如何会通中西,提出一些看法,实际是不同意梅氏的有关论述。

卷8为“算剩”，江永自注称：“勿庵先生论算极详，观玩之余有得辄笔之，此为剩义云尔。”分为“正弧三角会通”、“重弧法趋捷”、“次形”三部分。又续卷为“正弧三角形疏义”。此2卷(卷8和续卷)主要是对梅氏球面三角形论予以归类，总结归纳出球面三角形的解法，简明易读。

江永对梅文鼎相当尊重，其书名《翼梅》就是敬梅、美梅之意。在书中他对梅氏著作的理解深刻透彻，评论也实事求是，能切中要害，对梅氏的牵强附会之处颇多纠正。本是值得欢迎的好事，但是梅珏成却持一种不正确的态度。当江永请他给《翼梅》作序时，他不但拒绝写序，还说了如下一段话：

> 忆庚申、辛酉间(1740,1741)，慎修抵都门[1]，以所著《翼梅》八卷请政，并求序言。为展读一过，未尝不叹其学力之深，远出杨学山之上，其倾倒于先人者至矣。而意见不合，牴牾辩驳之处亦往往而有，如用恒气注历，天自为天，岁自为岁之类。终不谓然，盖泥于西说，固执而不能变，其弊尤小。至于其西说之不善者，必委曲为之辞以神其说。于古人创始之功，则尽忘之。而且吹毛索瘢，尽心力以肆其诋毁，诚不知其何心？夫西人不过借术以行其教，今其术已用矣，其学已行矣。慎修虽欲谄而附之，不已后乎？彼西人方谓古人全不知历，以自夸其功。而吾徒幸生古人之后，不能为之表扬，而且入室操戈，复授敌人以柄而助之攻，何以悖也。其用力虽勤，揆之则古称

① “都门”本指京城城门，此处为首都。

先，闲圣距邪之旨，则大戾矣。吾故不为作序，而附记其说于此。[1]

这最后一语是指江永《翼梅》中之一段话评论梅氏对于岁轮之研究。

梅瑴成的言辞实有谩骂性质，他为什么有这样大的火气呢？这很可能是他出自于维护其祖父梅文鼎的历算权威，因为他祖父从来都是被人们大加称赞的，连康熙帝都亲自接见，不识时务的江永却“吹毛索瘢”，实不能容忍；还有更深刻的原因，这也是梅瑴成与在钦天监工作的西方传教士存在矛盾的一种反映。从思想上来看，梅瑴成远不如其祖父观点之清晰，其祖父会通中西表现在各个方面，而且善于学习。

梅文鼎也影响到江永的学生戴震(1724—1777 年)。戴震在所著《策算》中，讲述纳披尔筹的使用，虽体例与梅文鼎不同，但其筹为横筹，与梅氏正同。他的《勾股割圆记》中有关三角形的研究，内容不出梅氏范围，后人焦循(1763—1820 年)等也如此。

明安图(1692？—1764 年)，字静庵，蒙古族著名历算家。他用割圆连比例方法论证西士杜德美(Pierre Jartoux，1669—1721 年)传进的三个无穷幂级数，自己又发现六式，共九式，对后世影响颇大。但割圆连比例实来自梅氏《几何通解》，而《数理精蕴》下编卷 16，求正十四、正十八边形的边长时采用了连比例方法解题，无疑是受梅氏的影响。明安图作为梅瑴成的同事且为《数理精蕴》编者之一，从中学习到梅氏

① 《梅氏丛书辑要》本《五星管见》卷末，梅瑴成所加之语。

的连比例方法，用到自己的《割圆密率捷法》以论证无穷幂级数是自然之事。

王贞仪(1768—1797年)，字德卿，江宁人，清代中期的女数学家。她嫁给宣城詹枚为妻，与梅文鼎同县。因此，她较容易接触梅氏历算著作，从而达到“最嗜梅氏天算之学”的程度。她研究天算十分勤恳，时常“夜坐观天星”，并借助某些普通物体进行实验。例如用悬挂的灯当做太阳，圆桌当做地球，镜子当做月亮，研究日、地、月三者的运行和交食关系，直观形象，等等。她研究过筹算。王贞仪虽是位仅活了29岁的妇女，但“著述极富”，在天算方面就有《星象图解》2卷、《筹算易知》1卷、《重订策算订讹》1卷、《象数窥余》4卷、《西洋筹算增删》1卷、《算术简存》5卷等著作多种，可惜的是大多散佚无存。他在其他方面也有些著作。根据自己所说“最嗜梅氏天算之学”一语来看，她受梅氏的影响广泛而深刻。

此前，屈曾发，字省园，常熟人，著《九数通考》(又名《数学精详》)12卷及首末各1卷。该书主要取材于《数理精蕴》，在一定程度上可以说是《数理精蕴》的缩节本，但也参考了其他著作，如“方程设例，则参梅氏全书”①。可见他相当熟悉梅氏著作，而且是放在案头的主要参考书之一。

后来的梅启照、骆腾凤、徐有壬等都直接受到梅文鼎的影响。如徐有壬研究球的表面积、球冠、球带与球的外切圆柱表面积之间的关系问题时，检阅《数理精蕴》的有关论证，感到不够详细。又遍检梅文鼎著作，寻求答案，虽不十分满意，但梅氏《方圆幂积》中的方法对他有一定影响。受梅氏方法的启

① [清]屈曾发：《九数通考·凡例》。

示，他著《截球解义》，颇有创新[①]。

以上所举只是有形可见的事例，实际上梅氏的影响远不止此，特别是他的数学著作和思想更为突出。在梅氏在世时，就受到人们的尊敬和高度评价。刘继庄说："我友梅定久，中华算学，无有过之者。"[②]张潮也说："岂天地之灵气，独钟厚彼方耶？吾友梅定久、吴子师部皆通乎其术。""定久聪明独绝，举凡勾股乘除之学，咸能辨析秋毫，盖既擅天生之资，而复深之以人力之学，宜其如数家珍也。"[③]黄百家则评价说："今时数学之精无过宣城定久梅先生。"[④]阮元评论说："自征君以来，通数学者后先辈出，而师师相传，要皆本于梅氏。钱少詹[大昕]目为国朝算学第一，夫何愧焉。"[②]可以说，梅文鼎培育了清朝一代数学家。

二、梅文鼎历算思想早期对日本的影响

梅文鼎的历算著作和思想，不仅在国内产生了巨大影响，而且很快传播到邻国日本、朝鲜半岛等国家。此处先论述东传日本及对其所产生的影响。年代限于 19 世纪以前。

《梅氏历算全书》于 1723 年由魏荔彤兼济堂出版后，很快便通过海道于日本享保十一年(1726 年)运到了长崎。当时八代吉宗将军正打算改历，梅氏著作可作为参考，于是命源贤

① 沈康身：《中算导论》。上海：上海教育出版社，1986，218。

② [清]刘继庄：《广阳杂记》卷 3。

③ [清]张潮：《昭代丛书》卷 4 梅文鼎《学历说》小引。

④ [清]阮元：《畴人传》卷 38"梅文鼎中"。

弘进行翻译，而源贤弘又把此事委托给对汉学有很深造诣的弟子中根元圭(1662—1733年)。中根元圭对于《梅氏历算全书》进行训点，即句读和加配日文假名，不懂汉文的日本人便可看懂，到享保十三年(1728年)完成，十八年(1733年)正月由源贤弘作序并呈献给吉宗将军。可以说相当快，从中国出版到呈献，前后还不到10年。这部训点本《梅氏历算全书》有46册之多，原藏日本红叶山文库，后移至现在的宫内厅书陵部保存。为了使大家了解这件事的真实，现将源贤弘所写之序录于下：

新写译本历算全书叙源贤弘撰。

宣城梅文鼎书三十种，题曰《历算全书》。专言西洋历学，有笔算、筹算、三角线、割圆八线诸法，最见其奇。割圆八线特为历家捷径，回回西洋诸历议论彬如可观。又有日月食算，定用分、食愸方位，实前世未发，其轺轶他书可知也。且夫十二宫众星名释形象之类，足以释天球象图。伟矣梅氏之学，可谓勉矣，此乃享保丙午岁海舶斋来我畸阳(就是长崎)者，府尹输诸官府。以贤弘之旁通历术也，令中使传命校之，且识其概，臣春愚材，加以狗马老羸曷胜酬盛意，而辱广异闻，遂上书誊写一部，令平竟中根元圭氏译之，诣阙进，窃公唐虞之事，璿玑玉衡，以齐七政，授民时。尔来历事相因，历道之系治体岂小小哉？虽然代异家殊，异言蠡起，荐绅诸子往往有发其秘。亦但不过我中夏之言，沅堪舆其岂一家所能尽。

越造朱明氏西洋李玛窦[1]以其学风靡一世，故弇州王子（即朱载堉）有实，迨后世加详者此技也。知言哉。臣谓西土历比之中夏，其浅深犹皮相之与骨髓，而吾国故事严禁耶苏（稣）。凡有天主耶苏（稣）号及李玛窦等之姓名者，不问书好否，一切焚诸畸阳之地。西历之不讲以此大哉。昭代文运日升，明明在上，以明庶物，遂及历术，深造其妙，乃行畸阳焚书之令，《历算全书》因全焉，可谓得言西历之助焉。臣贤弘钦奉敕撰数语，辨其端者如此。

享保癸丑春之正月，建部氏源贤弘志。

中根元圭的工作完成于享保十三年，这一点可由淡山尚䌹在所著《圆理发起》中所记中根元圭序判定。序称："余时来东都[2]，奉敕译《历算全书》毕功且西归，云云。享保戊申平安平璋元圭"[3]。其中"享保戊申"即享保十三年，相当于公元1728年。

根据上面的序等记载可知，西方历算之传入日本是以《梅氏历算全书》为始。虽然该书不是专门讲述西方历算的，但基本上包括了其中的主要内容。该书之所以未在畸阳码头被焚毁，是因为它没有直接提到耶稣或利（李）玛窦等之称呼的缘故。

---

① "李玛窦"应为利玛窦。

② "东都"指当时日本之江户，即今之东京。

③ 日本学士院：《明治前日本数学史》第二卷，东京：岩波书店，1957年第二次印刷，276。

又，在源贤弘序中提到《梅氏历算全书》中有“割圆八线”方面的内容，大约是指杨作枚在该书《几何补编》之末增补的《解割圆之根》(或《解八线割圆之根》)。

近来在日本发现有抄本《三家测量合订》，题“梅勿庵著”，全讲述测量高远之方法，基本上都是西式。其中有“张简庵注”和“方继善先生手授讳中通字位白桐城人”以及“通曰”多处，又涉及“梅先生所云”，还有“勉庵刘秉和编著”《歌风堂正线测量首章》等。合理的推测是此抄本应是抄者把梅文鼎、方中通和刘秉和三人的同类论述写在一起，而梅氏为第一编，署名在前，这容易使人误解为全本是梅氏著作。在国内尚未发现此书，刘秉和的事迹也不详。由于该抄本在日本发现，而且有梅氏工作，自属梅氏著述东传日本之史料。抄者估计应是日本学者[①]。

但在《梅氏历算全书》传入日本之前，并不是任何西方历算都未传到日本。从明末到梅氏著作之出版，中间相隔100年以上，中日往来不断，西方历算书东传的机会很多。实际上，零星著作早在几十年之前即有传日之事实。例如梅氏于1676年完成《筹算》一书，介绍西方之纳披尔筹，传日之年代虽不能确定，但是在《梅氏历算全书》运到畸阳之前一年(1725年)，日本则有泽致贞根据《筹算》写成了《算法指要》一书。后来这类著作很多，由1764年到1841年的70多年，日本出版了有关筹算的书等达8种之多[②]。

---

① 此抄本现藏日本“浅草文库”，由小林龙彦教授提供，冯立升博士转赠复印本。

② 日本学士院：《明治前日本数学史》第四卷，东京：岩波书店，1957年第二次印刷，158。

必须注意到,《梅氏历算全书》之传入日本,在日本所产生的影响,非同寻常。由此导致了很多日本学者对该书或某些内容的研究,特别是筹算、笔算、尺算、平三角举要、弧三角举要以及环中黍尺等受到更大的注意。

筹算已如上述,再谈笔算。在《梅氏历算全书》中,有《笔算》一书,日本学者在自己著作中多次引用其内容,"纽数"便是一例。首先是著名数学家松永良弼(? —1744 年)在著作《方圆算经》中就已用到"纽数"。所谓"纽数"即是最大公约数。中国古代叫做"等数",而在日本《开方剪管》卷上的自注中有"等数也,梅文鼎《历算全书》云:纽数者互减之余相等者也。……乃两数之枢纽。"梅氏在《笔算》卷 2"约分法下"有注说:"以等数除(分)母、子,则皆除尽,西人谓之'纽数'。"日本也有人依据《笔算》写成著作,1804 年有以笔算为主题的书《笔算》。过了半个世纪,福田泉根据所掌握的西方数学知识写成《西算速知》(1856 年)一书,其中有些内容和方式系来自《梅氏历算全书》。

《梅氏历算全书》对日本影响最大的内容应属三角学和三角表。数学家多植茂蕃著《八线表解》(1773 年)一书,内题"历算全书八线表解并用法及作表术",有跋文,再一次明确提到梅氏著作。跋文全文不长,录之于下:

> 夫八线表虽历算全书中之书,唐土秘之不传于日本也。于是有德大君命之唐传人而求之,不肖于改历公事,宝历年间在朱雀之日,山路先生之小子,仍携归于仙府,而今作此解,授之后人云尔。永安二年癸巳四月十五日。

其中“永安二年癸巳”系1773年，而“山路先生”可能是山路主征(1729—1778年)。不过这里所说中国对八线表“秘之不传于日本”恐非事实。

对于多植茂蕃《八线表解》一书，当时对于其资料来源也有争论。户板保祐(1708—1784年)认为该书是对《梅氏历算全书》有关部分的注解，而多植茂蕃本人则不同意这种看法，认为是一种误解。他认为该书是对《崇祯历书》①中八线表所作的注解②。几年之后，多植茂蕃又著《八线再考》(1781年)一书，他解释说：“夫八线表所载于《崇祯(历)书》及《历算全书》”，并进一步指出：“《历算全书》乃《崇祯(历)书》之注，清梅文鼎所著，天文历数精微之书也。”意思是说，梅氏《历算全书》是对《崇祯历书》的注解，而《八线表解》则是根据这两书写成的，还认为梅氏著作为“天文历数精微之书”，似乎是比《崇祯历书》更好。由这些说法，可知他对《梅氏历算全书》有深入研究和理解。至于《梅氏历算全书》是否比《崇祯历书》更好些，则需要商榷。

对于球面三角法，日本学者也很感兴趣。早期研究者首推数学家是安岛直圆(1739—1798年)。他著《弧三角解》，内题“历算全书环中黍尺加减捷法解”，是对梅氏《环中黍尺》卷5“加减捷法”公式的证明。稍后，数学家本多利明(1743—1820年)于1798年著《正弧斜弧矩合往来》3卷，论

---

① 该书是介绍西方历算的丛书，于1727年传入日本。

② 日本学士院：《明治前日本数学史》第三卷，东京：岩波书店。1957年第二次印刷，295。

述球面三角法，内容虽然是依据荷兰的航海书撰写，但还是参考了《梅氏历算全书》。1811年，坂部广胖则有《管窥弧度捷法》一书，基本上是《梅氏历算全书》的有关部分，只在某些方面进行了修改。这从他的自序中可以看出。该书主要是给《环中黍尺》一书中的题目作出图解，又润色，成书5卷。书名《管窥弧度捷法》也有自谦之意。过了5年，1816年，市野茂乔则撰成《弧三角品汇》2卷，此书“旁就《历象考成》、《历算全书》拔萃撮精”而成。与此同时，原篠①善富于1816年对《梅氏历算全书》中的三角法部分又加训点、出版，这有利于日本大多数人的学习。

在《梅氏历算全书》中的《度算释例》，主要讲述西方的比例规，但在其书末附“求重心法”一事，论述求平面多边形几何重心问题。虽字数不多，但对日本却有较大影响。日本学者把求重心法，叫做“称平术”。日本有关称平术的最早文献，现知为1804年成书的《圆理称平术解义》一书，其中有求几何平面图形重心的内容。20多年后，桥本昌方于1833年出版了一本《算法点窜出学抄》的著作。该书也有一附录，其上载有两个求平面图形的重心问题，不仅与《度算释例》附录的方法相同，而且有一个图形所标记的汉字都完全一样②。书中虽未说明内容来源，但可以肯定是参考了《度算释例》。在书中重心不叫称平，而是改称为“平中心”。著名数学家和田宁(1787—1840年)更进一步研究立体几何图形的重心问题。有

① “篠”音小 xiǎo。

② 日本学士院：《明治前日本数学史》第五卷，东京：岩波书店，1957年第二次印刷，506。

关重心的概念，日本学者认为："恐系来自南怀仁(Verbiest)著的《灵台仪象志》和《历算全书》"。在前者的卷2中有新仪之重心、向地之重心条，而在后者中有轻重比例三线法以及求重心法。在记述中还有求四边形重心的方法，在还没有使用积分法时就接触到了这个问题①。

《梅氏历算全书》在日本的影响，不限于以上各点，还有其他方面，极其广泛，例如几何学、天文学等方面就很明显。首先看几何学，《梅氏历算全书》中有关椭圆的用语被日本学者吸收，1822年白石长忠(1795—1862年)著有《侧圆适等》一书，卷末有其弟子池田贞一所写的椭圆题一条，把"侧圆"一词改用"椭圆"，他还讲述了一些理由，明确指出："故姑从《历算全书》之说，我们使用椭圆一词。"稍后，白石长忠于1827年出版的《社盟算谱》接受了他学生的观点，指出："椭圆，诸书把它叫做侧圆，今从《历算全书》之说，改之。"《梅氏历算全书》内有关初等几何之内容，也为日本数学界所熟知。

其次，再看天文学，日本志筑忠雄(1760—1806年)于1798—1802年间撰成《历象新书》3编，虽然其内容主要是来自西方拉丁文著作，但却参考了《梅氏历算全书》和《天经或问》②，又掺以己说。其中下编关于"混沌分判图说"就出于上述两书，内容是有关天体形成的假说。其他方面，如梅氏的《平立定三差详说》对日本"内插法"的发展也起了很大的作用。

---

① 日本学士院：《明治前日本数学史》第四卷，东京：岩波书店，1957年第二次印刷，115。

② 《天经或问》分为前集和后集，清初游艺著，同代人揭暄又有详细注解。

总之,《梅氏历算全书》于 1726 年传入日本后,产生了广泛而深刻的影响,上面所述仅是极简单的一小部分。

三、梅文鼎历算思想早期对朝鲜的影响

朝鲜半岛同样是我们的近邻,现今由朝鲜民主主义人民共和国和大韩民国所构成,而在历史上长期是统一的,因此笔者使用朝鲜半岛(简称朝鲜)自然妥帖。朝鲜人士与中国的交往,比日本多。

梅文鼎《天算》著作传入朝鲜是什么年代,目前还不清楚,至迟在 18 世纪 70 年代朝鲜已有引用,如在朝鲜官方编撰的《文献备考》[①]内多次整段录入,以下所录均为初次编的《文献备考》的内容,而版本却是后来的《增补文献备考》[②]。该书卷 1"象纬考一·恒星"有关于梅文鼎对岁差的论述:

> 梅文鼎曰:西法谓恒星东行,今考其度,即古岁差之法。假如至元十八年,冬至在箕十度。至康熙辛未历四百十一年。而冬至箕三度半,在古法谓是冬至之度。自箕十度西移六度半,而箕宿如故也。在西法则箕星十度,东行过冬至限六度半,而冬至如

---

① 该书最初编于 1770 年,1782 年进行了追补,1902 年又进行增补,1908 年出版,名《增补文献备考》,都是按最初的卷次安排,共 78 卷。凡追补和增补的内容都加说明,资料的记入年代都很清楚。

② 本文所用为韩国东国文化社铅印本《增补文献备考》。

故也。其差本同,所以致差者,则不同耳。

这段文字的内容,与《历学疑问》卷2“论恒星东移有据”基本相同,只是语句有删减和改变。

该书卷2引录很长的三大段“梅文鼎曰”,现转引其中的一段,如下:

梅文鼎曰:“或问古历三百六十五度四分之一,而今为三百六十,何也?岂天度亦可增损,与曰天度何可增减?盖亦人所命耳。有布帛于此,以周尺度之,则与度有余;以汉尺度之,则适足。尺有长短耳。于布帛岂有增损哉?曰:天无度,以日行所为度。每岁之日既三百六十五日又四分之一矣,古法据此以纪天度,宜为不易,奈何改之?曰:古法以太阳一日所行,命之为度。然所谓四分之一者,迄无定率,故古今公论以四分历最为疏阔,而历代斗分,诸家互异,至授时而有减岁余增天周之法,则日行与天度较然分矣。又况有冬盈夏缩之异,终岁之间,固未有数日平行者哉?故与其为畸零之间,而初不能合于日行,即不如此以天为整度,而用之为起数之宗,固推步之善法矣。且所谓度生于日者经度耳,而历家所难,尤在纬度。今以三百六十命度,则经纬通为一法,故黄赤虽有正斜,而度可以互求。七曜之天虽有内外大小,而比例可以相较,以其为三百六十者同也。半之则一百八十,四分之则九十,而八线之法缘之以生,故以制器则度分易分，以测七曜则度分易得。以算三角则理法易明，吾取其适于用而已矣。可以其出于回回、泰西而弃之哉？”

这段文字也出自于梅文鼎《历学疑问》卷2，与其“论周天度”的正文全部相同，但其中有三处较长的注文没有引录。另外还有两段文字，此处不再多引。

这是梅氏著作在朝鲜的最早记载，而不一定是最早的传入。如前所述，《文献备考》写于1770年，而《梅氏丛书辑要》成于1759年，相距11年；与《梅氏历算全书》（成于1723年）相距不到50年。

比《文献备考》成书略晚的《颐斋乱稿》的部分日记中也有多次引用梅氏著作或提到相关的内容。《颐斋乱稿》的作者是黄胤锡（1729—1791年），对梅氏著作相当熟悉。他在丙申八月四日（1776年9月16日）的日记中有如下的一段记载：

昨日，郑东愈出示清宣城梅文鼎所撰《律学正宗》十卷，其小目有：曰《笔算》、曰《弧三角》、曰《堑堵测量》、曰《三角举要》，诸目大约如此。而已经本国印行，又为清主御制《数理精蕴》所采者也。文鼎，字定久，即宋之尧臣[圣俞]、明之膺祚撰《字汇》之字也。[珏成仕康熙，预修《数理精蕴》诸书，即其孙也。]

又按《笔算》一篇序目有云：算古算祘象形，盖或纵或横，正类筹策纵横，故李之藻《圆容较义》，亦以祘与算通用,而不知二字音同,而意微异也。[1]

这段资料包含一些重要内容,其中主要是黄胤锡与郑东愈在几年间互相接触,就梅氏著作进行讨论,有记载的有两次,都是郑东愈提出问题向黄胤锡请教的,上引资料是第二次讨论。早在一年前,他们就开始了第一次讨论。于乙未七月二十四日,郑东愈拿着一本梅文鼎《三角举要》去见黄胤锡,日记写道:

(乙未)七月二十四日,郑君东愈因问《精蕴》之借根方,《启蒙》之天元一至而尚未洞究,近得梅文鼎《三角举要》欲一质耳。又言《星宗命格》,须有《七政百中历》,方可下手。此历唐本四册,适有所得耳。[2]

看来,在此之前他们已见过面,讨论《数理精蕴》中之借根方与《算学启蒙》中之天元一术的关系问题,"尚未洞究",即还未彻底解决。这次又来请教《三角举要》,不知是平三角还是弧三角?他们见面的时间是乙未七月二十四日(1775 年 8 月 19 日),至于他们怎样讨论梅氏的《三角举要》,日记中没有谈到。

他们的讨论,进一步涉及到梅氏祖孙的问题,以及其他等等各种问题。黄胤锡在丙申八月二十七日(1776 年 10 月 9

①② (朝鲜)黄胤锡:《颐斋乱稿》第四册,据《韩国学资料丛书三》,韩国精神文化研究院,1995 年本,150。

日)的日记中简单讲述了这一情况:

> (丙申)八月二十七日,(在京)又闻宋梅尧臣圣俞,宣城人,以诗名。明梅膺祚其后也,辑《字汇》,其从兄鼎祚序之。清梅文鼎亦其后,撰《历学正宗》,号勿庵。其孙珏成传其学,据徐光启《崇祯历法新书》,据《历象考成》,则康熙主,因之修润,称以御制,编入于《律历渊(源)》。又(康熙帝)尝南游,召文鼎礼之。[①]

很显然,黄胤锡讲述了从宋代的梅尧臣到清代的梅珏成的梅文鼎家史,而且都提到这些人的主要成就和某些事迹。比其丙申八月四日所记更连续,这可能是他在"在京"[②]又得到有关资料。也可能是与上次所记是同一来源,它们前后相距只有二十多天。不管怎样理解,都可说明梅文鼎的家史和著述在朝鲜都有流传。在这条日记中没有提到郑东愈,而他们的联系似未断绝,由于和梅文鼎著作无关,没有必要细纠缠。过了一年多,又见记载,且提到郑东愈的从兄弟。

黄胤锡在戊戌三月二十五日(1778 年 4 月 21 日)的日记中,记载着:

> (戊戌)三月二十五日,送书于郑上舍东骥,东愈

① (朝鲜)黄胤锡:《颐斋乱稿》第四册,据《韩国学资料丛书三》,韩国精神文化研究院,1995 年本,413。

② "在京"是韩鲜首都汉城。

> 从兄弟，求借《西洋通历》及《七政百中历》及梅文鼎《弧三角法》……郑上舍，也答来。闻《通历》，尚未眷毕。《七政百中历》，本主方出郊外，待其借日当专呈。而三角书，则其从史兄东愈方着眼，亦当从后借呈。①

从这条记载可知，当时朝鲜学者们如饥似渴地学习、吸收新知识，见到一本新数学或天文学书便互相借阅、传抄。这天黄胤锡到郑东愈从兄弟郑东骥处还书，同时还想借《弧三角法》等书。但东骥说"三角书，则其从史兄东愈方着眼，亦当从后借呈。"这就是说黄胤锡没有借到一本想看的书。

通过上述多条日记，反映出许多情况。首先可知，郑东愈和黄胤锡都很关心梅氏著作的流传和研究。郑东愈"留意于易学算数"，特别注意寻找新发现的历算著作。估计郑东愈手中存有多种梅氏历算著作，前面提到的就有：《笔算》、《弧三角》、《堑堵测量》、《三角举要》等4种，有2种三角的名称不准确，应是《弧三角举要》和《平三角举要》。按郑东愈的说法，这4种又是梅文鼎所撰《律学正宗》10卷的"小目"。还有一处提到梅文鼎有《历学正宗》，与《律学正宗》恐系同一本书。可是查遍梅氏著作目录，没有这类书名。这是否是梅氏著作传入朝鲜后，朝鲜历算家所编辑的作品呢？实在无法弄清楚。

19世纪，是朝鲜学者研究梅氏著作的一个小小的热潮，基本上以南氏兄弟和李尚爀为代表的一批天算学家。他们写

---

①　(朝鲜)黄胤锡：《颐斋乱稿》第四册，据《韩国学资料丛书三》，韩国精神文化研究院，1995年本，591。

了大量著作，大多参考了梅文鼎的著作。

这些人中，首先在著作中提到梅文鼎的是著名天文数学家南秉哲(1817—1863年)所著《仪器辑说》。该书有上、下两卷，其下卷第一部分“浑盖通宪仪说”，讲述明末李之藻(1565—1630年)撰《浑盖通宪图说》一书，南秉哲指出“梅文鼎尝作订补一卷”，并引录了如下一段话：

> 浑盖之器，以盖天之法代浑天之用。其制见于《元史》札玛鲁鼎所用仪器中，窃疑为《周髀》遗术流入西方。然本书黄道分星之法，尚缺其半，故此器甚少，盖从得其制也。兹为所缺，正其所误，可以依法成造云。

在南秉哲《圭斋遗稿》卷5，也有与此全同的引文。梅文鼎确有“订补一卷”，名为《浑盖通宪图说订补》1卷，但未出版，仅在《勿庵历算书目》中有一条记载，与南秉哲所引文字相同，只是在用词上略有差别，如“札玛鲁鼎”原为“札玛鲁丁”；南秉哲引用时在“西方”和“然本书”之间删去了“……者也，法最奇、理最确，而于用最便，行测之第一器也”。为什么删去这段评价性的话？值得深思。有一点可以肯定：就是南秉哲手中必有一本《勿庵历算书目》。

《仪器辑说》下卷“度量仪说”中，南秉哲则引用了梅文鼎的“平仪论”，目的是利用这种理论制造一种量度仪器，它由8个零部件组成。南秉哲说该议“因梅文鼎平仪论：弧三角以量代算之法以制也。按以量代算之法，本出于熊三拔之简平仪。”又说：“盖梅勿庵之法出于简平仪，子裳(南秉哲)之仪出于勿庵之法。”

南秉哲还有《圭斋集》一书是一本文集，是他去世后由别人整理的一批稿件，将其定名为《圭斋遗稿》，前有甲子(1864年)赵斗淳等人写的序。书中引用了前述之“平仪论”，不再重述。该书卷5“书推步法解后说到梅文鼎等莫不造乎精奥渊微”，并认为梅氏“积毕生之精力，从事一艺，是以所造能究极精微，神明变化，其于西法发明甚多。”但接下来，南秉哲对梅珏成与江永的意见分歧进行了评论，认为“江慎修确信西法，未尝诋毁(梅文鼎)而或议其便否，但持论公平，无过激扶抑之语，以是如梅珏成以谄附西人目之。”这是在将近100年之后的公正论评，支持了江永的观点。

这件事之所以引起南秉哲的兴趣，主要是来自《推步法解》一书，该书为江永所作。南秉哲研究了这本书，写一篇“书推步法解后”，故作出评判性的评论。

现在再回过头来，讨论“平仪论”在朝鲜的影响。南秉吉(元裳)著《量度仪图说》一书，前有李尚爀于1879年所写之序。在序的开头指出：“梅勿庵于斜弧三角推算之法，反复折衷约之以三法，而至于平仪论之以图代算，允为简捷，且无以加焉。六一斋南学士(元裳)因以化之创制仪器，随用转移，则天地之高大，日月之运行，无不了如指掌。”这本书是关于所制“量度仪”的具体做法的图形和文字说明。在正文中，南秉吉引用了梅文鼎“平仪论”的大段文字：

> 平仪论曰：平仪有实度，有视度。有直线，有弧线。直线在平面，皆实度也；弧线在平面，则惟外周为实度，其余皆视度也。实度有正形，故可以量；视

度无（正）形，故不可以量。然而亦可以量者，以有外周之实度与之相应也。何以言之？曰平仪者，浑体之画影也。置浑球于案，自其顶视之，则惟外周三百六十度无改观也。其近内之弧度，渐以侧立而其线渐缩而短，离边愈远侧立之势益尚（高），其跻缩愈甚。至于正中，且变为直线，而与圆径齐观矣。此跻缩之状，随度下而迁，其数无纪。故不可以量也。然而以法量之，则有不得而遁者，以有距等圈之纬度为之限也。试横置球于案，任依一纬度直切之，则成侧立之距等圈矣。此距等圈与中腰大圈平行，其相距之纬度等，故曰距等也。其距即等，（则）其圈虽小于大圈，而为三百六十度者不殊也。从此距等圈上，逐度作经度弧，其距极亦皆等，特以侧立之故，各度之视度跻缩不同，而皆小于边之真度。其实与度并同，无大小也。特外周则眠体而内线立体耳。故曰不可量而可量者，以有外周之度与之相应也，此量弧度之法也。弧度者，乃经度也。经度之数皆在腰围之大圈。此大圈者在平仪则变为直线不可以量。然而亦可以量者，亦以外周之度，与之相应也。试于平仪内，任作一弧角，如乙己丙半圆，内作己丙戊角，欲知其度则引此弧线，过横于戊而会于乙，则己戊弧即丙锐角之度。戊壬弧，即丙钝角之度也。然己戊与壬戊两弧，

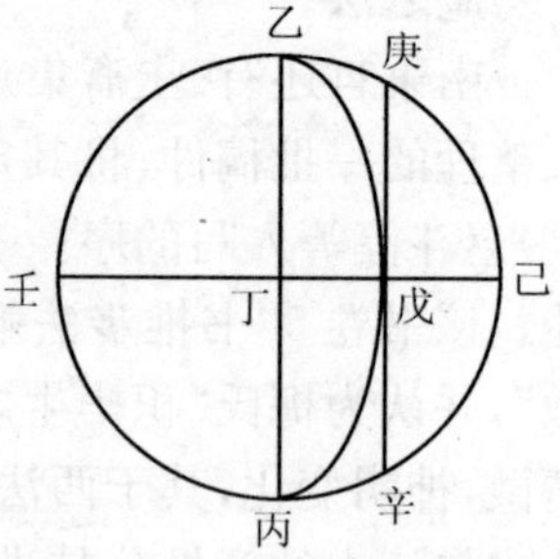

皆以视法变为平线，又何量其度？法于戊点作庚辛直线，与乙丙直径平行，则已庚弧之度即戊已弧之度，亦即丙锐角之度矣。故曰不可量而实可量者，以有外周之度与之相应也。然此法，惟角傍弧度适足九十度如戊丙，则其数明晰。若角傍弧不足九十度，又何以量之？曰：凡言弧角者，必有三边，如上所疏即一边就外周真度，其余二边必与此一边之两端相遇于外周而成角。此相遇之两点即余弧起处，法即从此起数。借外周以求其度，而各循其度，作距等横线，乃视两距等线交处，而得余一角之所在，遂补作余两弧，而弧三角之形，宛在平面，再以法量之，则所求之角可得其度，此量角度之法也。

这段长达900字左右的引文与梅文鼎的有关部分只有极少几个字不同，都用圆括号填加或改正，实际只有三个，其中（正）和（则）是引文中缺少的字；（高）是改正的字，引文误为“尚”。

南秉吉不仅掌握了梅文鼎的平仪论思想，而且更重要的是在此基础上有所创新，把梅文鼎的“以图代算”改进为“以器代图”，所以他在引文之后说：“按梅勿庵平仪论弧三角形之捷法也。”是弧度角度皆以图代算……

今造此，使以器代图，而名曰量度仪。触类而伸，固不越于范围，后出之巧，非敢拟青蓝云尔。”使用仪器，更为便捷。

《量度仪图说》又引录了梅文鼎的“三极通机”，引者误为“三极通微”，内容全同，本书第八章有全文可参见。南秉吉在引文之后还有“以黄道经纬求赤道经纬”、“以赤道经纬求地平经纬”、“以两纬求经度”、“求北极出地简法”等的文字说明和

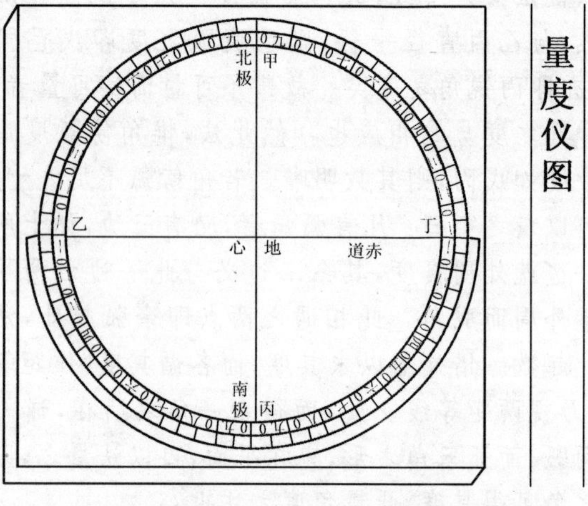

图 10.1　量度仪图(采自《量度仪图说》)

图形,经与梅氏著作核对,除个别的字外,两者全部相同。

李尚燏撰《翼算》有上、下两编,前有南秉吉 1868 年的序,书中也引用了梅文鼎著作,可见他对梅氏的《方程论》特别熟悉。他撰写的《翼算》上编"正负论",以《方程论》为主要参考书。梅氏在《方程论》卷 1"正名"中把"方程"重新分为四类:和数、较数、和较之杂与和较之变,并给出了解释,同时给每类举出实例。李尚燏经过一番研究,认为有一个例子进行某些变化就够了,他说:

> 如《方程论・和较相杂方程例》曰:假如有江湖两色船载物不知其数,但云江船五以较湖船一,则江船多二千八百石。江船三湖船五,则共载二千八百石。问船力若干?答曰:江船六百石,湖船二百石。

所引《方程论》的原题及答案，一字不差。李尚爀即以此例为代表，改变其条件使其适合四类方程。文字较长，不再引用。他以一个统一的例子分析、研究了梅文鼎的四类方程，是一种新的尝试。很明显地，他的解法比梅氏的解法整齐，给出了自己的方法。

李尚爀在《翼算》的另一处，也提到《方程论》，他说："正负可以互变，故梅勿庵《方程论》谓：首位异名者，变其一以相从为同减异加地[①]也，然不变而异减同加与变而同减异加等。"这是他经分析，有了心得体会而写出的认识。

在《翼算》中，李尚爀还两次提到《少广拾遗》一书，一处说："梅勿庵《少广拾遗》全无论及于正负相当之理者，亦似未尽也。"是一简单批评。另一处是在讲秦九韶"开方法"时提到的，李尚爀说："焦里堂曰：秦九韶《数书九章》述开方法，精简贯一，原于古《九章》，而迥非梅氏《少广拾遗》所能及"。秦九韶开高次方用增乘开方法，而梅文鼎则是用数表，李尚爀明确指出，秦九韶与梅文鼎在开方方法上是不同的，而秦氏的方法"而迥非梅氏《少广拾遗》所能及"，这种认识相当确切。

还有一位不知年代的作者边彦廷，他撰有《筹学实用外编》一书，书后有很长一段讲述梅文鼎筹算问题的文字。其中说："梅文鼎改制筹数，变竖为横，自谓有六便，今从梅法。"该书没有出版，只有写本，不记年代，金容云估计为李朝末期的著作[②]。查朝鲜李朝于 1910 年亡于日本，其末期可能在 19

① "地"似是衍文，宜删。

② [韩国]金容云："《筹学实用》解题"，《韩国科学技术史资料大系·数学篇 9》，汉城：骊江出版社，1985，1。

世纪末期。

通过上述事实可知，梅文鼎的历算著作，无疑应全部传到了朝鲜。由于在朝鲜古代历算著作中未见有首先主编《梅氏历算全书》的魏荔彤和整理该全书的杨作枚而多次提到或引述梅珏成的记述，可以断定是《梅氏丛书辑要》传到了朝鲜，而不是《梅氏历算全书》，传去的还应有《勿庵历算书目》。

朝鲜学者并不是生搬硬套地学习梅氏著作，而是批判地学习，在学习的基础上有所创新。前面略有涉及，此处不再详述，另将作专题探讨。

四、梅文鼎历算思想传入西方和现代研究

梅文鼎历算著作传入西方比传入东方要晚得多。就目前所知，首先把梅文鼎著作及事迹介绍到西方的是英国来华传教士伟烈亚力(A. Wylie，1815—1887年)。他于19世纪中期和后期在著作中把梅文鼎传记进行了注释，并补充了若干资料[①②]，介绍到了西方。

与此同时，有位法国汉学家和外交官微席叶(A. Vissière，1865—1930年)于1891年向西方介绍过梅文鼎的著作，并把部分梅氏著作原文译成法文，其中主要是梅文鼎的

① A. Wylie, *Notes on Chinese Literature*, Shanghai, 1867, p. 90.

② A. Wylie, *Chinese Researches*, Shanghai, 1897, p. 160.

《古算器考》一书①。

稍晚，荀歇(L. Cauchet)在讨论郭守敬的“球面三角”②的长篇论文中，较详细地讲到了梅文鼎对郭守敬“球面三角”的研究工作③。

20世纪初，向世界介绍梅文鼎著作的最重要的当属日本的三上义夫(Y. Mikami，1868—1950年)。他在《中日数学之发展》著作中，分为中国和日本两部分，在中国部分中多次论述到梅文鼎的研究工作，但因梅氏的工作后由其孙瑴成在魏荔彤《梅氏历算全书》的基础上改编为《梅氏丛书辑要》，因此三上义夫所研究的无疑是这套丛书，而常把梅瑴成与梅文鼎混淆，且三上义夫误认为梅瑴成是梅穀成④。该书中国部分第十八章讲述中国清代数学研究，其中包括梅文鼎⑤。三上义夫首先介绍了梅瑴成和他们的家族，并根据阮元的《畴人传》简单讲述梅氏的生平事迹，还讲到了梅氏在一生中撰写了八十多种有关天文历法和数学著作，去世后出版了《梅氏历算全书》，他孙子梅瑴成重新编辑的《梅氏丛书辑要》中收入62种，其中有2种为梅瑴成的作品，梅氏的新旧历算理论58种。

① A. Vissiere, *Recherches sur Lorigine de Libague Chinois et sur sa dérivation des anciennes ficlzesà calcul*. Bulletin de Geographie，28(1892)，pp. 54～80.

② 元代《授时历》中，只讲到球面几何，而未查到直接使用球面三角方法。

③ L. Gauchet，*Note sur la Trigonometrie Spherique de Kouo Cheou-Kking*，Toung Bao XVIII，1917，pp. 151～174.

④ 梅瑴成的英文拼音应为Mei jue cheng，而三上义夫误认“瑴”为穀，故拼音为Ku，而成Mei Ku-cheng。

⑤ Y. Mikami，*Development of Mathematics in China and Japan*，Leipzig，1913，pp. 120～122.

三上义夫也讲到了在《梅氏历算全书》中包括历法理论、平面和球面三角,作者称之为“增补几何学”,还有欧洲的算术纳披尔筹,招差方法、方程求根等等,可能是因为篇幅的限制,没有展开论述。

由于这本书是用英文出版的,所以在西方影响很大,直到现在还被西方作者所引用。三上义夫还用日文发表了一篇长文,叫做《中国算学之特色》,其第十七章为清代数学,讲到梅文鼎对《授时历》中之招差术的解释,并说:“应用之而有垛积,即求种种有限级数之总和之方法,已收优良之效果矣。”①

与三上义夫合作过的美国数学史家史密斯(D. E. Smith,1860—1944 年)很关心中国数学史,在其著作中各个时期都有简要论述。17 世纪在“东洋”部分提到薛凤祚和梅文鼎两个中国人,前者只有很少几个字,而对梅文鼎则有一段评价:“在这个世纪中有几位中国学者写了重要著作,都是受耶稣会的影响,因此他们的著作是以欧洲原始资料为基础的。特别是梅文鼎(1633—1721 年)值得一提,他是一位很有造诣的学者,精通本国科学和西方科学,撰写了各种主题的著作。”②

日本薮内清也研究过梅文鼎。在吉川幸太郎编的《青木正儿博士还历纪念中华六十名家言行录》(1948 年弘文堂)中收有关于梅文鼎学术研究的资料。笔者未见此文,内容不详。

过了三十多年,李约瑟的巨著开始出版,在他的《中国科学技术史》第三卷数学史部分,多次提到梅文鼎,并讲述了梅

---

① 三上义夫著、林科堂译,《中国算学之特色》。上海:《国学小丛书》本,1934 年再版,80。

② D. E. Smith, *History of Mathematics*, Ⅱ, New York: Dover Publications, INC., 1958, p. 170.

氏的一些工作，例如说由于梅文鼎和邢云路的著作查明了郭守敬的工作，涉及到了《晷堵测量》一书[①]。在讨论珠算起源问题时，多次提到梅文鼎的看法，微席叶对《古算器考》的翻译是李约瑟所关注的一件事[②]。在同书第三卷天文部分也讲到了梅文鼎，说梅氏的《历算全书》中包括了不少天文学方面的材料[③]，等等。

在20世纪真正下工夫研究梅文鼎及其工作的，主要有两名学者，一是日本的桥本敬造，一是法国的马若安（Jean-Claude Martzloff）。

桥本敬造是日本关西大学教授，以研究中国天算史，特别是以明末清初时期为主，著有《徐光启和天文学变革》（*Hsü Kuang-Chi and Astronomical Reform*，1988）等书。关于梅文鼎的研究工作，他都以论文形式陆续发表，有两篇专题论文较为重要。一篇题为《梅文鼎的历算学》（1970）[④]，全文除前言分为四部分，即梅文鼎的生平和著作活动、天文学和梅文鼎、梅文鼎对数学的研究，结论。桥本敬造在论文的前言中指出："关于清代科学史上的动向，特别是在历算学方面，除梅文鼎的存在是不可想象的。"这篇论文就是从此种意义出发的，

① Joseph Needham, *Science and Civilisation in China* Vol. Ⅲ. Cambridge: Cambridge University Press, 1959,48.

② Joseph Needham. *Science and Civilisation in China* Vol. Ⅲ. Cambridge: Cambridge University Press, 1959,70.

③ Joseph Needham, *Science and Civilisation in China vol*. Ⅲ. Cambridge: Cambridge University Press,1957,455～456.

④ 桥本敬造："梅文鼎の历算学—康熙年间の天文历算学"，《东方学报》，京都，第41册(1970)，491～518。

考察那个时代中国科学思想的形成，是作为研究梅文鼎思想骨架的第一步。

在论文的第一部分，主要介绍梅文鼎的事迹，比较详细，其中包括《测器考》所涉天文仪器的简单内容，又讲到《中西算学通》所收9种著作及对它们的说明，包括算术、几何学、测量术、代数学和对《九章算术》的探讨。接着对梅氏其他著作的论述，并引阮元对梅文鼎和王锡阐的对比评论①。

论文的第二部分，又分为两小节：(1) 对于历学的立场；(2) 西方天文学的对应。桥本敬造指出："对梅文鼎的西方历学的评价，不如对算学方面的球面三角法、对数法、几何学等的评价高，是相当不同的立场。"并且较详细地论述了他的看法。在(2)中引述刘湘煃之说，曰："故历指实为造表之根。今历所载金水历指，如其法而造表，则与所步之表不合；如其表以推算测天，则又与天密合。是历官虽有表数，而犹未知立表之根也。乃作《五星法象编》五卷，文鼎深契其说，摘其要，自为《五星纪要》。"②桥本敬造认为：据上所述，"对于梅文鼎天文学的思想，不能忽视刘湘煃的话，所说并不过分。由此可见，这大大有助于理解用科学的批判认识梅文鼎的西法的意思，并有可能考虑这件事。"

第三部分，又分为三小节：(1) 几何学与《几何原本》；(2) 球面三角法与历算；(3) 对数的应用。桥本敬造在这部分主要讲述了梅文鼎对《几何原本》内容的认识，用球面三角法解决历学问题，把斜弧三角归结为勾股问题，也就是把西方数

---

① [清]阮元：《畴人传》卷35"王锡阐下"。

② [清]阮元：《畴人传》卷40"刘湘煃"。

学方法归结为中国传统数学方法。在(3)中讲述了对数的产生及传入中国以及梅文鼎关于对数的研究。

在第四部分中，桥本敬造用较多的文字作了研究总结。他认为梅文鼎的科学态度，是从对文献的历史考察中形成的，就是说这是好的方面。就天文历法而言，梅文鼎的知识一方面来自中国传统历法，另一方面又认识到西方天文学的优点，但并不是无批判的接受，而是对中法和西法从历史的由来中找到它们的位置，在表现上两者有着明显不同，看法也不一致，但实际是相同，而差异只是形式的不同。梅文鼎确立起历学是进步的立场，他把握了西方天文学是传统中法的继续这样的立场，他对几何学的研究，可理解类推于中国传统几何学等。这也就是把历学、几何学、三角学，可以说归于一条轨道上了。

桥本敬造的另一篇论文，长达 48 页，详细论述梅文鼎在数学方面的研究①，实际上是前篇论文数学内容的扩充。全文分为五部分：序言、梅文鼎的数学研究、《方程论》的展开、勾股法与几何学、结论。在第一部分的开头，作者指出："本文的目的是要阐明清代康熙年间所见到的数学家的各种活动，以梅文鼎的数学研究为焦点"，这就明确突出了梅文鼎的重要地位。序言主要讲述梅文鼎数学研究的历史和社会背景，进一步指出：由于西方数学传入中国，使中国的数学研究向以西方几何学为中心的重点转移。当时从西方传入中国的数学，尤其是用于天文学的欧几里得几何学以及几何学模式，是

① 桥本敬造：《梅文鼎の数学研究》，《东方学报》，京都，第 44 册 1973，233～279。

不可缺少的。同时，梅文鼎也改变了自己长期的看法，不再认为天文学仅用以数字计算为基础的所谓算数去解决问题的。于是，桥本敬造明确指出："那是洞察中国和西方天文学的本质所产生的结论。"这观点是相当中肯的。

在第二部分中，基本上是较为全面地论述梅文鼎的数学研究工作，其中包括笔算、筹算、割圆术、二项展开式以及高次开方法等简要内容。他对梅文鼎的笔算工作给予很高评价，认为"就像考虑明代数学时不能忘记珠算那样，考虑清代数学时不能忘记笔算。但就是这种笔算的确立，可以说是梅文鼎做出了最大的贡献。"

在第三部分中，作者对梅文鼎《方程论》一书进行了讨论。他觉得是一件很奇怪的事情，历来数学史家在研究梅文鼎数学工作时，都对《方程论》采取回避的态度[①]。正因为如此，他本人对《方程论》进行了较详细的研究。

在第四部分中，桥本敬造集中论述了梅文鼎对几何学的研究，他认为要用勾股法理解几何学。这种观点把几何学体系化在某种程度上是成功的。梅文鼎的基础工作主要是《勾股举隅》一书。在该书中，梅氏给出了关于直角三角形的14种要素以说明其他要素之间的各种关系，并把这些要素作为基本原理来论述或用来论证几何学等西方数学。桥本敬造还列举一些实例进一步论述了梅文鼎以勾股法为中心的几何学思想。

在最后的结语中，桥本敬造说：

---

① 在桥本敬造感到疑惑不解之后的1982年，于《科技史文集》(数学史专辑)中发表了梅荣照《略论梅文鼎的〈方程论〉》一文。

> 最能如实反映梅文鼎成就的是打开《数理精蕴》这部书就清楚了。那是当时一部数学全书，其中采用了很多梅文鼎的著作。这部《数理精蕴》可以是标准的数学大系，通过它使梅文鼎的数学渗透给后代的数学家。

他还说在其他方面，梅文鼎的影响也不能忽视。

梅文鼎的历算学也受到传入中国西方知识的限制，他未掌握哥白尼的日心地动说、刻卜勒理论以及解析几何学，所掌握的主要多是从希腊时代以来的西方天文学，不出以《崇祯历书》为基础的第谷天文学范围。桥本敬造在这方面也有清楚的论述。

总之，桥本敬造的两篇论文，对梅文鼎的历算研究工作进行了比较全面的研究和分析，提出了自己的见解，都有重要参考价值。

世界上第一部有关梅文鼎的学术专著是法国学者马若安出版的《梅文鼎(1633—1721年)数学著作研究》[①]一书(其封面见图10.2)。全书分为五章，第一章梅文鼎的时代和17世纪中国数学科学的概述；第二章《梅氏丛书辑要》；第三章初等算术；第四章数值计算技术；第五章梅文鼎的几何著作。全书362页，其中包括前言、后记以及参考文献29页等。

作者在前言中指出："梅文鼎(1633—1721年)在清朝使

---

① Jean-Claude Martzloff, *Recherchos sur L'cevle mathematique de Mei Wending(1633—1721)*, Memoires de L'institut des hautes etudes Chinoises Volume XVI, 1981.

MÉMOIRES DE L'INSTITUT DES HAUTES ÉTUDES CHINOISES

Volume XVI

RECHERCHES SUR L'ŒUVRE MATHÉMATIQUE DE MEI WENDING (1633–1721)

par Jean-Claude MARTZLOFF

Ouvrage publié avec le
concours du Centre National
de la Recherche Scientifique

COLLÈGE DE FRANCE
INSTITUT DES HAUTES ÉTUDES CHINOISES

图 10.2 马若安《梅文鼎(1633—1721)数学著作研究》封面

中国数学复兴起了重要作用。”同时还概述了前人对梅文鼎的研究情况，包括前面提到的外国人伟烈亚力、微席叶、苟歇等。全书重点在后三章，约占五章总篇幅的近90%。第三章主要是讲述梅氏有关笔算、筹算和尺算（比例规）的内容。

第四章的内容主要是梅文鼎对二项式定理、高次方程数值解、数值级数、“方程”和内插法等的研究。马若安对梅氏《方程论》一书下了很大工夫研究，可能是迄今为止，外国学者研究得最详细的工作。

第五章的内容包括了梅文鼎对几何学研究的几乎全部内容。马若安的观点和桥本敬造相当一致，也认为梅文鼎把勾股法作为几何学的中心问题，因此他在本章一开始就引用了梅文鼎在《几何通解》一书中的一段话：“几何不言勾股，然其理并勾股也。（西文谓勾股为直角三角形，译书时不能会通遂分途径。）故其最难通者以勾股释之则明，惟理分中末线似与勾股异源。今为游心于立法之初，而仍出于勾股。信古九章包举无方。”马若安还特别强调演段法在梅文鼎的几何学研究中的重要作用，但是马若安对梅氏的立体几何研究论述较少，有关梅氏的三角学（特别是球面三角学）研究也没有给予应有的注意，而这两点却是梅氏数学研究的主要内容。

总之，这部书是首次向世人较全面地介绍了梅文鼎的数学研究，作者做出了应有的贡献。

在此期间，其他学者在著作中也论述过梅文鼎的数学研究成就，美国的席文（N. Sivin）博士便是其中之一。他虽然没有对梅文鼎的专题研究，但是却有多处涉及，如他所写的

“王锡阐传”中[①]就有多处提及到梅文鼎，并指出梅氏在会通中西数学研究中所起的重要作用。在另一著作中有一篇叫“哥白尼在中国”说到梅文鼎的疑问，并引梅氏《历学疑问》之一段话：“多禄某之法至歌白泥而有所改订，歌白泥(尼)之法至地谷而大有变更，至于地谷法略备矣。而远镜之制又出其后，则其为累测益精。”席文说，18 世纪之前，耶稣会士天文学论文，对哥白尼的历史地位是清楚的，但他们所使用的都是已废弃的中世纪的第谷图形，梅文鼎也如此[②]。

以上是本人所了解到的梅文鼎著作及思想在国内外的影响，肯定有遗漏，将来有可能再行补充。

五、关于梅文鼎的纪念活动

梅文鼎一直是人们比较关注的人物之一，从 20 世纪 80 年代以来对他举行一些纪念活动。这些活动的序幕从 1986 年开始，为了筹备一次国际性纪念学术会议，梅氏的家乡安徽省宣州市，邀请几个人到宣州商量纪念会议筹备工作，笔者添列其中。

筹备会于 1986 年 6 月末 7 月初召开，当时有哪些人参加，记得可能有北京师范大学白尚恕教授，因为未作笔记，其他人都记不清了。会议决定于 1988 年结合第三次全国数学

① N. Sivin, *Wang Hsi-Shan*, *Dictionary of Science Biography* Vol. XIV. New York: Charles Scribner's son, 1976, pp. 159～168.

② N. Sivin, *Science in Ancient China*. IV, *Copernicus in China*, p. 22. 1995, Variorum. 此文于 1973 年独立发表过。

史年会一起召开纪念大会，同时确定了组织委员会和学术委员会以及正副秘书长人选，他们是：

International Symposium for
the Commemoration of Mei Wending
and the Chinese Third Annual Meeting
on the History of Mathematics (ISCMW)

纪念梅文鼎国际学术讨论会
暨第三次全国数学史年会

ANNOUNCEMENT
First Circular
December 1987

图 10.3　纪念梅文鼎国际学术讨论会暨第三次全国数学史年会第一次通知

组织委员会主任委员杜宜瑾、王厚宏，副主任委员李迪、李树桥，委员（以汉语拼音为序）葛毅夫、胡丙生、江吉发、凌德容、刘志强、卢树铭、任南衡、吴之季、夏志超、徐炎、詹硕士、张秉伦、赵国胜、周嘉华、朱世力、庄增明。

学术委员会主任吴文俊、严敦杰、谷超豪，委员(以汉语拼音为序)白尚恕、薄树人、陈美东、杜石然、蓝丽容(新加坡)、李迪、梁宗巨、李文林、李志超、马若安(法国)、梅荣照、山田庆儿(日本)、沈康身、下平和夫(日本)、席泽宗、杨纪珂。

秘书长杜石然，副秘书长胡丙生、刘钝。

第一轮通知于1987年12月发出。

利用这次筹备会的机会笔者到梅氏故居进行了一次简短考察。已在本书第二章有几百字的介绍，不再重述。

“纪念梅文鼎学术讨论会暨第三次全国数学史年会”，于1988年11月1日～6日召开，分合肥与宣州两地举行：会议开幕式在合肥，闭幕式在宣州，而纪念梅文鼎的学术论文主要安排在宣州，有将近百人出席了这次会议。

为了配合这次会议，也为了长久纪念梅文鼎，宣州市建成梅文鼎纪念馆，于此时揭幕。

还有两件事应当提及。第一件是内部出版的《宣州文物》。1988年出版了“纪念梅文鼎专集”，著名数学家苏步青题写书名。其中收有沈康身、李迪、胡丙生、庄增明、孔令培、于真和查正英、徐之田的论文与有关资料，并在会上散发给出席者。

第二件是李迪与郭世荣合写了一本《清代著名天文数学家梅文鼎》，1988年3月底完成，交安徽某出版社，准备开会时散发，人手一册，但由于某种原因未出版，后由胡丙生教授转到上海科学技术文献出版社，于11月出版，但会期已过。

过了将近5年，又在安徽召开“中国地方科技史暨纪念程大位、梅文鼎、戴震、汪莱国际学术讨论会”。会议于1993年9月21日～26日举行，21日至22日在芜湖市安徽师范大学进行大会报告和分组论文宣读。23日赴黄山市，途中参观了梅文鼎纪念馆，24 日在黄山市举行了纪念程、梅、戴、汪的学术报告会，参观了程大位故居纪念馆(珠算馆)和戴震纪念馆。

由于这次学术会议不是专门关于梅文鼎一人的，所以论文自然较少，但也是一次纪念活动，仍有一定意义。

会后，在胡丙生教授的整理、编辑下，《安徽师范大学学报》(自然科学版)出版了“科技史研究专辑”，收入论文 25 篇和摘要 33 篇。

图 10.4　穿朝服的梅文鼎造像(梅氏后人绘制)

现在附带说一下，梅文鼎的造像问题。梅氏在历史上未留下画像，但并不是没有。早在他在世时就有人给他画，他 67 岁时自己曾说：“甬东陈克谐为余作小影，甚肖。”[1]早已

① [清]梅文鼎：《绩学堂诗抄》卷 4，11。

失传。

在梅氏去世后，其后人根据雍正帝、乾隆帝的封赠，给他造了一幅身穿朝服的像，不符合实际。如本书第二章所述，梅氏一生为布衣，未做过任何官，因此生前不可能穿朝服。1988年，几乎同时在《宣州文物》和《清代著名天文数学家梅文鼎》两本书的封面上各有一像，但都有缺陷。虽然都是布衣，但看起来不太像个大历算家的样子，很难作为标准造像使用。因此，特请我校齐国政老师造一幅，放在书前。就笔者来说比较满意。

结束语

这部书到目前已经写完了，但就书的主旨还应当明确一下。

《梅文鼎评传》本质上是一部梅文鼎传记著作，而又不同于一般传记，这里要强调的是思想评论。梅文鼎究竟是一种什么样的思想呢？作为一位天文学、数学家，其思想应主要表现在天文学、数学的研究上。

如果说，明末徐光启、李之藻、王征、李天经等在西方历算学传入中国起了关键性作用的话，那么梅文鼎等在消化、吸收西方历算学方面的作用，则是决定性的；同时，通过官书《数理精蕴》的传播，人们对西方历算学的认识普遍有所提高。

梅文鼎的思想基础，主要有两点：数学知识来源于实际，他所说的"征之于实"就是这个意思；他认为中西"共戴一天"，是认识"天"的根据，不论中国人还是西方人都要从同一个"天"出发对它进行研究。这两点，实际上是一回事，都是说人的认识只有一个出发点，那就是客观存在。中西在认识上的差别仅在形式与方法，如中国把圆周分为 $365\frac{1}{4}$ 度，把恒星分布划分为"三垣二十八宿",以赤道坐标系为标准进行计算,而西方则把圆周分为360度,把恒星分布划分为若干星座,以黄道坐标系为标准进行计算,等等。又如测量是高深广远的方法,中国用勾股定理和重差术,而西方则用三角法。这些差别都可以通过某种方式方法予以变换,由此种变为另一种,就是说在认识上,中西之间是相通的。由此引出了梅氏的一种重要思想,就是"会通中西"。这种思想的形成,可以说顺理成章,相当自然。

梅文鼎思想的产生和形成,有其社会根源和主观能动性,这后一点最为重要,他之所以区别于他人就在这里。首先是他向有关人士学习,包括家族的系列,从祖父、父亲直到兄弟、儿孙等都是他学习的对象。社会上的有关人士、师长、亲朋好友等都不放过。其次是他向书本学习,一方面是学习中国传统的历算著作,另一方面是学习《崇祯历书》、《几何原本》等被翻译的西方历算著作。他都认真阅读,下工夫搜集,直到弄懂。因此,他既精通中国传统历算,又掌握了西方(已传进)历算。只有这样他才能进行中西对比研究,分析其异同。最后是他勤于思考,勇于实践,而前者主要体现于后者。所谓勇于实践,包括两方面的涵义:一是他勤于计算和推理,历算学必须通过这种方法和途径,才能判断其准确性、差别性,甚至是真伪性;二是他进行亲自实践活动,或把某些物件制作出来进行观测、试验。这样,他通过大量的研究、实践活动,在勤于思考的作用下,必然会探索出一般的规律,初步形成了自己的学术研究思想。这样,他如此反复进行,总的观点便逐步形成了。

尽管梅文鼎勤劳、认真、博学多才,但他在认识上还是有缺陷的。首先,他认为从西方传进来的历算知识并不是最先进的,典型的例子是哥白尼太阳系模型。在古代长期占西方统治地位的是托勒梅地心体系，以地球为太阳系中心，日、月和水、金、火、木、土五颗行星都绕地球运动。为了说明行星在轨道上的偏离中心现象，而又加上小轮，也叫做“本轮”，原来的行星的轨道叫做“均轮”和偏心轮，这样每颗行星一方面沿着正圆形的本轮匀速运行，而本轮的圆心又在均轮上绕日匀速运行。1543年，波兰天文学家哥白尼通过长期研究和观测发现：托勒梅的地心体系，虽然大圈套小圈，也能解释行星运行现象，但是很复杂，特别是整体上不符合天文实际。他认为必须改变这种情况。如果让地球和其他行星一样都绕太阳运行，只有月亮绕地球运行，体系就顺当了。他在书中就这样，建立了一个全新的日心体系。于是把以地球为中心地位的位置，一下子降到了与其他行星平等地位。地球不过就是一颗普通行星。在西方对这种观点的接受，经过一场严酷的斗争才取得彻底胜利。这期间，出现了一种折衷观点，认为水、金、火、木、土五大行星都绕太阳运行，而月和太阳所率领的行星绕地球运行，这就是第谷·布拉赫于16世纪提出的第谷体系，实际上，仍是地心观点。

上述的各种宇宙体系方面的著作都于明末传到了中国，但在编译《崇祯历书》时，却采用了第谷体系，对于哥白尼的日心体系予以抛弃，仅采用了其中一些数据和计算方法。

梅文鼎所掌握的只有《崇祯历书》及其他某些具有同样思想观点的译本。他知道哥白尼的名字，甚至也知道比第谷稍晚的刻卜勒，但《崇祯历书》并没有论述西方对行星研究的新成果。这就使梅氏的思想认识，在客观上受到了极大的限制，绝对不是他主观上拒绝接受。

梅文鼎经过认真地对中西历算知识的对比研究后，发现西方历算知识有些优于中国传统历算，如球面三角法、笔算、

60°分法、地球观念等等。这就奇怪了，西方怎么还会超过了古老的中国？他开始考虑这个使人烦恼的问题。大约就在这时，康熙帝则大肆宣扬“西学中源”说，他认为别看西方某些历算知识优于中国，要知道那是中国古代的相应知识传到了西方，经过研究、改进，才超过了中国。梅文鼎在著作中，也就多次叙述这种错误观点，成为 18 世纪直到 19 世纪“西学中源”说的主要来源之一。

由此可见，梅文鼎的“西学中源”说是他的主观思想，有一点客观因素，但由于他的地位，影响自然很大。

其次，还应当注意到，梅文鼎的历算知识不仅在西方传进方面存在着缺陷，而且他对中国传统的历算也存在缺陷。最明显的是他连《九章算术》都未看到全本。至于秦九韶的《数书九章》、李冶《测圆海镜》、朱世杰的《四元玉鉴》等，他更未见过。这些书都具有很高的水平和极丰富的历算思想。可惜，梅氏一无所知。很显然，他对中国传统历算知识，同样是有缺陷的，从而限制了他的发展。

梅氏这两方面的知识缺陷，都是客观造成的，与他的主观无关。

就梅文鼎所掌握的中西历算知识来说，绝不是呆板的吸收，而是在吸收的基础上有所创新和提高。如“平立定三差”问题，“方程”的重新分类问题，球面三角公式的论证，大地为球形的论证（虽非创新，但他要用已有知识论证球形的正确性，是一种理性的接受，而不是生硬的承认），对多面体的研究等都能说明问题。

梅文鼎的历算著作，从表面上看似是五花八门，杂乱纷繁，而实际上可以用他的思想贯穿起来的。他走一条：学习、吸收、创新这样的多数人的道路，与之并行的是“征之于实”、“会通中西”的自己的学术研究思想路线。这使他长期处于一种思想活泼的状态，至老不衰。

我们对梅文鼎的研究和评论，必然离不开他所走的道路，最后是要创新，更重要的是要形成自己的学术研究思想路线。

他经过比较研究，发现中国传统的勾股术具有的重要地位，从他对《周髀算经》的研究即可清楚发现梅氏对勾股术的重视程度。他写出了勾股术的专门著作，并大量使用勾股定理等来解决其他历算的问题。特别是用勾股定理等论证了《几何原本》中的某些问题，形成了以勾股术为数学中心的明显倾向。勾股术固然在数学中有广泛的应用，占有一定的地位，并已形成勾股几何与勾股数两个问题，而梅氏在这两方面都做过不少工作，可是在当时的数学中还达不到中心的高度。

根据上述思想可以初步看出：梅文鼎的会通中西主要是以中国传统历算进行的，与“西学中源”说结合起来看，则更加明显。

从明末，西方天文学、数学较系统地传进中国之后，中西差别和矛盾，日渐突出，打破了中国原有的平静状态，大约在100年中学术局面是比较混乱的。这时虽然已经出现会通中西的苗头，也有了“西学中源”说，但是只有到了梅文鼎工作之后才给予澄清，中西两种观点之争算是平静了下来。可以说，这是梅文鼎历算思想所产生的最大效果。

梅氏的学术研究工作在当时并没有被所有的中国学者所接受，例如阮元在1799年出版的著作中仍然觉得大地为球形是件不可思议的事。实际上，这已是无足轻重的哀叹罢了。

以上就是梅文鼎历算思想的简单总结。

附　录

一、梅文鼎年谱简编

编者按：本年谱简编的编写参考了李俨等多家的成果，并参以已见及有关资料而成，为减少篇幅，均不加出处。

明崇祯六年癸酉(1633年),1岁

文鼎生于二月初七日(3月16日)。父士昌(1569—?),母胡氏。父研究《易经》及《春秋》,日后对文鼎有影响。

○ 薛凤祚(1600—1680年)34岁。揭暄约28岁。王锡阐(1628—1682年)6岁。方中通(1633—1698年)1岁。徐光启(1562—1633年)72岁,本年去世。

明崇祯七年甲戌(1634年),2岁

○ 李天经(1579—1659年)最后一次向崇祯帝进呈《崇祯历书》。

由崇祯四年(1631年)到本次,共5次,累计136卷。

明崇祯十年丁丑(1637年),5岁

弟文鼐生。文鼐字仲和。

明崇祯十二年己卯(1639年),7岁

二弟文鼒生。文鼒字尊素。

明崇祯十四年辛巳(1641年),9岁

文鼎读五经,通历史,被目为"神童"。约于此时,侍父及塾师罗王宾,仰观星象,对星象的分布了解了大意。

明崇祯十五年壬午(1642年),10岁

季弟文鼏于二月二十九日(3月29日)生。

清顺治元年甲申(1644年),12岁

受业于石龙陈明卿、陈蜚。

顺治三年丙戌(1646年),14岁

本年在学。得到祖父的夸奖:"吾家子宣,固衣冠矣。"

顺治四年丁亥(1647年),15岁

补博士弟子员。

顺治五年戊子(1648 年),16 岁

○ 薛凤祚始译撰《天步真原》。

顺治九年壬辰(1652 年),20 岁

文鼎娶妻陈氏。

○ 薛凤祚刊印《天学会通》。

顺治十年癸巳(1653 年),21 岁

○ 薛凤祚刊印《比例四线新表》。

顺治十一年甲午(1654 年),22 岁

祖父去世,年 86。

顺治十二年乙未(1655 年),23 岁

子以燕生。

顺治十六年己亥(1659 年),27 岁

从竹冠道士倪正(号观湖)学习《大统历》及《交食法》等。

○ 王锡阐约于本年完成《历说》5 篇。

顺治十八年辛丑(1661年),29岁

与弟文鼐、文鼏等继续学习天文历法,文鼎完成《历学骈枝》一书,颇得观湖先生首肯,从此有志于历学之研习。

康熙元年壬寅(1662年),30岁

自序《历学骈枝》于陵阳之东楼。

○ 薛凤祚序《历学会通·正集》及其中之《中法四线》。

康熙二年癸卯(1663年),31岁

○ 王锡阐撰《历法》6篇,即《晓庵新法》。

康熙三年甲辰(1664年),32岁

完成《方田通法》。

撰写"先王父研铭有序"。

本年冬纂修家谱。

○ 薛凤祚作"中法命理序"及"中法选要序"、"中西水法序"和"重学序"。

○ 薛凤祚刊印《历学会通·正集》。

○ 王锡阐撰《历说》,讨论到前一年的一次月食问题。

康熙四年乙巳(1665年),33岁

春,在家乡丈量田地,有人问"桐陵法"。梅氏取出《方田通法》

相质。

○ 杨光先(1597—1669)发动驱逐以汤若望为首的传教士案件,其中涉及对西洋历法的内容。

康熙五年丙午(1666年),34岁

秋,在南京。于俞氏书肆中购得一种刻本著作,“内有星图,各系以入宿去极之度”。

在南京承恩寺,得象纬著作残本,附“步天歌”。

○ 王锡阐于五月望(6月17日),终夜候测月食,因云遮,未见。

康熙六年丁未(1667年),35岁

○ 本年,王锡阐与潘耒按《大统历》推算当年年历,并作《丁未历稿》,后来与梅文鼎提及此事。

康熙七年戊申(1668年),36岁

○ 八月,王锡阐首次致信薛凤祚,讨论历法问题,并请薛示知今年月食和来年日食的预测情况。

康熙八年己酉(1669年),37岁

文鼎与师倪观湖到柏枧山游览,有《同倪观湖先生登柏枧山绝顶望仙人台》诗。

与方中通开始联系。方中通研究西方传入中国的纳披尔筹,梅氏认为很好,但“未见其书”。不久梅氏家族一兄梅淡如从北京来,带来一把算筹，没有算例。可是纳披尔筹横书，淡如提出："能易之以直写，不更便乎？"于是梅文鼎改横书为直书，后成《筹算》一书。

康熙十年辛亥（1671年），39岁

弟文鼐死。

方中通之父方以智（1611—1671年）致书文鼎，征梅氏所著"象数之书"。未等文鼎回函，方以智便去世了。文鼎有诗及序。

康熙十一年壬子（1672年），40岁

二赴江宁（南京）乡试。

妻陈氏死，未再续娶。

冬，成《方程论》一书。

○ 夏、秋间，万充宗给王锡阐寄赠历表和书信。八月，王锡阐回函。

康熙十二年癸丑（1673年），41岁

应同乡施闰章（1618—1683年）之邀，负责编撰《郡邑志》中之"分野一门"。成《宁国府志分野稿》和《宣城县志分野稿》各1卷。

○ 三月，薛凤祚作"辑总河潘公河防辨惑序"及"修守事宜序"。

○ 七月，王锡阐作《日月左右旋问答》。

康熙十三年甲寅（1674年），42岁

整理、抄写《方程论》成帙。

黄虞稷(1629—1691 年)、方中通、王若先、蔡玑先各录副《方程论》。

○ 南怀仁成《灵台仪象志》一书及《灵台仪象图》有图 177 幅,后文鼎曾借览。

康熙十四年乙卯(1675 年),43 岁

再赴南京,应乡试。

在南京获交回族人士马德称,讨论日影观测等问题。

在南京借抄穆尼阁《天步真原》及薛凤祚《天学会通》。

购得《崇祯历书》,其中缺《比例规解》一种。"得泰西历算书盈尺,穷日夜不舍"。

完成《勿庵揆日器》一书。

○ 揭暄刊印《璇玑遗述》。

○ 约于本年,游艺成《天经或问前集》。

康熙十五年丙辰(1676 年),44 岁

仍居南京。

从去年以来,与方中通"同客秦淮八月",与很多新朋友在秦淮河乘舟游览。

康熙十六年丁巳(1677 年),45 岁

仍居南京,再次与方中通晤聚,梅氏为其校对《数度衍》,而方为《中西算学通》作序。

○ 五月,薛凤祚作"易义或问序"。

康熙十七年戊午(1678年),46岁

仍居南京。

施闰章准备与文鼎同去北京,未成行。

从黄虞稷(俞部)处借到《比例规解》,抄补《崇祯历书》之缺。

又在黄虞稷处见《九章算术》的"方田"一章,认为"算书中此为最古"。文鼎一生未见《九章算术》全书。

自序《筹算》2卷。

康熙十八年己未(1679年),47岁

仍居南京。

应臬台金长真之请,授经官署。

施闰章在北京奉命纂修《明史》,给文鼎发信,打算请文鼎负责"历志"部分。因有"授经"之事不能离开,故作《历志赘言》1卷寄去。

得山阴(今浙江绍兴)友人所传"幕讲僧九星飞白之说"。

康熙十九年庚申(1680年),48岁

仍在南京,下榻于蔡玑先之观行堂,病疴四个月,一百四十日由蔡玑先照顾。著《病余杂著》。

养病期间,因与马德称论表影问题,对马所说的独陕西、河南、河北(隶)、江南四省有表影,且发现有传讹之处。文鼎"遂为订定,并附用法,以补其缺",成《四省表影立成》1卷。

编辑成《中西算学通》1书,10种。蔡玑先、方中通等分别为之作序。

夏,梁质人及其师张勺庭到江南,并与梅氏获交。

与方中通之三弟中履讨论筹算问题。

给薛凤祚捎去一信，因薛去世，不能回函。

○ 薛凤祚死。

文鼎有《寄怀青州薛仪甫先生》诗 4 首。

冬，由南京返回宣城老家。

康熙二十年辛酉(1681 年)，49 岁

四月初二日(5 月 19 日)，长孙珏成生。珏成，字玉汝，号循斋，又号柳下居士。

○ 王锡阐给徐发复信，就徐所著《天元历理》提出意见，进行商讨。

○ 八月朔(9 月 12 日)将有日食。王锡阐以自制历法，与《大统历》、《时宪历》及《崇祯历书》等分别进行预报。届时，徐发等 5 人同测。

康熙二十一年壬戌(1682 年)，50 岁

长夏(六月)，作《轻重比例三线法》，以广比例之用。

○ 九月十八日(10 月 18 日)，王锡阐病死。锡阐无子，有二女。

康熙二十二年癸亥(1683 年)，51 岁

第二次拟参加《宁国府志》修纂工作。“限于例不获载当事者”。

七月，作“梅节母行略”。

八月病。八月十二日(10 月 2 日)于曹塘于“病间有作”诗 1 首。

康熙二十三年甲子(1684 年)，52 岁

上元(正月十五日)自序《弧三角举要》5 卷于柏枧山中。

冬，再赴南京。完成《江南通志分野拟稿》1卷。

康熙二十五年丙寅(1686年),53岁

潘耒(1646—1708年)到宣城，文鼎始知王锡阐已故。文鼎有“奉答潘稼堂(耒)检讨兼送归吴江”诗2首。

康熙二十六年丁卯(1687年),54岁

李鼎征刻文鼎《方程论》于泉州。

方中通于继声堂出版《数度衍》24卷，有与梅文鼎书，附于卷首。

冬，赴杭州，与友人张慎研究岁差。

康熙二十七年戊辰(1688年),56岁

在杭州，与意大利传教士殷铎德(Prospev Intercctta，？—1691年)会面，讨论历算问题。

与毛际可(1633—1708年)，游西湖。

由杭州回宣城家乡。

康熙二十八年己巳(1689年),57岁

可能是应明史馆诸公之邀或去访问南怀仁等原因赴北京。与都中诸名流，互相切磋，多有收获。

文鼎与揭暄开始通信。揭暄将所著《写天新语》草稿见寄，而文鼎摘录存之，故有《写天新语抄存》1卷。不久，80多高龄的揭暄，只身一人携带铺盖到宣城访问文鼎。因此时文鼎正在北京，住半年也未见面，空返。

获交李光地(1642—1718 年),并住在其府的客馆。

从徐善(敬可,1634—1690 年)处,抄得王锡阐《圆解》一书,为之订其缺误。

约于此年,完成《明史历志拟稿》一书。

康熙二十九年庚午(1690 年),58 岁

孟春(正月),潘耒为文鼎《方程论》作序。

在北京,与陆陇其(稼书)会晤。陆出所藏明代朱仲福《折衷历法》相示,读之;是摘录朱载堉之著作,应正名为《历学新说钞》。

腊月既望(十二月十五日),会晤远西安先生,讨论数学问题。安先生可能是比利时传教士安多(Le P. Anitoine Thomas, 1644—1709)。

康熙三十年辛未(1691 年),59 岁

正月初六日(2 月 3 日),陆陇其从文鼎处借阅朱载堉《历学新说》。

三月十三日(4 月 11 日),会晤万斯同(1638—1702 年)。斯同将《明史历志》部分移付文鼎,重修。

夏,移榻于中街寓邸。开始着手撰写《历学疑问》,得稿三十余篇。

九月十五日(11 月 4 日),赴天津。

在天津与沧州老儒刘介锡(文学)相遇,探讨历法问题。

康熙三十一年壬申(1692 年),60 岁

年初仍在天津,与刘介锡继续讨论有关历法问题,成《答刘文学问天象》1 卷。后回北京。

春月,在北京见馆童屈篾为灯,得到研究正多面体等的启发,成《几何补编》4 卷。

研究不知作者的《欧罗巴西镜录》抄本，作《西镜录订注》。

成《少广拾遗》。

在北京会见袁士龙（惠子）。

康熙三十二年癸酉（1693年），61岁

二月，自序所著《笔算》5卷。

四月望日（四月十五日），李光地序文鼎《历学疑问》。

由北京回归故里，万斯同作序相送。在京留住先后5年。

子以燕中举人。

康熙三十三年甲戌（1694年），62岁

中秋，序其弟文鼏所著《中西经星同异考》。

康熙三十四年乙亥（1695年），63岁

由郡廪生应岁贡。

康熙三十五年丙子（1696年），64岁

春末，与卓鹿虚相遇于江干，几年以后再次相遇。

李光地任顺天学政、视学大名，并刻文鼎《历学疑问》一书于此。

冬十一月二十七日（1696年12月21日）冬至，文鼎于皖城测午影。

康熙三十六年丁丑（1697年），65岁

本年刻本《昭代丛书》卷4列文鼎《学历说》。

康熙三十八年己卯(1699年),67岁

文鼎去福建。

在福建福州遇见林同人(1627—1714年),借抄其写本《古历列星距度》,因成《古历列星距度考》一卷。

文鼎从福州北归,途经杭州,游西湖,与毛际可同舟共饮。毛际可答应为文鼎立传,这是他《梅先生传上》的由来。

文鼎由杭州北去嘉兴,"过慰"朱彝尊不久失子之痛。朱还将其子《摭韵遗稿》取出观览。

由嘉兴返回故里。

本年,同乡施彦恪撰写《征刻历算全书启》,有历法书58种,算法书22种,共80种,征求全部出书。

本年,文鼎有"李安卿孝廉刻余《方程论》于安溪古诗四章寄谢",诗四首,答谢康熙二十六年李鼎征(安卿)刊印《方程论》事。

本年,陈克谐为文鼎造像,有诗说"老夫白发形粗丑,褊性畏人见走",为自谦之词。

康熙三十九年庚辰(1700年),68岁

二月,文鼎养病坐吉山中,详为核定《星度》一书。该书有抄本。

二月十九日(4月8日),于灯下写"书象纬残本后"。

中秋,沾寒疾。

重九前七日(九月二日),文鼎为自著之《环中黍尺》5卷,并撰"小引"。

重作《弧三角举要》之第二卷"正弧勾股",因原稿"存儿辈行笈中,觅之不可得"。

与张潮(山来,1650—?)多次通讯,谈及刻书等问题。

康熙四十年辛巳(1701年),69岁

春首,打算再去福建,因"频行疾作,又不果行"。

七夕前二日(七月五日),文鼎说夏天复得"正弧勾股"旧稿,附于新稿之后。是日作序记之。

中秋前,撰《书逊国传疑辨后》一文。

康熙四十一年壬午(1702年),70岁

自序《勿庵历算书目》于坐吉山。书中统计历学书62种,算学书26种。现传本,前者为63种,后者为25种,共数不错。梅氏自称"稍为胪列书名,各系数语,发挥撰述本旨"。

十月,李光地以直隶巡抚扈跸德州,借机向康熙帝进所刻文鼎《历学疑问》3卷。康熙帝亲加批语。

康熙四十二年癸未(1703年),71岁

隐者毛乾乾(1653—1709年),偕胥谢野臣同访文鼎山居,讨论数学问题。

秦二南致书文鼎问学请教,文鼎作函答问,并寄《方程论》给他。

弟文鼐作《比例规用法假如》,五年后(1707年)又重加校录,文鼎作序。

二月,李光地蒙康熙帝赐《几何原本》①和《算法原本》二书,他"未

① 此《几何原本》非欧几里得之《原本》,乃是若干年前白晋、张诚等给康熙帝讲课用的法国巴蒂所著《实用与理论几何学》。

能尽通,乃延梅定九至署,于公暇讨论其说”。

文鼎因此携带弟文鼐、子以燕、孙瑴成等至保定李光地的芝轩下榻。

李光地赋诗,称赞梅文鼎。

该时与文鼎求学者,如魏廷珍、王兰生、王之锐、陈万策以及李光地之子钟伦(世得)等。

康熙帝复南巡,发回《历学疑问》给李光地,中间圈点涂抹及签贴批语,“皆上亲笔”。

康熙四十三年甲申(1704 年),72 岁

仍在保定。

重阳后五日(九月十四日,10 月 12 日),文鼎于天雄[①]署斋之八柏轩,撰写“书徐敬可圆解序后”。

十月,因李钟伦对《授时历》中的垛积招差算法提出疑问,文鼎乃命孙瑴成“衍为垛积之图”,得《平立定三差详说》,文鼎于本月自序。

文鼎弟文鼐及子以燕,约于本年返回宣城故乡。

约于本年,李光地刊文鼎《三角法举要》5 卷于保定。

康熙四十四年乙酉(1705 年),73 岁

夏闰四月,康熙帝再南巡,回程在山东临清州的御舟上接见文鼎,面谈很长时间。文鼎乘机进呈《三角法举要》。临别时,康熙帝赐“绩学参微”四字。

撰《交食管见》。

秋,子以燕亡。

---

① “天雄”系保定古代之旧称。

康熙四十五年丙戌(1706 年),74 岁

六月,文鼎由保定南还故里。

本年,文鼎岁贡[①]。

康熙四十七年戊子(1708 年),76 岁

仲冬,文鼎过邗上(其地在今江苏)。

康熙四十八年己丑(1709 年),77 岁

四月二十三日(6 月 1 日),康熙帝召见陈厚耀,言及文鼎。

康熙四十九年庚寅(1710 年),78 岁

春末,得真州友人所寄“二铭”[②],因撰《仪铭补注》。

在苏州会见杨昆山之孙杨作枚、秦二南和陈厚耀,讨论历算等问题。文鼎得杨昆山之著作《方圆订注图说》等。

康熙五十一年壬辰(1712 年),80 岁

文鼎 80 寿辰,李光地作诗祝贺。

根据陈厚耀的建议,康熙帝开蒙养斋,编纂《律历渊源》。因梅珏成

---

① “岁贡”是指每年从地方政府选送廪生升入国子学肆业。

② “二铭”指元代之“仰仪铭”及“简仪铭”。

“能承家学，召入内廷”，参加编撰工作。

赐珏成监生。

腊月，文鼎序友人杨作枚《历算书》于坐吉山中。

康熙五十二年癸巳（1713 年），81 岁

文鼎孙珏成获赐举人，为蒙养斋汇编官（相当于主编）。

康熙五十三年甲午（1714 年），82 岁

十二月二十三日（1716 年 1 月 17 日），康熙帝以梅珏成回家探亲，给文鼎捎信，希望他打消顾虑，对《律吕正义》提出意见。

康熙五十四年乙未（1715 年），83 岁

三月七日（4 月 10 日），《律历渊源》中之《律吕正义》成。康熙帝决定抄一部送梅文鼎审阅。

三月十九日（4 月 22 日），文鼎寄书信给杨作枚。

门人刘湘煃，通历算，是年回江陵，文鼎以诗相送。

赐梅珏成进士，给第宅，给假省亲。

康熙五十五年丙申（1716 年），84 岁

重建梅氏宗祠落成，文鼎作“重建梅氏崇祠碑记”。

文鼎在南京。

康熙五十六年丁酉(1717 年),85 岁

文鼎仍在南京。

本年,文鼎应邀访问"莅政江左"的年希尧。在其办公室参看了年希尧自制的小浑仪、测算诸器罗列几案。

文鼎对其弟尔素所作之算例,重加参校,成《度算释例》。

本年长至日(1717 年 6 月 21 日),年希尧在南京为《度算释例》作序,希望赶快出版,以广其传。

文鼎为年希尧《测算刀圭》作序。

仲冬(十一月),自序《度算释例》2 卷。

康熙五十七年戊戌(1718 年),86 岁

本年,魏荔彤到南京做官,邀请文鼎到办公处,商量对其著作,"输资刊行",未果。

约本年,文鼎由南京返回故里。

康熙五十八年己亥(1719 年),87 岁

本年,文鼎养病于坐吉山中。

在病中得汪子退所纂《读史记十表》。为之作序。

康熙五十九年庚子(1720 年),88 岁

本年,魏荔彤向文鼎"复驰函敬求存稿十余种"。

腊月,李塨(1659—1733 年)拜访文鼎。

康熙六十年辛丑(1721年),89岁

文鼎早年塾师陈明卿之子陈兆先过访、探望,因有"喜石龙陈兆先过访"诗,称:"残帙送榆景,泊然谢尘鞍,时于药裹中,推枕怀既往。"看来,文鼎已在病中。这首诗是他平生最后的诗作。

○ 康熙帝主修的《律历渊源》成,共100卷。

因汇编《律历渊源》工作结束,梅珏成得假归省,时文鼎已卧床不起。

本年,文鼎卒。康熙帝特命江宁织造曹公治丧事,与珏成共商其营葬地。

二、梅文鼎传记文献

1. 梅征君墓表

方 苞

征君姓梅氏,讳文鼎,字定久,江南宣城人也。康熙辛未,余再至京师时,诸公方以收召后学为名,天下士负时誉者皆聚于京师,而君与四明万季野,亦至季野浙之隐君子也。君亦不事科举有年矣。余诧焉,皆曰吾惧独学无友而蔑以成所业也。季野承念台刘公之学,自少以《明史》自任,而兼办古礼,仪节士之欲以学古自鸣,及为科举之学者皆辏焉。旬讲月会,从者数十百人,而君所抱历算之说,好者甚稀。惟安溪李文贞及其徒三数人从问焉。君常闭户殚思,与吾友昆绳北固游时,偕来就余。而余亦数相过,乃知君博览群书,于天文地理,莫不究切,得其所以云之意,所为记序书论,亦有异于人人;北固尝与同舍馆,告余曰:

吾每寐觉，漏鼓四五下，梅君犹篝灯夜诵，昧爽则已兴矣。吾乃今知吾之玩日而愒时也。其后李文贞以君历算书进呈，圣祖仁皇帝南巡召见于德州行在所，命坐、赠食，三接皆弥日，御书“积学参微”以赐。于时公卿大夫群士皆延跂愿交。而君亟告归，营祠庙，定宗禁。又数年，壬辰，诏开蒙养斋，修乐律历算书。下江南制府，征其孙珏成入侍。《律吕正义》成，驿致命校勘。辛丑夏，历算书成。珏成请假归省，逾月而君卒。时年八十有九。上闻，特命有地治者，纪其丧，为营窀穸。由是世士皆荣，君之遇，而叹季野独任《明史》而蔑由上闻。丙子之秋，余与季野别于京师，即预以志铭属余。及余北徙，而季野卒于浙东，过时乃闻其丧，为文将以归其子姓，叩之乡人，莫有知者。而珏成与余供事蒙养斋，为昵好。自征君之殁，阅月逾时相见，必以铭幽之文为言而衰疲，日以底滞，既不逮事乃略叙以列外碑。梅氏自北宋，家宛陵。征君之先与圣俞同祖别支，世有闻人。自征君为族长，梅氏无公庭狱讼，几三十年。族属数千人，无敢博戏者，或侮其父兄，辟宗祠、扑击之甚，痛君殁赴吊哭失声。父士昌，隐居治易、春秋，母胡氏。子以燕，癸酉举人。君及妻陈氏，以珏成贵，诰赠如其官阶。所著《历算丛书》八十六种，勿庵诗文集若干卷、笔记若干卷。惟《历学疑问》、《历学骈枝》、《交食蒙求》、《三角法举要》、《弧三角举要》、《环中黍尺》、《堑堵测量》、《笔算》、《方程论》九种，李文贞镘版行于世。乾隆三年夏六月。桐城方苞表。

《方望溪先生全集》卷 12

2. 论（梅文鼎）

阮 元

论曰：征君年二十七，即有志步算之学。距其卒，且六十年，积毕生之精力，从事一艺，既专且久，是以所造能究极精微，而无所不备。其学由授时以溯三统、四分以来诸家之术，博考九执、回回，而归于新法，一一洞见本原，深沏底蕴，而又神明变化于三角八线、勾股、方程诸算事,故著书满家,皆独抒心得。如创为三角方直等仪,求弧度而不言角。以上下左右论交食方向而不云东西南北,尤足以见中西之会通,而补古今之缺略者也。其论算之文,务在显明,不辞劳拙。往往以平易之语,解极难之法,浅近之言,达至深之理,使读其书者,不待详求而义可晓然,诚以绝业难传,冀欲与斯世共明之故。不惮反复再三,以导学者先路,此其用心之善也。卒以李文贞公荐,受圣祖皇帝特达之知,苟非积学渊深,安能膺兹荣遇哉?自征君以来,通数学者后先辈出,而师师相传,要皆本于梅氏。钱少詹[大昕]目为国朝算学第一,夫何愧焉。

[清]阮元:《畴人传》卷 38"梅文鼎中",据清光绪八年(1882 年)海盐常惺斋张氏重刊巾箱本。

三、其他重要文献

1. 圆解序

梅文鼎

《圆解》十二章,吴江王寅旭先生锡阐作也。寅旭深于历算之学,此其一斑耳。余得此本于槜李徐善敬可,敬可与寅旭友,尝有所问作此告之。仍有割圆图如扇面者一纸,行笥偶逸,存此本及所作历说六篇。余因叹古人著述,其胸中所有必多于笔舌,所发其逸而不传者又必多于其所传,在历学尤为甚。何也?习者既稀真知者,更旷世一见也。北齐张子信,以浑仪测验,居海岛中二十年,其所积候而悟如交道表里、五星留逆诸说,多为后世遵用。顾当其时不显。《北史》又莫之能详。非《大衍历议》稍稍表章,不没其实。则亦无复有知之者矣。夫步历本于算数,算数者治历之纲要。西人以三角八线言测算,其说备于《几何原本》,然六卷以后辄不传。意者,利氏既没,徐李云亡,无复有能任翻译之事者耶?乃今六卷之书,读之者盖已甚寡,纵令全译,谁复有寓目者乎?今历书中颇采用其后十余卷之说，至若《测量全义》可谓精矣。而先后数相加减代乘除之法，亦但举其用而不详其理，熟复于寅旭此书，可以得其门户。惜其书尚有未竟，而其中章次颇为抄录者所乱，因稍为更定并订补其论之所遗，及字句之伪，凡十余处，以质之敬可。敬可为子言：寅旭有所撰历法书，即今明志所载，其原本，远在姚江①，未经邮到。然即六论以观，已能深入西法之堂奥，而规其缺漏。如所论恒星定，而岁实消，则岁差不宜为定率。日食当用月次均诸说，皆直抉其微。以视徒守古率，辄攻西说者大有径庭。夫积思之所通，事出神解，自师说而入理有持循，然二者有间矣。余尝谓言授时者，惟何文定公瑭②、郑端清世子载堉为精，在邢观察云路、魏处士大魁③之上。何则？一由历经精探而知；一藉通轨绳尺而守也。青州薛仪甫凤祚，得穆尼阁之传，著新西法于历书，可谓之新于尼阁，则西人旧耳。而寅旭之言，一本心悟。广昌揭子宣暄，去岁寄余图论，亦本西人之法，而别有发明，为一气旋转之说，然去数言理，似寅旭之言较实。余由是信九州④以内故自有人，而又深惜其不能群萃一堂，以相为考订，成一代千秋之业也。康熙庚午燕邸⑤识。

《绩学堂文钞》卷二

2. 书徐敬可圆解序后

梅文鼎

忆庚午人日⑥抄得王寅旭先生《圆解》，中有错简而无今序。于是

---

① “姚江”即浙江余姚之别称。似是吴江之误。

② “何文定公瑭”即何瑭（1474—1543 年），河南武陟人，曾学习元代许衡著作。

③ “魏处士大魁”，“大”为“文”之误，实即魏文魁。

④ “九州”指全中国。

⑤ “康熙庚午燕邸”即康熙二十九年（1690）在北京的住处。

⑥ “人日”即农历正月初七日。

敬可方南归,拉予同行,多方劝驾,其意欲为寅旭历书补作图注,以发其深湛之思,且曰:“此事非先生不能为,盖即今序所称,诸弧相推之故。皆举捷法,初未明言其所以然,人骤读之,不能解者也。”时余入都未久,欲稍需之属有他务,遂不果。逮明年,得黄俞邰太史书,则敬可亦溘然逝矣。伤哉!按序,敬可自题建子月①,又言其年遇潘稼堂京邸复得此书,则作序,应在是时。岂敬可所藏原稿,反未入此序耶?余尝谓近代知中西历法,而自有特解者三家:南则王寅旭、揭子宣,北则薛仪甫,当特为之表章,而稼堂尤拳拳欲余至吴江共仇寅旭书,以寿梨枣,驰书相要约,而余适去闽。比己卯冬,归舟相造请,则稼堂游屐远在罗浮②,何相需之,殷相遇之疏也。长公文虎出其家书目,有余所未见寅旭书数种,又知王有女弟③,甚贤淑,颇能收藏遗帙。倘天假之便,能及稼堂酬此夙诺,即敬可亦当愉快于九原。而余且老病终未知后此何如耳?虽然作者之精神不没,珠光剑气,出必有时,且安知后世,遂无子云也。敬可归后,余既尝序此书。阅十有二年乃于嘉禾友人张简庵处得今序,而今又数年矣。日月易迈,有感于友朋生死之谊。聊记其略。康熙甲申重阳后五日,勿庵老人书于天雄署斋之八柏轩。时年七十有二。

《绩学堂文钞》卷五

3. 测算刀圭序

梅文鼎

算数作于隶首,九数中勾股以御高深广远,本于周官大司徒。算测之学其来已久,后世刘徽祖冲之等,又加密测,谓之割圆密率。历代讲求,踵事加详。至今西术而有三角八线之用,殆已无可复加。然《周髀

---

① “建子月”即农历十一月。
② “罗浮”,地名,在今广东省东北部。
③ “王有女弟”指王锡阐的妹妹,名锡蕙,亦善算。

算经》所载北极之下，朝耕暮获，与西测地圆之说实相符契。由是观之，算术本自中土传及远西，而彼中学者专心致志，群萃周处，而为之青出于蓝而青于蓝，冰出于水而寒于水，亦固其所。我国家同文之治，声教讫于四表，西人慕义来者益多。既兼采其法，以治历明时，而历书百卷流通宇下，亦赖中国文人为之发挥编纂，而其旨逾明其精益出。是则古人测算之法，得西说而始全，而中西同异之疑，至今日而始定。可谓千载一时，然而犹或兴望洋之叹者，以未得其门户故也。

间尝浏览历算家言，择其义类明晰，用之切要者，摘录刊布，使学者悠然会心，而日孳孳焉。以进于其全于此学或不无小补。其书三种：一曰三角法摘要[全部历书皆三角法也，不明乎此，则历书不可得而读矣。内分二支：一曰弧三角，凡历法所测皆弧度也。弧线与直线不能为比例，则推测理穷。弧三角者，剖析浑圆之体，而各于弧线中得其相当直线，即于无勾股中寻出勾胎，此法之最奇最确。圣人复起不能易也。弧三角之用法颇多，而其最著明者，为黄赤交变一图，反复推论，了如列眉，熟此一端，则其余不难渐及矣。至于弧角比例，亦其中要旨，而原书解未当，故特为正之。一曰平三角，弧三角之法生于平三角者也。然而测量诸法，平三角之用为多，故言之特详也。]一曰八线真数表[凡弧三角、平三角，并以八线为用。曰真数者，别于假数也。]一曰八线假数表[因假数以得真数，用加减省乘除，甚便初学，法之巧也。其法为西人穆尼阁所译，原止四线，谓之对数。然既知切线，可推割线，则八线在其中矣。]而总名之曰《测算刀圭》。诚以此学，奥衍隐颐，不翅沄海神山，而刀圭入口，身生羽翰即蓬莱方丈，惟所游行，岂非大快？故亟欲与学者共之也。

《绩学堂文钞》卷二

录者按：此《测算刀圭》，梅文鼎未指明为何人所作。李俨在《中算史论丛》第二集记为年希尧撰，有康熙五十七年(1718 年)自刊本，李俨有传抄本。吴文俊主编之《中国数学史大系》副卷二记，在日本还有二种,均为年希尧撰。

4. 寄怀青州薛仪甫先生[四首](庚申)

梅文鼎

圣教日以远， 六艺同榛芜。
今惟九数存， 斯民日用需。
流俗溺占毕， 实学翻为迂。
岂知参与两， 恒为万事枢。
仰俯钦至教， 礼乐生苞符。
所以古人言， 三才通为儒。
自非精探索， 何以药虚无。
君子任名教， 而无章句拘。
著撰极高深， 事理兼陈敷。
当世有同方， 千里良非孤。
引领青齐间， 渺渺瞻长途。

大地一黍米， 包举至圆中。
积候成精测， 宁殊西与东。
三角御弧度， 八线量虚空。
窃观欧罗言， 度数为专功。
思之废寝食， 奥义心神通。
简平及浑盖， 臆制亦能工。
唯恨棲深山， 奇书实罕逢。
我欲往从之， 所学殊难同。
讵忍弃儒先， 翻然西说攻。
或欲暂学历， 论交患不忠。
立身天地内， 谁能异初终。

晚始得君书，　昭昭如发蒙。
曾不事耶稣，　而能彼术穷。
乃知问郯者，　不坠古人风。
安得相追随，　面命开其矇。

西历译先代，　傍通称十事。
爰及杀青时，　未见彰斯义。
将毋见广传，　私之以为秘。
乃若兵家谋，　亦复资巧思。
我读守圉书，　重下徐公泪。
神威及旷远，　良哉攻守器。
当时卒用公，　封疆岂轻弃。
执辔果何人，　历险失骐骥。
国论归党同，　嘉谟阻深忌。
会通及师学，　要眇益人智。
法制殊不悉，　知君有深意。
趵突自重渊，　妙理参天地。
运转如督任，　征奇于焉至。
用兹为灌溉，　农亩将蒙利。
何以不尽言，　悠然穷拟议。
愿君发藏笈，　慷慨怜同志。
临风实跂予，　莫惜微言寄。

通考述占验，　未及历家言。
亦有续文献，　缺略不足存。
邢公①考律历，将抉授时蕃。

---

① “刑公”即刑云路，著《古今律历考》一书。

古法语不详，安能探本根。
岂知法沿革，踵事有渊源。
西术肇九执①，札马②显前元。
回历自洪武，凌犯实专门。
分科兼肄习，年年陈至尊③。
利氏④术加密，转为疑者喧。
以兹重发愤，搜罗不惮烦。
中西数十家，一一为讨论。
一叶泛长河，乃欲穷昆仑。
问途岂不遥，赖君为张骞⑤。
合并果何时，悠悠劳梦魂。

《绩学堂诗钞》卷二

5. 锡山友人历算书跋

梅文鼎

《锡山历算书》者，友人鲍燕诒、杨学山之所作，而学山之祖定三，为之裁定者也。其书有步日月五星之法，有说有图，以推明步算之理。余尝谓历学至今日大著，而其能知西法复自成家者，独北海薛仪甫、嘉禾王寅旭二家为盛。薛书受于西师穆尼阁，王书则于历书悟入得于精思，似为胜之。锡山书多本嘉禾，然如月离表法，不与历指相应。嘉禾与北海书，深异此事。而锡山诸子，能以再加小轮，与表密合，不啻青出于蓝

① “九执”指唐代由印度传入中国的《九执历》。

② “札马”指元代由西域进入中国内地的回回天文学家札马鲁丁。

③ “至尊”似指孔夫子。

④ “利氏”即利玛窦。

⑤ “张骞”，即汉代通西域的张骞(？一前114)。以此比喻薛凤祚学西方历算的漫漫长路。

矣。寅旭与余同时在江以南，而不相闻知。不能相与极论，每用为恨！潘稼堂太史屡相期至其家。悉致王书属为校注，以事未果。锡山乃先得我心，可见吾党中故自有人也。庚寅之冬，偶有吴门之游，学山同吾友秦二南，挈舟过访于陈泗源学署，出示此书。余亦以《几何补编》相质，约即往二南园亭下榻，为十日快聚，乃又牵于事，一交臂失之。而鲍君适于其时病卒，尤可悼惜。余每思再过吴下。而忽忽遂余二载，今行年八十且多病，不知能复出与否？故以余抄本，因广文顾君归之而留其原本，并叙其因起如此。书凡五册：《溯源星海》二，《王寅旭野历图注》二，《三角法》一。火星论中多采余说，其书系余客燕台时与钱塘袁惠子辩论而作。虽存稿本，未尝多以示人，不知锡山从何得之，岂即袁君所授耶？然即此，见袁君之虚怀，与锡山诸君子之好学矣。此学甚孤，有从事焉者，或株守旧闻，各持一得之长，而不相下，同方合志之友，古所难也。而又弗获群萃州处，以相与尽其才，因序此书，重为冀倖，庶有以使之合并而成就之乎？康熙壬辰腊月既望。

《续学堂文钞》卷五

6. 锡山友人杨学山历算书序

梅文鼎

录者按：此篇与前篇系同一回事，都是康熙壬辰（1712 年）腊月既望梅文鼎为杨学山历算书所写之跋（或），内容所述之事基本一致，但有很多细则有差别。收于《梅氏历算全》之序，系杨作枚（学山）编辑全书时收入。《续学堂文钞》系梅氏之孙珏成校校梓，而将该文以跋的名义收入。序与跋之差别，肯定是有人篡改，或者两人都做了这种事。反正两人在这问题上有很大矛盾，现将杨作枚收入之序和《续学堂文钞》收入之跋，同时予以照录，供读者对照研究。

锡山历算书者，友人杨君学山所作，以成其祖定三先生之志者也。

其书有有步日月五星之法，有说有图，以推明步算之理。今尝谓历学至今日大著，而其能知新法，复自成家者，独北海薛仪甫、吴江王寅旭二家为盛。薛书授于西师穆泥(尼)阁；王书则于历书悟入，得于精思，似为胜之。学山书多似吴江，然如月离表法，不与历指相应。吴江与北海书，皆深疑此事。而学山独以颖妙心思，探无穷底蕴，于朔望次轮之外，再加小轮，定其半径，著其算法，与表密合。盖不啻超轶前人，发所未发矣。寅旭与余同时，在江以南，而不相闻知，不能相与极论，每用为恨。潘稼堂先生，屡相期至其家，悉致王书属为校注而流通之，以事未果。学山乃先得我心，可见吾党中固自有人也。庚寅之冬，偶有吴门之游，学山同吾友秦二南挐舟过访于陈泗源学署，出示此书，余亦以《几何补编》相质。约即往二南园亭下榻，为十日快聚，乃又牵于事，一交臂而失之。而锡山鲍君燕翌(诒)，亦深于历学，其时适病卒，尤可悼惜。余每思再过吴下，而忽忽遂余二载。今行年八十，且多病，不知能复出与否？三复其书，余之系怀于学山，追无虚日矣。故以余抄本，因广文顾君愚亭归之，而留其原本，并叙其起因如此。书凡八册：《溯源星海》四，《王寅旭历书图注》二，《三角法会编》二，其余勾股八线测量方程等各数种，皆有精思奥理，自成一家。其火星论中，谬采愚说，而极承推奖。其书系客燕台时，与钱塘友人袁惠子辩论而作，虽存稿草，未尝多以别人，不知学山从何得之，而深信若此。然即此见学山之虚怀，与知心之有人矣。此学甚孤，有从事焉者，或株守旧闻，各持一得之长，而不能相下。同方合志之友，古所难也。而又弗获群萃州处，深为究极。因序此书，重为冀倖。天不爱道，庶有以使之合并，而共明斯学于天壤乎？康熙壬辰腊月既望，勿庵梅文鼎书于坐吉山中，时年八十。

《梅氏历算全书》卷前，据光绪
乙酉(1879 年)敦怀书屋刊本

7.《绩学堂诗钞》原序

施闰章

吾宛陵梅氏，自圣俞先生以来，世以诗名往叙述之众矣。最后得梅子定九诗。定九有志于君子之道，目之为诗人，则瞿然谢不敏。余盖心异之。夫日月星辰，天之文也；山川草木，地之文也。天官五行律历度数，则所以经纬天地，而妙其推测者也。吾处天地之间，俯仰上下，心迷目眩，漫无阙度，比于蛰虫寒鸟，徒自号曰：文人诗人也，亦奚益哉。定九砥砺学行，探本知类，于象纬历算之学，殆由性成，数计心通，能自制器，以准象。间取西洋之学，发挥讨论，南中①言西学者数家，质疑送难皆叹逊以为莫及。尝手列其所见历学诸书，凡数十种，多人所未见，犹欲广搜秘本，以资参互。属余网罗，可谓好学深思者也。昔房玄龄②等重撰《晋书》，天文、历律、五行三志，专属李淳风，为能深明星历，故可观采。今国家方纂修明史，使得定九参与其中，修天文、历律诸志，即未知视淳风何若，当有可观，惜乎其不获与也。平生既罕征逐，中年早鳏，遂不复娶。日夜枕藉诗书以自娱，畅其溢而为文，振笔风，发校艺，则冠其曹，又溢而为诗，清真静远，称心为言。无时人饾饤裘马之习，易传有之君子以言有物，而行有恒。夫诗不足以尽定九，而其诗已卓荦有出于人，是可以知定久矣。康熙己未阳月中，浣同里弟施闰章拜撰。

《绩学堂诗钞》卷前

8. 梅勿庵先生历算全书小引

魏荔彤

勿庵先生当代鸿儒，学醇品粹。年弥高而德弥邵，道益隆而量益虚，实得理学正传，更精研于历算。老逢圣祖知遇，以书生而隆坐论天子前席，公卿侍教，盖异数奇荣也。先生冲雅高洁，迄以儒素终身，大业藏山，不轻问世，而人争传之。余获接见憾晚，适婴尘务，不能执经请益。岁在戊戌，偶摄法司，因与诸同人设馆白下。延致先生订正所著，

① “南中”指中国南方。

② “房玄龄”，系唐初人，生于 579 年，卒于 648 年。

欲共输资刊行。先生既以宁淡为志,不乐与俗吏久处。而世会迁变,云散蓬飞,竟未足事。阅二载,僻居海中,官斋阒寂,复驰函敬求存稿,得十余种。虽屡为雅慕高贤者录刻。然杂遝参错未成善本。笥中尚伙,又在耄年静摄,不能遽自校定,因嘉许殷恳期为检发。不意哲人遂萎矣,呜呼!岁月不待,时会难逢。叹凋谢乎典型,慨朋俦之聚散,即一事而百感纷投矣。但剑已许君,井容自弃。于是复向翰编玉汝昆季,构得未刻者将二十种,俱以付梓,工未得完,余亦斥废。更于忧患中竭蹶,岁余方竣。所延考误之客,则久已弹铗他门矣。窃思历所著者,天之象也,算所明者,物之数也。象数之学,天地造化之精微,人物理气之终始也。乌容宣泄哉?故仙言丹成而魔来。史纪字作而鬼泣,彼幻异之术,文字之迹。且然况上通帝载,而下括万类之书乎?宜其传之不易易也。今虽粗竟心志,而点画之间,纵横之际,动关精要,不容讹舛。余之固陋,茫如望洋,容更访专家以就正焉。先叙辑刊之鄙意,盖亦窃有不得已之思也。夫治历明时,书肇唐虞,龙图龟书出于羲禹,皆中华古圣帝之垂教于天下万世者也。术虽有详略、疏密,而理无可淆乱纷滋,况测天者原贵于随时而稽数者,虽多方亦合一安见法,出于古人者必拙物得于远至者始贵乎?故当今日明历算,续绝学自有勿庵先生,此书具在,道不外于历圣所传,理自存于四海之内,法亦备。此三十种中也,凡好新厌故,重遐轻迩者,亦可以由中以该西,尚目不尚耳。弗立异而志怪,将求奇于恒焉。庶不负先生九十余年立言垂训之意也。夫时雍正癸卯岁嘉平月栢乡魏荔彤念庭氏谨识。

《梅氏历算全书》卷前,据光绪
乙酉(1885年)敦怀书屋刊本

录者按:《梅氏丛书辑要》卷前转载,题目改为“兼济堂刻历算全书序”。“凋谢”改为“凋绝”。“先生九十余年”改为“先生五十余年”。其余全同。

9. 梅氏丛书辑要序

梅珏成

象数为钦若授时之要道，帝王所首务也。明季兹学不绝如线，西海之士，乘机居奇，藉其技以售其学。学其学者，又从而张之。往往鄙薄古人，以矜创获，而一二株守旧闻之士，因其学之异也，并其技而斥之。以为戾古而不足用，又安足以服其心，而息其喙哉？夫礼可求野，官可求郯。技取其长，而理唯其是，何中西之足云。先征君公之书，于算术之用笔用筹用尺，以及几何三角八线七政交食诸法，一一发明其所以然，因以见西法之不尽戾于古，实足补吾法之不逮。而于古法之少广、方程、通轨、招差各术，尤详为著论流决无根源，以明古人之精意。且谓勾股之精微广大，实为西法之所莫外，更启人称先。则古人之思，使吾儒家有其书而读之。将见绝学昌明，西人自无所炫。其异岂非回泛闲圣之功欤？而乃习者寥寥，良由坊本或仇校未精，或编次混杂。夫经史大部之书，其卷次类皆通长编，列每卷首，标书之总名，而分注细目于其下，故展卷了然。即初学，无难阅读。今仿此例，厘为六十卷，名曰《梅氏丛书辑要》，而以末学管窥数卷附焉。嗟乎！先征君著述等身，力不能自付剞劂。诸公好事，代登梨枣，又以校仇编次之未善，不得流行。未尝不叹，绝学之难明，非唯著撰难，而传之又不易易也。瑾然书之传视作者之精神与为久暂。我征君公之为此，其用功勤矣，其用心公矣。彼太元解嘲尤不致覆酱瓿，况实有关世道人心，而为钦若授时之大用者哉？大清乾隆岁次辛已新秋，孙珏成谨识。

《梅氏丛书辑要》卷前，据光绪戊子(1888 年)

龙文书局石印本

索 引

一、人名索引

M

N

O

P

X

Y

二、文献索引

C

F

G

H

M

N

R

S

T

W

X

Z

主要参考书目

梅文鼎:《勿庵历算书目》,知不足斋丛书本。

梅文鼎:《梅氏历算全书》,光绪十一年(1885 年)敦怀书屋补修本。

梅文鼎:《梅氏丛书辑要》,光绪十四年(1888 年)上海龙文书局石印本。

梅文鼎:《绩学堂诗文抄》,家刊本。

梅文鼎等:《三家测量合订》,复印日本浅草文库藏抄本。

梅文鼎:《中西经星同异考》,1937 年《万有文库》本。

梅珏成:《兼济堂历算书刊缪》,复印日本浅草文库抄本。

佚　名:《文峰梅氏宗谱》,1937 年敦睦堂刊本。

阮　元:《畴人传》,光绪八年(1882 年)海盐常惺斋张氏重刊本。

李元度:《国朝先正事略》,四部备要本。

佚　名:《清史列传》,1987 年中华书局王钟翰点校本。

方中通:《数度衍》,复印康熙二十六年(1687 年)继声堂刊本。

题"康熙御撰":《数理精蕴》,光绪八年(1882 年)广州余氏富文斋刊本。

徐光启等:《崇祯历书》,2005 年内蒙古大学出版社影印《崇祯历书》全辑本。

徐光启、利玛窦(译):《几何原本前 6 卷》,1983 年上海古集出版社

《徐光启著译集》本。

薛凤祚：《历学会通·正集》，河南教育出版社印《中国科学技术典籍通汇·天文卷》本。

薛凤祚：《两河清汇》，《四库全书》本。

王锡阐：《五星行度解》，《中西算学丛书》本。

王锡阐：《晓庵先生诗文集》，道光元年俞钟岳校刊本。

王锡阐：《晓庵新法》，光绪二十二年(1896 年)上海鸿宝斋石印《中西算学丛书初编》本。

利玛窦、李之藻(译)：《同文算指前编、通编》，光绪二十二年(1896 年)上海鸿宝斋石印《中西算学丛书初编》本。

熊明遇：《格致草》，河南教育出版社印《中国科学技术典籍通汇·天文卷》本。

游艺：《天经或问前集、后集》，河南教育出版社印《中国科学技术典籍通汇·天文卷》本。

揭暄：《璇玑遗述(写天新语)》，河南教育出版社印《中国科学技术典籍通汇·天文卷》本。

南怀仁：《灵台仪象志附图》，河南教育出版社印《中国科学技术典籍通汇·天文卷》本。

江永：《翼梅(数学)》，光绪二十二年(1896 年)上海鸿宝斋石印本。

薛凤祚：《薛氏遗书》，国家图书馆藏抄本。

王锡阐：《圆解》，河南教育出版社印《中国科学技术典籍通汇·数学卷》本。

杭世骏：《道古堂文集》，乾隆庚戌到壬子(1790～1792 年)毕沅刊本。

李光地：《榕村全集》，不记出版处及年代的刊本。

刘献廷：《广阳杂记》，1985 年中华书局第二次印刷本。

江藩：《汉学师承记》，1998 年三联书店本。

黄胤锡：《颐斋乱稿》，复印 1995 年韩国精神文化研究院《韩国学资料丛书三》本。

南秉哲:《仪器辑说》,复印 1986 年(韩国)骊江出版社印《韩国科学技术史资料大系·天文学篇》本。

南秉哲:《圭斋先生文集(圭斋遗稿)》,1973 年(韩国)景仁文化社《韩国历代文集丛书》本。

南秉吉:《量度仪图说》,复印 1986 年(韩国)骊江出版社印《韩国科学技术史资料大系·天文篇》本。

李尚爀:《翼算》,复印 1985 年(韩国)骊江出版社印《韩国科学技术史资料大系·数学篇》本。

日本学士院:《明治前日本数学史》,1957 年岩波书店第二次印本。

李俨:《中算史论丛第三集》,北京:科学出版社。

钱宝琮:《中国数学史》,北京:科学出版社,1966 年本。

Mikami, Y., *Development of Mathematics in China and Japan*, Leipzig. 1913 年本.

三上义夫著、林科棠译:《中国算学之特色》,1934 年《万有文库》再版本。

Martzloff, J.—C., *Recherchos sur L'eevie mathematique de Mei wending* (1633—1721), Memoires de L'institut des hautes etudes Chinoises Volume XVI, 1981 年本.

Needham, J., *Science and Civilisation in China*, Volume Ⅲ, Cambredge University Press, 1959 年本.

Hashimoto, K., *Hsü Kuang-chi and Astronomical Reform*, Kansai University Press, 1988 本.

李迪、郭世荣:《清代著名天文数学家梅文鼎》,上海:上海科学技术文献出版社,1988 年本。

Sivlin, N., *Science in Ancient China*, Variorum, 1995 年本。

吴文俊(主编):《中国数学史大系第七卷》,北京:北京师范大学出版社,2000 年本。

陈美东、沈荣法(主编):《王锡阐研究文集》,石家庄:河北科学技术出版社,2000年本。

罗炽:《方以智评传》,南京:南京大学出版社,2001年本。

后记

这本《梅文鼎评传》的写成，不论是我本人，还是南京大学中国思想家研究中心的同仁都很艰苦。现在我已记不清是哪一年，好像已有 10 年时间了。有一天，我在北京去了自然科学史研究所，进院后大约是在会客室遇见陈美东先生和南京大学的一位先生(当时陈先生向我介绍了，现已忘记大名)正在讨论写书问题，当即提到《梅文鼎评传》的作者，陈先生便把我推荐给南京大学那位先生，说“这是写《梅文鼎评传》的最好人选”。我说：“可不行，请他人写比我好。”我知道，我虽然与郭世荣合作写过一本《清代著名天文数学家梅文鼎》小册子，但是那是由我们自己决定怎么写的“孤立”本，不是一个系列中的一本，而《梅文鼎评传》却是匡亚明老先生主编的《中国思想家评传丛书》之一，丛书有统一体例，特别是写思想家不是我之所长，所以不敢接受。当时推了几次，但碍于陈先生之美意，最后还是接受了写作任务。

接受很容易，但心里却嘀咕这件事，主要是如何完成，交稿则是一个大问题。回到家里和郭世荣商量，他可以承担一小部分，心里稍微放松一点。由于其他工作日渐增加，在几年间只是搜集有关资料，并未动笔。自己觉得无力完成，多次给南京大学中国思想家研究中心写信，谢绝此事，希望他们另找作者，可是不能如我所愿。到 2000 年，研究中心希望写一撰写提纲，遵嘱于 8 月写出，当时研究中心根据体例要求我加进“薛凤祚评传”和“王锡阐评传”两个附传。

这样，时间更加紧张，再加上最主要合作者根本无时间参加写作，我又进行推辞，仍未果。

我想已经答应的事，无论如何不能再推辞，时间根本不允许再找作者，只好把其他事情下决心停下，大多数时间用于《梅文鼎评传》写作上。从 2003 年 5 月 16 日，南京大学周群先生电话催问，才真正坐下来撰写。当时正是全国“非典”到来之时，正好足不出户，在家进行写作。

这些年虽然未写，但有关资料则搜集比较齐备，基本上不用到外面去借。我一口气写了二三章，“非典”过后又写写停停，经过一年的苦苦挣扎，到现在总算完成了。总字数来说，比预计的要多些。因为一部《梅文鼎评传》若仅区区 15 万字，实在无法向世人交待，所以勉强写到目前这个程度。附传只好割爱，但为弥补这一缺陷，把对薛凤祚、王锡阐的附传合并为一章列入。

目前这部评传，从章节安排来看，正文为九章，大体可分为三段：第一章到第五章为第一段，主要是介绍与梅文鼎相关的具体事实，如果这些事实不说清楚，以后的许多问题便很难处理，不得不这样做。第六章到第九章，是全书的重点，主要论述梅氏和他同时代的薛凤祚与王锡阐的学术思想，写法是成就与思想相结合，或由思想到成就，或由成就到思想。因为梅氏毕竟不是一位纯粹思想家，而是历算家的思想，所以只有结合他的学术研究才能写得有血有肉。这仅是笔者的粗浅想法，是否已经做到了，自己不好下结论，只是努力这样做，争取做好一点。第十章主要是讲梅文鼎历算思想在国内外的影响，用事实说明他的学术地位。直到现在，人们仍在研究他和纪念他，就是明证。

根据以上的情况，三段中的第二段是全书的中心部分，就字数来说占正文全部的50%。可见这是笔者最着力的四章。

对梅文鼎的评价，长期以来似乎有所偏颇，主要强调他历算知识的渊博，好像没有什么高水平成果。给人形成这种表面印象的主要有两个原因：首先他确实是历算知识渊博，当时几乎所有的历算内容，都涉及到了；其次他所写的著作大多通俗易懂，与他同时代的王锡阐和后来的汪莱相比，显得有些简单明了，而王、汪的著作则相当难，其成就也有很高水平。但对梅氏来说，他在球面三角和多面体的研究方面，足能与王、汪齐名，何况他还有那么多工作，那么多成就！由此可见，南京大学中国思想家研究中心选中了梅文鼎，给他作评传完全正确。本书力图对梅文鼎给出较全面的评述。

本书除正文外，还加了一些附录，一是梅文鼎的传记资料；二是其他重要文献。目的是便于读者可随时核对相关资料或进行相关的学术研究。

写这部书的难度，首先是资料问题。资料不是少，而是多。少有少的难处，多有多的难处。常常是几十种书摊在桌上，怎样动手写作，颇费思索。首先，全书的框架，该如何搭建，有些比较好办，有的便不容易。开始写作之前，把梅氏的主要著作，一本一本地仔细阅读，做思想笔记，再按思想予以分类。在资料分类的基础上,起草初步的章节框架。其次是对框架的推敲,主要是使本书基本上能反映梅氏的主导思想,同时还要与以前出版的小书区别开。这都不是容易的事情,因为梅氏的研究内容涉及到历算的许多分支,几乎是当时中国已有历算知识的全部。把这些内容梳理出来,必须突出重点,而且比较合适地划分到相应的章节中去。最后是按划分好的章节进行写作,这是最重要的一个过程。可是这个过程,并不是连续地进行,而是写几日停几日,有时顾不上前后内容的明确归属,便出现前后重复现象,给全书的修改带来很多困难。

这部书的引文较多,原因是笔者阅读他人著作,有时对引文不满足,有时可以说是断章取义,受到误导,已多次上当。由此养成一种习惯,写作时特别注意引文问题,力求准确、全面。是否真正做到了这一点,只能力争如此。实际上,还有一个对原文的理解问题,绝不是一个简单的事情,有时一个字的读音,如果遇到原作者使用罕见的甚至是自造的异体字或影印的行书原形,要花费很多周折才能解决。对字、词的理解,有时是讲个历史典故,还有的是学术含义不明确等等,都要用相当多的时间进行处理。在这种情况下,加了一些脚注,使读者阅读时减少一些不必要的麻烦。

本书遇到相当多的古代地名,有更早的,还有代称、别称、简称等等,仅南京一地就有金陵、宁、白下、白门、江南、长干、冶城、石头城、秦淮等等十余个,其中有的是以一个更小的地方代替,还有的是一个府或县的所在地,一般都是指南京这个地方。这些地名,有的是人们比较熟悉的,有的则比较陌生。遇到某些陌生的地名,则颇费脑筋。对于这些陌生的地名,也大多加了脚注。

由于笔者知识的所限,大量借助于工具书,从《现代汉语词典》(商务印书馆)、《辞源》(商务印书馆)、《历代历史人物生卒年表》(黑龙江人民出版社),直到《中国历史地图集》(中华地图出版社)、《简明不列颠百科全书》(中国大百科全书)、《辞海》(上海辞书出版社)、《近世中西史日对照表》(中华书局)、《天文学词典》(科学出版社)、《近代来华外国人名辞典》(中国社会科学出版社)等等,它们帮助我解决了各式各样的问题,渡过难关。

虽然笔者藏书较多,而且又多年搜集有关资料,并有以前的积累,自认差不多了,但是正如常言所说:“书到用时方恨少。”资料不足的事常常出现。这时主要依靠学校藏书丰富的图书馆和笔者所在系的资料室,还有郭世荣教授从韩国带回来的有关天算书籍。

在写作过程中,得到冯立升教授、郭世荣教授、田淼博士、景士俊教授、段耀勇博士、研究生王众杰以及校图书馆特藏部的张老师、王老师和系资料室的查老师等大力支持,在此对他们表示衷心的感谢。前述各工具书的作者,同样应当感谢。还有,应作者之请,齐国政老师专为本书造了一幅梅文鼎像,更在感谢之列。当然,我也感谢陈美东教授的推荐,否则这本书便无从谈起。

南京大学中国思想家研究中心和南京大学出版社,对本书的写作和印刷也颇费心思,中心经常给我寄来有关资料和有关信息,记不清通了多少次电话;出版社在读书的插图和排版方面都费了很多精力。我想大多数的书稿,可能就是一张软盘,修改十分方便,而本稿却要排版人员一个字一个字地去敲打。有些图形原稿也都是些铅笔草图或复印图，也要绘图人员重绘。可能还有其他一些问题，我没有想到，请多加谅解。

这部书稿，从最初的推荐，到最后的编审、出版等等，都是在大家关心和支持下进行的，否则无法完成。

最后，还要郑重申明：就本人的知识水平和能力来说，完成像梅文鼎这样人物的评传，不能不存在各种问题和缺陷，敬请读者不吝赐教。

李迪　于内蒙古师范大学寓所

2004 年 6 月 20 日

图书在版编目(CIP)数据

梅文鼎评传/李迪著. —南京：南京大学出版社，2006.3(2007.5 重印)
(中国思想家评传丛书/匡亚明主编)
ISBN 978-7-305-04471-7

Ⅰ.梅...　Ⅱ.李...　Ⅲ.梅文鼎—评传
Ⅳ. K826.1

中国版本图书馆 CIP 数据核字(2005)第 053885 号

中国思想家评传丛书
梅文鼎评传
李 迪 著

南京大学出版社出版发行
社址:南京市汉口路 22 号　邮编:210093
电话:025-83596923　025-83592317　传真:025-83328362
网址:http://press.nju.edu.cn
电子邮件:nupress1@public1.ptt.js.cn
南京爱德发展有限公司　印刷
开本 850×1168　1/32　印张 16.25　字数 338 千
2006 年 3 月第 1 版　2007 年 5 月第 2 次印刷
印数 2001—4000
ISBN 978-7-305-04471-7

定价:40.00 元